高等教育财经类核心课程系列教材
高等院校应用技能型精品规划教材

基础会计

Foundation Accounting

理论·实务·案例·实训

王丹 李春妮 黄国文 李贺 ◎ 主 编
赵新治 李阳 周声 ◎ 副主编

上海财经大学出版社

图书在版编目(CIP)数据

基础会计:理论·实务·案例·实训/王丹等主编.—上海:上海财经大学出版社,2018.12
高等教育财经类核心课程系列教材
高等院校应用技能型精品规划教材
ISBN 978-7-5642-3147-7/F·3147

Ⅰ.①基… Ⅱ.①王… Ⅲ.①会计学-高等学校-教材 Ⅳ.①F230

中国版本图书馆CIP数据核字(2018)第248323号

□ 责任编辑 汝 涛
□ 书籍设计 贺加贝

基础会计
——理论·实务·案例·实训

王 丹 李春妮 黄国文 李 贺◎主 编
赵新治 李 阳 周 声◎副主编

上海财经大学出版社出版发行
(上海市中山北一路369号 邮编200083)
网 址:http://www.sufep.com
电子邮箱:webmaster@sufep.com
全国新华书店经销
上海华教印务有限公司印刷装订
2018年12月第1版 2019年8月第2次印刷

787mm×1092mm 1/16 19.5印张 499千字
印数:3 001—4 500 定价:52.00元

前 言

本书兼顾“就业导向”和“生涯导向”，紧紧围绕中国“经济发展新常态”下应用技能型人才培养的目标，依照“原理先行、实务跟进、案例同步、实训到位”的原则，全面展开基础会计课程的内涵，坚持创新创业和改革的精神，体现新的课程体系、新的教学内容和教学方法，以提高学生整体素质为基础，以能力为本位，兼顾知识教育、技能教育和能力教育，力求做到：从项目引导出发，提出问题，引入概念，设计情境，详尽解读。全书共分为10个项目、46个任务，涵盖了会计总论、会计科目和账户、复式记账法、企业主要经济业务核算、填制和审核会计凭证、设置和登记会计账簿、财产清查、会计报表、账务处理程序、会计工作组织。在结构安排上，本书尽可能地考虑到不同专业和不同层次的需求，每一个项目都设有“知识目标”“技能目标”“素质目标”“项目引例”“知识准备”“案例应用”“做中学”“提示”“知识链接”课后编排了“关键术语”，“应知考核”（包括单项选择题、多项选择题、判断题、简述题），“应会考核”（包括业务考核、技能考核、综合实务），“项目实训”（包括实训项目、实训情境、实训要求）等，这样的安排使得读者在学习每一项目内容时做到有的放矢，增强学习效果。

普通高等教育应用技能型财经类核心课程系列教材具有以下特色：

1. 突出应用，实操技能。本书从高等教育应用技能型院校的教学规律出发，与实际接轨，介绍了最新的会计准则、法规动态、理论知识和教学案例，在注重会计必要理论的同时，强调会计基本技能的应用；主要引导学生“学中做”和“做中学”，以学促做、知行合一；一边学理论，一边将理论知识加以应用，实现会计理论和实训一体化，在教材的最后编写了综合模拟实训，便于学生对会计技能进行练习和检测。

2. 体系完整，重点突出。本书既考虑体系的完整性，又做到突出重点内容。作为教材，虽无法做到面面俱到，但能基本涵盖基础会计的全部内容。会计核算方法是本书的重点内容，本书从项目二到项目八对每一种核算方法一一进行了详细介绍，且每个项目均配有适量的课后应知考核、应会考核、项目实训，对所学内容进行巩固和强化。

3. 强化基础，兼顾提高。本书能满足读者对基础会计学习的基本需要，重点放在基础会计的基础部分——会计的基本理论和会计核算的基本方法上，但为了满足较高层次读者的需要，适当增加了基础会计的理论和方法部分——会计的基本理论、账务处理程序等内容。

4. 与时俱进，紧跟准则。本书根据最新版《企业会计准则——基本准则》编写，并及时按照财会〔2019〕9 号关于修订印发 2019 年度一般企业财务报表格式、《政府会计准则——基本准则》(2017)、《会计档案管理办法》(中华人民共和国财政部国家档案管理局令第 79 号)(2015)、《会计法》(2017)、《企业会计准则第 9 号——职工薪酬》(2014)、财会〔2016〕22 号文"税金及附加"科目、财税〔2019〕39 号制造业增值税税率 13%并于 2019 年 4 月 1 日起执行等最新相关规定内容进行了编写，相关政策内容规定截至 2019 年 8 月。

5. 栏目丰富，形式生动。本书栏目形式丰富多样，每个项目设有"知识目标""技能目标""素质目标""项目引例""案例应用""做中学""提示""知识链接""关键术语""应知考核""应会考核""项目实训"等栏目，丰富了教材内容与知识体系，也为教师教学和学生更好地掌握知识内容提供了首尾呼应、层层递进的可操作性教学方法。

6. 职业素养，素质教育。为体现高等教育应用技能型教育的特色，我们力求在内容上有所突破，激发学生的学习兴趣和学习热情，设计适合学生掌握的考核要点，以突出培养和提升初学者的会计素养。

7. 课程资源，配套上网。为了更好地满足信息化条件下课堂教改创新需要，编著者精心设计和制作了二维码、教师课件 PPT、习题参考答案、课程教学大纲、配套实验课程大纲、配套习题、模拟试卷及相关法律法规等实现网上运行，充分发挥网络课程资源的作用，探索课堂教学和网络教育有机结合的新途径。

本书由王丹、李春妮、黄国文、李贺主编，赵新治、李阳、周声副主编，其中，李贺撰写项目一，王丹撰写项目二和项目四，赵新治撰写项目三，李春妮撰写项目五和项目六，李阳撰写项目七，黄国文撰写项目八和项目九，周声撰写项目十。李明明、赵昂、王玉春、李虹、李洪福、李林海、美荣等对本书的教学资源和资料的搜集做出了贡献。本书适用于应用技能型院校的会计学、资产评估、审计、财务管理、财税学、金融学、国际经济与贸易、工商管理、市场营销、物流管理、人力资源管理等经管类专业的学生使用；同时，也是会计学专业的入门教材，可供企业经济管理人员，尤其是会计人员培训和自学之用，还可作为专升本考试的辅导教材。由于编写时间仓促，加之编者水平有限，本书难免存在一些不足之处，恳请专家、学者批评指正，以便我们进一步改进与完善。本书在编写过程中参阅了参考文献中作者的教材、著作，同时得到了上海财经大学出版社的大力支持，谨此一并表示衷心的感谢！

编　者

内容更新与修订

目录

会计总论

○ **知识目标：**

理解：会计的产生与发展、会计的概念与特点。

熟知：会计的目标、会计对象；收付实现制和权责发生制；会计的任务。

掌握：会计的职能、会计基本假设和会计信息质量要求、会计的方法。

○ **技能目标：**

学习和把握权责发生制下收入、费用和利润的计算，收付实现制下收入、费用和利润的计算，会计核算方法与工作程序等知识；能用所学实务知识明白"会计总论"相关技能活动。

○ **素质目标：**

运用所学习的理论与实务知识研究相关案例，培养和提高学生在特定业务情境中分析问题与决策设计的能力；能结合"会计总论"教学内容，并结合行业规范或标准，分析会计行为的善恶，强化学生的职业道德素质。

○ **项目引例：**

会计为什么存在？

背景与情境：老李在社区内开了一家"李记"小吃部。刚开始的时候，老李自己进货，和老伴一起经营。为了将家里的现金收支和小吃部的现金收支分开，以计算小吃部的盈利情况，老伴的办法是将家里的钱和小吃部的钱分开放。很快，生意做起来了，老李发现资金不足，人手也不够，就邀请表弟陈青入伙，并请了一个叫李平的伙计来帮忙。现在又该如何区分老李家里的收支和小吃部的收支呢？李平的办法是，拿一个账本将小吃部每天收入和支出的现金记录下来。

老李和陈青共同经营这家小吃部之后，他们都满意这种合作经营方式，都想将这家店稳定经营下去，而且最好能逐步发展壮大。也就是说，他们的合作是稳定的、长期的，并非针对某一笔业务。因此，在未来持续经营的期间内，如何计算小吃部的利润就成为一个问题。他们的办法是按照日历，每个月进行结账，计算小吃部的利润，年终汇总之后再对利润进行分配。

引例导学：什么是会计？此案例体现了会计的什么假设？

○ **知识准备：**

任务一　会计的概念和职能

任务课件

一、会计的产生与发展

会计是一项应用技术，同时又是一门古老的学问。人们对它的理性思考由来已久。在人类社会的经济活动中，资源的有限性与人类需求的无限性之间的矛盾始终存在。因此，人们总是尽可能地用最少的消耗获得最大的效益。为此，就必须对物质生产的消耗与产出进行计量、记录、比较。会计作为对物质生产的耗费与产出进行计量、记录的工具，就随着社会生产的发展和经济管理的要求而产生、发展起来了。

为了适应生产发展、加强经济管理和提高经济效益，会计的发展经历了由简单到复杂、由低级到高级的三个发展阶段：

（一）古代会计

从时间上来看，古代会计经历了漫长的过程，大约从旧石器时代的中、晚期到封建社会末期。

在原始社会末期，当社会生产力发展到一定水平，出现了剩余产品，社会的再生产活动日益复杂，人们为了计算生产成果，在文字产生之前，这种计算只是用“结绳记事”“刻木记数”等来进行的，它们大概可以说是会计的最初萌芽。人类这种最初的计量、记录行为，出于人类的本能。这种行为虽然很难称其为会计，但会计的萌芽却已在这里产生了，有人称其为原始会计。但是在当时，由于物质资料非常贫乏，生产的规模也很狭小，所以，会计只能是属于生产活动的一个附带工作。随着社会生产的不断发展，社会再生产过程日趋复杂，社会产品逐渐增多，生产规模不断扩大，会计才逐渐地从生产职能中分离出来，具有了独立的职能。

在西周奴隶制社会，经济进入鼎盛时期，与之相适应的会计比以前有了较大的进展，于是出现了“会计”一词。清代焦循在《孟子正义》中针对西周会计概念指出“零星称之为计，综合称之为会”，会计机构已经出现了，总管王朝财权的官员称“大宰”，掌握王朝计政的官员称“司会”。“司会”主掌天下之大计，为计官之长。《周礼·天官》中指出：“会计，以参互考日成，以月要考月成，以岁会考岁成。”“日成”“月要”和“岁会”均属报告文书，已初步具备现代会计报表的作用。即“日成”为十日成事的文书，它相当于旬报；“月要”为一月成事的文书，相当于月报；“岁会”则是一年成事的文书，相当于年报。由此可见，在奴隶社会，会计方法已有相当的成就。西周为“月计岁会”设立专门管理钱粮赋税的官员，即“司会”和单独的会计部门，掌管王朝全部会计账簿，出现“官厅会计”和“民间会计”之分。

唐宋两代是我国封建社会经济较兴旺的时期，也是中国会计全面发展的时期。当时在记账规则方面开始有了比较一致的做法，会计账簿和会计报表的设置也日益完备，由流水账（日记账）和誊清账（总清账）组成的账簿体系已初步形成。尤其是“四柱清册”，即“旧管”“新收”“开除”“实在”，其概念分别相当于现代会计中的“期初结存”“本期收入”“本期支出”“期末结存”。四柱之间的平衡关系是：旧管＋新收－开除＝实在，其基本原理也为现代会计所承袭，成为“期初结存＋本期收入－本期支出＝期末结存”会计公式的理论渊源。“四柱清册”的发明和应用，是会计工作者对会计学术的一项重大贡献。

明末清初，出现了中国最早的复式记账法——“龙门账”，即把全部账目划分为“进”“缴”“存”“该”四大类，设“总清账”分别进行记录。所谓“进”“缴”“存”“该”，其概念分别相当于现代会计的“全部收入”“全部支出”“全部资产”“全部负债”。它们之间的平衡关系可用会计方程式表示为：进－缴＝存－该。每到年终结账时，以“进”“缴”两类账目的记录编制“进缴表”(即利润表)，计算差额，求得盈亏；以“存”“该”两类账目的记录编制“存该表”(即资产负债表)，计算差额，求得盈亏；两方面计算得出的盈亏数额应该相等，在一定程度上使之起到系统、全面和综合的反映作用。由于进、缴和存、该两结册的余额相互比照以验证账务处理是否正确的做法与古代修筑堤坝、兴建桥梁所使用的由两端为起点向中间施工，最后在中间交接的“合龙”方法相仿，故该账法的设计者便借用了“合龙门”的概念来表示两种结册余额相互对比的过程，所谓“龙门账”由此得名。

(二)近代会计

13～15 世纪，在意大利的一些沿海城市，出现了以“借”“贷”为记账符号的记账方法，称为“借贷记账法”。它经过大约 300 年的演变，发展成为最为先进的复式记账方法。1494 年，意大利数学家卢卡·帕乔利在其出版的《算术、几何、比及比例概要》一书中对“借贷记账法”进行了详细介绍，该书的出版堪称近代会计发展史上的一个里程碑。从此，“借贷记账法”在世界各国传播，成为各国普遍使用、最为先进的复式记账方法。

我国使用复式记账法是从 1905 年开始的。当时，中国第一个注册会计师谢霖从日本引进并运用复式记账原理设计了大清银行的一整套会计制度。

1911 年，被尊为“科学管理之父”的泰勒出版了著名的《科学管理原理》一书，并在企业中推行泰勒制管理。随之，与其相联系的一系列管理方法、技术被引入会计领域，标准成本和预算控制等方法也在此间产生，由此构成了成本会计的主要内容。

(三)现代会计

现代会计的时间跨度是自 20 世纪 50 年代开始到目前。其间，会计方法、技术和内容的发展有两个重要标志：一是会计核算手段方面质的飞跃，即现代电子技术与会计融合带来的“会计电算化”；二是会计伴随着生产和管理科学的发展而分化为财务会计和管理会计两个分支。1946 年在美国诞生了第一台电子计算机，1953 年便在会计中得到初步应用，其后迅速发展，至 20 世纪 70 年代，发达国家就已经出现了电子计算机软件数据库的应用，并建立了电子计算机的全面管理系统。从系统的财务会计中分离出来的“管理会计”这一术语在 1952 年的世界会计学会上获得正式通过。

现行的《会计法》是 2017 年 11 月 4 日第十二届全国人民代表大会常务委员会第三十次会议修订，自 2017 年 11 月 5 日起施行的，是一部与新经济环境相适应的新会计法典。2000 年 6 月 21 日，国务院以第 287 号令的形式发布了《企业财务会计报告条例》，2001 年《企业会计制度》颁布实施，进一步加快了会计的国际化进程。2006 年 2 月 15 日由财政部颁布、并于 2007 年 1 月 1 日起执行的《企业会计准则》，增加 2014 年财政部陆续修订、颁布的 8 项具体准则，特别是 2017 年新颁布的 1 项具体准则，真正做到了与国际会计惯例接轨。目前，我国在会计理论研究、会计教育、会计电算化、管理会计的应用等方面都取得了突出成就，使会计工作能够更好地适应市场经济发展的需要，能够以崭新的面貌走向未来。

二、会计的概念和特点

(一)会计的概念

所谓会计，是以货币为主要的计量单位，运用一整套科学的专门方法，对企事业等单位的经济活动进行连续、系统、全面、综合的核算和监督，为会计信息的使用者提供有用会计信息的一种经济管理活动。

(二)会计的特点

1. 会计以货币为主要计量单位

会计要核算和监督特定单位经济活动内容，需要运用多种计量尺度，包括实物量度（如千克、吨、件等）、劳动量度（如工时等）和货币量度，但以货币量度为主。当然，实物量度和劳动量度都能够具体反映各项财产、物资的增减变动和生产过程中的劳动消耗，对核算和经济管理都是必要的，但这两种量度都不能综合反映会计的内容，而综合又是会计的一个主要特点。会计以货币作为综合计量尺度，全面地、系统地核算和监督特定单位的财产物资、财务收支、生产过程中的劳动消耗和成果，并计算出最终财务成果。因此，以货币为主要计量尺度，综合反映特定单位的经济活动情况，是现代会计的一个重要特点。

2. 会计必须以合法的原始凭证为核算依据

单位要如实反映会计记录和会计信息，就要求单位对发生的经济业务都必须取得或填制合法的凭证，在会计核算时按照国家统一会计准则的规定，对原始凭证进行审核，以合法的原始凭证为核算依据，保证会计记录和会计信息的真实性、可靠性与一致性。

3. 会计核算具有连续性、系统性、全面性和综合性

连续性是指按业务发生的时间顺序逐笔、逐日记录，不能中断；系统性是指会计在反映经济业务时，要按经济业务性质不同分门别类地进行登记反映；全面性是指会计在反映经济业务时，要全面反映、分文不漏；综合性是指会计将大量零星、分散的数据，加以分类、汇总用金额反映，使之成为有用的信息。

4. 会计具有一系列比较科学的核算方法

国家对会计核算制定了一系列的法律、法规和制度，有一套科学完整的专门核算方法。因此，单位在进行会计核算时要按照规定的核算方法进行，只有这样，才能保证会计核算信息的合法性、一致性和可比性。

三、会计的职能

会计的职能，是指会计在经济管理中所具有的功能，即人们在经济管理中用会计干什么。马克思指出：会计是对生产“过程的控制和观念总结”。一般把“控制”理解为监督，把“观念总结”理解为核算（或反映）。从会计产生与发展的历程来看，会计对任何社会的生产过程都具有核算和监督的职能，也就是说，对生产过程的核算和监督是会计最基本的职能。但是，对会计职能的划分并不是一成不变的，随着生产的发展和科学技术的进步，生产过程日趋完善和复杂，为适应经济管理的需要，会计的职能也在不断扩展。

(一)会计的核算职能

会计的核算职能，又称会计反映职能，是指会计通过分析、确认、计量、记录、报告反映各单位的经济活动，为经济管理者提供经济信息的功能。社会再生产过程由生产、分配、交换和

消费四个相联系的环节组成，这些环节都是由各单位通过原材料或商品的购买、物化劳动和活劳动的耗费、产(商)品的销售等经济活动进行的。会计犹如一面镜子，它将各单位经济活动及其结果通过一定的方法和程序展现出来，提供经济信息。会计的核算职能具有如下特点：

1. 会计主要反映已经发生的经济业务

各单位在生产经营过程中，必然会发生各种各样的经济业务。会计通过对已发生的经济业务进行分析、确认、计量、记录和报告，为经济管理提供依据。

2. 会计以货币为主要计量尺度进行核算

在经济管理中，常用的计量单位有三种：实物量度(如吨、千克、件、米等)、货币量度(如元等)和劳动量度(如工作日、工作小时等)。实物量度主要用于核算财产的实物数量，以提供经营管理所需要的实物指标，但它不能用来汇总不同种类的财产物资，无法综合核算各种不同的经济活动。劳动量度主要用于反映经济活动消耗的工作时间，以确定劳动耗费，也不具备综合性。

由于货币是商品交换的一般等价物，具有价值尺度的职能，可以作为价值的贮藏和债权、债务的清算手段，各种物化劳动消耗和活劳动消耗都可以借助货币量度进行计量汇总。因此，为了综合核算经济活动的过程和结果，会计主要以货币作为计量尺度反映各单位经济活动的过程。前述“观念总结”就是指用观念上的货币(货币的价值尺度职能)，对各单位的经济活动进行综合核算。

3. 会计核算具有连续性、完整性和系统性

所谓连续性，是指对各种经济业务按照其发生的时间顺序，进行不间断的记录。所谓完整性，是指对凡属会计应当核算的内容，应无一遗漏地进行记录。所谓系统性，是指对经济业务进行分类、汇总等加工整理，提供相互联系的信息。会计核算的连续性、完整性和系统性三大特点是相辅相成的，只有相互结合，才能全面地核算各单位的经济活动情况。

(二)会计的监督职能

会计的监督职能，是指会计具有按照一定的目的和要求，利用所提供的经济信息对各单位经济活动的合法性、合理性和有效性进行控制，使之达到预期目标的功能。会计监督既是对本单位在国家有关法律、法规、政策、制度范围内进行正常经济活动的监督，也是各单位加强内部管理、实现经营目标的需要。会计的监督职能具有如下特点：

1. 会计主要利用核算职能提供的经济信息进行监督

会计的核算职能提供了一系列综合核算企业经济活动的信息，会计主要依据这些信息进行监督。例如，通过资产信息，可以了解企业一定日期的资产总额及结构，控制资产的利用情况；利用负债与资产、利润与收入等信息进行计算、对比，可以监督企业的偿债能力、盈利能力、营运能力等。通过会计核算职能所提供的信息进行监督，不仅可以比较全面地控制经济活动，还可以对经济活动进行调节。

2. 会计既进行事后监督，也进行事前监督和事中监督

事前监督，是指会计依据法律法规、政策制度和经济活动的一般规律，对有关部门拟进行的经济活动进行审查，分析可能出现的问题，设计出相应的预防措施并将其融入日常活动中，以确保经济活动的可行性、合理性、合法性和有效性。事中监督，是指会计在日常会计工作中，对实际经济活动进行监控，对已发现的问题提出建议，促使有关部门采取措施调整经济活

动，使其按照预定的目标和要求进行。事后监督，是指以事先制定的目标和要求为标准，通过分析已取得的会计资料，对已完成的经济活动的合理性、合法性和有效性进行考核与评价。

3. 会计监督的形式已从单一的内部监督过渡到内部监督与外部监督相结合

20 世纪以前的会计监督主要是内部监督，由单位内部的会计人员进行监督，其作用是防范管理者贪污，避免业主财产被侵害。随着企业所有权与经营权的分离，会计监督逐步过渡到内部监督与外部监督相结合。内部监督是由各单位内部会计人员对本单位经济活动的可行性、合理性和有效性进行监督，以实现企业经营目标，其服务对象是管理者；外部监督主要是由政府部门和社会中介组织对各单位经济活动的合法性和会计信息的可靠性进行监督，以维护财经政策、法律法规和所有者权益。

会计的核算职能和监督职能是密切联系、相辅相成的。核算是进行监督的基础，没有会计核算，会计监督就失去了存在的基础；监督是进行核算的保障，没有会计监督，会计也难以反映真实的信息。

(三)会计职能的扩展

随着社会经济的发展、市场规模的扩大和经济活动的日趋复杂，企业不仅要随时了解其经营现状，还要周密地规划未来。这就要求会计不仅要如实地反映、监督已发生的经济业务，还要预测未来、参与决策，为可持续发展提供具有前瞻性的会计信息。因此，会计的职能已在反映和监督的基础上，逐步扩展到预测、决策、计划、考核等职能。

四、会计的对象

所谓会计的对象，是指会计核算和监督的内容。凡是特定主体能够以货币表现的经济活动，都是会计核算和监督的内容，也就是会计的对象。以货币表现的经济活动通常又称为价值运动或资金运动。因此，会计核算和监督的内容即会计对象就是资金运动。

任何单位的资金都要经过资金投入、资金循环和周转(即运用)、资金退出这样一个运动过程。下面以工业为例说明资金运动的过程，如图 1－1 所示。

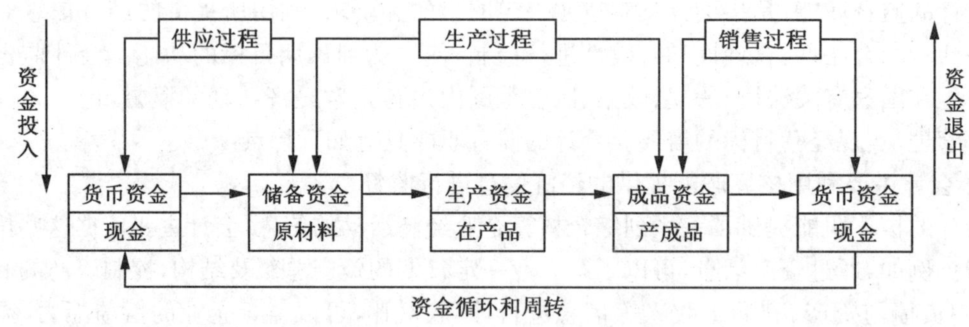

图 1－1　资金运动的过程

(一)资金投入

工业企业要进行生产经营，必须拥有一定的资金，这些资金的来源包括所有者投入的资金和债权人投入的资金两部分，前者属于所有者权益，后者属于企业债权人权益——负债。投入企业的资金要用于购买机器设备和原材料并支付职工的工资等。这样投入的资金最终构成企业流动资产、非流动资产。

(二)资金的循环和周转

资金的循环和周转分为供应、生产、销售三个过程。①在供应过程中,企业要购买材料等劳动对象,发生材料买价、运输费、装卸费等材料采购成本,与供应单位发生货款结算关系。②在生产过程中,劳动者借助劳动手段将劳动对象加工成特定的产品,发生材料消耗的材料费用、固定资产磨损的折旧费用、工人劳动耗费的人工费用等,构成产品使用价值与价值的统一体;同时,还将发生企业与工人之间的工资结算关系、与有关单位之间的劳务结算关系等。③在销售过程中,将生产的产品销售出去,发生有关销售费用、收回货款、缴纳税金等业务活动,并与购货单位发生货款结算关系、与税务机关发生税务结算关系等。企业获得的销售收入,扣除各项费用后的利润,还要提取盈余公积并向所有者分配利润。

由此可见,企业的资金运动是从货币资金形态开始,经过供、产、销三个环节,分别表现为储备资金形态、生产资金形态、成品资金形态,最后又回到货币资金形态,资金的这一运动过程称为资金循环。随着企业生产经营过程的不断进行,资金周而复始不断地循环就称作资金周转。

(三)资金退出

资金的退出包括偿还各项债务、上缴各项税金、向所有者分配利润等,这部分资金离开企业,退出企业的资金循环与周转。

上述资金运动的三个阶段,是相互支撑、相互制约的统一体。没有资金的投入,就不会有资金的循环与周转;没有资金的循环与周转,就不会有债务的偿还、税金的上缴和利润的分配等;没有这类资金的退出,就不会有新一轮的资金投入,就不会有企业进一步的发展。

提示:并不是企业生产经营过程中的所有活动都是会计核算的对象,会计核算的对象只是那些能以货币计量的经济活动。

五、会计的目标

会计的目标是指在一定客观环境和经济条件下,会计人员通过会计实践活动,期望达到的结果。会计的最终目标是提高企业的经济效益,会计的具体目标是提供会计信息使用者所需要的会计信息。会计信息的使用者有国家、投资者、债权人、企业经营管理者、客户和职工等。

会计目标主要解决以下三个问题:

第一,向谁提供信息。会计信息的受众主要包括投资者、债权人、国家宏观管理部门、企业管理层、会计师事务所以及相关利益集团。

第二,提供什么信息。向投资者提供企业的盈利能力和未来的现金净流量信息;向债权人提供企业的偿债能力信息;向国家宏观管理部门提供所需的有关信息;向管理层提供企业的全面信息。

第三,如何提供信息。通过对外报表,向债权人、国家宏观管理部门、会计师事务所、相关利益集团提供信息;通过对外报表和对内报表,向投资者、企业管理层提供信息。

综上所述,会计的目标是为信息使用者提供有用的会计信息,其基本职能是核算和监督,其一般对象是社会再生产过程中的资金运动。只有明确会计的目标,了解其职能,把握其对象,才能从本质上理解会计的含义,充分发挥会计在经济管理中的作用。

任务课件

任务二 会计基本假设

所谓会计基本假设，也称会计的基本前提，是指会计工作赖以进行的基本前提条件，它是对会计工作的客观环境所做的基本假定。会计所处的社会经济环境非常复杂，具有很大的不确定性，在这种情况下，会计人员必须对会计核算所处的经济环境做出判断。

知识链接：我国《企业会计准则——基本准则》第5条、第6条、第7条、第8条规定了四项会计假设，即会计主体、持续经营、会计分期和货币计量。

一、会计主体

所谓会计主体，是指会计工作为之服务的特定单位或组织，会计主体假设规定了会计工作的空间范围。它是持续经营、会计分期、货币计量假设的前提。由于社会经济关系的错综复杂，企业本身的经济活动总是与其他单位的经济活动相联系。因此，对于会计人员来说，首先需要确定为谁核算，核算谁的业务，明确哪些经济活动应当予以确认、计量和报告，哪些不应包括在其核算的范围内，也就是要确定会计主体。

知识链接：《企业会计准则——基本准则》第5条规定：企业应当对其本身发生的交易或者事项进行会计确认、计量和报告。

会计主体和法律主体不是同一概念。一般来说，法律主体必然是会计主体，但会计主体并不一定是法律主体。会计主体，可以是独立法人，也可以是非法人；可以是一个企业，也可以是企业内部的某一单位或企业内部的某一个特定的部分（如企业的分公司、企业设立的事业部）；可以是单一企业，也可以是由几个企业组成的企业集团。

【案例应用1-1】 会计主体假设

案例提示1-1

背景与情境：甲单位从乙单位购入一批商品，货款未付。

问题：该经济业务发生后，甲乙双方应如何设定会计主体进行会计核算？

二、持续经营

所谓持续经营，是指企业的生产经营活动在可预见的未来，将会按当前的规模和状态持续经营下去，不会停业，也不会大规模削减业务。持续经营假设规定了会计工作的时间范围。

知识链接：《企业会计准则——基本准则》第6条规定，企业会计确认、计量和报告应当以持续经营为前提。

任何一个会计主体都存在着破产、清算的风险。既然不能确切地知道会计主体何时会破产，那就假设它可以无限期地持续经营下去。只有这样，才能对资产按取得时的实际成本计价；才能按期收回应收款，并按照自己的承诺偿还所负担的债务；才能对多期受益的费用支出进行分摊等。会计确认、计量和报告应当以持续经营为前提。

【案例应用 1-2】　持续经营假设

案例提示 1-2

背景与情境：A 企业自成立以来经营发展状况良好，该企业采用平均年限法对其使用的一台价值 600 000 元、使用年限为 10 年的机器设备每月计提折旧5 000元。

问题：A 企业对使用的机器设备计提折旧是以什么会计假设为前提的？如何理解？

三、会计分期

所谓会计分期，是指将一个会计主体持续不断的生产经营活动人为划分为若干个连续的、长短相同的期间，以便分期结算账目和编制财务会计报告。它是对持续经营假设的必要补充。

知识链接：《企业会计准则——基本准则》第 7 条规定：企业应当划分会计期间，分期结算账目和编制财务会计报告。

会计期间分为中期和年度。中期是指短于一个完整的会计年度的报告期间，如半年度、季度和月度。会计年度可以与公历年度相同，也可以按照各国会计核算的不同要求以其他月份作为会计年度的起始，如"三月制""七月制"和"九月制"等。中国、德国、俄罗斯等国采用历年制，即从公历 1 月 1 日到 12 月 31 日为一个会计年度；日本、加拿大、英国等国采用三月制，即从 4 月 1 日到次年的 3 月 31 日为一个会计年度；澳大利亚、埃及等国采用七月制，即从 7 月 1 日到次年的 6 月 30 日为一个会计年度；美国、缅甸等国采用九月制，即从 10 月 1 日到次年的 9 月 30 日为一个会计年度。

四、货币计量

所谓货币计量，是指会计主体在会计核算过程中采用货币作为统一的主要的计量单位，且在不同时期货币的币值保持稳定。会计反映企业的生产经营活动，可以使用实物计量单位和劳动计量单位，但只有货币计量单位才具有高度的综合性，才能够全面完整地反映企业的经营成果和财务状况。货币计量是对会计信息的表现形式所做的要求。

知识链接：《中华人民共和国会计法》第 12 条规定：会计核算以人民币作为记账本位币。业务收支以人民币以外的货币为主的单位，可以选定其中一种货币作为记账本位币，但是编制的财务会计报告应当折算为人民币。在境外设立的中国企业向国内报送的财务会计报告，应当折算为人民币。

知识链接：《企业会计准则——基本准则》第 8 条规定：企业会计应当以货币计量。

提示："人民币以外的货币"是一种维护国家主权的准确提法，不可以将其替换为"外币"，因为我国的货币单位除人民币以外还包括港币、澳元和台币，如果将其称之为"外币"就相当于不承认中国对这些地区的国家主权。

会计核算的四项基本假设，具有相互依存、相互补充的关系。会计主体确立了会计核算的空间范围，持续经营与会计分期确立了会计核算的时间长度，而货币计量则为会计核算提供了必要手段，没有会计主体，就不会有持续经营；没有持续经营，就不会有会计分期；没有货币计量，就不会有现代会计。

【案例应用 1−3】　持续经营假设能否改变会计核算方法

案例提示 1−3

持续经营假设是假设企业可以“长生不老”,即使进入破产清算,是否也不应该改变会计核算方法？为什么？

任务三　收付实现制和权责发生制

任务课件

收付实现制和权责发生制是确定收入和费用的两种截然不同的会计处理基础。正确地应用权责发生制是会计核算中非常重要的一条规范。企业生产经营活动在时间上是持续不断的,不断地取得收入,不断地发生各种成本、费用,将收入和相关的费用相配比,就可以计算和确定企业生产经营活动所产生的利润(或亏损)。由于企业生产经营活动是连续的,而会计期间是人为划分的,所以难免有一部分收入和费用出现收支期间和应归属期间不相一致的情况。于是在处理这类经济业务时,应正确选择合适的会计处理基础。可供选择的会计处理基础包括收付实现制和权责发生制两种。

一、收付实现制

收付实现制又称现收现付制,是以款项是否实际收到或付出作为确定本期收入和费用的标准。采用收付实现制会计处理基础,凡是本期实际收到的款项,不论其是否属于本期实现的收入,都作为本期的收入处理;凡是本期付出的款项,不论其是否属于本期负担的费用,都作为本期的费用处理。反之,凡本期没有实际收到款项和付出款项,即使应归属于本期,但也不作为本期收入和费用处理。这种会计处理基础,由于款项的收付实际上以现金收付为准,所以一般称为现金制。现举例说明收付实现制下会计处理的特点：

【做中学 1−1】 企业于 7 月 10 日销售商品一批,7 月 25 日收到货款,存入银行。

分析:这笔销售收入由于在 7 月份收到了货款,按照收付实现制的处理标准,应作为 7 月份的收入入账。

【做中学 1−2】 企业于 7 月 10 日销售商品一批,8 月 10 日收到货款,存入银行。

分析:这笔销售收入虽然属于 7 月份实现的收入,但由于是在 8 月份收到了货款,按照收付实现制的处理标准,则应将其作为 8 月份的收入入账。

【做中学 1−3】 企业于 7 月 10 日收到某购货单位一笔货款,存入银行,但按合同规定于 9 月份交付商品。

分析:这笔货款虽然属于 9 月份实现的收入,但由于是在 7 月份收到了款项,按照收付实现制的处理标准,则应将其作为 7 月份的收入入账。

【做中学 1−4】 企业于 12 月 30 日以银行存款预付来年全年的保险费。

分析:这笔款项虽然属于来年各月负担的费用,但由于在本年 12 月份支付了款项,按照收付实现制的处理标准,应将其作为本年 12 月份的费用入账。

【做中学 1−5】 企业于 12 月 30 日购入办公用品一批,但款项在来年的 3 月份支付。

分析:这笔费用虽然属于本年 12 月份负担的费用,但由于款项是在来年 3 月份支付,按照收付实现制的处理标准,应将其作为来年 3 月份的费用入账。

【做中学 1−6】 企业于 12 月 30 日用银行存款支付本月水电费。

分析:这笔费用由于在本年 12 月份付款,按照收付实现制的处理标准,应作为本年 12 月

份的费用入账。

从上面的举例可以看出，无论收入的权利和支出的义务归属于哪一期，只要款项的收付在本期，就应确认为本期的收入和费用，不考虑预收收入和预付费用，以及应计收入和应计费用的存在。到会计期末根据账簿记录确定本期的收入和费用，因为实际收到和付出的款项，必然已经登记入账，所以不存在对账簿记录于期末进行调整的问题。这种会计处理基础核算手续简单，但强调财务状况的切实性，不同时期缺乏可比性，所以它主要适用于行政、事业单位。

二、权责发生制

知识链接：《企业会计准则——基本准则》第 9 条规定：企业应当以权责发生制为基础进行会计确认、计量和报告。

权责发生制又称应收应付制，是指企业以收入的权利和支出的义务是否归属于本期为标准来确认收入、费用的一种会计处理基础。也就是以应收应付为标准，而不是以款项的实际收付是否在本期发生为标准来确认本期的收入和费用。在权责发生制下，凡是属于本期实现的收入和发生的费用，不论款项是否实际收到或实际付出，都应作为本期的收入和费用入账；凡是不属于本期的收益和费用，即使款项在本期收到或付出，也不作为本期的收入和费用处理。由于它不管款项的收付，而以收入和费用是否归属本期为准，所以称为应计制。以前面所举例子说明：

在权责发生制下，第一种情况和第六种情况收入与费用的归属期和款项的实际收付同属相同的会计期间，确认的收入与费用与收付实现制相同。

第二种情况应作为 7 月份的收入，因为收入的权利在 7 月份就实现了；第三种情况应作为 9 月份的收入，因为 7 月份只是收到款项，并没有实现收入的权利。

第四种情况应作为第二年的费用，因为支出的义务应在第二年。第五种情况应作为本年 12 月份的费用，因为 12 月份已经发生支出的义务了。

为了进一步说明问题，下面再举几个例子以列表的方式对两种会计处理基础加以比较（见表 1—1）。

表 1—1　　权责发生制与收付实现制的比较

	举　例	权责发生制	收付实现制
第一种情况	出租房屋的租金收入，1 月份一次收讫上半年的租金	1 月份：租金收入为半年收入的 1/6；其余部分在 1 月份来看为预收收入	全部作为 1 月份的收入
第二种情况	1 月份把全年的报刊费一次付讫	1 月份：报刊费仅为整笔支出的 1/12；其余部分在 1 月份来看为预付费用	全部作为 1 月份的费用
第三种情况	与购货单位签订合同，分别在 1、2、3 月份销售三批产品，货款于 3 月末一次结清	分别作为 1、2、3 月份的收入；1、2 月份应收而未收的收入为应计收入	全部作为 3 月份的收入
第四种情况	1 月份向银行借入为期 3 个月的借款，利息到期即 3 月份一次偿还	分别作为 1、2、3 月份的费用；1、2 月份应付而未付的费用为应计费用	全部作为 3 月份的费用

续表

	举 例	权责发生制	收付实现制
第五种情况	本期内收到的款项就是本期应获得的收入，本期内支付的款项就是本期应负担的费用，则按权责发生制和收付实现制确认收入和费用的结果是完全相同的。		

上述可见，与收付实现制相反，在权责发生制下，必须考虑预收、预付和应收、应付。由于企业日常的账簿记录不能完全地反映本期的收入和费用，需要在会计期末对账簿记录进行调整，使未收到款项的应计收入和未付出款项的应付费用，以及收到款项而不完全属于本期的收入和付出款项而不完全属于本期的费用，归属于相应的会计期间，以便正确地计算本期的经营成果。采用权责发生制核算比较复杂，但反映本期的收入和费用比较合理、真实，所以适用于企业。

任务四　会计信息质量要求

任务课件

会计信息质量要求，是对企业财务报告中所提供的会计信息质量的基本要求，是使财务报告中所提供会计信息对使用者的决策有用所应具备的基本特征。

根据我国《企业会计准则——基本准则》的规定，会计信息质量要求包括：可靠性、相关性、可理解性、可比性、实质重于形式、重要性、谨慎性和及时性八个方面。

一、可靠性原则

可靠性原则又称客观性原则，是指企业应当以实际发生的经济业务及证明经济业务发生的合法凭证为依据，如实反映财务状况、经营成果，做到内容真实、数字准确、资料可靠（参见《企业会计准则——基本准则》第 12 条规定）。这一原则是对会计工作的基本要求。

可靠性原则包括两个内容：一是会计必须根据审核无误的原始凭证，采用特定的专门方法进行记账、算账、报账，保证所提供的会计信息内容完整、真实可靠。如果会计核算不是以实际发生的交易或事项为依据，为使用者提供虚假的会计信息，会误导信息使用者，使之做出错误的决策。二是会计人员在进行会计处理时应保持客观，运用正确的会计原则和方法，得出具有可检验性的会计信息。如果会计人员进行会计处理时不客观，同样不能为会计信息使用者提供真实的会计信息，也会导致信息使用者做出错误决策。

二、相关性原则

相关性原则，是指企业所提供的会计信息应与财务会计报告使用者的经济决策相关，有助于财务会计报告使用者对企业过去、现在或者未来的情况做出评价或预测（参见《企业会计准则——基本准则》第 13 条规定）。

这里所说的相关，是指与决策相关，有助于决策。如果会计信息提供后，不能帮助会计信息使用者进行经济决策，就不具有相关性，因此，会计工作就不能完成会计所需达到的会计目标。

根据相关性原则，要求在收集、记录、处理和提供会计信息过程中能充分考虑各方面会计信息使用者决策的需要，满足各方面具有共性的信息需求。对于特定用途的信息，不一定都通过财务报告来提供，也可以采取其他形式加以提供。

三、可理解性原则

可理解性原则又称明晰性原则，是指企业提供的会计信息应当清晰明了，便于财务会计报告使用者理解和使用(参见《企业会计准则——基本准则》第14条规定)。

明晰性原则要求会计信息简明、易懂，能够简单明了地反映企业的财务状况、经营成果和现金流量，从而有助于会计信息使用者正确理解、掌握企业的情况。

根据明晰性原则，会计记录应当准确、清晰，填制会计凭证、登记会计账簿必须做到依据合法、账户对应关系清楚、文字摘要完整；在编制会计报表时，项目勾稽关系清楚、项目完整、数字准确。

四、可比性原则

可比性原则，是指企业提供的会计信息应当具有可比性(参见《企业会计准则——基本准则》第15条规定)。可比性有两个方面的质量要求：

(一)同一企业不同时期可比，即纵向可比

为了便于投资者等财务报告使用者了解企业财务状况、经营成果和现金流量的变化趋势，比较企业在不同时期的财务报告信息，全面、客观地评价过去、预测未来，从而做出决策，会计信息质量的可比性要求同一企业不同时期发生的相同或者相似的交易或者事项，应当采用一致的会计政策，不得随意变更。但是，满足会计信息可比性要求，并非表明企业不得变更会计政策，如果按照规定或者在会计政策变更后可以提供更可靠、更相关的会计信息的，可以变更会计政策。有关会计政策变更的情况，应当在附注中予以说明。

(二)不同企业相同会计期间可比，即横向可比

为了便于投资者等财务报告使用者评价不同企业的财务状况、经营成果和现金流量及其变动情况，会计信息质量的可比性要求不同企业同一会计期间发生的相同或者相似的交易或者事项，应当采用规定的会计政策，确保会计信息口径一致、相互可比，以使不同企业按照一致的确认、计量和报告要求提供有关会计信息。

五、实质重于形式原则

实质重于形式原则，是指企业应当按照以交易或事项的经济实质进行会计确认、计量和报告，而不应仅以交易或事项的法律形式作为依据(参见《企业会计准则——基本准则》第16条规定)。

这里所讲的“形式”是指法律形式，“实质”是指经济实质。有时，经济业务的外在法律形式并不能真实反映其实质内容。为了真实反映企业的财务状况和经营成果，就不能仅仅根据经济业务的外在表现形式来进行核算，而要反映其经济实质。比如，相关法律可能写明商品的所有权已经转移给买方，但事实上卖方仍享有该资产的未来经济利益。如果不考虑经济实质，仅看其法律形式，就不能真实反映这笔业务对企业的影响。

六、重要性原则

重要性原则，是指企业提供的会计信息应当反映与企业财务状况、经营成果和现金流量等有关的所有重要交易或事项(参见《企业会计准则——基本准则》第17条规定)。

在此原则下，企业在选择会计方法和程序时，要考虑经济业务本身的性质和规模，根据特定的经济业务决策影响的大小，来选择合适的会计方法和程序。如果一笔经济业务的性质比较特殊，不单独反映就有可能遗漏一个重要事实，不利于所有者以及其他方面全面掌握该企业的情况，就应当严格核算、单独反映、提请注意；反之，如果一笔经济业务与通常发生的经济业务没有特殊之处，不单独反映，也不至于隐瞒什么事实，就不需要单独反映和提示，并且如果一笔经济业务的金额在收入、费用或资产总额中所占的比重很小，就可以采用较为简单的方法和程序进行核算，甚至不一定严格采用规定的会计方法和程序；再反之，如果金额在收入、费用或资产总额中所占的比重较大，就应当严格按照规定的会计方法和程序进行。

重要性原则与会计信息成本效益直接相关。坚持重要性原则，就能够使提供会计信息的收益大于成本。对于那些不重要的项目，如果也采用严格的会计程序，分别核算，分项反映，就会导致会计信息成本高于收益。

在评价某些项目重要性时，很大程度上取决于会计人员的职业判断。一般来说，应当从质和量两个方面来进行分析。从性质来说，当某一事项有可能对决策产生一定影响时，就属于重要项目；从数量方面来说，当某一项目的数量达到一定规模时，就可能对决策产生影响。

七、谨慎性原则

谨慎性原则又称稳健性原则，是指企业对交易或事项进行确认、计量和报告应当保持应有的谨慎，即在存在不确定因素的情况下做出判断时，不应高估资产或者收益、低估负债或者费用(参见《企业会计准则——基本准则》第 18 条规定)。

对于可能发生的损失和费用，应当加以合理估计。企业经营存在风险，实施谨慎性原则，对存在的风险加以合理估计，就能在风险实际发生之前化解风险，并防范风险，有利于企业做出正确的经营决策，有利于保护所有者和债权人的利益，有利于提高企业在市场上的竞争力。比如，在存货、有价证券等资产的市价低于成本时，相应地减计资产的账面价值，并将减计金额计入当期损益，体现了谨慎性原则，体现了谨慎性原则对历史成本原则的修正。当然，谨慎性原则并不意味着可以任意提取各种准备，否则，就属于谨慎性原则的滥用。

八、及时性原则

及时性原则，是指企业对于已经发生的交易或事项，应当及时进行会计确认、计量和报告，不得提前或延后(参见《企业会计准则——基本准则》第 19 条规定)。

会计信息具有时效性，才能满足经济决策的及时需要，信息才有价值，所以为了实现会计目标，就必须遵循会计信息有效性。

根据及时性原则，要求及时收集会计数据，在经济业务发生后，应及时取得有关凭证；对会计数据及时进行处理，及时编制财务报告；将会计信息及时传递，按规定的时限提供给有关方面。

提示：可靠性、相关性、可理解性和可比性是会计信息的首要质量要求，是企业财务报告中所提供会计信息应具备的首要质量特征；实质重于形式、重要性、谨慎性和及时性是会计信息的次级质量要求，是对可靠性、相关性、可理解性和可比性等首要质量要求的补充和完善，尤其是在对某些特殊交易或者事项进行处理时，需要根据这些质量要求来把握其会计处理原则。另外，及时性还是会计信息相关性和客观性的制约因素，企业需要在相关性和可靠性之间寻求一种平衡，以确定信息及时披露的时间。

任务五　会计的任务与方法

任务课件

会计的任务是指会计在经济管理中所担负的职责，它是会计目标的具体化，取决于会计的职能和经济管理的要求，并受会计对象的特点制约。会计的方法是指用来反映和监督会计对象、完成会计任务的技术和手段，它取决于会计对象的特点、会计原则和任务。

一、会计的任务

会计是经济管理的重要组成部分，其任务与整个经济管理的任务是分不开的，但会计只能完成与其有关的那部分任务，而不能超越这个范围。企业和行政、事业等单位会计的具体任务可以概括为以下三个方面：

(1)核算和监督经济活动，提供会计信息，加强经济管理以制定经济决策。这就要求会计运用专门的方法，对企业的经济活动进行反映和监督，及时提供会计信息。

提高经济效益是经济管理的基本要求。这就要求会计必须正确地反映和监督各种财产物资的增减变化情况，开展对经济活动的分析和检查，揭示经济管理中存在的问题及其产生的原因，协助有关部门加强经济管理，提高经济效益。

(2)核算和监督财经法律、法规、政策、制度的执行情况，维护财经纪律。财经法律、法规、政策、制度体现了国家宏观经济管理的要求，也是各单位进行经济活动的规范。会计在反映经济活动的同时，还应当以有关的财经法律、法规、政策和制度为依据，对经济活动的合法性、合规性实行必要的监督，以维护财经纪律。

(3)充分利用会计信息及其他有关资料，预测经济前景，参与经济决策。决策始终是经济管理中的关键问题，科学决策也是现代企业管理的基本要求。会计工作应当从单纯报账型向管理型转变，要充分发挥会计的预测、决策、计划、考核职能，分析经济情况，预测经济前景，参与经济决策，控制经济过程，监督经济活动，考核经济效益，从而使会计工作在规划未来经济活动中发挥更大的作用。

上述各项任务是互相联系、互为补充的。只有全面实现各项任务，才能充分发挥会计在经济管理中的作用。

二、会计的方法

会计要发挥其职能，完成其任务，就必须运用一系列专门的方法。会计方法包括会计核算方法、会计分析方法、会计检查方法、会计预测和决策方法等。在这些方法中，会计核算方法是基础，本书重点介绍会计核算方法(会计的其他方法在相关课程中会有介绍)。

会计核算方法，是对会计对象进行完整、连续和系统地反映和监督，为信息使用者提供有用的会计信息而应用的方法。广义的会计核算方法不仅包括会计核算的基本程序、步骤，还包括对经济业务进行确认、计量的具体方法，如折旧方法、坏账准备计提方法等。在此仅介绍狭义的会计核算方法，即会计核算的基本程序、步骤。会计核算的基本方法主要有以下七种：

(一)设置账户

设置账户，是对会计对象的具体内容进行分类反映和监督的一种方法。设置账户就是事先设置会计科目，然后根据会计科目在账簿中开立户头，分类地、连续地记录各项经济业务。设置账户对于正确运用填制和审核凭证、登记账簿和编制财务报告等核算方法都具有重要的意义。

（二）复式记账

复式记账，是指对每项经济业务都要以相等的金额在两个或两个以上相互联系的账户中登记的一种方法。采用复式记账，可以全面地、系统地反映经济业务的来龙去脉，也可以检查账务处理的正确性。

（三）填制和审核会计凭证

经济业务的发生，都要按照实际执行和完成情况填制或取得原始凭证，经审核无误后据以填制记账凭证，记账凭证经过审核无误后才能作为记账的依据。填制和审核凭证不仅为账簿记录提供真实、可靠的依据，也是实行会计监督的一个重要方面。

（四）登记账簿

登记账簿，是根据会计凭证，在账簿上连续地、系统地、完整地记录经济业务的一种方法。按照复式记账的方法和程序登记账簿并定期进行对账、结账，既可以为经济管理提供系统的数据资料，又为编制财务报告提供依据。

（五）成本计算

成本计算，是指按照一定的成本对象，对生产经营过程中所发生的成本、费用进行归集和分配，以确定各对象总成本和单位成本的一种方法。通过成本计算，可以确定存货的采购成本、产品的生产成本和销售成本等，反映和监督生产经营过程中发生的各项费用是节约或超支，并据以确定企业经营损益。因此，成本计算对于企业经营管理和提高经济效益具有特别重要的意义。

（六）财产清查

财产清查，是对各项财产物资进行盘点核对以及对各项往来款项进行查询、核对，以保证账实、账账相符的一种方法。通过财产清查，可以查明各项财产物资、往来款项的实有情况，可以监督财产物资的安全与合理使用，既可以保证账实、账账相符，也有利于加强经济管理。

（七）编制财务报告

编制财务报告（又称会计报表）是产生并提供会计信息的一种方法。财务报告是反映特定单位财务状况、经营成果和现金流量的总结性书面文件，包括财务报表及其附注和其他相关信息与资料。它是按照信息使用者的要求和会计制度，对账簿数据进行加工整理编制而成的。企业应当定期向投资者、债权人、有关的政府部门以及其他信息使用者提供财务报告。

会计核算的七种专门方法是相互联系、密切配合的一个科学完整的方法体系。企业日常发生的各项经济业务，首先要填制和审核会计凭证；然后按照规定的账户，运用复式记账法记入有关账簿；对于经营过程中发生的各项费用，应当进行成本计算；期末通过财产清查，保证账证相符、账账相符和账实相符；最后根据账簿记录编制会计报表。填制和审核会计凭证、登记账簿、编制会计报表是会计核算工作的三大环节，构成一个会计循环。在实际会计工作中，必须遵循科学的会计核算工作程序，才能取得事半功倍的效果。会计核算方法的构成及其关系如图 1－2 所示。

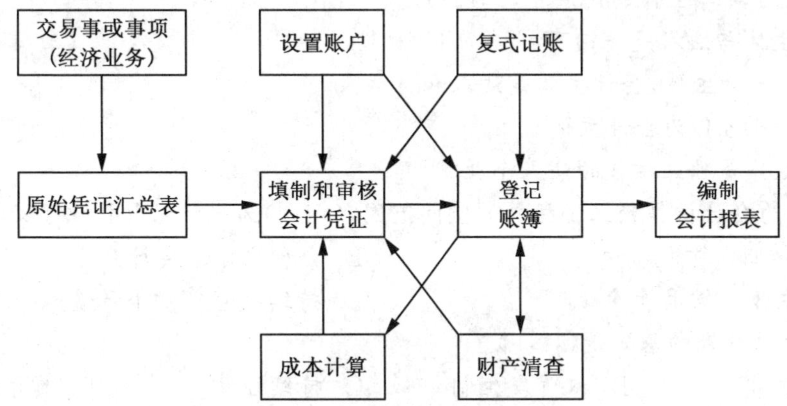

图1—2　会计核算方法的构成及其关系

案例提示1—4

【案例应用1—4】　　孔子与会计

背景与情境：孔子在少年时代，因为门第衰落、家事贫贱，曾经做过鲁国季氏的家臣，是季氏手下管理仓库财务出入及家畜放牧的一个小官，后来孔子为官也一直与管理国家财政经济有关。所以，孔子对理财和会计之事有实际体会。据《孟子》记载："孔子尝为委吏矣，曰：会计当而已矣。"孔子根据他主管仓库会计的实际体会，把会计工作的要害归结于"当"字之上。"当"的概念是多方面的，孔子这里所讲的"当"，其意义主要有三点：一是讲在会计工作中对于经济收支事项要遵循财制，处理得当。二是讲会计事项的计算和记录要正确。三是从统治者方面讲，要善于选择合格、适当的会计人才。孔子的这番经验之谈对今天的会计工作来讲也是有借鉴意义的。

问题："当"的概念对现代会计建设有何意义？

应知考核

一、单项选择题

1. 会计对象是企业再生产过程中的(　　)。

A. 实物运动　　B. 资产　　C. 资金运动　　D. 收入

2. 会计的基本职能是(　　)。

A. 预测和决策　　B. 核算和监督

C. 管理生产经济活动　　D. 分析和考核

3. 下面关于会计职能的说法中，错误的是(　　)。

A. 会计核算与监督是会计的两大职能，它们之间是辩证统一的关系

B. 会计监督是会计核算的基础，没有监督，会计核算很难提供真实的会计信息

C. 会计还具有参与经济决策、评价经营业绩的职能

D. 会计监督是会计核算质量的保障，会计核算是会计监督的基础

4. 下列方法中，(　　)体现谨慎性原则的要求。

A. 计提坏账准备　　B. 计提折旧

C. 提取盈余公积　　D. 预收账款

5. 下面关于会计主体的说法中，正确的是(　　)。

A. 会计主体与法人是一回事

B. 法人是会计主体，会计主体是法人和自然人

C. 合伙企业可作为会计主体

D. 会计主体是独立核算的法人企业

6.(　　)为会计核算确立了核算的空间范围，(　　)为会计核算提供了必要手段。

A. 会计分期　货币计量　　B. 会计主体　会计分期

C. 会计主体　货币计量　　D. 持续经营　货币计量

7. 企业会计分期的基础是(　　)。

A. 会计主体　　B. 权责发生制　　C. 持续经营　　D. 货币计量

8. 会计核算应当遵循(　　)的要求，合理核算可能发生的损失和费用。

A. 谨慎性原则　　B. 配比原则

C. 重要性原则　　D. 权责发生制原则

9.2019 年 9 月 20 日采用赊销方式销售产品 50 000 元，12 月 25 日收到货款并存入银行。按收付实现制核算时，该项收入应属于(　　)。

A. 2019 年 9 月　　B. 2019 年 10 月

C. 2019 年 11 月　　D. 2019 年 12 月

10. 2019 年 3 月 20 日采用赊销方式销售产品 60 000 元，6 月 20 日收到货款并存入银行。按权责发生制核算时，该项收入应属于(　　)。

A. 2019 年 3 月　　B. 2019 年 4 月

C. 2019 年 5 月　　D. 2019 年 6 月

二、多项选择题

1. 会计的基本假设是(　　)。

A. 会计主体　　B. 持续经营

C. 核算与监督　　D. 货币计量

2. 下列关于会计职能的表述中，正确的有(　　)。

A. 核算和监督是会计的基本职能

B. 会计核算是会计监督的前提

C. 会计监督是会计核算的保障

D. 会计的核算职能和监督职能相辅相成、不可分割

3. 会计的方法是从会计实践中总结出来的，主要包括(　　)。

A. 会计核算方法　　B. 会计检查方法

C. 会计分析方法　　D. 会计记账方法

4. 会计核算的专门方法主要有(　　)。

A. 设置会计科目与账户　　B. 编制会计报表

C. 填制和审核会计凭证　　D. 登记账簿

5. 在会计核算方法体系中，(　　)三大环节构成一个会计循环。

A. 设置账户　　B. 填制和审核会计凭证

C. 登记账簿　　　　　　　　　　　　　　D. 编制会计报表

6. 会计期间包括(　　)。

A. 年度　　　　　B. 半年度　　　　　C. 月度　　　　　D. 季度

7. 下列项目中属于会计信息质量要求的有(　　)。

A. 可理解性　　　B. 及时性　　　　　C. 可比性　　　　D. 谨慎性

8. 根据权责发生制,应计入本期损益的有(　　)。

A. 本期实现收入并已入账　　　　　　　B. 本期实现收入尚未入账

C. 属于本期的费用但尚未支付　　　　　D. 本期已支付属于以后各期的费用

9. 下列说法中正确的是(　　)。

A. 会计人员只能核算和监督所在主体的经济业务,不能核算和监督其他主体的经济业务

B. 会计主体可以是企业中的一个特定部分,也可以是几个企业组成的企业集团

C. 会计主体一定是法律主体

D. 会计主体假设界定了从事会计工作和提供会计信息的空间范围

10. 下列说法中正确的是(　　)。

A. 会计核算过程中采用货币为主要计量单位

B. 我国企业的会计核算只能以人民币为记账本位币

C. 业务收支以外币为主的单位可以选择某种外币为记账本位币

D. 在境外设立的中国企业向国内报送的财务报告,应当折算为人民币

三、判断题

1. 在我国境内设立的企业,会计核算都必须以人民币作为记账本位币。(　　)

2. 会计核算是会计监督的基础,会计监督是会计核算的继续。(　　)

3. 会计的职能只有两个,即会计核算与会计监督。(　　)

4. 企业在一定会计期间内所发生的一切经济活动都构成会计核算的对象。(　　)

5. 会计主体不同于法律主体。法律主体一般是会计主体,但会计主体不一定是法律主体。(　　)

6. 会计主体假设为会计核算规定了时间范围。(　　)

7. 明确会计主体的作用在于界定不同会计主体会计核算的空间范围。(　　)

8. 会计核算上所使用的一系列会计原则和会计处理方法都是建立在会计主体持续经营前提的基础上的。(　　)

9. 谨慎性就是要求在会计核算中尽量低估企业的资产、负债、收益和费用。(　　)

10. 实质重于形式是指企业应当按照交易或事项的经济实质进行会计核算,而不能以其法律形式作为会计核算的依据。(　　)

四、简述题

1. 简述会计的概念与特点。

2. 简述会计的职能及其之间的关系。

3. 简述权责发生制和收付实现制。

4. 简述会计的基本假设和会计信息质量特征。

5. 简述会计核算的方法。

应会考核

■业务考核

【考核项目】

会计基本假设。

【背景资料】

会计货币计量假设案例分析报告

某市H股份有限公司系合资企业，生产的产品既在国内销售，又销往欧盟。随着业务的不断拓展，外销业务规模不断扩大，到2019年10月，外销业务占公司全部业务量的80%以上，而且主要集中在德国等欧盟国家，财务部门考虑业务收入主要来自德国等欧元区国家，而且每天按外汇牌价折算成人民币非常烦琐，于是向董事会提出会计核算由人民币改为以欧元为记账本位币。

【考核要求】

根据上述背景资料，分析问题：

1. 该公司财务部门向董事会的提议是否正确？

2. 该公司财务部门的提议是建立在什么基础上的？如何理解？

3. 假设该公司改用欧元为记账本位币进行日常核算后，还应注意什么问题？你能给出好的建议吗？

■技能考核

【考核项目】

权责发生制和收付实现制下收入和费用的确定。

【背景资料】

中山公司2019年9月发生了下列7笔经济业务，如表1—2所示，分别按权责发生制和收付实现制计算该公司本期的收入和费用。

表1—2 权责发生制和收付实现制

经济业务内容	权责发生制		收付实现制	
	收入	费用	收入	费用
1. 购买办公用品500元，现金付讫				
2. 销售甲商品30 000元，尚未收款				
3. 采购员预借差旅费，支付现金1 500元				
4. 预付购料款，开出支票10 000元				
5. 收到外单位归还上个月的欠款40 000元存入银行				
6. 计提本月借款利息2 000元				
7. 销售乙商品64 000元，对方以转账支票支付60 000元，其余尚欠				
合　计				

（注：企业必须按照权责发生制确认收入和费用，此题只是为了让学生对比权责发生制和收付实现制两

种会计核算基础的差别。)

【考核要求】

根据所给资料,认真判断,并将结果填入上表。

■综合实务

持续经营能力的判断——深圳大华天诚会计师事务所与“ST 中华”

背景与情境:从 2001 年起,“ST 中华”一直保持接近 20 亿元的负资产,或者说连续三年严重资不抵债。这足以引起注册会计师对公司是否仍具有持续经营能力产生警惕。遗憾的是,深圳大华天诚会计师事务所依然对该公司年报出具了标准无保留意见的审计报告。

依据公开信息,在《独立审计具体准则第 17 号——持续经营》第 7 条中列示的可能导致对被审计单位持续经营能力产生重大疑虑的事项或情况中,“ST 中华”至少涉及其中 6 项,具体包括:①无法偿还到期债务。表现为:一方面,公司存在大量还款诉讼;另一方面,因公司资金短缺,账面反映有账龄超过 3 年的大额应付账款 1.26 亿元、大额其他应付款 1.17 亿元尚未偿还。②经营性亏损数额巨大。2003 年年末,“ST 中华”的未分配利润为－24.87 亿元。③资不抵债。如上文所述,截至 2003 年 12 月 31 日,公司的所有者权益为－16.85 亿元。④营运资金出现负数。根据“ST 中华”2003 年资产负债表列示,公司流动资产(143 670 834.23 元)减去流动负债(1 098 944 171.77 元)后的余额为－9.55 亿元。⑤经营活动产生的现金流量净额为负数。公司 2003 年度现金流量表显示,经营活动产生的现金流量净额为－14 022 030.58元。同时,截至 2003 年年末,公司共有 9 宗劳资纠纷案,案由为 135 名员工起诉公司拖欠工资及养老保险金等纠纷,涉案金额 107 万元,公司报告称上述纠纷案正在执行中。此外,“ST 中华”还存在有下属 7 家控股子公司停止经营,并已对其投资全额计提减值准备等情况。

要求:请根据背景与情境在下列题目中填入适当选项。

1. 会计核算的基本前提又称会计假设,其内容包括(　　)。

A. 会计主体　B. 持续经营　C. 会计分期　D. 货币计量

2. 会计分期假设、实际成本计价、权责发生制、配比性原则等都是以(　　)为假设前提的。

A. 会计主体　B. 持续经营　C. 会计分期　D. 货币计量

3. 根据资料信息,“ST 中华”的持续经营能力存在重大疑虑,是因为(　　)。

A. 无法偿还到期债务　B. 资不抵债

C. 累计经营性亏损数额巨大　D. 营运资金出现负数

4. 深圳大华天诚会计师事务所对“ST 中华”年报出具了标准无保留意见审计报告,其结果是(　　)。

A. 职业判断准确　B. 职业不判断准确

C. 该审计报告是不值得信任　D. 影响了投资者利益

5. 从这个案例,我们可以看到失去(　　)作为前提,会计核算就变得毫无意义。

A. 会计职业判断　B. 会计假设

C. 投资者约束　D. 投资者风险意识

项目实训

【实训项目】

会计的职能。

【实训情境】

中山公司 2019 年 6 月 1 日发生表 1—3 中的 8 笔经济活动。

表 1—3 经济活动

经济活动内容	属　于	不属于
1. 人力资源部长报销差旅费 1 500 元		
2. 总经理与供货商会面,就第四季度材料供应签订意向书		
3. 支付媒体广告费 50 000 元		
4. 仓库将采购的原材料验收入库,总价值 100 000 元		
5. 董事会研究决定初步达成向 A 企业投资意向		
6. 收到销售款 12 000 元存入银行		
7. 销售部门收到订单,合计金额 150 000 元		
8. 供应部门签订一项购货合同		

【实训要求】

请判断哪些属于会计核算和监督的内容,哪些不是。将判断结果填入上表。

(提示:在多种多样的经济活动中,会计只能核算和监督其中能用货币表现的。)

项目二

会计科目和账户

○ **知识目标：**

理解：会计要素的概念、特点及其内容；常用会计科目。

熟知：会计科目设置的意义、原则和分类；会计要素的确认条件及分类。

掌握：会计等式，并理解经济业务的发生对会计等式的影响；会计要素的确认与计量；账户的基本结构及账户金额间的关系。

○ **技能目标：**

能够区分会计六大要素；能够区分经济业务对会计等式的影响；能够对会计科目和账户进行恰当分类；能够计算账户余额及本期发生额；能够通晓会计对象、会计要素、会计科目和账户之间的联系与区别。

○ **素质目标：**

能够通过对会计要素、会计等式的理解，了解其在现实经济生活中的意义和作用，为进一步掌握会计方法和会计技能打好基础。运用“会计科目和账户”的理论与实务知识研究相关案例，培养和提高学生在特定业务情境中分析问题与决策设计的能力，分析会计行为的善恶，强化学生的职业道德素质。

○ **项目引例：**

合理明确会计要素

背景与情境A：张明和王亮大学毕业后每人各出资500 000元，成立明亮家具有限公司，此时公司有了1 000 000元启动资金，但根据张明和王亮对公司的规划，1 000 000元资金还是不够，于是以公司的名义取得银行借款600 000元。在第一年的生产经营中，公司消耗掉800 000元资金，取得1 000 000元收入。

背景与情境B：明亮家具有限公司成立后，先将取得的张明和王亮的出资以及取得的银行借款全部存入银行，共1 600 000元，之后由于生产经营的需要陆续以银行存款500 000元购买生产设备，银行存款200 000元购买各种原材料，耗用80 000元原材料生产家具。

引例导学：

1. 明亮家具有限公司在张明和王亮出资并取得借款后，拥有的资金是多少？是否应该分清这些资金的来源？公司对这些不同来源的资金拥有怎样的权利或承担怎样的义务？

2. 公司经过第一年的经营后，资金总额发生何种变化？发生这种变化的原因是什么？

3. 作为公司的会计人员，王华应如何通过账簿记录数据回答以上问题？

4. 会计人员王华怎样才能核算清楚公司的各种资产？

○ **知识准备：**

任务一　会计要素

任务课件

一、会计要素的概念

所谓会计要素，就是为了便于会计核算，按其经济特征对会计对象所做的进一步的分类。它不仅有利于对不同经济类别进行确认、计量、记录和报告，而且可以为建立会计科目和设计会计报表提供依据。

凡是与价值运动有关的经济活动，都构成会计要素的内容；凡是与价值运动无关的经济活动，则不属于会计要素的内容。

会计要素是对会计对象的基本分类，是会计对象的具体化。

知识链接：《企业会计准则——基本准则》第10条规定：企业应当按照交易或者事项的经济特征确定会计要素。

会计要素包括资产、负债、所有者权益、收入、费用、利润。这六大会计要素可以划分为两大类，即反映财务状况的会计要素和反映经营成果的会计要素。其中，资产、负债和所有者权益是反映企业在一定时点上（月末、季末、半年末、年末）财务状况的会计要素，又称为静态会计要素。收入、费用和利润是主要反映企业在一定期间（月度、季度、半年度、年度）资金运动的经营成果的会计要素，又称为动态会计要素。会计要素的界定和分类为财务报告使用者提供了更加详细、有用的信息。

机关事业单位的会计要素由资产、负债、净资产、收入和支出五项构成。其中，前三项反映单位资金收支活动的静态表现，后两项反映资金收支活动的动态表现。

会计要素的构成如图2－1所示：

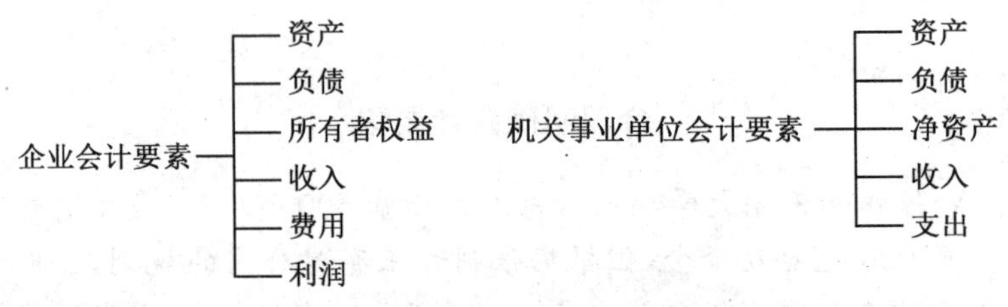

图2－1　会计要素的构成

二、会计要素的内容

（一）静态会计要素

所谓静态会计要素，是指资金相对静止状态下的表现形式，具体表现为资产、负债和所有者权益三要素。

1. 资产

所谓资产，是指过去的交易、事项形成的，由企业拥有或控制的，预期会给企业带来经济利益的资源，包括各种财产、债权和其他权利。

资产具有如下基本特征：

第一，资产是由过去交易或者事项形成的。

知识链接：《企业会计准则——基本准则》第 20 条规定：企业过去的交易或者事项包括购买、生产、建造行为或其他交易或者事项。

预期在未来发生的交易或者事项不形成资产。资产必须是现实的资产，不能是预期的资产。未来交易或事项以及未发生的交易或事项可能产生的结果，不属于现在的资产，不得作为资产确认。

第二，资产是企业拥有或控制的。

知识链接：《企业会计准则——基本准则》第 20 条规定：由企业拥有或者控制，是指企业享有某项资源的所有权，或者虽然不享有某项资源的所有权，但该资源能被企业所控制。

例如融资租入固定资产，按照实质重于形式原则的要求，就应当作为企业资产予以确认。

第三，资产能够给企业带来未来经济利益。

知识链接：《企业会计准则——基本准则》第 20 条规定：预期会给企业带来经济利益，是指直接或者间接导致现金和现金等价物流入企业的潜力。一旦不能为企业带来经济利益，则不能确认为资产。

知识链接：《企业会计准则——基本准则》第 21 条规定：符合本准则第 20 条规定的资产定义的资源，在同时满足以下条件时，确认为资产：(一)与该资源有关的经济利益很可能流入企业；(二)该资源的成本或者价值能够可靠地计量。第 22 条规定：符合资产定义和资产确认条件的项目，应当列入资产负债表；符合资产定义、但不符合资产确认条件的项目，不应当列入资产负债表。

资产按流动性可分为流动资产和非流动资产，如图 2—2 所示：

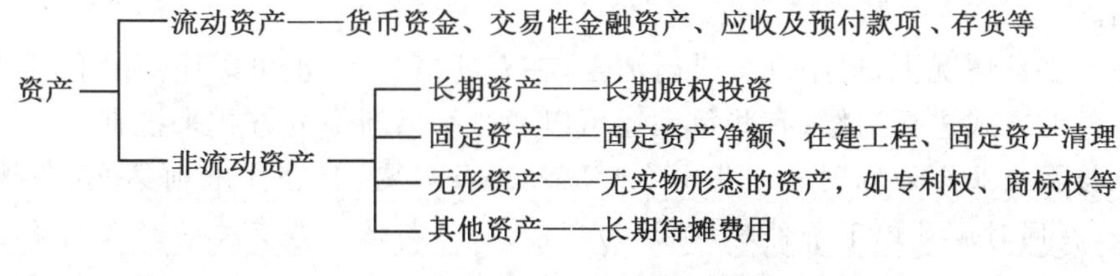

图 2—2　资产按流动性分类

(1)流动资产是指可以在一年或超过一年的一个营业周期内变现、出售或耗用的资产，主要包括货币资金、交易性金融资产、应收及预付款项、存货等。

交易性金融资产是指为了在近期内出售而持有的金融资产，包括股票、债券、基金等。

应收及预付款项是指企业在日常生产经营过程中发生的各项债权，包括应收票据、应收账款、其他应收款和预付账款等。

存货是指企业在日常的生产经营过程中持有以备出售，或者仍然处在生产过程中将要消耗的各种材料或物料，包括商品、产成品、半成品、在产品以及各种材料等。

(2)非流动资产是指流动资产以外的资产，主要包括长期资产(长期股权投资)、固定资产、无形资产等。

长期股权投资是指企业持有的对其子公司、合营企业及联营企业的权益性投资以及企业持有的对被投资单位不具有控制、共同控制或重大影响，并且在活跃市场中没有报价、公允价值不能可靠计量的权益性资产。

固定资产是指使用年限超过一年的房屋、建筑物、机器设备、运输设备以及其他与生产经营有关的设备、器具等。不属于生产经营主要设备的物品，单位价值在 2 000 元以上，并且使用年限超过两年的，也应当作为固定资产。

无形资产是指企业拥有或者控制的没有实物形态的可辨认非货币性资产，包括专利权、商标权、著作权、土地使用权等。

【案例应用 2－1】　　资产要素的确认

案例提示 2－1

背景与情境：某企业 8 月份与销售方签订购买一台设备的合同，但该台设备实际是在 10 月份购买的。该企业还采用融资租赁方式租入机器设备一台。企业库存的一批材料因水灾而发生了损毁。

问题：上述设备和库存材料是否属于该企业的资产？为什么？

2. 负债

所谓负债，是指企业过去的交易或事项形成的，预期会导致经济利益流出企业的现时义务。

负债具有如下基本特征：

第一，负债是由于过去交易或事项所形成的当前的债务。企业预期在将来要发生的交易或事项可能产生的债务，不能作为负债确认。

第二，负债是企业承担的现时义务。

知识链接：《企业会计准则——基本准则》第 23 条规定：现时义务是指企业在现行条件下已承担的义务。未来发生的交易或者事项形成的义务，不属于现时义务，不应当确认为负债。

第三，负债需要企业在将来以转移资产或提供劳务加以清偿，因而会导致企业未来经济利益的流出。

负债在大多数情况下，要用现金进行清偿；在有的情况下，也可以用商品和其他资产或者通过提供劳务的方式进行清偿；有些负债还可以通过举借新债的方式来抵补。

知识链接：《企业会计准则——基本准则》第 24 条规定：符合本准则第 23 条规定的负债定义的义务，在同时满足以下条件时，确认为负债：（一）与该义务有关的经济利益很可能流出企业；（二）未来流出的经济利益的金额能够可靠地计量。第 25 条规定，符合负债定义和负债确认条件的项目，应当列入资产负债表；符合负债定义、但不符合负债确认条件的项目，不应当列入资产负债表。

负债按照其流动性，可以分为流动负债和非流动负债，如图 2－3 所示：

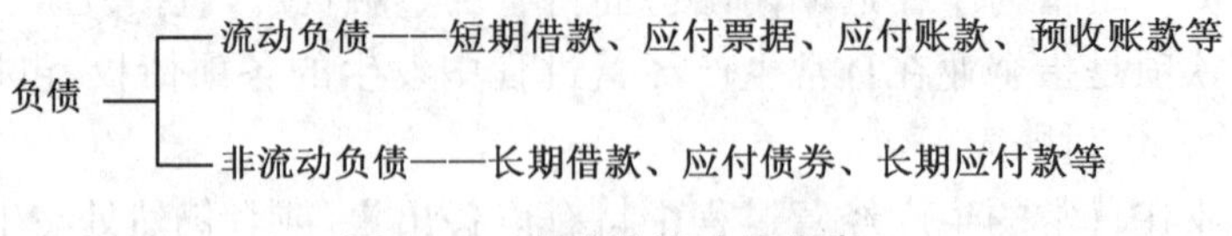

图 2－3　负债按流动性分类

（1）流动负债是指企业将在一年或超过一年的一个营业周期内清偿的债务，主要包括短期借款、应付票据、应付账款、预收账款、应付职工薪酬、应交税费、应付利息、应付股利、其他应付款和一年内到期的长期借款等。

（2）非流动负债是指偿还期限在一年或超过一年的一个营业周期以上的债务，主要包括长期借款、应付债券、长期应付款等。

【案例应用 2－2】　　负债要素的确认

案例提示 2－2

背景与情境：ABC 公司 2019 年底有关情况如下：（1）2019 年 1 月 5 日向银行借入的一年期借款 100 万元，将要到期，尚未偿还；（2）2019 年 5 月从甲公司购入商品一批，价款 156 万元，货款尚未支付；（3）2019 年 10 月，乙公司向法院起诉本公司，要求赔偿 20 万元，法院尚未审理宣判；（4）2019 年 10 月公司财务处做出 2019 年银行借款计划，计划向银行借款 500 万元；（5）2019 年 11 月应向职工发放工资 129 万元，因资金紧张，至年底尚未发放。

问题：上述哪些属于 ABC 公司 2019 年底的负债？哪些不属于？为什么？

3. 所有者权益

所谓所有者权益，是指企业资产扣除负债后由所有者享有的剩余权益。公司的所有者权益又称为股东权益。

提示：《企业会计准则第 30 号——财务报表列报》第 27 条规定：资产负债表中的所有者权益类至少应当单独列示反映下列信息的项目：实收资本（或股本）、资本公积、盈余公积、未分配利润。

所有者权益具有如下基本特征：

第一，除非发生减值、清算或分派现金股利，企业不需要偿还所有者权益（而负债负有偿还和支付利息的义务）。

第二，企业清算时，只有在清偿所有的负债后，所有者权益才返还给所有者（负债拥有优先清偿权）。

第三，所有者凭借所有者权益能够参与企业的利润分配（负债则不能参与利润分配）。

所有者权益的确认和计量，主要取决于资产、负债、收入、费用等其他会计要素的确认和计量。所有者权益即为企业的净资产，是企业资产总额中扣除债权人权益后的净额，反映所有者财富的净增加额。企业日常经营的好坏和资产负债的质量直接决定着企业所有者权益的增减变化和资本的保值增值。

所有者权益包括实收资本（或股本）、资本公积、盈余公积和未分配利润，如图 2－4 所示：

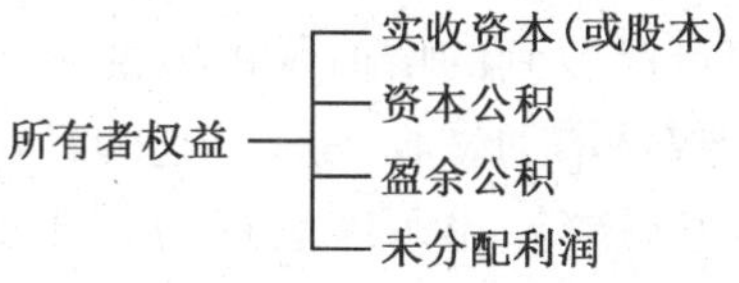

图 2－4　所有者权益的范围

（1）实收资本（或股本），是指投资者按照企业章程或合同、协议的约定，实际投入企业的资本。它是企业注册成立的基本条件之一，也是企业承担民事责任的财力保证。所有者向企业投入的资本，在一般情况下无须偿还，可以长期周转使用。

（2）资本公积，包括企业收到投资者投入的资金超过其在注册资本中或股本中所占份额的部分（资本溢价或股本溢价）以及直接计入所有者权益的利得和损失。资本公积可以按照规定的程序，转增资本或股本。

(3)盈余公积，是指企业从税后利润中提取的公积金，包括法定盈余公积、任意盈余公积。企业的法定盈余公积和任意盈余公积可以用于弥补亏损、扩大生产经营、转增资本(或股本)。符合规定条件的企业，可以用盈余公积分派现金股利。

(4)未分配利润，是指企业留待以后年度分配的利润或待分配利润。

知识链接:《企业会计准则——基本准则》第27条规定:所有者权益的来源包括所有者投入的资本、直接计入所有者权益的利得和损失、留存收益等。

实收资本(所有者投入的资本)是指投资人实际投入企业经营活动的各种财产物资的价值。直接计入所有者权益的利得和损失，是指不应计入当期损益、会导致所有者权益发生增减变动的、与所有者投入资本或者向所有者分配利润无关的利得或者损失，如资本溢价、股本溢价和其他资本公积等。利得是指由企业非日常活动所形成的、会导致所有者权益增加的、与所有者投入资本无关的经济利益的流入。损失是指由企业非日常活动所发生的、会导致所有者权益减少的、与向所有者分配利润无关的经济利益的流出。

知识链接:《企业会计准则——基本准则》第28条规定:所有者权益金额取决于资产和负债的计量。第29条规定:所有者权益项目应当列入资产负债表。

(二)动态会计要素

所谓动态会计要素，是指资金运动的动态表现，即资金的循环和周转，具体表现为收入、费用、利润三要素。

1. 收入

所谓收入，是指企业在日常活动中形成的、会导致所有者权益增加的与所有者投入资本无关的经济利益总流入。这种总流入表现为资产的增加或债务的清偿，最终会导致所有者权益增加。日常活动包括以下三种情况:销售商品、提供劳务和让渡资产使用权(出租、投资、贷出款项)。

收入具有如下基本特征:

第一，收入是企业在日常活动中形成的。日常活动，是指企业为完成其经营目标所从事的经常性的活动以及与之相关的活动。明确界定日常活动是为了将收入与利得相区分，因为企业非日常活动所形成的经济利益的流入不能确认为收入，而应当计入利得。

第二，收入会导致经济利益的流入。收入使企业资产增加或者负债减少，但这种经济利益的流入不包括由所有者投入资本的增加所引起的经济利益流入。收入不包括为第三方或者客户代收的款项，如企业销售产品收到的增值税销项税额。

第三，收入最终导致所有者权益增加。收入所引起的经济利益流入，可能表现为企业资产的增加，如增加银行存款、应收账款等;也可能表现为企业负债的减少，如以商品或劳务抵偿债务;或者两者兼而有之，如商品销售的货款中部分抵偿债务，部分收取现金。这里仅指收入本身导致的所有者权益的增加，而不是指收入扣除相关成本费用后的毛利对所有者权益的影响。

知识链接:《企业会计准则——基本准则》第31条规定:收入只有在经济利益很可能流入从而导致企业资产增加或者负债减少、且经济利益的流入额能够可靠计量时才能予以确认。第32条规定:符合收入定义和收入确认条件的项目，应当列入利润表。

收入的确认至少应当符合以下条件:①与收入相关的经济利益很可能流入企业;②经济利益流入企业的结果会引起资产的增加或负债的减少;③经济利益的流入额能够可靠计量。

收入一般包括主营业务收入和其他业务收入，如图 2—5 所示：

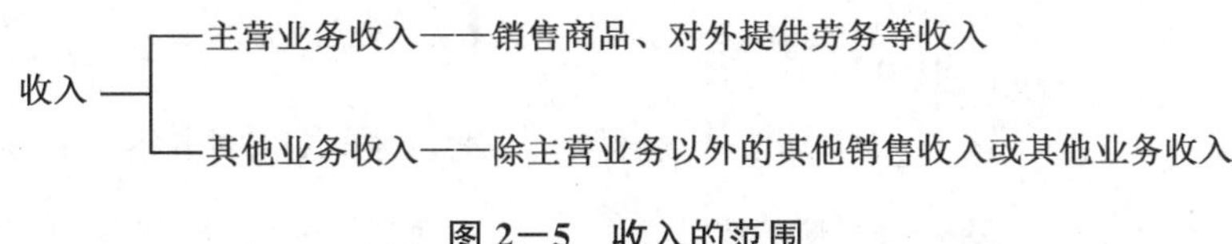

图 2—5　收入的范围

(1)主营业务收入一般是指营业执照注明的主营业务所取得的收入，如制造业企业主要有销售商品、对外提供劳务等所取得的收入。

(2)其他业务收入一般是指营业执照注明的兼营业务所取得的收入，如制造业企业主要有出售原材料、出租固定资产、出租包装物、出租无形资产等业务所取得的收入。

2. 费用

所谓费用，是指企业在日常活动中发生的、会导致所有者权益减少的、与向所有者分配利润无关的经济利益的总流出。

费用具有如下基本特征：

第一，费用是企业在日常活动中发生的经济利益的流出。费用是企业在日常活动中发生的经济利益的流出，而不是从偶发的交易或事项中发生的经济利益的流出。如企业发生的电话费、办公费等属于费用范畴；而企业因自然灾害发生的支出属于损失。

第二，费用可能表现为资产的减少，或负债的增加，或二者兼而有之。费用的发生形式多种多样，既可能表现为资产的减少，也可能使企业负债增加，还可能是二者的组合。但费用的发生与向所有者分配利润无关，企业向投资者分配利润属于所有者权益的抵减。

第三，费用最终能引起所有者权益的减少。费用是为赚取收入而发生的支出。在不考虑其他因素的情况下，费用始终是企业利润的扣除项目，从而也是净利润的扣除项目。因此，费用的发生必然导致所有者权益的减少。

知识链接：《企业会计准则——基本准则》第 34 条规定：费用只有在经济利益很可能流出从而导致企业资产减少或者负债增加、且经济利益的流出额能够可靠计量时才能予以确认。第 35 条规定：企业为生产产品、提供劳务等发生的可归属于产品成本、劳务成本等的费用，应当在确认产品销售收入、劳务收入等时，将已销售产品、已提供劳务的成本等计入当期损益。

企业发生的支出不产生经济利益的，或者即使能够产生经济利益但不符合或者不再符合资产确认条件的，应当在发生时确认为费用，计入当期损益。企业发生的交易或者事项导致其承担了一项负债而又不确认为一项资产的，应当在发生时确认为费用，计入当期损益。《企业会计准则——基本准则》第 36 条规定：符合费用定义和费用确认条件的项目，应当列入利润表。

费用的确认至少应当符合以下条件：①与费用相关的经济利益很可能流出企业；②经济利益流出企业的结果会导致资产的减少或负债的增加；③经济利益的流出额能够可靠计量。

费用按其是否形成产品成本可分为形成产品成本的成本费用和不形成产品成本的经营管理费用。成本费用又称生产费用，是指为产品生产所发生的应计入产品成本的费用，包括直接材料费用、直接人工费用和制造费用等；经营管理费用又称期间费用，是指与产品生产无直接关系，属于经营管理过程中发生的，不计入产品成本，直接计入当期损益的费用，包括管理费用、销售费用和财务费用。

费用按照与收入的配比关系可以分为营业成本和期间费用两大类，如图 2—6 所示：

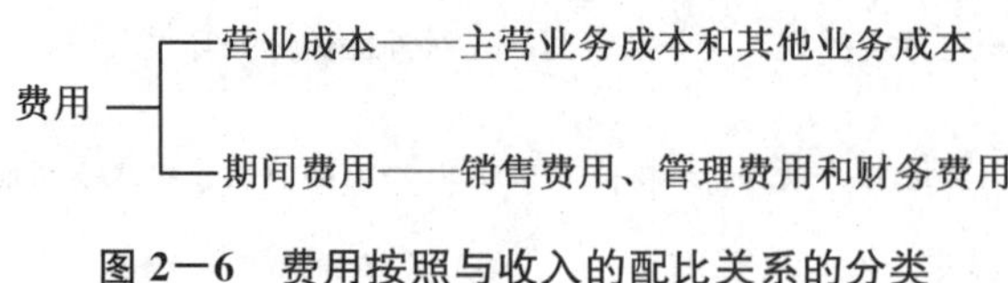

图 2—6 费用按照与收入的配比关系的分类

(1)营业成本是指企业所销售商品或者所提供劳务的成本。营业成本应当与所销售商品或者所提供劳务而取得的收入进行配比。营业成本又分为主营业务成本和其他业务成本，它们是与主营业务收入和其他业务收入相对应的。

(2)期间费用是指与会计期间相关，与产品生产无直接关系，不能直接或间接归入营业成本，而直接计入当期损益的各项费用。期间费用包括管理费用、销售费用和财务费用。

管理费用是指行政管理部门为组织和管理生产经营活动而发生的费用支出，如行政管理部门人员的工资费、福利费、固定资产折旧费、业务招待费、工会经费等。

销售费用是指企业在产品销售过程中所发生的各项费用，如运输费、包装费、广告费等。

财务费用是指企业为了筹集生产经营所需要的资金而发生的各项费用，如借款手续费、利息支出等。

3. 利润

利润是指企业在一定会计期间的经营成果。利润包括收入减去费用后的净额、直接计入当期利润的利得和损失等。通常情况下，如果企业实现了利润，表明企业的所有者权益将增加；如果发生了亏损，所有者权益将减少。利润是评价企业管理层业绩的指标之一，也是投资者等财务报告使用者进行决策时的重要参考。

利润的确认，反映的是收入减去费用、利得减去损失后的净额。利润的确认主要依赖于收入和费用以及利得和损失的确认，其金额的确定也主要取决于收入、费用、利得、损失金额的计量。

知识链接：《企业会计准则——基本准则》第 39 条规定：利润金额取决于收入和费用、直接计入当期利润的利得和损失金额的计量。第 40 条规定：利润项目应当列入利润表。

按照利润的配比方法和形成原因不同，利润可分为营业利润、利润总额和净利润。

(1)营业利润是指营业收入减去营业成本、税金及附加、销售费用、管理费用、财务费用、资产减值损失，加上公允价值变动收益(或减公允价值变动损失)和投资收益(或减投资损失)后的金额。

(2)利润总额是指营业利润加上营业外收入减去营业外支出后的金额，如图 2—7 所示：

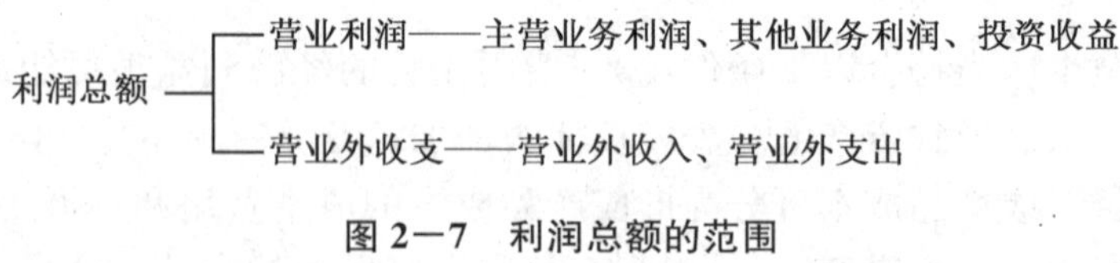

图 2—7 利润总额的范围

(3)净利润是指利润总额减去所得税费用后的金额。

营业利润＝营业收入－营业成本－税金及附加－管理费用－销售费用－财务费用

－资产减值损失＋公允价值变动净收益＋投资净收益

营业收入＝主营业务收入＋其他业务收入

营业成本＝主营业务成本＋其他业务成本

投资净收益＝投资收益－投资损失

公允价值变动净收益＝公允价值变动收益－公允价值变动损失

利润总额＝营业利润＋营业外收支净额

营业外收支净额＝营业外收入－营业外支出

净利润＝利润总额－所得税费用

会计要素项目分类如图 2－8 所示。

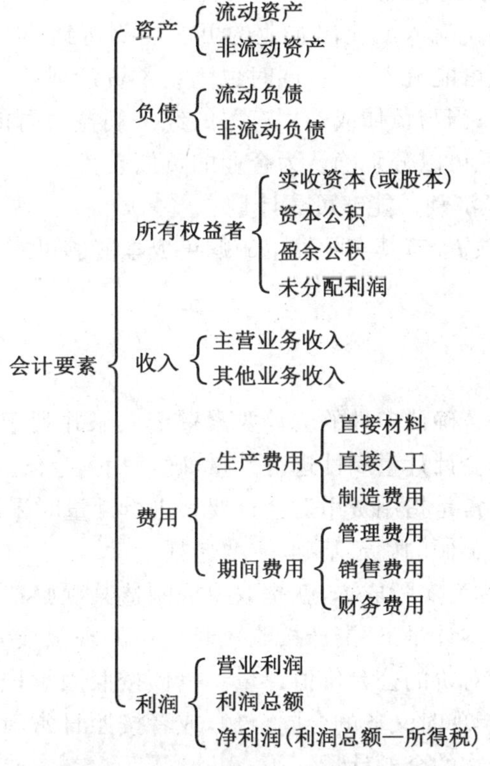

图 2－8　会计要素项目分类

【案例应用 2－3】　“诚实守信”——会计生命

案例提示 2－3

背景与情境：朱镕基同志在第 16 届世界会计师大会闭幕式上演讲时指出：“在现代市场经济中，会计师的执业准则和职业道德极为重要。诚信是市场经济的基石，也是会计执业机构和会计人员安身立命之本。”

问题：结合近年来国内外出现的会计造假事件，谈一谈对“诚信是市场经济的基石，是会计执业机构和会计人员安身立命之本”这句话的理解。

三、会计要素的确定与计量

企业会计的最终“产品”是提供财务会计报告，财务会计报告的具体组成项目就是会计要素，而在编制财务会计报告之前必须先按照一定的要求对会计要素进行确认和计量。

(一)会计要素的确认

会计确认是指将某一项目作为资产、负债、收入、费用等会计要素而加以确认的过程。确认主要解决某一项目应否确认、如何确认以及何时确认三个问题。

我国《企业会计准则——基本准则》中规定了会计要素的确认条件，具体包括以下内容：

1. 满足会计要素的定义要求

某一项目能否作为一项会计要素加以确认，必须要满足该项会计要素的定义。例如，将一项资源确认为企业资产必须符合资产的定义，而将一项债务确认为企业负债则必须满足负债的定义。

2. 与该项目有关的经济利益很可能流入或流出企业

“很可能”要求经济利益流入或流出企业的可能性要达到50%以上。例如，当与资产或者收入有关的经济利益很可能流入企业，同时也满足了资产或收入确认的其他条件时，就可以确认企业的资产或收入；当与负债或费用有关的经济利益很可能流出企业，同时也满足了会计确认的其他条件时，就可以分别确认为企业的负债或费用。

3. 与该项目有关的经济利益能够可靠计量

例如，企业购买的各项资产，其实际发生的购买成本能够可靠计量，就视为满足了资产确认的可计量的条件。

(二)会计要素的计量

1. 会计要素计量属性

会计计量是为了将符合确认条件的会计要素登记入账并列于财务报表而确定金额的过程。企业应当按照规定的会计计量属性进行计量，确定相关金额。

会计要素计量属性通常是指用货币对会计要素进行计量时采用的标准。从会计角度，计量属性反映的是会计要素金额的确定基础，主要包括：

(1)历史成本。它又称为实际成本，就是取得或制造某项财产物资时所实际支付的现金或现金等价物。在历史成本计量下，资产按购置时支付的现金或者现金等价物的金额，或者按照购置资产时所付出的对价的公允价值计量。负债按照因承担现时义务而实际收到的款项或者资产的金额，或承担现时义务的合同金额，或者按照日常活动中为偿还负债预期需要支付的现金或者现金等价物的金额计量。

(2)重置成本。它又称为现行成本，是指按照当前市场条件，重新取得同样一项资产所需支付的现金或现金等价物的金额。在重置成本计量下，资产按照现在购买相同或者相似资产所需要支付的现金或者现金等价物的金额计量。负债按照现在偿付该项债务所需要支付的现金或者现金等价物的金额计量。

(3)可变现净值。它是指在正常生产经营过程中，以预计售价减去进一步加工成本和销售所必需的预计税金、费用后的净值。在可变现净值计量下，资产按照其对外销售所能收到的现金或者现金等价物的金额扣减该资产至完工时估计将要发生的成本、估计的销售费用以及相关税费后的金额计量。

(4)现值。它是指对未来现金流量以恰当的折现率进行折现后的价值，是考虑货币时间价值因素等的一种计量属性。在现值计量下，资产按照预计从其持续使用和最终处置中所产生的未来净现金流入量的折现金额计量。负债按照预计期限内需要偿还的未来净现金流出量的折现金额计量。

(5)公允价值。它是指市场参与者在计量日发生的有序交易中，出售一项资产所能收到或者转移一项负债所需支付的价格。

2. 会计计量属性的选择

企业在对会计要素进行计量时，一般应当采用历史成本。采用重置成本、可变现净值、现值、公允价值计量的，应当保证所确定的会计要素金额能够取得并可靠计量。

任务二　会计等式

任务课件

所谓会计等式，也称会计恒等式，是运用数学平衡式描述会计对象的具体内容之间数量关系的表达式。

一、反映资产、负债、所有者权益三者关系的基本会计等式

资产＝负债＋所有者权益　　(1)

这是最基本的会计等式，通常称为第一会计等式或会计恒等式。它反映了企业在任一时点所拥有的资产以及债权人和所有者对企业资产要求权的基本状况，表明了资产与负债、所有者权益之间的基本关系。

企业为了从事生产经营活动，获取利润，必须拥有一定量的资产。企业所拥有的资产，均有其来源。为企业提供资金来源者，对企业的资产就具有求索权，比如，企业投资者有参与企业管理和分享企业利润的权利。在会计上称这种求索权为权益。权益是资产的提供者对企业资产具有的要求权。企业对其资产的提供者承担着满足其要求权的经济责任。

资产与权益反映了同一经济资源的两个不同方面：一方面是归会计主体所拥有或支配的各项资产；另一方面是经济资源提供者对资产的一系列要求的权益。资产表示企业拥有哪些经济资源，以及拥有多少。权益则表示资产的来源，即资产由谁提供、归谁所有。资产与权益是同一事物的两个方面，两者之间存在着相互依存、相互制约的关系。没有资产就没有权益，同样，没有权益也就没有资产，两者不能彼此脱离而各自独立存在。从数量方面来观察，一个企业有多少资产，就必定有多少权益；反之，有多少权益，也就必然有多少资产。从任何一个时点来观察，一个企业的资产总额必然等于权益总额。两者之间的这种数量关系可表述如下：

资产＝权益　　(2)

在现代企业中，筹集资金的方式除了投资者对企业的投资外，还有一种重要的筹资渠道就是举债。企业可以向银行等金融机构借款，也可以通过发行公司债券向社会公众借款。这些款项都有约定的支付期限，但在尚未到期偿还以前，企业可以周转使用，形成了购置企业资产的一项来源。凡是向企业提供借款的称为企业的债权人，企业为债务人。

企业所有者和债权人把资产投入企业，供企业在生产经营过程中使用，因而对企业的资产就享有一定的权利，包括在一定时间收回本金及获取投资报酬的权利等。这种权利在会计上统称为权益，其中属于债权人的权利称为债权人权益，属于所有者的权利称为所有者权益。

债权人权益和所有者权益虽然都是权益，但两者具有明显的区别。债权人将资产提供给企业后，一般要求企业到期偿还本金，并按规定的形式支付利息。所以，会计上将债权人权益

称为负债。所有者将资产提供给企业，供企业长期使用，并不规定偿付期限，也不规定应定期支付的投资报酬。投资的目的是希望分享企业的利润，获取较高的报酬。所有者权益在金额上等于所有者投入企业的资本和企业累积的利润，也就是企业的全部资产扣除全部负债后的余额，在会计上称为净资产，即所有者权益。

上述等式称为静态等式，也称为资产负债表会计等式，它反映了会计主体在某一时日资产与权益(负债和所有者权益)之间的恒等关系，是设置账户、复式记账、试算平衡、设计与编制资产负债表的理论依据。

企业在生产经营过程中发生的各种经济业务会引起各会计要素的增减变动，但无论怎样变动，都不会影响会计恒等式的平衡关系。下面通过具体的经济业务来说明其对会计恒等式的影响。

二、反映收入、费用和利润三者关系的基本会计等式

收入－费用＝利润　　(3)

这个会计等式是对会计基本等式的补充和发展，称为第二会计等式。它表明企业在一定会计期间经营成果与相应的收入和费用之间的关系，说明了企业利润的实现过程。企业的资产投入营运，取得营运收入，也发生耗费，合理地比较一定期间的营业收入与费用，便可确定企业在该期间所实现的经营成果。营业收入大于费用的差额称为利润；反之，营业收入小于费用时，其差额称为亏损。

上述等式称为动态会计等式，也称为利润表会计等式，它是企业计算确定经营成果、设计和编制利润表的理论依据。

三、会计要素的综合表现形式

企业在一定时期内取得的经营成果能够对资产和所有者权益产生影响：收入可引起企业资产增加或负债减少，最终会引起所有者权益增加；费用可导致企业资产减少或负债增加，最终会导致所有者权益减少。所以，一定时期的经营成果必然影响一定时点的财务状况。因此，企业资产、负债、所有者权益、收入、费用、利润之间的数量关系存在着一种内在的有机联系。上述两个会计基本等式可以综合在一起表示为：

资产＝负债＋所有者权益＋(收入－费用)

移项后得：

资产＋费用＝负债＋所有者权益＋收入　　(4)

以上这个关系式是动态会计等式，表示企业在营运过程中增值的情况。收入是所有者权益的增加因素，费用是所有者权益的抵减因素。在会计期末结算时，将收入与费用配比，计算出利润，并进行利润分配，转入所有者权益中，会计等式(4)又恢复为会计等式(1)或(2)。换句话说，会计等式(4)只是在会计期间内的任一时刻(未结算之前)存在，体现企业在某一时期内的资产、负债、所有者权益、收入和费用这五者之间所存在的恒等关系。这一等式对于进一步探讨账户和复式记账原理至关重要。

四、经济业务的发生对会计等式各个会计要素的影响

(一)会计要素变动的四种类型

会计要素变动的四种类型包括：资产方与负债及所有者权益方同时等额增加，双方总额

相等;资产方与负债及所有者权益方同时等额减少,双方总额相等;资产方内部项目有增有减,增减金额相等,双方总额不变;负债及所有者权益方内部项目有增有减,增减金额相等,双方总额不变。相关内容如图 2—9 所示:

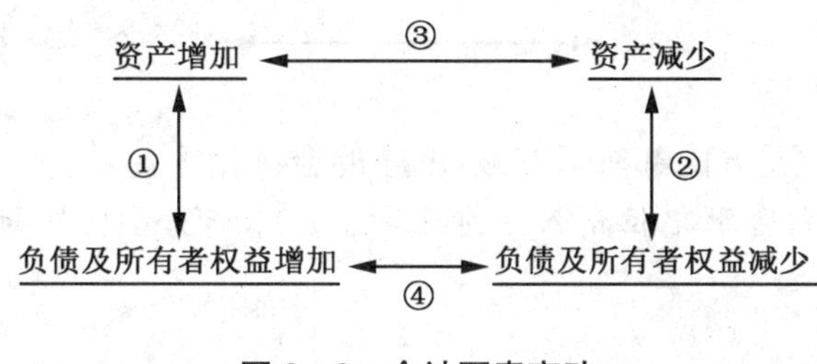

图 2—9　会计要素变动

现对上述增减变动的四种类型举例说明如下:

【做中学 2—1】　假设某企业某一天的资产、负债及所有者权益的简要情况如表 2—1 所示。

表 2—1　　单位:元

资　产	金　额	负债及所有者权益	金　额
库存现金	2 000	短期借款	872 000
银行存款	400 000	应付票据	30 000
应收账款	100 000	应付账款	50 000
原材料	200 000	实收资本	50 000
库存商品	250 000		
固定资产	500 000		
总　计	1 452 000	总　计	1 452 000

上表中资产和负债及所有者权益各为 1 452 000 元,双方金额相等。随着经济业务的发生,会计要素的有关项目会相应发生变化,但无论怎样变化,双方的总额总是相等的。

1. 资产和负债及所有者权益双方同时等额增加

【做中学 2—2】　向供货单位购入原材料 50 000 元,货款未付。

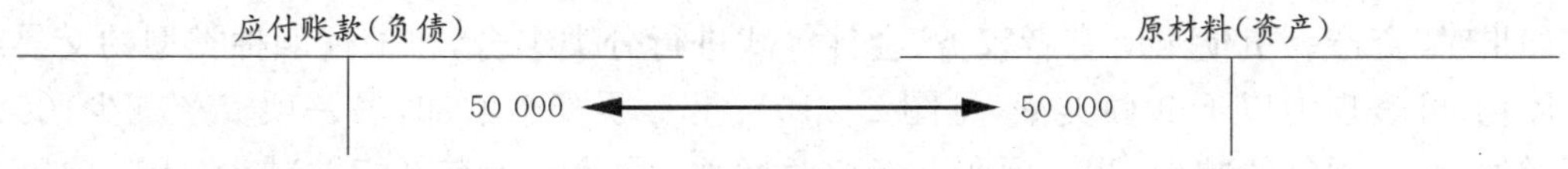

2. 资产和负债及所有者权益双方同时等额减少

【做中学 2—3】　以银行存款归还短期借款 200 000 元。

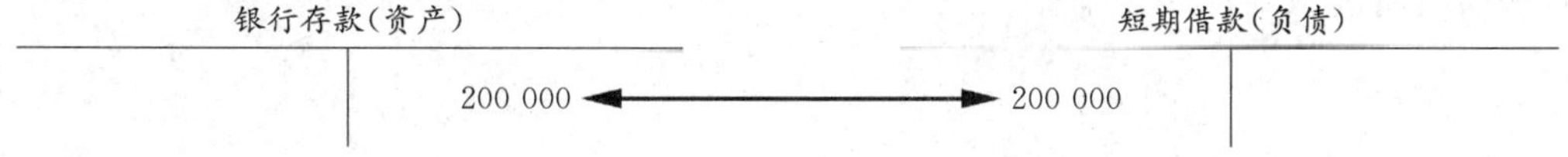

3. 资产方内部有增有减，增减的金额相等

【做中学 2－4】 按原价出售固定资产 20 000 元，账款暂欠。

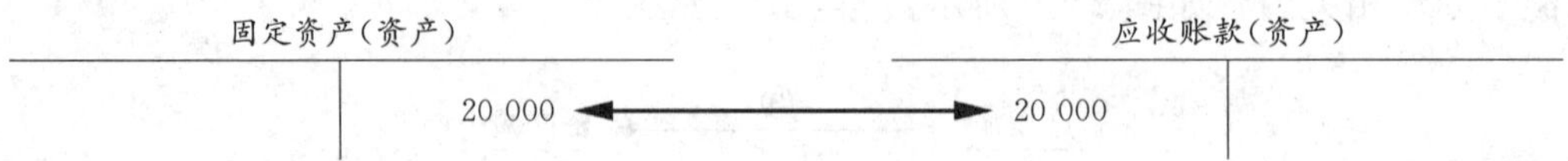

4. 负债及所有者权益方内部有增有减，增减的金额相等

【做中学 2－5】 向金融单位借入短期借款 30 000 元，偿还应付给乙单位的应付票据 30 000元。

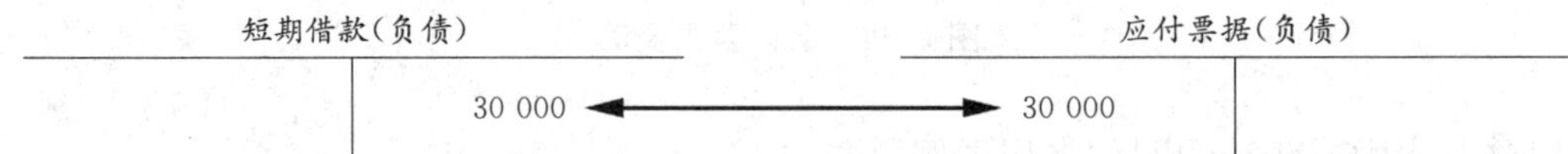

上述四笔经济业务所引起的资产和负债及所有者权益的变动情况如表 2－2 所示。

表 2－2 **资产和负债及所有者权益的变动** 单位：元

资　产	期初金额	增减金额	期末金额	负债及所有者权益	期初金额	增减金额	期末金额
库存现金	2 000		2 000	短期借款	872 000	②－200 000	702 000
						④＋30 000	
银行存款	400 000	②－200 000	200 000	应付票据	30 000	④－30 000	0
应收账款	100 000	③＋20 000	120 000	应付账款	50 000	①＋50 000	100 000
原材料	200 000	①＋50 000	250 000	实收资本	500 000		500 000
库存商品	250 000		250 000				
固定资产	500 000	③－20 000	480 000				
总　计	1 452 000	－150 000	1 302 000	总　计	1 452 000	－150 000	1 302 000

（二）会计要素增减变动的九种情况

如果对“资产＝负债＋所有者权益”会计等式进行分类组合，将上述四种类型的交易或事项具体化，可表现为以下 9 种类型（见图 2－10）：①一项资产增加，另一项资产减少；②一项负债增加，另一项负债减少；③一项所有者权益增加，另一项所有者权益减少；④一项资产增加，一项负债增加；⑤一项资产增加，一项所有者权益增加；⑥一项资产减少，一项负债减少；⑦一项资产减少，一项所有者权益减少；⑧一项负债减少，一项所有者权益增加；⑨一项负债增加，一项所有者权益减少。

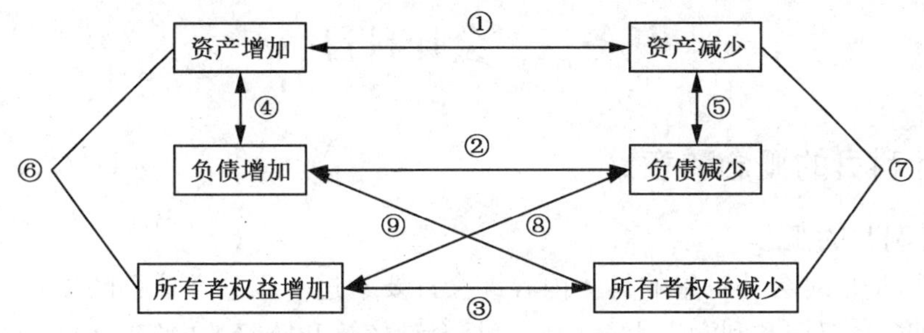

图 2—10　会计要素增减变动的 9 种类型

现举例说明如表 2—3 所示。

表 2—3

会计要素变动情况	变动项目		
	资　产	负　债	所有者权益
①一项资产增加，另一项资产减少	库存现金＋ 银行存款－		
②一项负债增加，另一项负债减少	应付票据－ 应付账款＋		
③一项所有者权益增加，另一项所有者权益减少			实收资本＋ 盈余公积－
④一项资产增加，一项负债增加	银行存款＋	长期借款＋	
⑤一项资产增加，一项所有者权益增加	固定资产＋		实收资本＋
⑥一项资产减少，一项负债减少	银行存款－	应付账款－	
⑦一项资产减少，一项所有者权益减少	银行存款－		实收资本－
⑧一项负债减少，一项所有者权益增加		长期借款－	实收资本＋
⑨一项负债增加，一项所有者权益减少		应付福利费＋	盈余公积－

①向银行提取现金，准备发放工资：一项资产增加，另一项资产减少。

②将应付票据转为应付账款：一项负债增加，另一项负债减少。

③用盈余公积金转作资本：一项所有者权益增加，另一项所有者权益减少。

④向银行借入长期借款，存入银行：一项资产增加，一项负债增加。

⑤收到所有者投入固定资产：一项资产增加，一项所有者权益增加。

⑥用银行存款支付前欠 A 单位货款：一项资产减少，一项负债减少。

⑦经批准，用银行存款归还所有者×××股金：一项资产减少，一项所有者权益减少。

⑧将长期借款转为投入资本：一项负债减少，一项所有者权益增加。

⑨用盈余公积金弥补职工福利费：一项负债增加，一项所有者权益减少。

由此可见，企业的经济业务无论怎么纷繁复杂，能引起资产和权益发生增减变动的，归纳起来不外乎四种类型九种情况，而这些经济业务无论怎样变化都不会破坏上述会计等式的平衡关系。企业在任何时点所有的资产总额总是等于负债和所有者权益总额。

任务三 会计科目

一、会计科目的概念和意义

(一)会计科目的概念

会计科目,是指对会计对象的具体内容即会计要素进一步分类核算的项目。资产、负债、所有者权益、收入、费用和利润六大会计要素是会计核算和监督的内容。对一个企业来说,经济业务是复杂多样的,若会计只对这六大会计要素进行核算和监督,显得过于粗略,难以满足各有关方面对会计信息的需要。因此就有必要采用一定的形式,对每一会计要素所反映的具体内容作进一步分门别类的划分,设置会计科目。

会计对象、会计要素、会计科目三者的关系极为密切。会计对象概括为企业的资金运动;会计要素则是会计对象的基本分类;会计科目又是对会计要素所作的进一步分类。会计对象、会计要素、会计科目三者的关系,如图 2—11 所示。

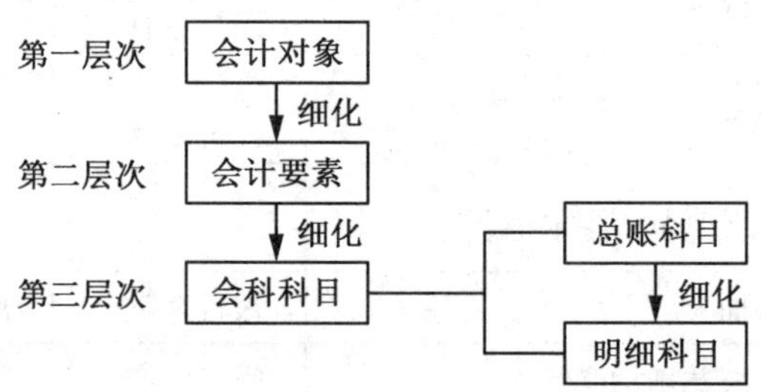

图 2—11 会计对象、会计要素、会计科目三者的关系

(二)会计科目的意义

1. 会计科目是复式记账的基础

复式记账要求每一笔经济业务在两个或两个以上相互联系的账户中进行登记,以反映资金运动的来龙去脉。

2. 会计科目是编制记账凭证的基础

记账凭证是确定所发生的经济业务应记入何种科目以及分门别类登记账簿的凭据。

3. 会计科目为成本计算与财产清查提供了前提条件

通过会计科目的设置,有助于成本核算,使各种成本计算成为可能;而通过账面记录与实际结存的核对,又为财产清查、保证账实相符提供了必备的条件。

4. 会计科目为编制会计报表提供了方便

会计报表是提供会计信息的主要手段,为了保证会计信息的质量及提供的及时性,财务报表中的许多项目与会计科目是一致的,并根据会计科目的本期发生额或余额填列。

二、会计科目的设置原则

因为各单位经济活动的具体内容、规模大小和业务的繁简程度都不相同,所以设置会计科目时应当考虑各自的特点和具体情况。企业在设置会计科目时,应遵循以下原则:

1. 合法性原则

合法性原则即统一性原则，是指企业所设置的会计科目都应当符合国家统一会计准则规定的要求，应当参照财政部统一制定的《企业会计准则应用指南——会计科目》，只有这样才能保证会计信息的相互可比。

2. 相关性原则

相关性原则是指会计科目的设置应当为提供相关各方所需要的会计信息服务，满足企业对外报告和对内管理的需要。

3. 实用性原则

实用性原则即灵活性原则，是指企业在设置会计科目时，既应当按照《会计准则及其应用指南——会计科目》规定的要求，保证其合法性，也可以在不违反统一性的前提下，根据本单位的实际情况灵活地自行增设、分拆和合并会计科目。不存在的交易或者事项，可以不设置相关的会计科目。

另外，会计科目要简明、适用，并要合理分类、科学编号。

三、会计科目的分类

(一)按反映的经济内容，可分为资产类、负债类、共同类、所有者权益类、成本类和损益类

资产类科目，按流动性可分为流动资产科目和非流动资产科目。负债类科目，按偿还期限可分为流动负债科目和非流动负债科目。所有者权益类科目，按形成和性质可分为反映资本的科目和反映留存收益的科目。损益类科目，可分为收入类科目和费用类科目。

(二)按提供会计信息的详细程度，可分为总分类科目和明细分类科目

总分类科目，又称总账科目或一级科目，是对会计要素各个大项进行分类，提供核算对象总括情况的科目。

明细分类科目，又称明细科目，是对总分类科目作的进一步分类，提供核算对象详细、具体信息的科目。如果总账科目所属的明细科目较多，还可以在二级明细科目(又称子目)之下增设三级明细科目(又称细目)，如图 2—12 所示。

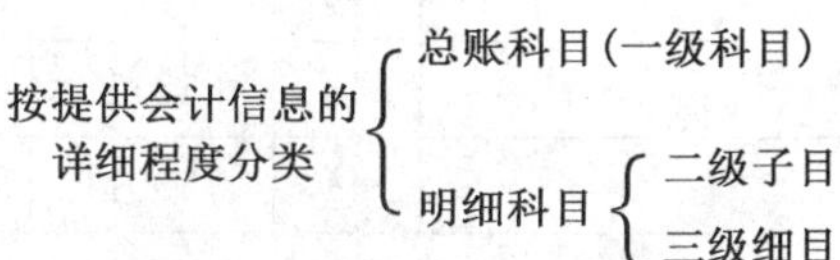

图 2—12　会计科目按提供会计信息的详细程度分类

【案例应用 2—4】　总分类科目与明细分类科目的设置

案例提示 2—4

背景与情境：某企业拥有的原料及主要材料有圆钢、扁钢和角钢，辅助材料有防锈漆、润滑油和黏合剂，燃料有汽油、柴油和煤油。

问题：该企业应该如何设置总分类科目和明细分类科目？

四、企业常用会计科目表

根据现行国家统一会计制度的规定，一般企业常用的会计科目表如表 2—4 所示。

表 2—4 会计科目表

序号	编号	会计科目名称	序号	编号	会计科目名称
一、资产类					
1	1001	库存现金	23	1482	持有待售资产减值准备
2	1002	银行存款	24	1501	债权投资
3	1012	其他货币资金	25	1502	债权投资减值准备
4	1101	交易性金融资产	26	1503	其他权益工具投资
5	1121	应收票据	27	1511	长期股权投资
6	1122	应收账款	28	1512	长期股权投资减值准备
7	1123	预付账款	29	1521	投资性房地产
8	1131	应收股利	30	1531	长期应收款
9	1132	应收利息	31	1532	未实现融资收益
10	1221	其他应收款	32	1601	固定资产
11	1231	坏账准备	33	1602	累计折旧
12	1321	代理业务资产	34	1603	固定资产减值准备
13	1401	材料采购	35	1604	在建工程
14	1402	在途物资	36	1605	工程物资
15	1403	原材料	37	1606	固定资产清理
16	1404	材料成本差异	38	1701	无形资产
17	1405	库存商品	39	1702	累计摊销
18	1406	发出商品	40	1703	无形资产减值准备
19	1407	商品进销差价	41	1711	商誉
20	1408	委托加工物资	42	1801	长期待摊费用
21	1411	周转材料	43	1811	递延所得税资产
22	1481	持有待售资产	44	1901	待处理财产损溢
二、负债类					
45	2001	短期借款	55	2245	持有待售负债
46	2101	交易性金融负债	56	2314	代理业务负债
47	2201	应付票据	57	2401	递延收益
48	2202	应付账款	58	2501	长期借款
49	2203	预收账款	59	2502	应付债券
50	2211	应付职工薪酬	60	2701	长期应付款
51	2221	应交税费	61	2702	未确认融资费用
52	2231	应付利息	62	2711	专项应付款

续表

序号	编号	会计科目名称	序号	编号	会计科目名称
53	2232	应付股利	63	2801	预计负债
54	2241	其他应付款	64	2901	递延所得税负债
三、共同类					
65	3101	衍生工具	67	3202	被套期项目
66	3201	套期工具			
四、所有者权益类					
68	4001	实收资本	72	4103	本年利润
69	4002	资本公积	73	4104	利润分配
70	4003	其他综合收益	74	4201	库存股
71	4101	盈余公积			
五、成本类					
75	5001	生产成本	77	5201	劳务成本
76	5101	制造费用	78	5301	研发支出
六、损益类					
79	6001	主营业务收入	88	6403	税金及附加
80	6051	其他业务收入	89	6601	销售费用
81	6101	公允价值变动损益	90	6602	管理费用
82	6111	投资收益	91	6603	财务费用
83	6115	资产处置损益	92	6701	资产减值损失
84	6117	其他收益	93	6711	营业外支出
85	6301	营业外收入	94	6801	所得税费用
86	6401	主营业务成本	95	6901	以前年度损益调整
87	6402	其他业务成本			

注：会计科目的编号是根据会计科目的分类和排序确定的，一般由四位数字构成。第一位数字1、2、3、4、5、6分别代表科目所属的大类即资产类、负债类、共同类、所有者权益类、成本类和损益类，第二位数字表示科目的小类，第三、第四位数字表示各小类中科目的顺序号。会计科目的编号除了能代表它们的具体名称和类别外，还有助于企业填制会计凭证、登记账簿、查阅会计账目和实现会计电算化的需要。

任务四　设置账户

任务课件

会计科目是对会计对象的具体内容进行科学分类。但会计科目只有名称，没有一定的格式和结构，无法将企业发生的经济业务连续、系统、完整地记录下来。因此，企业设置会计科目后，还必须根据设置的会计科目开设相应的会计账户。

一、账户的概念

账户,是根据会计科目设置的,具有一定格式和结构,用于分类反映会计要素增减变动情况及其结果的载体。账户以会计科目作为它的名称,同时,账户又具备一定的格式(即结构)。设置账户是会计核算的重要方法之一。

二、账户的分类

(一)根据核算的经济内容,账户可分为资产类账户、负债类账户、共同类账户、所有者权益类账户、成本类账户和损益类账户

1. 资产类账户

资产类账户是用来反映企业资产的增减变动及其结存情况的账户。按照资产的流动性和经营管理核算的需要,资产类账户又可以分为反映流动资产的账户和反映非流动资产的账户。反映流动资产的账户,如“库存现金”“银行存款”“应收票据及应收账款”“原材料”“库存商品”等;反映非流动资产的账户,如“长期股权投资”“固定资产”“无形资产”等。

2. 负债类账户

负债类账户是用来反映企业负债的增减变动及其结存情况的账户。按照负债的流动性或偿还期限的长短,负债类账户又可以分为反映流动负债的账户和反映长期负债的账户。反映流动负债的账户,如“短期借款”“应付票据及应付账款”“应付职工薪酬”“应交税费”“应付股利”等;反映长期负债的账户,如“长期借款”“长期应付款”等。

3. 共同类账户

共同类账户是反映企业对衍生金融工具、套期工具进行核算时使用的账户,包括“衍生工具”“套期工具”“被套期项目”等。

4. 所有者权益类账户

所有者权益类账户是用来反映企业所有者权益的增减变动及其结存情况的账户。按照所有者权益的来源不同,所有者权益类账户又可以分为反映投入资本的账户和反映留存收益的账户。反映投入资本的账户,如“实收资本”“资本公积”等;反映留存收益的账户,如“盈余公积”“本年利润”“利润分配”等;反映未在损益中确认的各项利得和损失扣除所得税影响后的净额账户,如“其他综合收益”。

提示:有些资产类账户、负债类账户和所有者权益类账户存在备抵账户。备抵账户又称抵减账户,是指用来抵减被调整账户余额,以确定被调整账户实有数额而设置的独立账户。

5. 成本类账户

成本类账户是用来反映企业在生产经营过程中发生的各项耗费并计算产品或劳务成本的账户,如“生产成本”“制造费用”“劳务成本”等。

6. 损益类账户

损益类账户是用来反映企业收入和费用的账户。按照损益与企业的生产经营活动是否有关,损益类账户又可以分为反映营业损益的账户和反映非经常性损益的账户。反映营业损益的账户,如“主营业务收入”“主营业务成本”“税金及附加”“其他业务收入”“其他业务成本”等;反映非经常性损益的账户,如“营业外收入”“营业外支出”等。

(二)根据提供信息的详细程度及其统驭关系,账户可分为总分类账户和明细分类账户

1. 总分类账户

根据总分类科目设置的账户称为总分类账户,简称总账账户。总账账户又称为一级账户,用于对会计要素具体内容进行总括分类核算。总分类账户提供的是总括核算指标,一般只用货币计量。总账如表 2—5 所示。

表 2—5　　**库存商品总账**　　第 18 页

年		凭证		摘要	借方											贷方											借或贷	余额											核对
月	日	种类	号数		亿	千	百	十	万	千	百	十	元	角	分	亿	千	百	十	万	千	百	十	元	角	分		亿	千	百	十	万	千	百	十	元	角	分	
12	1			期初金额																							借				2	1	7	8	0	0	0	0	
12	31		11	完工产品入库				2	1	0	0	0	0	0	0																4	2	7	8	0	0	0	0	
12	31		14	结转商品销售成本															1	3	5	0	0	0	0	0					2	9	2	8	0	0	0	0	
				本月合计				2	1	0	0	0	0	0	0				1	3	5	0	0	0	0	0	借				2	9	2	8	0	0	0	0	
				本年合计				2	1	0	0	0	0	0	0				1	3	5	0	0	0	0	0	借				2	9	2	8	0	0	0	0	
				结转下年																																			

2. 明细分类账户

根据明细科目设置的账户称为明细分类账户,简称明细账户。总账以下的账户称为明细账户,用于对会计要素具体内容进行明细分类核算。明细分类账户是用来提供详细核算资料的账户,除可以用货币计量外,有的还用实物量度(件、千克、吨等)进行辅助计量。例如,根据"应付账款"科目下属的各明细科目开设的明细账户,就可以了解企业应付有关债权单位货款的金额。

总分类账户和所属明细分类账户核算的内容相同,只是反映内容的详细程度有所不同,两者相互补充、相互制约、相互核对。总分类账户统驭和控制所属明细分类账户,明细分类账户从属于总分类账户。

(三)账户按与财务报表的关系分类

账户按与财务报表的关系分类,可分为资产负债表账户和利润表账户。

1. 资产负债表账户

它是指为资产负债表的编制提供资料的账户。它包括资产类、负债类和所有者权益类账户,是反映企业财务状况的账户,期末一般都有余额,因此,也称为实账户,它们的余额是编制资产负债表的数据来源。

2. 利润表账户

它是指为利润表提供资料的账户。它包括收入类、费用类账户,是反映企业经营成果的账户,期末经过结转一般没有余额,因此,也称为虚账户,它们的发生额是编制利润表的主要依据。

三、账户的基本结构

账户的基本结构具体包括账户名称(会计科目)、记录经济业务的日期、所依据记账凭证编号、经济业务摘要、增减金额和余额等。

账户所记载的各项经济业务所引起的会计要素数量上的变动,只有增加和减少两种情况，因此，用来记录经济业务的账户也相应地划分为两个部分，以便分别登记会计要素的增加额和减少额，即账户通常分为左右两方，一方登记增加，另一方登记减少。至于哪一方登记增加，哪一方登记减少，则取决于账户的性质和经济业务的类型。一般而言，在借贷记账法下，账户的基本结构通常是指账户分为左右两方，左方为借方，右方为贷方。同时，在实际业务中，账户一般应包括下列内容：

(1)账户名称：设置账户所依据的会计科目。

(2)日期栏：填写经济业务发生的时间。

(3)凭证号栏：填写记账凭证的编号。

(4)摘要栏：填写某项经济业务的简要说明。

(5)增加或减少的金额栏：填写某项经济业务增加或减少的具体金额。

(6)余额栏：填写经济业务增减变化后的结果。

在借贷记账法下，企业一般账户的格式如表 2－6 所示：

表 2－6 **账户名称(会计科目)**

年		凭证字号	摘　要	借　方	贷　方	借或贷	余　额
月	日						

为了方便教学，通常把上述账户的格式用简化的 T 型账户表示：

借方	账户名称	贷方

提示：至于账户哪一方记录增加数，哪一方记录减少数，取决于账户的性质。

对于任何一个账户而言，账户的左右两方分别用来登记增加数或减少数，增减相抵后的差额，称为账户的余额。余额按照时间不同，可分为期初余额和期末余额。一个会计期间开始时记录的余额称为期初余额，结束时记录的余额称为期末余额。为此，账户可以提供期初余额、本期增加额、本期减少额和期末余额四个会计核算指标。其中，本期增加额是指在一定期间内(月、季、半年、年)在账户中登记的增加金额合计数，也称本期增加发生额。本期减少额是指在一定期间内在账户中登记的减少金额合计数，也称本期减少发生额。四项金额的关系可以用下列等式来表示：

期末余额＝期初余额＋本期增加发生额－本期减少发生额

本期发生额是一个动态指标，它说明的是某一时期会计要素的增减变动情况；余额是一个静态指标，它说明的是资产或权益在某一时日增减变动的结果。本期的期末余额就是下期的期初余额。现以“库存商品”账户为例，说明账户的基本结构，如表 2－7 所示。

表 2—7　　“库存商品”三栏式账户的结构　　单位:元

2019 年		凭证		摘　要	借方金额	贷方金额	借或贷	余　额
月	日							
3	1	略		期初余额			借	2 000
	8			入库	5 500		借	7 500
	15			出库		2 500	借	5 000
	20			入库	3 000		借	8 000
	28			出库		4 500	借	3 500
	31			本期合计	8 500	7 000	借	3 500

上述“库存商品”三栏式账户可简化为 T 型账户格式,如图 2—13 所示。

借方	库存商品		贷方
期初余额	2 000		
本期增加发生额	5 500	本期减少发生额	2 500
	3 000		4 500
期末余额	3 500		

图 2—13　“库存商品”T 型账户

【案例应用 2—5】　　公生明,廉生威

案例提示 2—5

背景与情境:刘新华是一家历史悠久的大型国有上市公司的财务总监,在近十年的财会工作中,他一直恪尽职守,勤奋敬业,甘于清贫,淡泊名利。该公司的产品质量与国外同类产品相比有很大的差距,80%的原料依靠进口,公司生产的原料质量达不到国内重要大客户的要求,又不能停止生产,因为机器设备停止生产后重新启动的成本更大。企业为了维持生存,不得不亏本出售大量积压产品,生产越多,亏损就越多,已经陷入了恶性循环。面对会计师事务所的年报审计,公司领导要求刘新华在数字上做一些文章,以达到粉饰报表的目的。总经理对刘新华语重心长地说:“你是公司的老员工了,对公司应该有感情,公司对你也不错,培养了你,现在公司遇到了困难,我们是不是该为公司出一把力呢?而且你和你爱人都在这个公司,如果公司垮了对你的家庭是最不利的,你的付出将会换来以后的安逸。”刘新华彻夜未眠,第二天便向董事长提交了辞职报告,并且委婉地劝告说:“我认为公司应该想办法真正地走出困境,而不仅仅在报表上作秀,业绩不是做出来的,纸是包不住火的。”

问题:是做假账还是丢饭碗,你认为刘新华的选择值得吗?总经理的要求对吗?刘新华的行为体现了怎样的会计职业道德?

四、账户与会计科目的关系

账户和会计科目是两个不同的概念,人们常常把它们等同起来使用,这说明它们之间存在着密切的联系,有相同的一面;它们之所以成为两个概念,说明两者存在着区别。

(一)账户与会计科目的联系

账户和会计科目所反映会计对象的具体内容是相同的，两者口径一致、性质相同，都是体现对会计具体内容的分类。会计科目是账户的名称，也是设置账户的依据；账户则是根据会计科目来设置的，账户是会计科目的具体运用。因此，会计科目的性质决定了账户的性质，账户的分类与会计科目的分类一样，可分为资产类账户、负责类账户、所有者权益类账户、收入类账户、费用类账户、利润类账户等。按会计科目提供核算资料的详细程度分类，相应地分为总分类账户和明细分类账户等。会计科目和账户对会计对象的经济内容分类的方法和分类的用途及分类的结果是完全相同的，如“固定资产”科目与“固定资产”账户的核算内容、范围是完全相同的。没有会计科目，账户便失去了设置的依据；没有账户，会计科目就无法发挥作用。

(二)账户与会计科目的区别

首先，会计科目仅说明反映的经济内容是什么，不存在结构；账户则具有一定的格式和结构。会计科目仅说明反映的经济内容是什么；账户不仅说明反映的经济内容是什么，而且是系统反映和控制其增减变化及结余情况的工具。其次，会计科目的作用主要是为开设账户，填制凭证所用；账户的作用主要是系统提供某一具体会计对象的会计资料，为编制会计报表所用。最后，设置账户的内容能包含会计科目设置的所有内容。因此，设置账户是会计核算方法的组成部分，而会计科目未作为会计核算方法的组成部分。

在实际工作中，账户和会计科目这两个概念已不加严格区别，往往互相通用。

应知考核

一、单项选择题

1. 企业收到前欠账款存入银行的业务属于(　　)。

A. 一项资产增加，另一项资产减少　　B. 一项资产增加，一项负债增加

C. 一项资产增加，一项所有者权益增加　　D. 一项资产增加，一项负债减少

2. 下列各项中，引起资产和权益同时增加的经济业务是(　　)。

A. 购入材料，贷款未付　　B. 以银行存款支付采购办公用品费用

C. 以银行存款偿还银行借款　　D. 购入一台机器，用银行存款支付

3. 下列各项中，引起权益方有增有减的经济业务是(　　)。

A. 售出一台机器，款项收存银行　　B. 向银行取得短期借款转存银行

C. 以银行短期借款直接偿还应付账款　　D. 以银行存款支付短期借款利息

4. 下列会计科目中，属于负债类科目的是(　　)。

A. 预付账款　　B. 资本公积

C. 待处理财产损溢　　D. 其他应付款

5. 负债和所有者权益类账户的期末余额一般在(　　)。

A. 借方和贷方　　B. 贷方

C. 借方　　D. 借方或贷方

6. 收入类账户期末结账后(　　)。

A. 借方贷方均有可能有余额　　B. 借方有余额

C. 一般无余额　　D. 贷方有余额

7. 费用类账户的基本结构与(　　)相似。
A. 负债类账户　　B. 资产类账户
C. 所有者权益类账户　　D. 收入类账户
8. 一般情况下,“应收账款”账户的余额(　　)。
A. 在借方　　B. 在贷方
C. 可能在借方也可能在贷方　　D. 没有余额
9. 下列科目中属于债权类科目的是(　　)。
A. 应收票据　　B. 销售费用　　C. 预收账款　　D. 盈余公积
10. 下列经济业务的发生,不会导致会计等式两边总额发生变化的有(　　)。
A. 收回应收账款并存入银行　　B. 从银行取得借款并存入银行
C. 以银行存款偿还应付账款　　D. 收到投资者的无形资产投资

二、多项选择题

1. 下列项目中,属于企业流动资产的项目有(　　)。
A. 库存现金和银行存款　　B. 预收账款
C. 应收票据　　D. 存货
2. 下列项目中,属于流动负债的有(　　)。
A. 应付利息　　B. 短期借款　　C. 预付账款　　D. 应交税费
3. 下列项目中,属于非流动负债的有(　　)。
A. 其他应付款　　B. 应付债券　　C. 长期借款　　D. 长期应付款
4. 反映资金运动相对静止状态的会计要素有(　　)。
A. 资产　　B. 负债　　C. 所有者权益　　D. 费用
5. 下列项目中,属于会计要素的有(　　)。
A. 资产　　B. 负债　　C. 债务　　D. 费用
6. 下列各项目中,正确的经济业务类型有(　　)。
A. 一项资产增加,一项所有者权益减少
B. 资产与负债同时减少
C. 负债与所有者权益同时增加
D. 一项负债减少,一项所有者权益增加
7. 若一项经济业务发生后引起银行存款减少 8 000 元,则相应地有可能引起(　　)。
A. 固定资产增加 8 000 元　　B. 短期借款增加 8 000 元
C. 应付账款减少 8 000 元　　D. 实收资本减少 8 000 元
8. 下列经济业务发生后,使资产和权益总额不变的项目有(　　)。
A. 以银行存款 4 000 元,偿还前欠购料款
B. 从银行取得借款 30 000 元,存入银行
C. 以银行存款 6 000 元购买材料
D. 从银行提取现金 900 元
9. 下列会计等式中正确的有(　　)。
A. 资产=权益

B. 资产＝负债＋所有者权益

C. 资产＝所有者权益＋负债

D. 资产＝负债＋所有者权益＋(收入－费用)

10. 资产定义的要素包括(　　)。

A. 资产由企业过去的交易或事项形成　　B. 资产具有实物形态

C. 资产由企业拥有或者控制　　D. 资产可为企业带来经济利益

三、判断题

1. 资产是企业所拥有或者控制的、能以货币计量并具有实物形态的经济资源。(　　)

2. 负债及所有者权益账户的结构应与资产类账户的结构一致。(　　)

3. 对每一个账户而言,期末余额只可能在账户一方,即借方或贷方。(　　)

4. 负债及所有者权益类账户期末贷方余额＝期初贷方余额＋本期贷方发生额－本期借方发生额。(　　)

5. 不论发生什么样的经济业务,会计等式两边会计要素总额的平衡关系都不会被破坏。(　　)

6. 会计等式提示了会计要素之间的联系,因而成为会计科目、复式记账、会计报表等会计核算方法建立的理论依据。(　　)

7. 负债是债权人权益,与所有者权益一起构成企业的权益。(　　)

8. 企业过去交易或事项形成的预期会导致经济利益流出企业的义务就是负债。(　　)

9. 企业在一定期间发生亏损,会使企业在这一会计期间的所有者权益总额减少。(　　)

10. 没有使用价值的机器设备属于企业的资产。(　　)

四、简述题

1. 简述资产的概念和特征。

2. 简述负债的概念及其应满足的条件。

3. 简述收入的确认应当符合的条件。

4. 简述设置会计科目的意义和原则。

5. 简述账户与会计科目的关系。

应会考核

■业务考核

【考核项目】

经济业务的发生对会计等式的影响。

【背景资料】

甲公司 2019 年 5 月 31 日的资产负债表显示,资产总额为 700 000 元,所有者权益总额为 500 000 元,负债总额为 200 000 元。该公司 2019 年 6 月份经济业务如下:

(1)购入全新机器一台,价值 50 000 元,以银行存款支付。

(2)投资者投入原材料,价值 10 000 元。

(3)将一笔负债50 000元转化为债权人对企业的投资。

(4)从银行提取现金2 000元备用。

(5)以银行存款偿还欠供应商货款10 000元。

(6)以银行存款归还短期借款50 000元。

(7)收到客户所欠货款80 000元,收存银行。

(8)向银行借入短期借款100 000元,存入银行存款户。

(9)收到购买单位所欠货款60 000元,其中,50 000元转入银行存款户,10 000元以现金收讫。

【考核要求】

(1)根据背景资料发生的上述经济业务,分析说明引起会计要素变化的情况以及对会计等式的影响。

(2)计算2019年6月份甲公司资产、负债和所有者权益总计。

(注:以上经济业务不用考虑增值税。)

■技能考核

【考核项目】

认识和理解会计要素。

【背景资料】

(1)假定长江公司2019年5月31日资产和权益的情况如表2—8所示。

表2—8 2019年5月31日资产和权益的情况表 单位:元

项目	金额	项目	金额
库存现金	20 000	原材料	100 000
银行存款	360 000	长期借款	100 000
应付账款	100 000	实收资本	450 000
短期借款	80 000	资本公积	50 000
利润分配	100 000		
固定资产	400 000		

(2)该公司6月份发生下列经济业务:

①购入价值6 000元原材料一批,货款未付。

②接受投资者投资200 000元,存入银行。

③以银行存款偿还短期借款50 000元。

④购入机器一台,价值60 000元,以银行存款支付。

⑤从银行取得短期借款5 000元,直接偿还前欠货款。

⑥将资本公积20 000元转增资本。

⑦进行利润分配,应付给投资者现金股利40 000元。

【考核要求】

1. 根据资料(1),正确地进行会计要素归类。

2. 根据资料(2),正确地分析经济业务。

3. 正确地编制该公司6月末资产和权益增减情况平衡表。

（注：以上经济业务不用考虑增值税。）

■综合实务

会计不是凭想象

背景与情境：张山和李斯拥有一个面包房，他们做的姜汁面包非常有名。他们都没有接受过会计教育，但他们认为只要在记录时采用复式记账的方法就不会出现错误了，于是自己设计了一个用来记录交易的系统。下面列示的是本月发生的一些交易：

(1)收到商品的订单，当货物发出后将收到1 000元。

(2)发出一份商品订单，订购价值600元的商品。

(3)将货物发运给顾客并收到1 000元。

(4)收到所订购的货物并支付600元现金。

(5)用现金支付银行400元利息。

(6)赊购价值6 000元的设备。

张山和李斯对以上业务进行了记录，见表2—9。

表2—9 张山和李斯对业务的记录 单位：元

资产＝		负债＋所有者权益		＋(收入－费用)	
收到商品订单	1 000			销售	1 000
发出定购商品的订单	600			存货支出	−600
收到现金	1 000				
将货物发运给顾客	−1 000				
收到所订的商品	600	应付账款	−600		
支付现金	400			利息支出	−400
赊购设备		应付账款	6 000	设备支出	−6 000

问题：

1. 张山和李斯对业务的记录是否正确？列举其中的错误。
2. 正确的记录应该运用什么样的会计处理方法？
3. 请纠正他们在记录中的错误。

项目实训

【实训项目1】

熟悉会计要素的具体内容。

【实训情境】

表2—10

项　目	资产	负债	所有者权益	收入	费用	利润
库存现金	√					

续表

项　目	资产	负债	所有者权益	收入	费用	利润
存放在银行的款项	√					
本月尚未支付给职工的工资						
向银行借入六个月期限的借款						
办公大楼						
完工入库的产品						
企业接受的投资						
原材料						
委托其他单位加工的物资						
企业自创的已申请专利的发明						
欠外单位的购料款						
欠银行的贷款利息						
上年度未分配完的利润						
办公室发生的办公费						
企业从利润中提取的盈余公积						
企业购买的准备持有到期的债券						
欠税务机关一个月的增值税						
本期发生的业务招待费						
应付媒体的广告费						
销售商品的售价						
对外公益性捐款						

【实训要求】

根据资料，判断每一项目分别属于哪一会计要素，填入表2—10。

【实训项目2】

进一步熟悉会计要素与会计科目。

【实训情境】

表2—11

项　目	资产	负债	所有者权益	收入	费用	利润
库存现金	库存现金					
存放在银行的款项	银行存款					
本月尚未支付给职工的工资						
向银行借入六个月期限的借款						
办公大楼						

续表

项　目	资产	负债	所有者权益	收入	费用	利润
完工入库的产品						
企业接受的投资						
原材料						
委托其他单位加工的物资						
企业自创的已申请专利的发明						
欠外单位的购料款						
欠银行的贷款利息						
上年度未分配完的利润						
办公室发生的办公费						
企业从利润中提取的盈余公积						
企业购买的准备持有到期的债券						
欠税务机关一个月的增值税						
本期发生的业务招待费						
应付媒体的广告费						
销售商品的售价						
对外公益性捐款						

【实训要求】

在完成“实训项目 1”的基础上，根据每一项内容所属的会计要素类别，判断相应的会计科目，填入表 2—11。

【实训项目 3】

进一步掌握会计要素和会计科目。

【实训情境】

中山公司 2019 年 5 月 31 日所有资产、负债和所有者权益账户及其期末余额列示如表 2—12 所示。

表 2—12　　资产、负债和所有者权益账户及其期末余额　　单位：元

原材料	92 000	应付账款	77 400
长期借款	100 000	库存现金	7 000
应收账款	116 000	银行存款	140 000
实收资本	300 000	固定资产	400 000
应付票据	130 000	应交税费	55 000
短期借款	80 000	预收账款	12 600
交易性金融资产	50 000	利润分配	50 000

【实训要求】

将上述项目按资产、负债和所有者权益归类，填入表 2—13，并分别计算资产、负债和所有者权益的总额。

表 2—13　　资产、负债和所有者权益的总额　　单位：元

资　产	金　额	负债和所有者权益	金　额
原材料	92 000	应付账款	77 400
合　计		合　计	

【实训项目 4】

通过练习进一步掌握“任何经济业务的发生都不会破坏会计等式平衡关系”的知识。

【实训情境】

中山公司 2019 年 5 月份发生的经济业务如下：

1. 购买原材料价值 10 000 元，以存款支付。
2. 向银行借入半年期借款 50 000 元，存入企业存款账户。
3. 以银行存款偿还应付账款 20 000 元。
4. 银行通知，客户归还所欠货款 10 000 元已入账。
5. 开出现金支票提取现金 60 000 元，备发工资。
6. 按照规定，将盈余公积金 30 000 元转增资本金。
7. 开出应付票据 5 000 元，归还所欠供应单位的货款。
8. 收到国家投入的资本 100 000 元，已转入企业存款账户。
9. 经协议，返还投资单位前期投入的资金 200 000 元，以存款支付。

【实训要求】

根据上述资料，判断、计算各项经济业务发生后对会计等式的影响，将结果填入表 2—14 中，暂不考虑增值税。

表 2—14　　各项经济业务发生后对会计等式的影响

<table>
<tr><th>序号</th><th>资产科目</th><th>权益科目</th><th>经济业务类型</th><th>对会计等式及总额的影响</th></tr>
<tr><td rowspan="2">1</td><td>＋原材料</td><td></td><td rowspan="2">资产内部同时等额此增彼减 10 000 元</td><td rowspan="2">总额不变，等式仍平衡</td></tr>
<tr><td>－银行存款</td><td></td></tr>
<tr><td rowspan="2">2</td><td></td><td></td><td rowspan="2"></td><td rowspan="2"></td></tr>
<tr><td></td><td></td></tr>
</table>

续表

序号	资产科目	权益科目	经济业务类型	对会计等式及总额的影响
3				
4				
5				
6				
7				
8				
9				

复式记账法

○ **知识目标：**

理解：复式记账、借贷记账法的概念，记账符号和各类账户的基本结构。

熟知：根据借贷记账法正确编制会计分录。

掌握：试算平衡表的编制方法。

○ **技能目标：**

能够利用账户余额公式计算各类账户的余额；能够熟练运用借贷记账法的原理、记账规则编制会计分录；能够编制试算平衡表。

○ **素质目标：**

能够在实务中了解复式记账在实际应用中的意义；在掌握正确会计处理方法的同时，更要培养职业判断能力和综合素质。

○ **项目引例：**

会计记账法借与贷的玄机

背景与情境：处于会计记账方法体系中“霸主”地位的借贷记账法，自萌芽状态至接近于完备形式大约经历了300年的发展历程，其演变过程主要发生在中世纪意大利商业比较发达、银钱借贷十分频繁的城市佛罗伦萨、热那亚和威尼斯等地，大体可分为三个不同的发展阶段。

一是佛罗伦萨式，复式簿记的萌芽阶段。它以1211年佛罗伦萨银行家采用的簿记为代表，这是目前保存的意大利最古老的会计账簿。当时，经营钱业的商人把吸收的存款，记在贷主的名下，表示欠人即债务；对于付出的放款，记在借主的名下，表示人欠，即债权。“借”“贷”二字表示债权、债务关系的变化。其主要特点是：记账方法是单式，记账对象仅限于债权债务人（人名账户），记录形式采用上下连续登记的叙述式，即账户的上方登记客户的借款，称为借主方，账户的下方登记客户的存款，称为贷主方。

二是热那亚式，复式簿记的改良阶段。它以1340年热那亚市政厅的总账为代表，这是会计界公认的世界上最早的一册具备复式记账所有特征的会计记录。其主要特点是：记账方法是复式，记账对象除债权债务外，还包括商品、现金，记录形式是左借右贷对照式账户。

三是威尼斯式，复式簿记的完备阶段。以1494年卢卡·帕乔利著名的《算术、几何、比及比例概要》一书的出版为代表。1494年由此成为会计发展史上的重要里程碑，会计开始以一门真正的、完整的、系统的科学而载入史册。其主要特点是：记账方法是复式，记账对象除债权债务、现金外，还包括了损益与资本，记录形式是左借右贷账户式。“借”“贷”二字从开始时具有深刻意义的经济内涵，提升到纯粹的、抽象的记账符号。

由此看来，借贷记账法的精髓在于抽象化为一种标本、概念化为一种符号，这便是借与贷的玄机。

引例导学：什么是借贷记账法？借贷记账法的主要内容是什么？

○ **知识准备：**

任务课件

任务一 记账方法

一、记账方法

所谓记账方法，就是根据一定的记账原理，运用一定的记账符号和记账规则，在账户中记录经济业务的方法。记账方法一般包括记账符号、记账规则、账户设置和试算平衡等内容。记账方法按照记录方式的不同可分为单式记账法和复式记账法，在会计史上记账方法经历了由单式记账法到复式记账法的发展过程。

二、单式记账法

所谓单式记账法，是指对发生的每一项经济业务，只在一个账户中进行登记的一种记账方法。其特点是：

(1)对于经济业务只在一个账户中记录，即只记录库存现金、银行存款或应收应付款项的收付，不记录有关实物的收发。

(2)在单式记账法下，会计科目设置不完整，账户之间没有相互联系。

单式记账法手续简单，但不能全面系统地反映各会计要素的增减变动情况以及经济业务的来龙去脉，也不便于检查账户记录的正确性和完整性，因而是一种不科学的记账方法。因此，单式记账法已不能适应经济管理的要求而被淘汰，取而代之的是复式记账法。

三、复式记账法

(一)复式记账法的概念

所谓复式记账法，是指对发生的每一项经济业务，都要以相等的金额在两个或两个以上相互联系的账户中，同时进行登记的一种记账方法。

(二)复式记账法的特点

(1)对于每一项经济业务，都要在两个或两个以上相互关联的账户中进行记录。这样，在将全部经济业务相互联系地记入各有关账户以后，通过账户记录不仅可以全面、清晰地反映经济业务的来龙去脉，还能够全面、系统地反映经济活动的过程和结果。

(2)由于每项经济业务发生后，都是以相等的金额在有关账户中进行记录的，因而可据以进行试算平衡，检查账户记录是否正确。

复式记账法由于具备上述特点，因而被世界各国公认为是一种科学的记账方法，从而被广泛采用。

(三)复式记账法的理论基础

按照复式记账法的原理，对每一笔经济业务都要以相等金额在相互联系的两个或两个以上的账户中同时进行登记，这样会计等式中的资产总额和负债及所有者权益总额之间总是平衡的。“资产＝负债＋所有者权益”是复式记账法的理论基础。

(四)复式记账法的种类

复式记账法按照记账符号、规则等不同可分为借贷记账法、增减记账法和收付记账法。其中，借贷记账法是国际上通用的一种复式记账法。在我国，工业企业曾采用借贷记账法，商业企业曾采用增减记账法，行政、事业单位和金融业企业曾采用收付记账法。

知识链接：我国现行《企业会计准则——基本准则》第 11 条规定：企业应当采用借贷记账法记账。

【案例应用 3－1】 理解复式记账法

所谓复式记账法，是否就是对发生的每一项经济业务都要同时在两个或两个以上相互联系的账户进行登记？为什么？

案例提示 3－1

任务二 借贷记账法

任务课件

一、借贷记账法的概念

借贷记账法，是指以会计基本等式为理论依据，以“借”“贷”为记账符号，以“有借必有贷，借贷必相等”为记账规则来记录各会计要素增减变化的一种复式记账方法。

从目前已掌握的资料来看，借贷记账法从产生到基本定型，经历了将近两百年的时间。它起源于 13～14 世纪的意大利，当时意大利的商品经济已相当发达，沿海城市已形成许多国际、国内贸易中心。在商品交换中，为了适应商业资本和借贷资本经营者管理的需要，逐步形成了这种方法。“借”“贷”两字的概念，最初是从借贷资本家的角度来解释的，即用来表示债权(应收款)和债务(应付款)的增减变动。借贷资本家对于收进的款项，记在贷主的名下，表示债务；对于付出的款项，记在借主的名下，表示债权。这时“借”“贷”两字分别表示债权、债务的变化。随着社会经济的发展，经济活动的内容日益复杂，记录的经济业务已不再局限于货币资金借贷业务，而逐渐发展到财产物资、经营损益等。为了求得账簿记录的统一，对于非货币资金借贷业务，也以“借”“贷”两字记录其增减变动情况。这样，“借”“贷”两字就逐渐失去了原来的意义，而转化为纯粹的记账符号，成为会计的专门术语，用以标明记账的方向。

1494 年，卢卡·帕乔利在《算术、几何、比及比例概要》中第一次系统地介绍了借贷记账法，并在理论上作了较为系统的论述，借贷记账法从此基本定型。此后，经过几百年的千锤百炼，借贷记账法逐渐发展成为一种完善、科学的记账方法，并成为唯一在国际上通用的记账方法。这也使得会计成为一种国际信息，成为一种国际商业语言。

二、借贷记账法的主要内容

(一)理论依据

借贷记账法的理论依据是会计基本等式：

资产＝负债＋所有者权益

复式记账法之所以规定当一笔经济业务发生时，同时等额在两个或两个以上有相互联系

的账户中记账，是依据经济业务引起会计要素间的等额增减变动不会影响会计基本等式的平衡关系这一理论基础；也就是说，在相关的账户中进行等额登记，才能保证经济业务记录的完整性。

(二)记账符号

借贷记账法是一种复式记账法，它和其他复式记账法相区别的标志之一就是它的记账符号，它是以“借”“贷”为记账符号的。记账符号是一种抽象的符号标记，是会计专用术语。

“借”和“贷”在账户中专指账户的两个对立方向，即“借方”(Debit side，可简写为 Dr)和“贷方”(Credit side，可简写为 Cr)。对一个账户来说，如账户的借方反映业务的增加额，则账户的贷方必然反映业务的减少额；反之，账户的借方如反映业务的减少额，则账户的贷方一定反映业务的增加额。

(三)账户的设置和结构

在借贷记账法下，通常设置资产类、负债类、资产负债共同类三大类账户。这三大类账户由于所反映的经济业务的性质不同，账户结构也不同。会计核算所设立的各类账户，其结构从属于这三种类型。如成本费用类账户的结构与资产类账户的结构相同，所有者权益、收入类账户的结构与负债类账户的结构相同。

提示：在借贷记账法下，账户的基本结构是：左方为借方，右方为贷方，但究竟哪一方登记增加数，哪一方登记减少数，则要根据账户反映的经济内容，即账户的性质来决定，不同性质的账户，其结构是不同的。

1. 资产、负债、所有者权益的账户结构

按照会计基本等式建立的资产负债表，资产项目一般列在左方，负债和所有者权益项目一般列在右方。为了使账户中的记录与资产负债表的结构相吻合，各项资产的期初余额，应分别记入各账户的左方(借方)；各项负债和所有者权益的期初余额，应分别记入各账户的右方(贷方)。

这样，在账户中登记经济业务时，资产的增加应记在资产期初余额的同一方向，即账户的左方(借方)；资产的减少，应记在资产增加的相反方向，即账户的右方(贷方)。同样道理，负债与所有者权益的增加，应记在账户的右方(贷方)；负债与所有者权益的减少，应记在账户的左方(借方)。

上述内容和登记方法，构成了借贷记账法下资产类账户、负债类账户及所有者权益类账户的基本结构，如图 3—1、图 3—2、图 3—3 所示。

借方　　　　　资产类账户	贷方
期初余额(上期资产余额)	
本期资产增加额 ⋮	本期资产减少额 ⋮
本期发生额(资产增加额合计)	本期发生额(资产减少额合计)
期末余额(资产实有数额)	

图 3—1　借贷记账法下资产类账户的基本结构

资产类账户借方期末余额=借方期初余额+借方本期发生额-贷方本期发生额

【做中学 3—1】 假定某企业的库存商品账户期初余额为 400 000 元，本期购入两次，其成本分别为 100 000 元、200 000 元。本期发出 500 000 元，则库存商品账户的期末余额计算如下：

库存商品账户期末余额＝400 000＋100 000＋200 000－500 000＝200 000(元)

登记库存商品账户如下：

借方	库存商品		贷方
期初余额	400 000		
本期增加额	100 000	本期减少额	500 000
	200 000		
本期借方发生额	300 000	本期贷方发生额	500 000
期末余额	200 000		

借方	负债类账户 贷方
	期初余额(上期负债余额)
本期负债减少额	本期负债增加额
⋮	⋮
本期发生额(负债减少额合计)	本期发生额(负债增加额合计)
	期末余额(负债实有数额)

图 3—2 借贷记账法下负债类账户的基本结构

负债类账户贷方期末余额＝贷方期初余额＋贷方本期发生额－借方本期发生额

【做中学 3—2】 假定某企业的应付账款账户期初余额为 300 000 元，本期购入三次材料，其中两次货款暂欠，两次欠款分别为 100 000 元和 200 000 元，本期偿还以前所欠货款 400 000 元，则应付账款账户的期末余额计算如下：

应付账款账户期末余额＝300 000＋100 000＋200 000－400 000＝200 000(元)

登记应付账款账户如下：

借方	应付账款		贷方
		期初余额	300 000
本期减少额	400 000	本期增加额	100 000
			200 000
本期借方发生额	400 000	本期贷方发生额	300 000
		期末余额	200 000

借方	所有者权益类账户 贷方
	期初余额(上期所有者权益余额)
本期所有者权益减少额	本期所有者权益增加额
⋮	⋮
本期发生额 (所有者权益减少额合计)	本期发生额 (所有者权益增加额合计)
	期末余额 (所有者权益实有数额)

图 3—3 借贷记账法下所有者权益类账户的基本结构

所有者权益类账户贷方期末余额＝贷方期初余额＋贷方本期发生额－借方本期发生额

2. 收入类账户和成本、费用类账户的结构

由于收入可理解为所有者权益的增加，成本、费用可理解为资产耗费的转化形态，在抵销收入之前也可以将其看作是一种资产，因此，收入类账户和成本、费用类账户的结构也可用借、贷及不同的增减方式来予以表达。

收入类账户增加额记入账户的贷方，减少额（或转销额）记入账户的借方。期末将本期收入净额转入所有者权益类账户中的本年利润账户，所以该类账户期末没有余额。

成本、费用类账户增加额记入账户的借方，减少额（或转销额）记入账户的贷方，期末一般无余额；特殊账户如有余额，必定在借方，表示期末的资产余额。

收入类账户和成本、费用类账户的基本结构如图 3－4、图 3－5 所示。

借方　　　　收入类账户	贷方
本期收入减少额（或转销额） ⋮	本期收入增加额 ⋮
本期发生额 （收入减少额或转销额合计）	本期发生额 （收入增加额合计）

图 3－4　借贷记账法下收入类账户的基本结构

借方　　　　成本、费用类账户	贷方
期初余额（特殊账户有余额）	
本期成本、费用增加额 ⋮	本期成本、费用减少额（或转销额） ⋮
本期发生额 （成本、费用增加额合计）	本期发生额 （成本、费用减少额或转销额合计）
期末余额 （特殊账户有余额，表示期末资产余额）	

图 3－5　借贷记账法下成本、费用类账户的基本结构

3. 资产负债共同类账户的结构

对于资产负债共同类账户，其结构实质上是把资产、负债两类账户的结构合二为一，即账户借方记录资产增加额和负债减少额，贷方记录资产减少额和负债增加额，账户余额可以在借方，也可以在贷方。当账户借方金额合计大于贷方金额合计时，则期末余额在借方，账户视为资产类账户；反之，当账户贷方金额合计大于借方金额合计时，则期末余额在贷方，账户视为负债类账户。

资产负债共同类账户的结构如图 3－6 所示。

借方　　　　资产负债共同类账户	贷方
期初余额（也可在贷方）	
本期资产增加额	本期资产减少额
本期负债减少额	本期负债增加额
期末余额（也可在贷方）	

图 3－6　借贷记账法下资产负债共同类账户的结构

由于资产负债共同类账户的结构特殊，它既可以记录资产的增减变动，又可以反映负债的变化过程，余额可以两边倒，账户的性质视最后余额的方向而定，因此，各单位可根据自身的业务特点和管理需要，灵活设置一些共同类账户，例如，银行会计中的许多往来科目，如"金融机构往来""人民银行往来""联行往来"等为此类账户，既可完整、系统地核算经济业务，又可以减少账户的数量，简化核算手续，提高工作效率。

综上所述，各类经济业务的记账方向可归结为：资产和成本、费用的增加额，负债和所有者权益与收入的减少额，记入有关账户的借方；资产和成本、费用的减少额，负债和所有者权益与收入的增加额，记入有关账户的贷方。

借贷记账法的各类账户的结构可以集中简要列示，如图3—7所示。

借方	各类账户　　　　贷方
资产的增加	资产的减少
负债的减少	负债的增加
所有者权益的减少	所有者权益的增加
收入的减少	收入的增加
成本、费用的增加	成本、费用的减少
余额：资产或成本余额	余额：负债或所有者权益余额

图3—7　借贷记账法的各类账户的结构

(四)记账规则

借贷记账法的记账规则是"有借必有贷，借贷必相等"。这一记账规则可从以下两个方面加以理解：

(1)会计基本等式"资产＝负债＋所有者权益"所涉及的四种业务类型已概括了所有的经济业务，在这四种业务类型中，不论是资产、负债、所有者权益内部还是负债与所有者权益之间，一增一减必定表现为一借一贷，同增或同减也必定表现为一借一贷。因此，在借贷记账法各账户记录中，经济业务发生必定"有借必有贷"。这种借贷关系称作账户的对应关系，存在对应关系的账户称作对应账户。

(2)由于复式记账的原理是对任何一笔经济业务必定以相等的金额同时在两个或两个以上有相互联系的账户中记账，因此，在"有借必有贷"的情况下，借方的金额和贷方的金额是以同一个金额记录的，所以"借贷必相等"。

提示：我们在实际运用借贷记账法规则去记录发生的经济业务时，一般是先确定经济业务发生时涉及的会计要素是增加还是减少，是哪两个或几个会计科目；然后再确定记入这些会计科目相对应的账户结构的借方或贷方，并且要保证借方金额等于贷方金额。

【做中学3—3】　A公司发生经济业务如下：

(1)A公司收到甲公司投入的货币资金100 000元，存入银行。

这笔业务涉及资产和所有者权益的同时增加，应记入"银行存款"的借方和"实收资本"的贷方，如图3—8所示。

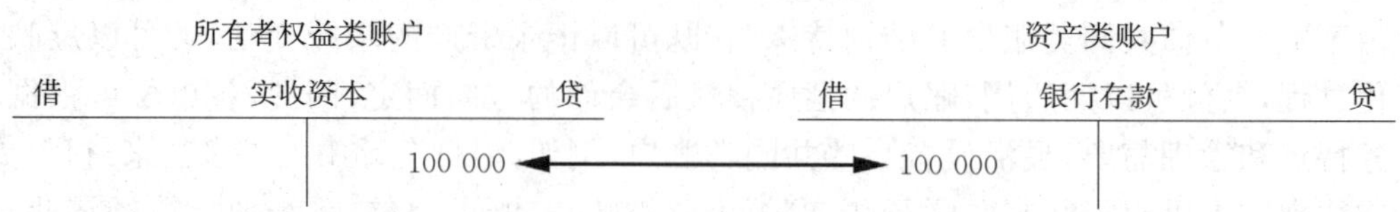

图 3—8 涉及资产和所有者权益同时增加的业务

(2)A 公司收到乙单位交来的转账支票一张,归还前欠货款 80 000 元。

这笔业务涉及一项资产的增加和另外一项资产的减少,应分别记入"银行存款"的借方和"应收账款"的贷方,如图 3—9 所示。

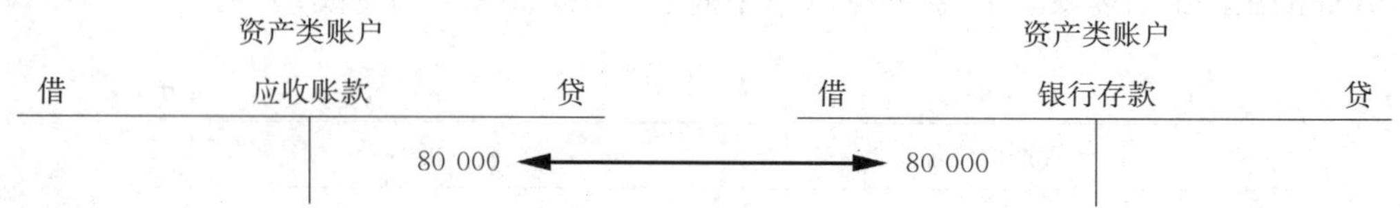

图 3—9 涉及一项资产增加和另外一项资产减少的业务

(3)A 公司以银行存款偿还欠丙公司货款 18 000 元,归还其他应付款 2 000 元。

这笔业务涉及资产的减少和负债的减少,应分别记入"应付账款"和"其他应付款"的借方和"银行存款"的贷方,如图 3—10 所示。

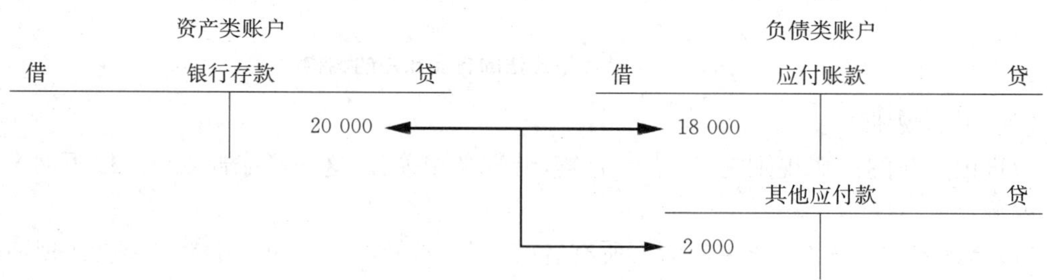

图 3—10 涉及资产和负债同时减少的业务

(4)A 公司开出银行承兑汇票,面值 60 000 元,以汇票抵付欠外单位货款。

这笔业务涉及一项负债的增加、一项负债的减少,应分别记入"应付账款"的借方和"应付票据"的贷方,如图 3—11 所示。

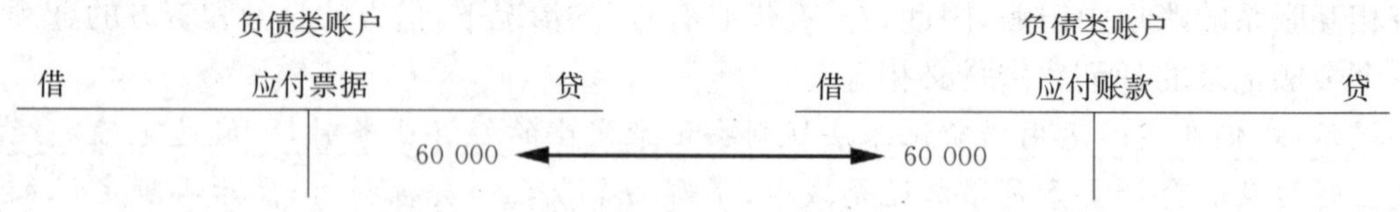

图 3—11 涉及一项负债增加、一项负债减少的业务

(5)A 公司采购原材料一批,已验收入库,价款 30 000 元,其中用现金支付了 5 000 元,余款暂欠。

这笔业务涉及资产的增加、减少和负债的增加,应分别记入"原材料"的借方,"库存现金"和"应付账款"的贷方,如图 3—12 所示。

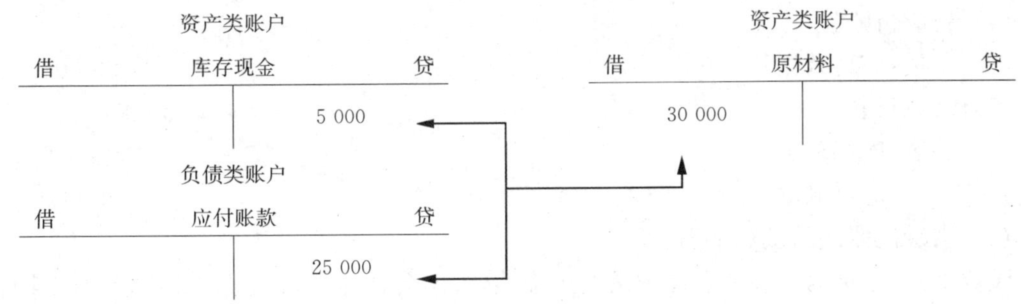

图 3—12　涉及资产增加、减少和负债增加的业务

为了保证账户对应关系的正确性，严格遵守记账规则，有必要在把经济业务记入有关账户之前，先编制会计分录。会计分录(简称分录)指明某项经济业务应借、应贷账户的名称和金额。这项工作在西方普遍采用“日记账”的形式，在我国则习惯通过编制记账凭证进行。

会计分录是指按照复式记账的要求，标明某项经济业务应借、应贷的账户名称及其金额的一种记录。一笔会计分录主要包括三个要素：会计科目(账户名称)、借贷方向(记账方向)和记账金额。

会计分录按其所涉及账户的多少，可分为简单会计分录和复合会计分录两种。简单会计分录是只涉及两个账户的会计分录，又称一借一贷的会计分录。复合会计分录是涉及两个以上(不包括两个)账户的会计分录。复合会计分录包括：一借多贷、多借一贷或者多借多贷的会计分录。可以说，复合会计分录是由简单会计分录复合而成的会计分录。

但是，不能单纯为了简化记账手续而把互不相关的几个简单分录硬性合并成一笔多借多贷的会计分录，因为这样必然会造成账户对应关系模糊不清，不能正确地反映交易或事项的来龙去脉。一般不宜编制多借多贷的会计分录，但有些业务根据需要也可编制多借多贷的会计分录。在我国，企业编制会计分录实际上就是根据原始凭证编制“记账凭证”，记账凭证是用来登记账户(账簿)的直接依据。(记账凭证见“项目五——填制和审核会计凭证”。)

采用借贷记账法编制会计分录的格式是：先写借方科目，再写贷方科目，金额单位默认为“人民币元”。会计分录为上下结构，上借下贷，借贷错开，金额相等。

编制会计分录，应按以下步骤进行：

第一，一项经济业务发生后，首先分析这项经济业务涉及的会计要素类别；

第二，确定涉及哪些账户，是增加还是减少；

第三，确定记入账户的方向，是借方还是贷方；

第四，确定应借、应贷科目(账户名称)是否正确，借贷方金额是否相等。

现对前面【做中学】的五笔业务编制会计分录如下：

(1)借：银行存款	100 000	
贷：实收资本		100 000
(2)借：银行存款	80 000	
贷：应收账款		80 000
(3)借：应付账款	18 000	
其他应付款	2 000	
贷：银行存款		20 000

(4)借:应付账款 60 000
　　贷:应付票据 60 000
(5)借:原材料 30 000
　　贷:库存现金 5 000
　　　　应付账款 25 000

(五)借贷记账法的试算平衡

试算平衡,是指为了验证会计记录的正确性,根据会计等式和复式记账原理,对本期各账户的全部记录进行汇总、计算,以检验其正确与否的一种专门方法。在借贷记账法下试算平衡的方法有两种:发生额平衡法和余额平衡法。

1. 发生额平衡法

发生额平衡法,是依据借贷记账法的记账规则"有借必有贷,借贷必相等"来试算平衡的。在借贷记账法下,对每一笔业务均以相等的金额记入两个或两个以上相关账户的借方和贷方,且记入借方的金额与记入贷方的金额相等。这样,当一定时期的全部经济业务都记入有关账户后,所有账户的借方发生额合计数必然等于所有账户的贷方发生额合计数。发生额平衡法正是基于这一原理来判断一定时期内会计记录是否正确的。运用发生额平衡法来试算平衡,可以按照下列公式进行:

全部账户本期借方发生额合计数=全部账户本期贷方发生额合计数

2. 余额平衡法

在借贷记账法下,资产账户的期末余额在借方,负债和所有者权益账户的期末余额在贷方,由于存在"资产=负债+所有者权益"的平衡关系,所以全部账户的借方期末余额合计数应当等于全部账户的贷方期末余额合计数。余额平衡法主要是通过各种账户余额来检查、推断账务处理的正确性,其试算公式是:

资产类账户余额合计=负债类账户余额合计+所有者权益类账户余额合计

全部账户的期初借方余额合计=全部账户的期初贷方余额合计

全部账户的期末借方余额合计=全部账户的期末贷方余额合计

工作中,以上两种方法分别是通过编制"总分类账户本期发生额试算平衡表"和"总分类账户期末余额试算平衡表"来进行的。也可以将它们合并为一张表,即"总分类账户本期发生额及余额试算平衡表"。

对账户进行试算平衡,通常是通过编制试算平衡表进行的,现以【做中学 3－3】A 公司为例,假设期初余额,如表 3－1 所示。

表 3－1　　A 公司期初余额　　单位:元

会计科目	期初余额	
	借　方	贷　方
库存现金	6 000	
银行存款	140 000	
应收账款	100 000	
其他应收款	3 000	
原材料	6 000	

续表

会计科目	期初余额	
	借　方	贷　方
固定资产	300 000	
无形资产	50 000	
库存商品	80 000	
应付票据		1 000
应交税费		2 000
实收资本		470 000
资本公积		100 000
短期借款		3 000
应付账款		100 000
其他应付款		9 000
合　计	685 000	685 000

编制试算平衡表，如表 3－2 所示。

表 3－2　　**试算平衡表**　　单位：元

会计科目	期初余额		本期发生额		期末余额	
	借方	贷方	借方	贷方	借方	贷方
库存现金	6 000			5 000	1 000	
银行存款	140 000		180 000	20 000	300 000	
应收账款	100 000			80 000	20 000	
其他应收款	3 000				3 000	
原材料	6 000		30 000		36 000	
固定资产	300 000				300 000	
无形资产	50 000				50 000	
库存商品	80 000				80 000	
应付票据		1 000		60 000		61 000
应交税费		2 000				2 000
实收资本		470 000		100 000		570 000
资本公积		100 000				100 000
短期借款		3 000				3 000
应付账款		100 000	78 000	25 000		47 000
其他应付款		9 000	2 000			7 000
合　计	685 000	685 000	290 000	290 000	790 000	790 000

从表 3－2 可以看出，期初余额、本期发生额、期末余额三栏中，借方合计数都等于贷方合计数，表明本期账户的记录是基本正确的。试算平衡只是检查账户记录是否正确的一种基本

方法。如果借贷不平衡，可以肯定账户记录或计算有错误，应进一步查明原因，予以纠正。如果借贷平衡了，也并不意味着账户记录完全正确，因为有些账户记录错误不会影响借贷双方的平衡关系。

提示：在编制试算平衡表时，应注意以下几点：

(1)必须保证所有账户的发生额和余额均已记入试算平衡表。会计等式是对会计六要素整体而言的，缺少任何一个账户的发生额和余额，都会造成本期借方发生额合计数与本期贷方发生额合计数不相等、期初(或期末)借方余额合计数与贷方余额合计数不相等。

(2)及时发现记账错误。如果试算平衡表借贷不相等，可以肯定账户记录有错误，应认真查找，直到实现平衡为止。

(3)发生额与余额试算平衡，不一定说明账户记录绝对正确。这是因为，有些错误并不会影响借贷双方的平衡关系。例如：①漏记某项交易或事项，将导致本期借贷双方的发生额等额减少，但借贷仍然平衡；②重记某项交易或事项，将导致本期借贷双方的发生额等额虚增，但借贷仍然平衡；③某项交易或事项记错有关账户，借贷仍然平衡；④颠倒记账方向，也不会影响借贷平衡关系；⑤借方或贷方发生额中，偶然一多一少并相互抵销，借贷仍然平衡。

另外，试算平衡表只能检查部分数字性的错误，文字性的错误检查不出来。

【案例应用 3－2】　试算平衡表不是万能的

案例提示 3－2

背景与情境：杨丽从某财经大学会计系毕业后被聘用为 W 公司的会计员。会计科长想检验一下她的工作能力，就找来公司所有总账账簿，对她说："你先编一下我们公司这个月的试算平衡表。"不到一个小时，杨丽就把一张"总分类账户发生额及余额试算平衡表"完整地编制出来了。

这时会计员李梅说："昨天车间领材料的单据还没记到账上去，这也是这个月的业务啊！"会计员小张也拿着一些会计凭证凑了过来，对科长说："这笔账我核对过了，应当记入'原材料'和'生产成本'的是 10 000 元，而不是 9 000 元。已经入账的那部分数字需要改一下。"杨丽不解地问："试算平衡表已经平衡了，怎么还有错账呢？"

问题：试算平衡表是万能的吗？

(六)借贷记账法的具体运用——实例

下面通过举例进一步说明借贷记账法的具体运用。

【做中学 3－4】　1. 平安实业公司 2019 年 10 月初有关账户余额如表 3－3 所示。

表 3－3　**平安实业公司 2019 年 10 月初有关账户余额**　单位：元

账户名称	期初余额	
	借　方	贷　方
银行存款	600 000	
固定资产	2 000 000	
短期借款		200 000
应付账款		160 000
实收资本		2 000 000
资本公积		240 000
合　计	2 600 000	2 600 000

2. 该公司10月份发生下列经济业务：

(1)收到A单位投入的资本1 000 000元，存入银行。

(2)用银行存款120 000元偿还前欠B企业货款。

(3)用银行存款100 000元购入一台全新机器设备。

(4)将资本公积80 000元按法定程序转增为实收资本。

(5)签发一张面额为20 000元的银行承兑汇票，用以抵付应付账款。

(6)购进原材料40 000元，其中30 000元货款已用银行存款付讫，其余10 000元货款尚未支付(不考虑增值税)。

(7)以银行存款60 000元偿还银行短期借款50 000元和前欠C单位货款10 000元。

3. 根据上述经济业务编制会计分录如下(暂不考虑增值税)：

(1)借：银行存款　1 000 000
　　贷：实收资本　1 000 000

(2)借：应付账款　120 000
　　贷：银行存款　120 000

(3)借：固定资产　100 000
　　贷：银行存款　100 000

(4)借：资本公积　80 000
　　贷：实收资本　80 000

(5)借：应付账款　20 000
　　贷：应付票据　20 000

(6)借：原材料　40 000
　　贷：银行存款　30 000
　　　　应付账款　10 000

(7)借：短期借款　50 000
　　　　应付账款　10 000
　　贷：银行存款　60 000

4. 将会计分录的记录记入有关账户，如图3—13所示。

借	银行存款		贷
期初余额	600 000		
(1)	1 000 000	(2)	120 000
		(3)	100 000
		(6)	30 000
		(7)	60 000
本期发生额	1 000 000	本期发生额	310 000
期末余额	1 290 000		

借	原材料		贷
期初余额	0		
(6)	40 000		
本期发生额	40 000	本期发生额	0
期末余额	40 000		

借　　　　固定资产　　　　贷

借方	金额	贷方	金额
期初余额	2 000 000		
(3)	100 000		
本期发生额	100 000	本期发生额	0
期末余额	2 100 000		

借　　　　短期借款　　　　贷

借方	金额	贷方	金额
		期初余额	200 000
(7)	50 000		
本期发生额	50 000	本期发生额	0
		期末余额	150 000

借　　　　应付账款　　　　贷

借方	金额	贷方	金额
		期初余额	160 000
(2)	120 000	(6)	10 000
(5)	20 000		
(7)	10 000		
本期发生额	150 000	本期发生额	10 000
		期末余额	20 000

借　　　　应付票据　　　　贷

借方	金额	贷方	金额
		期初余额	0
		(5)	20 000
本期发生额	0	本期发生额	20 000
		期末余额	20 000

借　　　　实收资本　　　　贷

借方	金额	贷方	金额
		期初余额	2 000 000
		(1)	1 000 000
			(4)80 000
本期发生额	0	本期发生额	1 080 000
		期末余额	3 080 000

借　　　　资本公积　　　　贷

借方	金额	贷方	金额
		期初余额	240 000
(4)	80 000		
本期发生额	80 000	本期发生额	0
		期末余额	160 000

图 3—13　将会计分录的记录记入有关账户

5. 根据账户记录编制总分类账户发生额试算平衡表(见表 3—4)、总分类账户余额试算平衡表(见表 3—5)和总分类账户发生额及余额试算平衡表(见表 3—6)。

表 3—4　**总分类账户发生额试算平衡表**

2019 年 10 月 31 日　单位:元

账户名称	本期发生额	
	借　方	贷　方
银行存款	1 000 000	310 000
原材料	40 000	
固定资产	100 000	
短期借款	50 000	
应付账款	150 000	10 000
应付票据		20 000
实收资本		1 080 000
资本公积	80 000	
合　计	1 420 000	1 420 000

表 3—5　**总分类账户余额试算平衡表**

2019 年 10 月 31 日　单位:元

账户名称	本期发生额	
	借　方	贷　方
银行存款	1 290 000	
原材料	40 000	
固定资产	2 100 000	
短期借款		150 000
应付账款		20 000
应付票据		20 000
实收资本		3 080 000
资本公积		160 000
合　计	3 430 000	3 430 000

表 3—6　**总分类账户发生额及余额试算平衡表**

2019 年 10 月 31 日　单位:元

账户名称	期初余额		本期发生额		期末余额	
	借方	贷方	借方	贷方	借方	贷方
银行存款	600 000		1 000 000	310 000	1 290 000	
原材料			40 000		40 000	
固定资产	2 000 000		100 000		2 100 000	
短期借款		200 000	50 000			150 000
应付账款		160 000	150 000	10 000		20 000

续表

账户名称	期初余额		本期发生额		期末余额	
	借方	贷方	借方	贷方	借方	贷方
应付票据				20 000		20 000
实收资本		2 000 000		1 080 000		3 080 000
资本公积		240 000	80 000			160 000
合　计	2 600 000	2 600 000	1 420 000	1 420 000	3 430 000	3 430 000

应知考核

一、单项选择题

1. 复式记账法对每项经济业务都必须以相等的金额在两个或两个以上账户中同时登记,其登记的账户是(　　)。

A. 资产类账户　　B. 权益类账户

C. 互相联系的对应账户　　D. 总分类账户和明细分类账户

2. 借贷记账法下的发生额平衡是由(　　)决定的。

A.“有借必有贷,借贷必相等”的记账规则　　B. 账户的结构

C.“资产=权益”的会计等式　　D. 平行登记要点

3. 在复合会计分录“借:固定资产 90 000;贷:银行存款 70 000,贷:应付账款 20 000”中,“银行存款”账户的对应账户是(　　)账户。

A.“应付账款”　　B.“银行存款”

C.“固定资产”　　D.“固定资产”和“银行存款”

4. 在编制“试算平衡表”时,若期初余额、本期发生额和期末余额的借方与贷方均平衡,则(　　)。

A. 全部总账账户记录一定正确

B. 全部明细账户记录一定正确

C. 全部总账账户记录也不能肯定无错

D. 全部明细账户记录和全部总账账户记录一定无错

5. 在借贷记账法下,账户的何方记增加、何方记减少,取决于(　　)。

A. 账户的格式　　B. 账户的结构

C. 账户的用途　　D. 账户反映的经济内容

6. 复合会计分录是指(　　)。

A. 涉及四个账户的会计分录

B. 涉及两个或两个以上账户的会计分录

C. 涉及三个或三个以上账户的会计记录

D. 涉及四个或四个以上账户的会计记录

7. 在借贷记账法下,采用发生额试算平衡法时,试算平衡公式是(　　)。

A. 全部账户借方发生额合计=全部账户贷方发生额合计

B. 每个账户借方发生额合计=该账户贷方发生额合计

C. 全部资产类账户借方发生额合计＝全部负债类账户贷方发生额合计

D. 全部资产类账户借方发生额合计＝全部所有者权益类账户贷方发生额合计

8. 在交易或事项的处理过程中，会形成账户的对应关系，这种关系是指(　　)。

A. 总分类账户与总分类科目之间的关系

B. 总分类账户与明细分类账户之间的关系

C. 总分类科目与明细分类科目之间的关系

D. 有关账户之间的应借应贷关系

9. 企业购入材料，其价值为 5 000 元，其中 3 000 元以银行存款支付，余款未付。应做一笔(　　)的会计分录。

A. 一借一贷　　B. 一借多贷　　C. 多借多贷　　D. 一贷多借

10. 下列记账错误中，不能通过试算平衡检查发现的是(　　)。

A. 将某一分录的借方发生额 600 元，误写成 6 000 元

B. 某一分录的借贷方向写反了

C. 借方的金额误记到贷方

D. 漏记了借方的发生额

二、多项选择题

1. 借贷记账法的试算平衡包括(　　)。

A. 明细账平衡法　　B. 总账平衡法　　C. 发生额平衡法　　D. 余额平衡法

2. 下列分录中，属于复合分录的是(　　)。

A. 一借一贷　　B. 多借多贷　　C. 一借多贷　　D. 多借一贷

3. 对于负债类账户，下列说法中正确的有(　　)。

A. 借方登记增加数，贷方登记减少数

B. 借方登记减少数，贷方登记增加数

C. 期末余额一般在借方

D. 期末余额一般在贷方

4. 借贷记账法下，账户借方登记的内容有(　　)。

A. 资产增加　　B. 负债减少

C. 费用减少　　D. 所有者权益增加

5. 会计分录必须具备的要素包括(　　)。

A. 借贷方向　　B. 会计科目　　C. 记账金额　　D. 记账方法

6. 正确的试算平衡的公式是(　　)。

A. 全部账户借方期初余额合计＝全部账户贷方期初余额合计

B. 全部账户借方期末余额合计＝全部账户贷方期末余额合计

C. 全部账户本期借方发生额合计＝全部账户本期贷方发生额合计

D. 全部账户借方期初余额合计＝全部账户借方期末余额合计

7. 采用借贷记账法，其贷方登记本期增加额的是(　　)。

A. 资产　　B. 负债　　C. 收入　　D. 费用

8. 下列错误不能通过试算平衡来发现的有(　　)。

A. 借贷双方中一方多记金额，另一方少记金额
B. 借、贷双方的发生额同时多登记了相同金额
C. 漏记了某项经济业务
D. 应借账户和应贷账户做了相反登记

9. 采用借贷记账法时，账户的借方一般用来登记(　　)。
A. 资产的增加　　B. 收入的转出
C. 费用的增加　　D. 负债的增加

10. 下列说法中，错误的是(　　)。
A. 借贷记账法的记账规则是“有借必有贷，借贷必相等”
B. 借贷记账法是复式记账的一种
C. 借贷记账法下账户的借方登记增加额，贷方登记减少额
D. 借贷记账法下如果试算平衡了，则账簿记录就准确无误

三、判断题

1. 借贷记账法账户的基本结构是：账户分为左右两方，左方为借方，右方为贷方。(　　)
2. 在借贷记账法下，“借”表示增加，“贷”表示减少。(　　)
3. 在借贷记账法下，账户中登记增加的一方为借方，登记减少的一方为贷方。(　　)
4. 任何一笔复合会计分录都可以分解成若干笔简单会计分录。(　　)
5. 在会计处理中，只能编制一借一贷、一借多贷、一贷多借的会计分录，而不能编制多借多贷的会计分录，以避免对应关系混乱。(　　)
6. 为判断会计账户记录是否正确，常用编制试算平衡表的方法。只要试算平衡表实现平衡，即说明账户记录正确无误。(　　)
7. 通过试算平衡检查账户记录后，如果试算平衡就可以肯定记账没有错误。(　　)
8. 若会计期末总分类账户的发生额和余额试算平衡，则说明账簿记录是正确的。(　　)
9. 会计分录可以划分为一借一贷会计分录和多借多贷会计分录两种。(　　)
10. 发生额平衡法的依据是会计等式“资产＝负债＋所有者权益”。(　　)

四、简述题

1. 什么是账户的对应关系？什么是对应账户？请举例说明。
2. 简述试算平衡的方法。
3. 简述借贷记账法的特点。
4. 简述借贷记账法的记账规则。
5. 简述在借贷记账法下会计分录的编制步骤。

应会考核

■业务考核

【考核项目】

借贷记账法下账户的基本结构。

【背景资料】

某企业发生经济业务，如表3—7所示。

表3—7　　经济业务金额　　单位：元

序号	交易、事项内容	资产	负债	共同	所有者权益	成本	损益	应记会计科目	应记方向	
									借方	贷方
1	银行存款减少	√						银行存款		√
2	本年利润增加									
3	管理费用增加									
4	取得预收货款									
5	制造费用增加									
6	应交税费增加									
7	长期股权投资增加									
8	产品销售收入增加									
9	产品销售费用增加									
10	应收账款减少									
11	生产成本增加									
12	原材料被领用									
13	财务费用增加									
14	应付工资减少									
15	投入资本增加									
16	归还短期借款									

【考核要求】

根据所给业务判断其引起变动会计要素的性质，确定应记会计科目和应记的方向，然后完成表3—8。

表3—8　　账户金额表

账户名称	期初余额		本期发生额		期末余额	
	借方	贷方	借方	贷方	借方	贷方
应交税费		280 000	220 000	110 000		(　　)
原材料	360 000		(　　)	280 000	190 000	
预付账款	26 000		82 000	(　　)	10 000	
累计折旧		345 000	(　　)	98 000		323 000
盈余公积		(　　)	200 000	167 000		435 000

■技能考核

【考核项目】

登记T形账户，并编制会计分录。

【背景资料】

背景与情境：W公司2019年5月31日科目余额如下：

银行存款	50 000	应付账款	60 000
原材料	21 000	实收资本	91 000
固定资产	80 000		

该公司6月份发生下列经济业务(不考虑增值税)：

(1)投资者追加投资30 000元，存入银行。

(2)用银行存款偿还应付账款23 000元。

(3)购买原材料1 200元，用银行存款支付。

(4)购买设备50 000元，用银行存款支付30 000元，余款尚欠。

(5)收到投资者投入的机器一台，价值56 000元，原材料一批，价值25 000元。

(6)购进原材料5 000元，款未付。

【考核要求】

1. 根据期初余额开设T型账户；

2. 根据6月份发生的经济业务编制会计分录并登记T型账户；

3. 结出T型账户的发生额和余额。

■综合实务

会计科目按经济内容的分类

背景与情境：某工业企业发生了以下经济业务：(1)存放在出纳处的现金1 000元；(2)存放在银行的款项150 000元；(3)向银行借入6个月的周转借款600 000元；(4)存放在仓库的材料380 000元；(5)仓库中存放的商品60 000元；(6)房屋及建筑物2 400 000元；(7)所有者投入资本2 400 000元；(8)机器设备750 000元；(9)应收外单位货款140 000元；(10)应付给外单位货款121 000元；(11)以前年度积累的未分配利润260 000元；(12)对外长期股票投资500 000元；(13)向银行借入两年期贷款1 000 000元。

要求：请根据背景与情境在下列题中填入适当选项。

1. 会计科目按经济内容分类，可分为(　　)。

A. 资产类　　B. 负债类　　C. 所有者权益类　　D. 成本类

2. 会计科目的设置应符合(　　)原则。

A. 合法性　　B. 合理性　　C. 相关性　　D. 灵活性

3. 根据资料应该设置(　　)资产类会计科目。

A.“库存现金”“银行存款”“应收账款”

B.“原材料”“库存商品”

C.“固定资产”“长期股权投资”

D.“其他应收款”“预付账款”

4. 根据资料应设置(　　)负债类会计科目。

A.“短期借款”　　B.“长期借款”　　C.“应付股利”　　D.“应付账款”

5. 根据资料应设置(　　)所有者权益类科目。

A.“实收资本”　　B.“盈余公积”　　C.“资本公积”　　D.“利润分配”

项目实训

【实训项目 1】

会计分录的编制及试算平衡表的编制。

【实训情境】

某企业 6 月份发生如下经济业务:

(1)从银行取得短期借款 200 000 元,存入银行存款账户。

(2)从银行提取现金 80 000 元。

(3)以现金发放工资 61 000 元。

(4)以存款支付行政部门水电费 3 000 元。

(5)以转账支票支付前欠 A 公司材料款 50 000 元。

(6)以银行存款 2 000 元支付广告费。

(7)计算分配本月职工工资,其中生产工人工资 50 000 元,车间管理人员工资 6 000 元,厂部管理人员工资 5 000 元。

(8)甲产品 1 000 件完工入库,单位成本为 50 元,结转完工产品成本。

(9)以转账支票支付当月财产保险费 1 500 元。

(10)以银行存款缴纳税费 3 200 元。

【实训要求】

1. 根据上述资料编制会计分录。

2. 编制账户发生额试算平衡表。

【实训项目 2】

借贷记账法的应用及试算平衡表的编制。

【实训情境】

(1)甲企业 2019 年 9 月有关账户期末余额,如表 3—9 所示。

表 3—9　　2019 年 9 月有关账户期末余额　　单位:元

库存现金	800	短期借款	13 000
银行存款	30 000	应付账款	54 200
应收账款	35 200	应交税费	8 800
原材料	90 000	实收资本	680 000
生产成本	40 000	盈余公积	40 000
库存商品	20 000	本年利润	20 000
固定资产	600 000		
合　计	816 000	合　计	816 000

(2)该企业 10 月份发生下列经济业务:

①收到投资者投入资金 30 000 元存入银行。

②从银行提取现金 500 元。

③生产产品领用材料 2 200 元。

④用银行存款上缴税款 8 800 元。

⑤收回货款 15 000 元存入银行。

⑥取得长期借款 200 000 元存入银行。

⑦购买材料 34 000 元,货款未付。

⑧以银行存款偿还前欠货款 24 000 元。

【实训要求】

1. 根据资料(2)编制会计分录。

2. 根据资料(1)和编制的会计分录登记 T 型账户。

3. 根据 T 型账户编制甲企业本期发生额及余额试算平衡表。

(注:暂不考虑增值税。)

项目四

企业主要经济业务核算

○ **知识目标:**

理解:了解企业基本经济业务包括筹集资金、生产准备、产品生产、产品销售、财务成果等业务。

熟知:企业应运用相关账户对基本业务进行核算的内容。

掌握:筹集资金、生产准备、产品生产、产品销售及财务成果业务核算的内容及方法。

○ **技能目标:**

能够对企业资金筹集、供应、生产、销售、利润形成与分配等环节进行账务处理;能够对企业的采购成本、生产成本、销售成本进行计算并结转;能够设置和使用企业会计系统的主要会计账户。

○ **素质目标:**

通过对制造企业经营过程和会计主要经济业务的学习,养成学生大胆质疑、敢于表现、善于尝试的习惯及良好的合作交流态度,在具体的会计业务核算中培养独立会计核算的意识。

○ **项目引例:**

乐康公司的主要经济业务

背景与情景:乐康自行车有限公司是一家生产、销售自行车的公司,主要产品为男式和女式休闲自行车。随着自行车这项阳光健康的运动深入民心,越来越多的人加入休闲骑的行列,从而客户数量不断增加,生产规模需要扩大。企业必须为购买材料、更新设备、扩大经营等筹集资金;筹集到资金进行采购生产所需的材料、设备;有了所需的材料、设备等,然后开始生产;生产出产成品进行销售;通过销售实现利润并将其进行分配或继续扩大规模进入下一轮资金循环。

引例导学:企业如何进行产、供、销以及利润产生后的账务处理?

○ **知识准备:**

任务一　企业的主要经济业务

任务课件

前面我们已初步说明了设置会计科目和账户、复式记账的基本原理,但由于各种企业、单位的工作任务和经济活动的性质并不相同,因此其经营过程也各具特点,账户的设置也不可能完全一致。就总体来说,在各种企业中,制造业企业的经营过程是比较典型的，能够完整反映一个企业经济活动的过程。因此，本项目将以制造业企业（以下简称企业）日常发生的主要经济业务为例，通过其经营过程的核算来全面、系统地理解和掌握账户与借贷记账法的具体应用。

企业作为独立的经济实体，有自己的经营目标——获取最大的盈利，并为此从事各种经营活动。它的基本任务是在国家的宏观调控指导下，根据市场需求生产工业产品，以满足经济、文化和人民生活消费的需要。它要从其生产经营中以收抵支，取得利润，并不断增资，扩大生产经营规模，向国家缴纳税金，为投资者创造投资所得。

企业为了完成生产经营任务，实现其经营目标，首先必须拥有一定数量的资金作为生产经营活动的物质基础。为此，企业必须从各种渠道筹集资金，然后据以开展各种经营活动。企业从事的各种经济活动，从其生产经营过程考察，可以分为生产准备业务、产品生产业务和产品销售业务。

企业的生产准备业务是企业日常生产经营活动的第一阶段。在这一阶段，企业要运用筹集的资金购买劳动资料和劳动对象，同时要支付采购费用及增值税（进项税额），并与供货单位发生货款结算业务。此外，企业还应及时将材料验收入库，并妥善保管，以供生产部门领用。

企业的产品生产业务是企业日常生产经营活动的中心环节。产品的生产过程，也是物化劳动和活劳动的消耗过程。在这一过程中，企业应正确归集和分配各项生产费用，计算产品成本，并认真组织合格产品的验收入库，以供销售部门销售。

企业的产品销售业务是企业日常生产经营活动的最后阶段。在这一阶段，企业应及时将制造完工的产成品销售出去，收回销货款，实现销售收入，并及时结转销售成本，支付销售费用，计算并收回增值税（销项税额），最后确定销售成果。在产品销售过程中实现的利润（或亏损）是企业生产经营成果的主要部分，企业还应据此计算最终财务成果（即利润总额）以及应交所得税，对于税后净利润，企业还要按国家规定的分配顺序进行分配。

任务二　企业筹资业务的核算

任务课件

一、筹资业务核算的主要内容

企业必须拥有一定数量的资金，才能进行生产经营活动，因而筹集资金是企业生产经营活动的起点，也是首要条件。企业用筹集的资金进行最基本的物资准备，如建设厂房和购置机器设备等劳动资料、购买原材料等劳动对象、支付职工工资及其他费用等。

按国家有关法律规定，企业可采取国家投资、银行及其他金融机构贷款、企业联营、发行债券及股票、引进外资等多种方式筹措资金。在市场经济体制下，随着资金的不断完善，企业的筹资渠道也逐渐增多，但归纳起来不外乎有两大类：第一类是投资者投入的资本，按其投资主体的不同，可分为国家投入、企业投入、个人投入和外商投入的资本；按其投资方式的不同，可分为货币投资、实物投资、证券投资和无形资产投资等。企业对投资者投入的资本拥有使用权，并应定期向投资者分配收益；投资者对投入的资本拥有所有权，并按投资比例或合同、章程的规定，分享企业利润或分担经营风险。第二类是向债权人借入的资本，只能有偿使用，到期必须还本付息。从资金的筹集方式来看，筹资业务核算的主要内容是投入资本和借入资本的核算。企业筹集资金业务如图 4—1 所示。

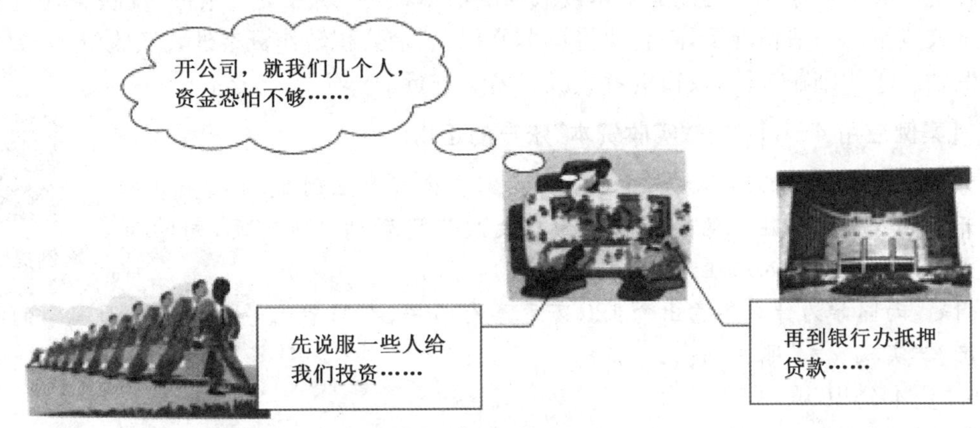

图 4—1　企业筹集资金业务

二、筹资业务核算设置的账户

(一)投入资本核算应设置的账户

为了总括地核算和监督投资者投入资金及其变动情况，企业应当设置以下账户 ：

1."库存现金"账户

①核算内容为企业的库存现金。②性质属于资产类。③账户结构为借方登记库存现金的收入数，贷方登记库存现金的支出数，期末借方余额，反映企业实际持有的库存现金数。

2."银行存款"账户

①核算内容为企业存入银行或其他金融机构的款项。②性质属于资产类。③账户结构为借方登记存款的存入数，贷方登记存款的支取数，期末借方余额，反映企业存放在银行的存款实有数。④明细账核算，按开户银行和其他金融机构及存款种类进行。有外币存款的企业，按人民币和各种外币进行明细账核算。

3."固定资产"账户

①核算内容为企业固定资产的原始价值。②性质属于资产类。③账户结构为借方登记企业固定资产增加的账面原价，贷方登记因出售、报废和毁损而减少的固定资产的账面原价，期末借方余额反映企业期末固定资产的账面原价。④明细账核算，企业应设置"固定资产登记簿"和"固定资产卡片"，按固定资产的类别、使用部门和每项固定资产进行明细分类核算。

4."无形资产"账户

①核算内容为企业为生产商品、提供劳务、出租给他人或为管理目的而持有的、没有实物形态的非货币性长期资产，包括专利权、非专利技术、商标权、著作权和土地使用权等。②性质属于资产类。③账户结构为借方登记企业外购等方式取得的无形资产原值，贷方登记对外转让的无形资产原值，期末借方余额，反映企业期末无形资产的原值。④明细账核算，按无形资产类别进行。

5."实收资本"或"股本" 账户

①核算内容为企业按照合同、章程的规定收到投资者或股东投入的资本。②性质属于所

有者权益类。③账户结构为贷方登记收到投入资本的实际数额或按股票面值计算的股本金，借方登记按规定程序减少的注册资本或减少的股本数额，期末贷方余额，反映企业现有的实收资本或股本。一般情况下，除企业将资本公积、盈余公积转作资本外，“实收资本”数额不能随意变动。④明细账核算，按投资者或股东名册进行。

【案例应用 4－1】 “实收资本”账户的运用

案例提示 4—1

背景与情境：甲、乙两名大学生毕业后由家长出资自主创业，各出资 100 万元开了一家特色农庄。两年后农庄为扩大规模增资到 300 万元，同学丙愿意出资 120 万元加入农庄，享有 1/3 的股份。

问题：丙同学为什么愿意出资 120 万元享有与甲、乙同学同等的权利？丙同学的投资应全部记入“实收资本”账户吗？

6.“资本公积”账户

①核算内容为企业资本公积的增减变动及结余情况。②性质属于所有者权益类。③账户结构为贷方登记企业因资本溢价等原因而增加的资本公积数额，借方登记用于按法定程序转增注册资本等原因而减少的资本公积数额，期末贷方余额反映企业实有的资本公积数额。④明细账核算，按资本公积形成的类别进行。

(二)借入资金核算应设置的账户

为了总括地核算和监督借入资金及其变动情况，企业应当设置以下账户：

1.“短期借款”账户

①核算内容为企业向银行或其他金融机构等借入的偿还期在 1 年以下(含 1 年)的各种借款的发生、偿还等情况。②性质属于负债类。③账户结构为贷方登记取得借款本金的数额，借方登记偿还借款本金的数额，期末贷方余额，反映企业尚未偿还的短期借款的本金。④明细账核算，按借款种类、贷款人和币种进行。

2.“长期借款”账户

①核算内容为企业向银行或其他金融机构借入的期限在 1 年以上(不含 1 年)的各项借款的借入、归还等情况。②性质属于负债类。③账户结构为贷方登记长期借款本息的增加额，借方登记长期借款本息的减少额，期末贷方余额，反映企业尚未偿还的长期借款。④明细账核算，按贷款单位和贷款种类，分别按“本金”“利息调整”“溢折价”“交易费用”等进行。

3.“应付债券”账户

①核算内容为企业为筹集长期资金而发行债券以及计提利息、还本付息等情况。②性质属于负债类。③账户结构为贷方登记应付债券的本金和利息，借方登记实际偿还的债券本金和利息，期末贷方余额，反映企业尚未偿还的长期债券。④明细账核算，按“面值”“利息调整”“应计利息”等进行。

4.“应付利息”账户

①核算内容为企业按照合同约定应支付的利息，包括短期借款、分期付息到期还本的长期借款、企业债券等应支付的利息。②性质属于负债类。③账户结构为贷方登记资产负债表日计算确定的利息费用，借方登记实际支付利息，期末贷方余额，反映企业尚未偿还的利息。④明细账核算，按存款人或债权人进行。

企业的借款利息，可直接归属于符合资本化条件的资产的购建或者生产的，应当予以资本化，计入符合资本化条件的资产成本。其他借款利息，应当在发生时根据其发生额确认为财务费用，计入当期损益。

借款从借入时起即开始发生利息费用，因此，对于按季支付利息的短期借款，以及按年支付利息的长期借款，企业一般采用月末计提的方式进行处理。在借入借款后的每月月末，根据借款的本金和利率计算出当月应负担的利息，对于不符合资本化条件的，借记“财务费用”科目，同时贷记“应付利息”科目。

5.“财务费用”账户

①核算内容为企业为筹集资金而发生的费用，包括利息支出(减利息收入)、汇兑损益、债券的溢折价摊销及相关的手续费等。②性质属于损益类。③账户结构为借方登记发生的财务费用，贷方登记期末转出的财务费用，期末一般无余额。④明细账核算，按费用项目进行。

三、筹资业务核算举例

现以明辉公司某年发生的筹资业务为例。

【做中学4－1】 接受国家投资1 000 000元，款项存入银行。

这项经济业务的发生，引起资产和所有者权益两个要素发生变化。一方面使企业的银行存款增加1 000 000元，记入“银行存款”账户的借方；另一方面使实收资本增加1 000 000元，记入“实收资本”账户的贷方。这项业务应编制如下会计分录：

借：银行存款　　1 000 000

　贷：实收资本　　1 000 000

【做中学4－2】 接受甲企业投入新设备一台，双方协议价为200 000元。(注：假设该设备不涉及增值税。)

这项经济业务的发生，引起资产和所有者权益两个要素发生变化。一方面使企业的固定资产增加200 000元，记入“固定资产”账户的借方；另一方面使实收资本增加200 000元，记入“实收资本”账户的贷方。这项业务应编制如下会计分录：

借：固定资产　　200 000

　贷：实收资本　　200 000

【做中学4－3】 4月1日向银行借入一笔款项，金额500 000元，期限为3个月，年利率为6%，所得款项已存入银行。

这项经济业务的发生，引起资产和负债两个要素发生变化。一方面使银行存款增加500 000元，记入“银行存款”账户的借方；另一方面使短期借款增加500 000元，记入“短期借款”账户的贷方。这项业务应编制如下会计分录：

借：银行存款　　500 000

　贷：短期借款　　500 000

【做中学4－4】 4月30日、5月31日分别计算当月短期借款利息2 500元(500 000×6%÷12)。

这是两个月相同的经济业务，所以合并在一道题目里。这项经济业务的发生，一方面使财务费用每个月增加2 500元，记入“财务费用”账户的借方；另一方面使应付利息每个月增加2 500元，记入“应付利息”账户的贷方。这项业务应编制如下会计分录：

4月30日：

借：财务费用　　2 500

贷:应付利息 2 500

5 月 31 日:

借:财务费用 2 500

贷:应付利息 2 500

【做中学 4—5】 7 月 1 日收到银行的结息通知,第二季度的短期借款利息 7 500 元已从结算存款户支付。

这项经济业务的发生,一方面使财务费用增加 2 500 元,记入"财务费用"账户的借方,同时使应付利息减少 5 000 元,记入"应付利息"账户的借方;另一方面使银行存款减少 7 500 元,记入"银行存款"账户的贷方。这项业务应编制如下会计分录:

借:财务费用 2 500

应付利息 5 000

贷:银行存款 7 500

【做中学 4—6】 7 月 1 日,以银行存款归还短期借款本金 500 000 元。

这项经济业务的发生,引起资产和负债两个要素发生变化:一方面使短期借款减少 500 000元,记入"短期借款"账户的借方;另一方面使银行存款减少 500 000 元,记入"银行存款"账户的贷方。这项业务应编制如下会计分录:

借:短期借款 500 000

贷:银行存款 500 000

【做中学 4—7】 向银行借入为期 5 年的长期借款 180 000 元,借款手续已办妥,款项存入银行。

这项经济业务的发生,引起资产和负债两个要素发生变化:一方面使长期借款增加 180 000元,记入"长期借款"账户的贷方;另一方面使银行存款增加 180 000 元,记入"银行存款"账户的借方。这项业务应编制如下会计分录:

借:银行存款 180 000

贷:长期借款 180 000

筹资业务的相关总分类核算参见图 4—6。

任务三 生产准备业务的核算

任务课件

一、生产准备业务核算的主要内容

生产准备过程是为企业生产经营活动准备劳动资料和劳动对象等物资的过程,其主要业务包括固定资产构建业务和材料采购业务等。因此,生产准备业务核算的主要内容是固定资产构建业务的核算、材料采购业务的核算和材料采购成本的核算。企业生产准备过程业务如图 4—2 所示。

固定资产是指使用期限较长、单位价值较高,并且在使用过程中保持原有实物形态的资产,如房屋、建筑物、机器设备、运输设备等。固定资产的购建环节较多,一般需经过购入或建造、安装调试、计价及付款结算等环节。固定资产的确认和计价涉及的因素较多,会计核算也较复杂,需采用一定的计价方法,设置专门账户进行核算。

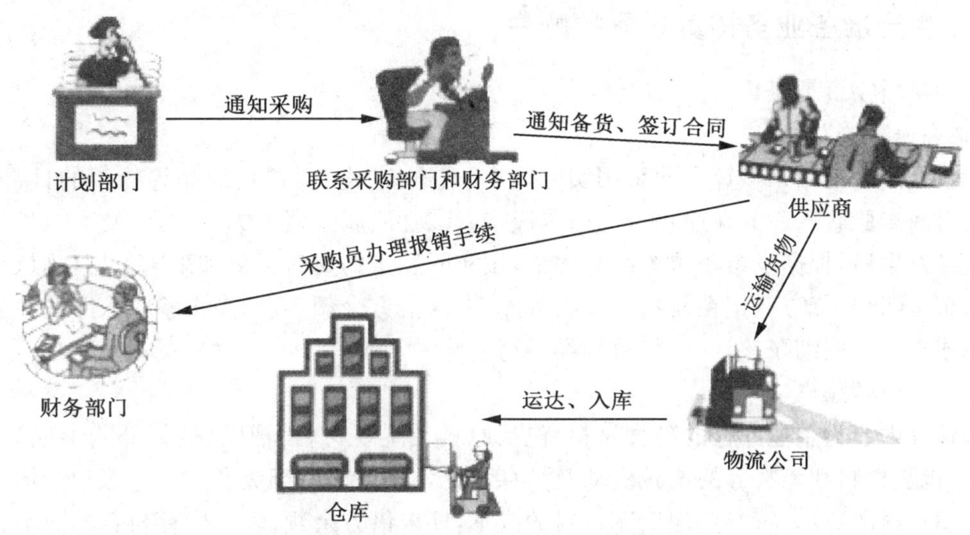

图 4－2　企业生产准备过程业务

材料是企业产品生产不可缺少的物质要素。材料的采购应根据采购计划及采购合同进行，一般需经过订货采购、运输装卸、验收入库、结算付款等业务环节。它要求既要保证及时、按质按量地满足生产上的需要，又要避免储备过多、不必要地占用资金。

材料采购业务的核算主要包括材料购入和货款结算的核算。当购入的材料运达企业并验收入库时，表明企业对该材料拥有了所有权，该材料可确认为企业的资产，应按历史成本计价原则确认该项资产的价值即采购成本，材料的采购成本包括材料的买价和各种采购费用。现行会计制度规定各种采购费用主要包括运杂费、运输途中的合理损耗、入库前的挑选整理费用以及与材料采购业务有关的其他费用。

提示：在采购费用中，对同一批购入的多种材料所发生的共同性采购费用，凡能分清由哪一种材料负担的，应直接计入该材料的采购成本；不能分清对象的，应按材料的重量或买价等比例，分摊计入各种材料的采购成本。

采购费用分配率＝采购费用总额÷各种材料的重量、体积或买价之和

某种材料应负担的采购费用＝该材料的重量(体积、买价)×采购费用分配率

材料的实际采购成本＝买价＋采购费用(运输费、装卸费、保险费等、运输途中合理损耗、入库前整理挑选费等)＋相关税费

材料采购的货款结算一般有三种情况：第一，购入的材料已验收入库，货款已支付；第二，购入的材料已验收入库，而货款尚未支付；第三，货款已支付，而购入的材料尚未验收入库。企业应区别不同情况，采用不同的方法对货款结算进行会计核算。

【案例应用 4－2】　材料实际采购成本的计算

案例提示 4－2

背景与情境：某企业购入主要材料 100 吨，单价 2 000 元，购入辅助材料 50 吨，单价 1 000 元，两种材料共支付运输装卸费 3 000 元。

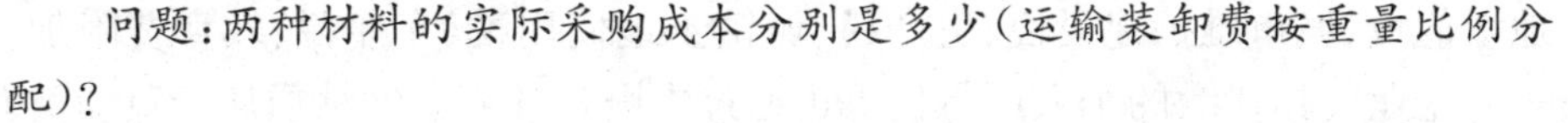

问题：两种材料的实际采购成本分别是多少(运输装卸费按重量比例分配)？

二、生产准备业务核算设置的账户

(一)材料物资类账户

1."在途物资"账户

①核算内容为用来核算企业采用实际成本(或进价)进行材料、商品等物资的日常核算、货款已付尚未验收入库的在途物资的采购成本。②性质属于资产类。③账户结构,借方登记采购业务发生后,根据发票账单等结算凭证,按实际发生的材料买价和采购费用,确认采购成本后借记本账户,贷方登记在途物资验收入库,期末借方余额,表示尚未验收入库的在途物资的实际成本。④明细账核算,按材料种类进行。

2."原材料"账户

①核算内容为企业库存的各种材料,包括原料及主要材料、辅助材料、外购半成品、修理用备件、包装材料和燃料等的增减变动及结存情况。②性质属于资产类。③账户结构为借方登记入库材料的成本,贷方登记出库材料的成本,期末借方余额,表示库存材料的成本。④明细账核算,按材料的种类或规格设置材料的二级账和明细账(或材料卡片),对材料进行明细分类核算进行。

(二)结算类账户

1."应付账款"账户

①核算内容为企业因购买材料、商品和接受劳务等而应付给供应单位的款项。②性质属于负债类。③账户结构为贷方登记应付而未付的款项,借方登记偿还的款项,期末贷方余额,表示尚未偿还的款项。④明细账核算,按供应单位进行。

2."应付票据"账户

①核算内容为企业购买材料、商品和接受劳务等开出、承兑的商业汇票。商业汇票按照承兑人的不同,可分为商业承兑汇票和银行承兑汇票。我国商业汇票最长不超过 6 个月。②性质属于负债类。③账户结构为贷方登记开出商业汇票,借方登记到期承付或无力支付转出的商业汇票,期末贷方余额,表示尚未到期的商业汇票。④明细账核算,按供应单位进行,企业应设置"应付票据备查簿",详细登记每一应付票据的种类、号数、签发日期、到期日、票面金额、合同交易号、收款人姓名或单位名称以及付款日期和金额等详细资料,当应付票据到期时,应在备查簿中逐笔注销。

3."预付账款"账户

①核算内容为企业因购买材料、商品或接受劳务按购货合同规定预付给供应单位的款项。②性质属于资产类。③账户结构为借方登记预付或补付的款项,贷方登记所购材料、商品或接受劳务的金额及退回多付的款项,期末借方余额,表示实际预付的款项,期末贷方余额表示尚未补付的款项。④明细账核算,按供应单位进行。对于预付账款业务不多的企业,可以不设本账户,而用"应付账款"账户反映。

4."应交税费"账户

①核算内容为反映企业按照税法等规定计算应缴纳的各种税费,包括增值税、消费税、所得税、资源税、土地增值税、城市维护建设税、房产税、城镇土地使用税、车船税、教育费附加、矿产资源补偿费等。企业代扣代缴的个人所得税等也通过本账户核算。②性质属于负债类。③账户结构为贷方登记应缴纳的各种税费,借方登记实际缴纳的税费,期末贷方余额,表示企

业尚未缴纳的税费，期末借方余额表示企业多缴或尚未抵扣的税费。④明细账核算，按税费项目进行。其中，增值税一般纳税人应在“应交税费——应交增值税”账户下设“进项税额”“销项税额”“出口退税”“进项税额转出”“已交税金”等专栏。其中，借方“进项税额”专栏，反映企业购入货物或接受应税劳务而支付的、准予从销项税额中抵扣的增值税税额。贷方“销项税额”专栏，反映企业销售货物或提供应税劳务应向购货方收取的增值税税额。

增值税是就货物或劳务的增值部分征收的一种税金。增值税是一种价外税，它要通过产品实现的销售转嫁给购买者，最终由消费者负担。所以对企业来说，为生产产品购进材料时，支付给供货方的增值税为进项税额。当生产的产品实现销售时，向购买方收取的增值税为销项税额。用当期的销项税额减去当期进项税额即为企业应缴纳的增值税税额。应交增值税的核算通过在“应交税费”账户下设置“应交增值税”明细账户进行。

知识链接：财政部和税务总局公布：2019 年 4 月 1 日起，纳税人发生增值税应税销售行为或者进口货物，税率分别为 13%、9%；纳税人购进农产品，扣除率为 9%；纳税人购进用于生产销售或委托加工货物的农产品，按照 10%的扣除率计算进项税额；出口货物出口退税率为 13%；出口货物、跨境应税行为出口退税率为 9%。本书结合最新税法规定增值税税率按 13%计算。

三、生产准备业务核算举例

仍以明辉公司某年发生的生产准备业务为例。

【做中学 4—8】　从中天公司购入甲、乙、丙三种材料，发票账单已到达企业，货款以银行存款支付。增值税发票注明材料的买价为 420 000 元，增值税税额为 54 600 元。其中，甲材料 2 000 千克，单价 80 元/千克，合计 160 000 元；乙材料 4 000 千克，单价 50 元/千克，合计 200 000 元；丙材料 1 000 千克，单价 60 元/千克，合计 60 000 元。

这项经济业务的发生，引起资产和负债两个要素发生变化：一方面使企业的材料采购成本增加 420 000 元，即资产增加，记入“在途物资”账户的借方，同时按规定支付增值税进项税额 54 600 元，即负债减少，记入“应交税费——应交增值税(进项税额)”账户的借方；另一方面使企业的银行存款减少 474 600 元，即资产减少，记入“银行存款”账户的贷方。这项业务应编制如下会计分录：

借：在途物资——甲材料	160 000	
——乙材料	200 000	
——丙材料	60 000	
应交税费——应交增值税(进项税额)	54 600	
贷：银行存款		474 600

【做中学 4—9】　以银行存款支付向中天公司购入三种材料的运输费 10 000 元，装卸费 1 200 元(假定该公司按材料的重量分摊运杂费用)。

这项经济业务的发生，引起资产和负债两个要素发生变化：一方面使企业材料的采购成本增加 11 200 元，即资产增加，记入“在途物资”账户的借方，同时根据增值税条例规定增值税一般纳税人外购货物(固定资产除外)所支付的运输费用，根据运输结算单据所列运费金额按 10%的扣除率计算进项税额准予扣除，计算增值税进项税额为 900 元，装卸费按 6%的扣除率计算进项税额准予扣除，计算增值税进项税额为 72 元，使负债减少，记入“应交税费——

应交增值税(进项税额)”的借方;另一方面使企业的银行存款减少 12 172 元,即资产减少,记入“银行存款”账户的贷方。这项业务的成本计算及会计分录编制如下:

采购费用分配率=11 200÷(2 000+4 000+1 000)=1.6(元/千克)

甲材料应分摊的采购费用=2 000×1.6=3 200(元)

乙材料应分摊的采购费用=4 000×1.6=6 400(元)

丙材料应分摊的采购费用=1 000×1.6=1 600(元)

借:在途物资——甲材料 3 200

——乙材料 6 400

——丙材料 1 600

应交税费——应交增值税(进项税额) 972

贷:银行存款 12 172

【做中学 4—10】 从长安公司购入丁材料 50 千克,单价 500 元/千克,增值税发票注明材料的买价为 25 000 元,增值税税额为 3 250 元,材料已运到,代垫运费 1 000 元,款项均暂欠。

这项经济业务的发生,引起资产和负债两个要素发生变化:一方面使企业材料采购成本增加 26 000 元,即资产增加,记入“在途物资”账户的借方,支付增值税进项税额 3 250 元,加上运费准予扣除的 9%(即 90 元),增值税税额共计 3 340 元,记入“应交税费——应交增值税(进项税额)”账户的借方;另一方面,由于购料款暂欠,使企业的应付账款增加 29 340 元,即负债增加,记入“应付账款”账户的贷方。这项业务应编制如下会计分录:

借:在途物资——丁材料 26 000

应交税费——应交增值税(进项税额) 3 340

贷:应付账款 29 340

【做中学 4—11】 从中天公司购入丙材料 500 千克,单价 60 元/千克,增值税发票注明材料的买价为 30 000 元,增值税税额为 3 900 元,明辉公司开出一张银行承兑汇票抵付货款和税款。

这项经济业务的发生,引起资产和负债两个要素发生变化:一方面使企业材料采购成本增加 30 000 元,即资产增加,记入“在途物资”账户的借方,支付的增值税进项税额 3 900 元,记入“应交税费——应交增值税(进项税额)”账户的借方;另一方面,由于开出银行承兑汇票抵付货款和税款,使企业的应付票据增加 33 900 元,即负债增加,记入“应付票据”账户的贷方。这项业务应编制如下会计分录:

借:在途物资——丙材料 30 000

应交税费——应交增值税(进项税额) 3 900

贷:应付票据 33 900

【做中学 4—12】 以银行存款 5 000 元预付给长安公司订购丁材料 20 千克。

这项经济业务的发生,引起资产要素之间此增彼减:一方面使企业预付账款增加 5 000 元,记入“预付账款”账户的借方;另一方面使企业银行存款减少 5 000 元,记入“银行存款”账户的贷方。这项业务应编制如下会计分录:

借:预付账款 5 000

贷:银行存款 5 000

【做中学4—13】 接到银行通知，银行承兑汇票到期，已从企业存款账户中支付33 900元的票据款。

这项经济业务的发生，引起资产和负债两个要素发生变化：一方面使企业的银行存款减少33 900元，记入"银行存款"账户的贷方；另一方面使企业应付票据减少33 900元，记入"应付票据"账户的借方。这项业务应编制如下会计分录：

借：应付票据　　33 900

　贷：银行存款　　33 900

【做中学4—14】 向长安公司订购的丁材料已运达企业，增值税发票注明材料买价为10 000元，增值税税额为1 300元，以银行存款补付款项6 300元。

这项经济业务应编制两笔会计分录进行核算。首先，订购的材料运达企业，使材料的采购成本增加10 000元，记入"在途物质"账户的借方，增值税税额1 300元，记入"应交税费——应交增值税(进项税额)"账户的借方；同时，根据发票列明的金额11 300元，记入"预付账款"账户的贷方。其次，由于补付款项6 300元，一方面使银行存款减少6 300元，记入"银行存款"账户的贷方；另一方面使预付账款增加6 300元，记入"预付账款"账户的借方。这项业务应编制如下会计分录：

借：在途物资——丁材料　　10 000

　　应交税费——应交增值税(进项税额)　　1 300

　贷：预付账款　　11 300

同时：

借：预付账款　　6 300

　贷：银行存款　　6 300

【做中学4—15】 期末，上述采购材料均已验收入库，按其实际采购成本结转。

这项经济业务的发生，说明本期采购的材料全部验收存入材料仓库，应根据材料采购明细账，计算和确定采购成本后进行转账。材料验收入库，一方面使企业库存的原材料增加，记入"原材料"账户的借方；另一方面又使材料的采购成本减少，记入"在途物资"账户的贷方。这项业务的成本计算，如表4—1所示。

表4—1　　材料采购成本

项　目	甲材料		乙材料		丙材料		丁材料	
	总成本(元)	单位成本(元/千克)	总成本(元)	单位成本(元/千克)	总成本(元)	单位成本(元/千克)	总成本(元)	单位成本(元/千克)
买价	160 000	80	200 000	50	90 000	60	35 000	500
采购费用	3 200	1.6	6 400	1.6	1 600	1.07	1 000	14.29
采购成本	163 200	81.6	206 400	51.6	91 600	61.07	36 000	514.29

根据表4—1进行材料采购成本的转账，编制如下会计分录：

借：原材料——甲材料　　163 200

　　　　　——乙材料　　206 400

　　　　　——丙材料　　91 600

　　　　　——丁材料　　36 000

贷:在途物资——甲材料 163 200
——乙材料 206 400
——丙材料 91 600
——丁材料 36 000

生产准备业务的相关总分类核算参见图4—6。

任务四 产品生产业务的核算

任务课件

一、产品生产业务核算的主要内容

产品生产过程是指从材料投入到产品完工验收入库的全过程。这一过程的主要任务是生产出满足社会需要的产品,因此,产品生产业务是企业整个生产经营活动的中心环节。企业的生产过程既是产品的制造过程,又是物化劳动(劳动资料和劳动对象)和活劳动的消耗过程。企业产品生产过程如图4—3所示。

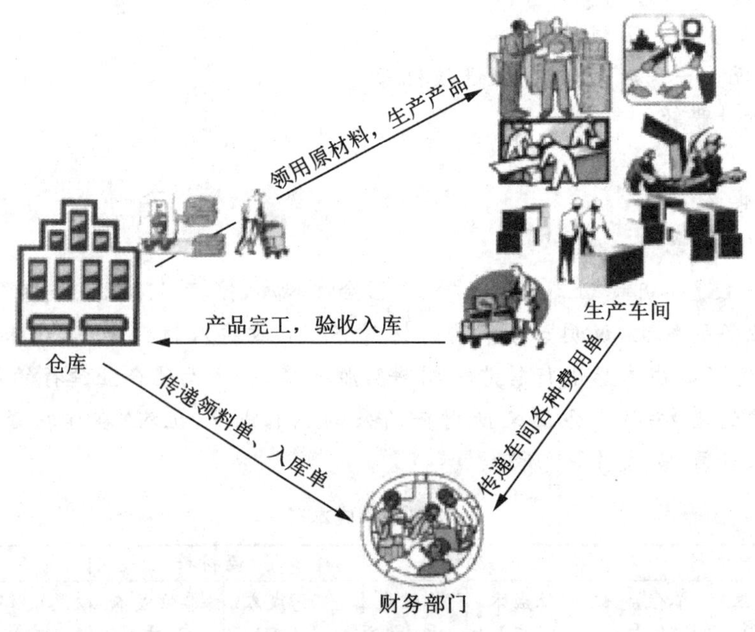

图4—3 企业产品生产过程

在生产过程中所发生的各种耗费主要包括:为生产产品所消耗的原材料、辅助材料、燃料和动力;参加生产过程的厂房和机器设备等固定资产的磨损价值;为生产产品而发生的人工消耗等。这些耗费用货币表现出来,即为企业的生产费用。

企业的生产费用分为直接费用和间接费用。直接费用是企业为生产产品所发生的直接材料、直接工资和其他直接费用,这些费用发生时,可直接计入产品的制造成本;间接费用是企业为生产产品所发生的,不能直接计入制造成本的费用,这些费用必须按照一定的标准(如工时或生产工人的工资等)分配计入各产品的制造成本。由此可见,企业的生产费用按一定种类和数量的产品进行归集以后，便形成了产品的制造成本，即产品的生产成本。

企业生产业务核算的主要内容是：根据历史成本原则，对生产过程发生的费用与成本进行确认与计量；为正确计算产品的生产成本，必须划清各项费用的界限，以产品为对象，对各种直接或间接费用进行归集与分配；对完工产品，应该要用一定的方法计算其总成本与单位成本并结转其成本。

二、产品生产业务核算设置的账户

（一）归集生产费用的账户

1."生产成本"账户

①核算内容为企业生产产品发生的各项生产费用。②性质属于成本类。③账户结构为借方登记生产产品发生的直接材料、直接人工等各项直接费用和分配转入的制造费用，贷方登记结转至"库存商品"账户中的完工产品的成本，期末借方余额，表示尚未完工的在产品成本。④明细账核算，按产品品种或批次进行。

2."制造费用"账户

①核算内容为企业生产车间为组织、管理生产发生的各项间接费用，包括车间管理人员的薪酬、车间机物料消耗、车间劳动保护费、车间固定资产折旧费、车间办公费、水电费和季节性停工损失等。②性质属于成本类。③账户结构为借方登记发生的制造费用，贷方登记月末分配转入生产成本的制造费用，除季节性的生产性企业外，期末一般无余额。④明细账核算，按车间进行。

（二）核算人工成本的账户

它主要是指"应付职工薪酬"账户。具体包括：①核算内容为企业应付给职工的各种薪酬，企业（外商）按规定从净利润中提取的职工奖励及福利基金也在本账户核算，包括工资、奖金、津贴、福利、社会保险、住房公积金等货币性薪酬和非货币性薪酬。②性质属于负债类。③账户结构为贷方登记已分配计入有关成本费用项目的职工薪酬数额，借方登记实际发放职工薪酬的数额，期末贷方余额，表示企业应付未付的职工薪酬。④明细账核算，按"工资""职工福利""社会保险费""工会经费""职工教育经费""社会保险""住房公积金""股份支付""非货币性福利""辞退福利"等进行。

（三）资产账户

1."在建工程"账户

①核算内容为企业基建、更新改造等在建工程发生的支出。②性质属于资产类。③账户结构，借方登记企业各项在建工程的实际支出，贷方登记工程达到预定可使用状态时的成本，期末借方余额，表示企业期末尚未达到预定可使用状态的在建工程的成本。④明细账核算，按建筑工程、安装工程等进行。

2."累计折旧"账户

①核算内容为企业固定资产在使用过程中的损耗价值，包括有形损耗和无形损耗。②性质属于资产类（备抵）科目。③账户结构同负债类，企业按月计提固定资产折旧时，贷记本科目；待固定资产因报废等原因而被注销时，转销相应的累计折旧，借记本科目；本科目期末贷方余额，反映企业固定资产的累计折旧余额。④该账户不进行明细分类核算。

知识链接：《企业会计准则第 4 号——固定资产》第 17 条规定：企业……可选用的固定资

产折旧方法有年限平均法、工作量法、双倍余额递减法和年数总和法等。固定资产的折旧方法一经确定,不得随意变更。

对固定资产计提了折旧后,固定资产的账面价值为固定资产的账面原值减去相应的累计折旧之后的余额。对固定资产计提的折旧越多,其账面价值就越少。同时,通过每期计提固定资产折旧,将固定资产的购置成本分期计入有关成本、费用类账户,体现了会计核算的权责发生制原则和收入与费用的配比原则。

3."库存商品"账户

①核算内容为企业库存商品的增减变动及结存情况。②性质属于资产类。③账户结构为借方登记完工验收入库的各种商品成本,贷方登记出库的各种商品成本,期末借方余额,表示现有库存商品的成本。④明细账核算,按库存商品的种类、品种和规格进行。

(四)管理费用账户

它主要是指"管理费用"账户。具体包括:①核算内容为企业为组织和管理企业生产经营所发生的管理费用,包括企业筹建期间的开办费、董事会和行政管理部门在企业经营管理中发生的或者应由企业统一负担的公司经费(包括行政管理部门职工工资及福利费、物料消耗、低值易耗品摊销、办公费和差旅费等)、工会经费、董事会费、聘请中介机构费、咨询费、诉讼费、业务招待费、技术转让费、研究费用、排污费和企业生产车间、行政管理部门发生的日常固定资产修理费等。②性质属于损益类。③账户结构为借方登记管理费用的发生,贷方登记期末转入"本年利润"账户的金额,期末一般无余额。④明细账核算,按费用项目进行。

三、产品生产业务核算举例

仍以明辉公司企业某年发生的产品生产业务为例:

【做中学4-16】 本期仓库发出材料情况,如表4-2所示。

表4-2 **本期仓库发出材料情况**

领用部门	甲材料			乙材料			丙材料			丁材料			合 计
	数量(千克)	单价(元/千克)	金额(元)	数量(千克)	单价(元/千克)	金额(元)	数量(千克)	单价(元/千克)	金额(元)	数量(千克)	单价(元/千克)	金额(元)	
车间领用A产品	3 000	80	240 000	1 000	50	50 000	800	60	48 000				338 000
车间领用B产品	2 000	80	160 000	1 500	50	75 000	600	60	36 000				271 000
车间一般耗用				100	50	5 000				10	500	5 000	10 000
合 计	5 000		400 000	2 600		130 000	1 400		84 000	10		5 000	619 000

这项经济业务的发生,一方面使库存原材料减少,记入"原材料"账户的贷方;另一方面,因为生产产品和车间一般耗用消耗了原材料,使直接费用和间接费用增加,所以分别记入"生产成本"和"制造费用"账户的借方。这项业务应编制如下会计分录:

借:生产成本——A产品　　338 000
　　　　　　——B产品　　271 000
　　制造费用　　10 000
　　贷:原材料——甲材料　　400 000
　　　　　　　——乙材料　　130 000
　　　　　　　——丙材料　　84 000

——丁材料　5 000

【做中学4—17】 以库存现金3 000元支付车间办公费。

这项经济业务的发生，一方面使库存现金减少3 000元，记入"库存现金"账户的贷方；另一方面使制造费用增加3 000元，记入"制造费用"账户的借方。这项业务应编制如下会计分录：

借：制造费用　3 000

　贷：库存现金　3 000

【做中学4—18】 张三预借差旅费4 000元，开出现金支票4 000元。

这项经济业务的发生，一方面使其他应收款增加4 000元，记入"其他应收款"账户的借方；另一方面使企业的银行存款减少4 000元，记入"银行存款"账户的贷方。这项业务应编制如下会计分录：

借：其他应收款——张三　4 000

　贷：银行存款　4 000

【做中学4—19】 张三出差回来报销差旅费4 500元，出纳员支付其500元现金以补足差额。

这项经济业务的发生，一方面引起企业的管理费用增加4 500元，记入"管理费用"账户的借方；另一方面使其他应收款减少4 000元，记入"其他应收款"账户的贷方；同时使企业库存现金减少500元，记入"库存现金"账户的贷方。这项业务应编制如下会计分录：

借：管理费用　4 500

　贷：其他应收款——张三　4 000

　　库存现金　500

【做中学4—20】 用银行存款支付本期车间的办公费1 000元，厂部的办公费2 000元。

这项经济业务的发生，一方面使制造费用和管理费用增加，记入"制造费用"账户和"管理费用"账户的借方；另一方面使企业的银行存款减少3 000元，记入"银行存款"账户的贷方。这项业务应编制如下会计分录：

借：制造费用　1 000

　管理费用　2 000

　贷：银行存款　3 000

【做中学4—21】 用现金1 600元支付租入生产用固定资产的租金。

这项经济业务的发生，一方面使制造费用增加1 600元，记入"制造费用"账户的借方；另一方面使现金减少1 600元，记入"库存现金"账户的贷方。这项业务应编制如下会计分录：

借：制造费用　1 600

　贷：库存现金　1 600

【做中学4—22】 计提本期固定资产折旧18 000元，其中车间用固定资产折旧10 000元，厂部用固定资产折旧8 000元。

这项经济业务的发生，一方面使企业的制造费用和管理费用增加，分别记入"制造费用"账户和"管理费用"账户的借方；另一方面使累计折旧增加18 000元，记入"累计折旧"账户的贷方。这项业务应编制如下会计分录：

借：制造费用　10 000

管理费用 8 000
贷:累计折旧 18 000

【做中学 4—23】 分配工资费用,本期应付职工工资 420 000 元,其中生产 A 产品工人的工资 120 000 元,生产 B 产品工人的工资 80 000 元,车间管理人员的工资 60 000 元,厂部管理人员的工资 160 000 元。

这项经济业务的发生,一方面使企业应付给职工的工资增加 420 000 元,即负债增加,记入"应付职工薪酬——工资"账户的贷方;另一方面,因为工资费用增加,使企业的产品制造成本和期间费用增加,所以分别记入"生产成本""制造费用""管理费用"账户的借方。这项业务应编制如下会计分录:

借:生产成本——A 产品 120 000
——B 产品 80 000
制造费用 60 000
管理费用 160 000
贷:应付职工薪酬——工资 420 000

【做中学 4—24】 开出转账支票,支付本期水电费 28 000 元,其中车间水电费 18 000 元,企业管理部门水电费 10 000 元。

这项经济业务的发生,一方面使制造费用增加 18 000 元,记入"制造费用"账户的借方,同时使管理费用增加 10 000 元,记入"管理费用"账户的借方;另一方面使银行存款减少 28 000元,记入"银行存款"账户的贷方。这项业务应编制如下会计分录:

借:制造费用 18 000
管理费用 10 000
贷:银行存款 28 000

【做中学 4—25】 以银行存款 420 000 元发放本期职工工资。

这项经济业务的发生,引起资产和负债两个要素发生变化:一方面使银行存款减少 420 000元,记入"银行存款"账户的贷方;另一方面使应付工资减少 420 000 元,记入"应付职工薪酬——工资"的借方。这项业务应编制如下会计分录:

借:应付职工薪酬——工资 420 000
贷:银行存款 420 000

【做中学 4—26】 本期实际发生职工福利费 8 400 元,其中,生产 A 产品工人的福利费 2 400元,生产 B 产品工人的福利费 1 600 元,车间管理人员的福利费 1 200 元,厂部管理人员的福利费 3 200 元。

这项经济业务的发生,一方面使企业应付给职工的福利费增加 8 400 元,记入"应付职工薪酬——职工福利"账户的贷方;另一方面,因为福利费增加,使企业的产品制造成本和期间费用增加,所以分别记入"生产成本""制造费用""管理费用"账户的借方。这项业务应编制如下会计分录:

借:生产成本——A 产品 2 400
——B 产品 1 600
制造费用 1 200
管理费用 3 200

贷:应付职工薪酬——职工福利　　8 400

【做中学4—27】 以现金支付职工生活困难补助8 000元。

这项经济业务的发生,引起资产和负债两个要素发生变化:一方面使企业的现金减少8 000元,记入"库存现金"账户的贷方;另一方面使企业应付给职工的福利费减少8 000元,记入"应付职工薪酬——职工福利"账户的借方。这项业务应编制如下会计分录:

借:应付职工薪酬——职工福利　　8 000

贷:库存现金　　8 000

【做中学4—28】 根据制造费用明细账归集的制造费用共计104 800元,按生产工人的工资总额分配并结转制造费用。

这项经济业务的发生,应根据制造费用明细账归集的制造费用总额,按规定的分配标准计算并确定A、B产品应负担的制造费用,然后进行转账。一方面使企业生产成本增加104 800元,记入"生产成本"账户的借方;另一方面使制造费用减少104 800元,记入"制造费用"账户的贷方。制造费用的分配方法如下:

制造费用分配率=104 800÷200 000=0.524

A产品应负担的制造费用=生产A产品工人的工资×制造费用分配率=120 000×0.524=62 880(元)

B产品应负担的制造费用=生产B产品工人的工资×制造费用分配率=80 000×0.524=41 920(元)

根据上述计算结果编制"制造费用分配表",如表4—3所示。

表4—3　**制造费用分配表**　金额单位:元

产品名称	分配标准(生产工人工资)	制造费用	
		分配率	分配额
A产品	120 000	0.524	62 880
B产品	80 000	0.524	41 920
合　计	200 000		104 800

根据"制造费用分配表"编制如下会计分录:

借:生产成本——A产品　　62 880

——B产品　　41 920

贷:制造费用　　104 800

【做中学4—29】 根据生产成本明细账计算并结转完工产品的生产成本。

生产成本明细账如表4—4、表4—5所示。

表4—4　**生产成本明细账**

产品名称:A产品　完工产品数量:2 000件　在产品数量:0

年		凭证号数	摘　要	借方(成本项目)				贷　方	余　额
月	日			直接材料	工资及福利费	制造费用	合　计		
略	略	略	领用材料	338 000			338 000		338 000
			分配工资费用		120 000		120 000		458 000

续表

年		凭证号数	摘　要	借方(成本项目)				贷　方	余　额
月	日			直接材料	工资及福利费	制造费用	合　计		
			发生福利费		2 400		2 400		460 400
			分配制造费用			62 880	62 880		523 280
			结转完工产品成本					523 280	0
			本期发生额及余额	338 000	122 400	62 880	523 280	523 280	0

表 4—5　　生产成本明细账

产品名称:B产品　　完工产品数量:1 000 件　　在产品数量:0

年		凭证号数	摘　要	借方(成本项目)				贷　方	余　额
月	日			直接材料	工资及福利费	制造费用	合　计		
略	略	略	领用材料	271 000			271 000		271 000
			分配工资费用		80 000		80 000		351 000
			发生福利费用		1 600		1 600		352 600
			分配制造费用			41 920	41 920		394 520
			结转完工产品成本					394 520	0
			本期发生额及余额	271 000	81 600	41 920	394 520	394 520	0

这项经济业务的发生,说明A、B两种产品生产完工验收存入产成品仓库,按其实际发生的直接费用和间接费用计算并确定两种产品的制造成本,并按其制造成本进行转账。一方面使企业的产成品增加,记入“库存商品”账户的借方;另一方面使企业的生产成本减少,记入“生产成本”账户的贷方。这项业务应编制如下会计分录:

借:库存商品——A产品　　523 280
　　　　　——B产品　　394 520
　贷:生产成本——A产品　　523 280
　　　　　　——B产品　　394 520

产品生产业务的相关总分类核算参见图4—6。

【案例应用4—3】　“固定资产”和“在建工程”账户核算

案例提示4—3

企业购入的机器设备中,有的不需要安装即可投入生产使用,有的则需要安装、调试后才能投入生产使用。

(1)购入不需要安装的固定资产。企业购入不需要安装即可使用的固定资产,应按购入时实际成本(即原始价值)入账,实际成本包括买价、运输费、包装费、缴纳的有关税金等。

(2)购入需要安装的固定资产。企业购入需要安装的固定资产,则应通过“在建工程”账户核算其安装工程成本,将其购进时支付的买价、运杂费、包装费以及安装时发生的安装费记入“在建工程”账户的借方。当工程达到预定可使用状态时,再按全部支出(即实际成本),从“在建工程”账户的贷方转入“固定资产”账户的借方。

任务五　产品销售业务的核算

任务课件

一、产品销售业务核算的主要内容

产品销售过程是产品价值和使用价值的实现过程。在这一过程中，企业应对生产完工验收入库的合格产品积极组织销售，收取货款，实现产品销售收入。产品销售收入，是指企业因销售产品所取得的、按产品销售数量和销售单价计算的收入。为取得产品销售收入，必定会发生一些与销售产品相关的支出，如为生产这些销售产品而发生的制造成本，即产品销售成本；为销售产品而发生的有关费用，如运输费、包装费、广告费等，即销售费用。企业产品销售过程如图4—4所示。

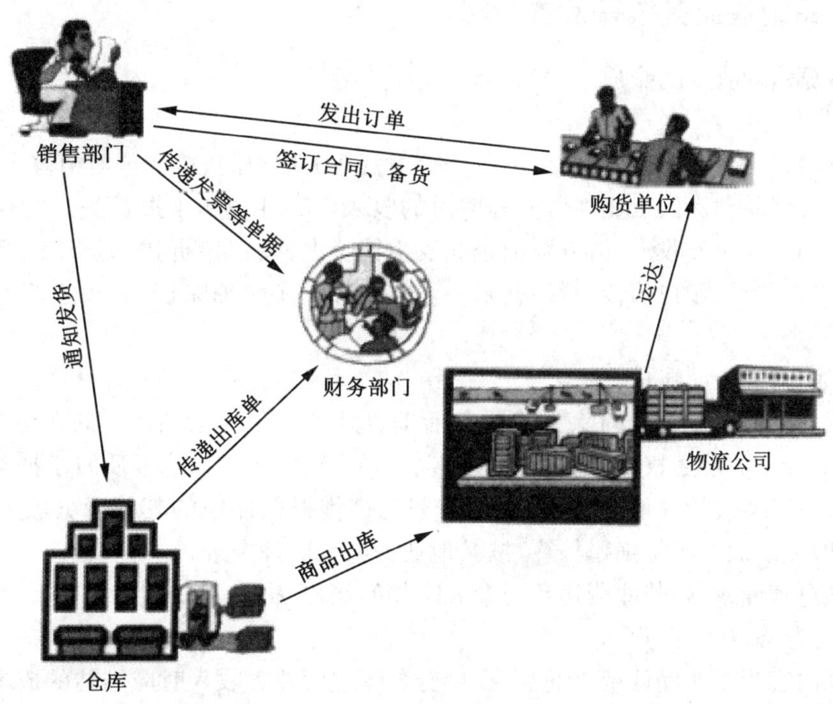

图4—4　企业产品销售过程

企业销售商品收入的确认，必须同时满足以下条件：

(1)企业已将商品所有权中的主要风险和报酬转移给购货方。这是指与商品所有权有关的主要风险和报酬同时转移给了购货方。其中，与商品所有权有关的风险，是指商品可能发生减值或损毁等形成的损失；与商品所有权有关的报酬，是指商品价值增值或通过使用商品等形成的经济利益。

(2)企业既没有保留通常与所有权相联系的继续管理权，也没有对已售出的商品实施有效控制。这表明商品所有权上的主要风险和报酬已经转移给购货方，应在发出商品时确认收入。

(3)收入的金额能够可靠计量。这是指收入的金额能够合理地估计。如果收入的金额不能够合理地估计，则无法确认收入。

(4)相关的经济利益很可能流入企业。这是指销售商品价款收回的可能性大于不能收回的可能性，即销售商品价款收回的可能性超过50%。

(5)相关的已发生的成本和或将发生的成本能够可靠地计量。通常情况下，销售商品相关的已发生或将发生的成本能够合理地估计，如库存商品的成本等。如果库存商品是本企业生产的，其生产成本能够可靠计量；如果是外购的，购买成本能够可靠计量。有时，销售商品相关的已发生或将发生的成本不能够合理地估计，此时企业不应确认收入，已收到的价款应确认为负债。

产品销售业务核算的主要内容是：按权责发生制核算基础确认销售收入的实现；按收入费用配比原则确定销售成本和期间费用；正确计算产品销售收入、成本、费用、税金及附加，以便正确计算并确定销售成果；反映和监督企业销售计划的完成情况及货款的结算情况。

二、产品销售业务核算设置的账户

(一)核算营业收入的账户

1.“主营业务收入”账户

①核算内容为企业销售商品、提供劳务等主营业务取得的收入，包括销售产品、自制半成品、代制品、代修品和提供工业性劳务等取得的收入。②性质属于损益类。③账户结构为贷方登记实现的主营业务收入，借方登记企业发生销货退回、销售折扣和折让以及期末将其收入结转至“本年利润”账户的转销数，期末一般无余额。④明细账核算，按主营业务的种类或产品种类进行。

2.“其他业务收入”账户

①核算内容为企业确认的除主营业务活动以外的其他经营活动实现的收入，如销售材料、出租无形资产的使用权、固定资产出租、包装物出租等收入。②性质属于损益类。③账户结构为贷方登记实现的其他业务收入，借方登记销售退回冲销的其他业务收入及期末转销数，期末一般无余额。④明细账核算，按其他业务收入的种类进行。

(二)核算营业成本、营业费用及税金及附加的账户

1.“主营业务成本”账户

①核算内容为企业确认销售商品、提供劳务等主营业务收入时应结转的成本。②性质属于损益类。③账户结构为借方登记已确认收入的主营业务的成本，贷方登记销货退回而冲减其销售成本以及期末将其成本结转至“本年利润”账户的转销数，期末一般无余额。④明细账核算，按主营业务的种类进行。

2.“其他业务成本”账户

①核算内容为企业确认的除主营业务活动以外的其他经营活动所发生的支出。②性质属于损益类。③账户结构为借方登记已确认收入的其他业务的成本，贷方登记销售退回的其他业务成本及期末转销数，期末一般无余额。④明细账核算，按其他业务的种类进行。

3.“税金及附加”账户

①核算内容为企业经营活动发生的消费税、城市维护建设税、资源税、教育费附加、房产税、土地使用税、车船税、印花税等。②性质属于损益类。③账户结构为借方登记按税法规定计算的经营活动应交的上述税费，贷方登记期末转销数，期末一般无余额。④明细账核算，按

税种及附加项目进行。

消费税＝应税消费品的销售额×消费税税率

城市维护建设税额＝(消费税＋增值税的应交额)×城市维护建设税税率

教育费附加＝(消费税＋增值税的应交额)×教育费附加税率

4.“销售费用”账户

①核算内容为企业销售商品和材料、提供劳务过程中发生的各种费用,包括运输费、装卸费、包装费、保险费、商品展览费、推销费和广告费以及专设销售机构的职工薪酬、业务费和折旧费等费用。②性质属于损益类。③账户结构为借方登记销售费用的发生,贷方登记期末转销数,期末一般无余额。④明细账核算,按费用项目进行。

(三)结算类账户

1.“应收账款”账户

①核算内容为企业因销售商品、提供劳务等经营活动应向购货方或接受劳务方收取的款项,包括应收的货款、增值税销项税额和代垫的包装费、运杂费等。②性质属于资产类。③账户结构为借方登记发生应收账款,贷方登记收回应收账款,期末借方余额,表示尚未收回的应收账款。④明细账核算,按债务人进行。

2.“应收票据”账户

①核算内容为企业因销售商品、提供劳务而收到的商业汇票。②性质属于资产类。③账户结构为借方登记收到开出、承兑的商业汇票,贷方登记汇票到期收回货款或转销(商业汇票到期对方无款支付要转为应收账款),期末借方余额,表示尚未到期兑现的商业汇票。④明细账核算,按开出、承兑商业汇票的单位进行。

3.“预收账款”账户

①核算内容为企业按照合同规定向购货单位预收的款项。②性质属于负债类。③账户结构为贷方登记收到的预收款项,借方登记销售实现时清偿的预收款项及退回多收的款项,期末贷方余额表示企业预收的款项,期末借方余额表示尚未转销的款项。预收账款业务不多的企业,可以不设本账户,将预收的款项直接记入“应收账款”账户。④明细账核算,按购货单位进行。

三、产品销售业务核算举例

仍以明辉公司企业某年发生的产品销售业务为例。

【做中学4－30】 销售给宏锋公司A产品10 000件,单位售价400元/件,价款4 000 000元,增值税税额520 000元,共计4 520 000元,款项存入银行。

这项经济业务的发生,一方面使银行存款增加4 520 000元,记入“银行存款”账户的借方;另一方面,因为实现了产品销售,使企业的主营业务收入增加4 000 000元,记入“主营业务收入”账户的贷方;同时根据销售收入及规定的税率计算增值税的销项税额520 000元,记入“应交税费——应交增值税(销项税额)”账户的贷方。这项业务应编制如下会计分录:

借:银行存款　　4 520 000

　贷:主营业务收入　　4 000 000

　　应交税费——应交增值税(销项税额)　　620 000

【做中学4－31】 销售给百盛公司B产品3 000件,单位售价500元/件,价款1 500 000

元，增值税税额 195 000 元，共计 1 695 000 元，已向银行办妥托收手续。

这项经济业务的发生，一方面使企业的应收账款增加 1 695 000 元，记入“应收账款”账户的借方；另一方面，因为实现了产品销售，使企业主营业务收入增加 1 500 000 元，记入“主营业务收入”账户的贷方；同时根据销售收入及规定的税率计算增值税的销项税额 195 000 元，记入“应交税费——应交增值税（销项税额）”账户的贷方。这项业务应编制如下会计分录：

借：应收账款——百盛公司　　1 695 000
　贷：主营业务收入　　1 500 000
　　应交税费——应交增值税（销项税额）　　195 000

【做中学 4—32】 销售给齐达公司 A 产品 1 000 件，单位售价 400 元/件，B 产品 500 件，单位售价 500 元/件，价款总额 650 000 元，增值税税额 84 500 元，共计 734 500 元，已收到齐达公司开出的银行承兑汇票一张，金额为 734 500 元。

这项经济业务的发生，一方面使企业的应收票据增加 734 500 元，记入“应收票据”账户的借方；另一方面，因为实现了产品销售，使企业主营业务收入增加 650 000 元，记入“主营业务收入”账户的贷方；同时根据销售收入及规定的税率计算增值税的销项税额 84 500 元，记入“应交税费——应交增值税（销项税额）”账户的贷方。这项业务应编制如下会计分录：

借：应收票据　　734 500
　贷：主营业务收入　　650 000
　　应交税费——应交增值税（销项税额）　　84 500

【做中学 4—33】 根据销售合同，向康华公司预收 B 产品货款 100 000 元，存入银行。

这项经济业务的发生，一方面使企业的银行存款增加 100 000 元，记入“银行存款”账户的借方；另一方面使企业的预收账款增加 100 000 元，记入“预收账款”账户的贷方。这项业务应编制如下会计分录：

借：银行存款　　100 000
　贷：预收账款——康华公司　　100 000

【做中学 4—34】 按合同规定，向康华公司发出预订的 B 产品 500 件，单位售价 500 元/件，价款 250 000 元，增值税税额 32 500 元，共计 282 500 元。补收的货款 182 500 元存入银行。

这项经济业务发生后，应编制两笔会计分录对其进行核算。首先，因为发出预订的 B 产品，实现了产品销售，一方面使企业的主营业务收入增加 250 000 元，记入“主营业务收入”账户的贷方，同时根据计算的增值税销项税额 32 500 元，记入“应交税费——应交增值税（销项税额）”账户的贷方；另一方面使企业预收账款减少 282 500 元，记入“预收账款”账户的借方。其次，因为补收货款，一方面使企业的银行存款增加 182 500 元，记入“银行存款”账户的借方；另一方面使企业的预收账款增加 182 500 元，记入“预收账款”账户的贷方。这项业务应编制如下会计分录：

借：预收账款——康华公司　　282 500
　贷：主营业务收入　　250 000
　　应交税费——应交增值税（销项税额）　　32 500

同时：

借:银行存款　　182 500

　　贷:预收账款——康华公司　　182 500

【做中学 4—35】 开出转账支票支付广告费 200 000 元。

这项经济业务的发生,一方面使企业银行存款减少 200 000 元,记入"银行存款"账户的贷方;另一方面使企业的销售费用增加 200 000 元,记入"销售费用"账户的借方。这项业务应编制如下会计分录:

借:销售费用　　200 000

　　贷:银行存款　　200 000

【做中学 4—36】 以银行存款支付专设销售机构的办公费 5 000 元。

这项经济业务的发生,一方面使企业的银行存款减少 5 000 元,记入"银行存款"账户的贷方;另一方面使企业的销售费用增加 5 000 元,记入"销售费用"账户的借方。这项业务应编制如下会计分录:

借:销售费用　　5 000

　　贷:银行存款　　5 000

【做中学 4—37】 期末计算本期专设销售机构人员的工资 30 000 元。

这项经济业务的发生,一方面使企业销售费用增加 30 000 元,记入"销售费用"账户的借方;另一方面使企业的应付职工薪酬增加 30 000 元,记入"应付职工薪酬"账户的贷方。这项业务应编制如下会计分录:

借:销售费用　　30 000

　　贷:应付职工薪酬——工资　　30 000

【做中学 4—38】 期末,根据产品销售明细账计算并结转本期已销产品的生产成本(A 产品销售 11 000 件,单位生产成本 262 元/件;B 产品销售 4 000 件,单位生产成本 395 元/件)。

这项经济业务的发生,一方面使企业的主营业务成本增加 4 462 000 元,记入"主营业务成本"账户的借方;另一方面使企业库存的产成品减少 4 462 000 元,记入"库存商品"账户的贷方。这项业务计算如下:

产品销售成本=已销售产品数量×该产品单位生产成本

A 产品销售成本=11 000×262=2 882 000(元)

B 产品销售成本=4 000×395=1 580 000(元)

根据计算的产品销售成本应编制如下会计分录:

借:主营业务成本　　4 462 000

　　贷:库存商品——A 产品　　2 882 000

　　　　　　　　——B 产品　　1 580 000

【做中学 4—39】 期末按规定的税率计算应交城市维护建设税 14 000 元。

这项经济业务的发生,一方面使企业的税金及附加增加 14 000 元,记入"税金及附加"账户的借方;另一方面使企业应交的城市维护建设税增加 14 000 元,记入"应交税费——应交城市维护建设税"账户的贷方。这项业务应编制如下会计分录:

借:税金及附加　　14 000

　　贷:应交税费——应交城市维护建设税　　14 000

【**做中学 4－40**】 期末按规定的比例计算应交教育费附加 6 000 元。

这项经济业务的发生，一方面使企业的税金及附加增加 6 000 元，记入“税金及附加”账户的借方；另一方面使企业应交的教育费附加增加 6 000 元，记入“应交税费——教育费附加”账户的贷方。这项业务应编制如下会计分录：

借：税金及附加　　6 000

　　贷：应交税费——应交教育费附加　　6 000

产品销售业务的相关总分类核算参见图 4－6。

任务六　企业财务成果的核算

任务课件

一、财务成果核算的主要内容

财务成果，是指企业在一定时期内生产经营活动的最终成果，表现为利润或亏损。它是衡量和评价企业生产经营活动的一个重要财务指标，也是反映企业经济效益高低的重要标志。

在实际工作中，企业在一定时期内实现的利润是通过净利润指标反映的。净利润是利润总额扣除所得税费用后的余额，也称税后利润。利润总额是由营业利润、营业外收支净额等内容组成的。其计算公式如下：

净利润＝利润总额－所得税费用

利润总额＝营业利润＋营业外收支净额

营业利润＝营业收入－营业成本－税金及附加－销售费用－管理费用－财务费用－资产减值损失＋公允价值变动净收益（－净损失）＋投资净收益（－净损失）

营业收入＝主营业务收入＋其他业务收入

营业成本＝主营业务成本＋其他业务成本

营业外收支净额＝营业外收入－营业外支出

从上述计算公式可以看出，企业在一定时期内经营成果的形成取决于诸多因素，必须对其分项加以反映和监督。因而净利润形成核算的主要内容是：正确地核算各损益类账户的发生额，并在会计期末如实结转至“本年利润”账户，确定本期利润总额；根据实现的利润总额按国家规定进行相应调整后，计算企业应交所得税，并在此基础上计算企业的净利润。

企业在一定时期内实现的净利润，应按会计制度、企业章程、投资协议及其他有关规定，在投资者与企业之间进行合理、有序的分配。首先，按税后利润及规定的比例计提盈余公积；其次，根据有关协议或章程规定，向投资者分配利润，作为投资者的投资报酬；最后，剩余的利润以未分配利润的形式存在，留待企业以后年度继续分配。企业利润形成和分配如图 4－5 所示。

利润分配业务的政策性较强，这就要求企业对利润分配的计算与核算必须正确、可靠，以便提供准确的会计核算资料，满足会计信息使用者的需要。

图 4—5　企业利润形成和分配

二、财务成果核算设置的账户

(一)所有者权益类账户

1.“本年利润”账户

①核算内容为企业实现的净利润或发生的净亏损。②性质属于所有者权益类。③账户结构为贷方登记期末转入的各项收入,包括“主营业务收入”“其他业务收入”“营业外收入”等损益类账户的各项收入转入本账户,借方登记期末转入的各项费用或损失,包括“主营业务成本”“其他业务成本”“税金及附加”“销售费用”“管理费用”“财务费用”“营业外支出”“所得税费用”等,同时,还应将“投资收益”“公允价值损益”账户的净收益转入本账户贷方,或将“投资收益”“公允价值损益”账户的净损失转入本账户借方。各项收入和费用及支出相抵后,本账户若为贷方余额,表示本期实现的净利润数额;若为借方余额,则表示本期发生的亏损净额。年末,“本年利润”账户的余额,应全部转入“利润分配”账户,结转后本账户应无余额。

2.“利润分配”账户

①核算内容为企业利润的分配(或亏损的弥补)和历年分配(或弥补)后的余额。②性质属于所有者权益类。③账户结构为贷方登记年终转入的净利润,借方登记本年度利润分配额,年终贷方余额,表示企业累计的未分配利润,年终借方余额,表示企业历年累计的未弥补亏损。④明细账核算,按“盈余公积补亏”“提取法定盈余公积”“提取任意盈余公积”“应付股利”“未分配利润”等明细账进行明细分类核算项目进行。

3.“盈余公积”账户

①核算内容为企业从净利润中提取的盈余公积。②性质属于所有者权益类。③账户结构为贷方登记期末按一定比例计提的盈余公积,借方登记盈余公积的减少数、盈余公积弥补亏损及将盈余公积转增资本,期末贷方余额,表示企业提取的盈余公积余额。④明细账核算,按盈余公积的种类“法定盈余公积”和“任意盈余公积”进行。

(二)损益类账户

1.“营业外收入”账户

①核算内容为企业发生的各项营业外收入,包括非流动资产处置利得、非货币性资产交换利得、债务重组利得、政府补助、盘盈利得和捐赠利得等。②性质属于损益类。③账户结构为贷方登记发生的各项营业外收入,借方登记期末结转至“本年利润”账户的金额,期末一般无余额。④明细账核算,按营业外收入项目进行。

2."营业外支出"账户

①核算内容为企业发生的各项营业外支出,包括非流动资产处置损失、非货币性资产交换损失、债务重组损失、公益性捐赠支出、非常损失和盘亏损失等。②性质属于损益类。③账户结构为借方登记发生的各项营业外支出,贷方登记期末结转至"本年利润"账户的金额,期末一般无余额。④明细账核算,按营业外支出项目进行。

3."所得税费用"账户

①核算内容为企业按规定从当期利润中扣除的所得税费用。②性质属于损益类。③账户结构为借方登记本期发生的所得税费用,贷方登记期末结转至"本年利润"账户的金额,期末一般无余额。④明细账核算,按当期所得税费用和递延所得税费用进行。

4."投资收益"账户

①核算内容为企业对外投资取得的收入或发生的损失,如股票投资、债券投资、其他投资的收入或损失。②性质属于损益类账户。③账户结构为贷方登记企业取得的投资收入,借方登记企业投资发生的损失。期末应将投资收入与投资损失的差额结转至"本年利润"账户,该账户期末应无余额。④明细账核算,按投资收益的种类设置明细账,进行明细分类核算。

(三)负债类账户

它主要是指"应付股利"账户。具体包括:①核算内容为企业经董事会或股东大会,或类似机构决议确定分配的现金股利或利润。②性质属于负债类。③账户结构为贷方登记应支付的现金股利或利润,借方登记实际支付的现金股利或利润,期末贷方余额,表示企业尚未支付的现金股利或利润。④明细账核算,按投资者进行。

三、财务成果核算举例

仍以明辉公司某年财务成果核算业务为例:

【做中学4—41】 对外销售丙材料1 000千克,单位售价80元,价款80 000元,增值税税额10 400元,共计90 400元,款项已存入银行。

这项经济业务的发生,一方面使企业的银行存款增加90 400元,记入"银行存款"账户的借方;另一方面使企业的其他业务收入增加80 000元,记入"其他业务收入"账户的贷方;同时增值税销项税额增加10 400元,记入"应交税费——应交增值税(销项税额)"账户的贷方。这项经济业务应编制如下会计分录:

借:银行存款 90 400
　贷:其他业务收入 80 000
　　应交税费——应交增值税(销项税额) 10 400

【做中学4—42】 结转销售丙材料的实际成本61 000元。

这项经济业务的发生,一方面使企业其他业务成本增加61 000元,记入"其他业务成本"账户的借方;另一方面使企业的库存丙材料减少61 000元,记入"原材料"账户的贷方。这项经济业务应编制如下会计分录:

借:其他业务成本 61 000
　贷:原材料——丙材料 61 000

【做中学4—43】 收到出租固定资产的租金10 000元,存入银行。

这项经济业务的发生,一方面使企业的银行存款增加10 000元,记入"银行存款"账户的借方；另一方面使企业的其他业务收入增加 10 000 元，记入“其他业务收入”账户的贷方。这项经济业务应编制如下会计分录：

借：银行存款　　10 000

　贷：其他业务收入　　10 000

【做中学 4—44】 计提本期出租固定资产的折旧 4 000 元。

这项经济业务的发生，一方面使企业的其他业务成本增加 4 000 元，记入“其他业务成本”账户的借方；另一方面使企业的累计折旧增加 4 000 元，记入“累计折旧”账户的贷方。这项经济业务应编制如下会计分录：

借：其他业务成本　　4 000

　贷：累计折旧　　4 000

【做中学 4—45】 以银行存款支付法律顾问费 5 500 元，业务招待费 8 500 元。

这项经济业务的发生，一方面使企业的银行存款减少 14 000 元，记入“银行存款”账户的贷方；另一方面使企业的管理费用增加 14 000 元，记入“管理费用”账户的借方。这项经济业务应编制如下会计分录：

借：管理费用——法律顾问费　　5 500

　　　　　——业务招待费　　8 500

　贷：银行存款　　14 000

【做中学 4—46】 收到康华企业违约金 5 000 元，存入银行。

这项经济业务的发生，一方面使企业的营业外收入增加 5 000 元，记入“营业外收入”账户的贷方；另一方面使企业银行存款增加 5 000 元，记入“银行存款”账户的借方。这项经济业务应编制如下会计分录：

借：银行存款　　5 000

　贷：营业外收入　　5 000

【做中学 4—47】 经批准向希望工程捐赠现金，开出一张 50 000 元的现金支票。

这项经济业务的发生，一方面使企业的银行存款减少 50 000 元，记入“银行存款”账户的贷方；另一方面使企业的营业外支出增加 50 000 元，记入“营业外支出”账户的借方。这项经济业务应编制如下会计分录：

借：营业外支出　　50 000

　贷：银行存款　　50 000

【做中学 4—48】 期末，结转各损益类账户的余额。

这项经济业务的发生，应编制两笔会计分录。首先，结转损益类账户的各项收入，一方面使企业的本年利润增加 6 495 000 元，记入“本年利润”账户的贷方；另一方面使损益类账户的各项收入减少，记入这些损益类账户的借方。其次，结转损益类账户的各项支出，一方面使企业的本年利润减少 5 041 200 元，记入“本年利润”账户的借方；另一方面使损益类账户的各项支出减少，记入这些损益类账户的贷方。这项经济业务应编制如下会计分录：

借：主营业务收入　　6 400 000

　　其他业务收入　　90 000

　　营业外收入　　5 000

　贷：本年利润　　6 495 000

借:本年利润　　5 041 200

　贷:主营业务成本　　4 462 000

　　销售费用　　235 000

　　税金及附加　　20 000

　　其他业务成本　　65 000

　　营业外支出　　50 000

　　管理费用　　201 700

　　财务费用　　7 500

由此形成利润总额:

利润总额=6 495 000-5 041 200=1 453 800(元)

【做中学 4-49】 根据利润总额及规定的税率计算应交所得税 363 450 元。

这项经济业务的发生,一方面使企业的所得税费用增加 363 450 元,记入"所得税费用"账户的借方;另一方面使企业应缴纳所得税增加 363 450 元,记入"应交税费——应交所得税"账户的贷方。这项经济业务应编制如下会计分录:

应交所得税=1 453 800×25%=363 450(元)

借:所得税费用　　363 450

　贷:应交税费——应交所得税　　363 450

【做中学 4-50】 期末,结转所得税费用账户的余额 363 450 元。

这项经济业务的发生,一方面使企业的本年利润减少 363 450 元,记入"本年利润"账户的借方;另一方面,因为结转所得税费用的余额,使企业所得税费用减少 363 450 元,记入"所得税费用"账户的贷方。这项经济业务应编制如下会计分录:

借:本年利润　　363 450

　贷:所得税费用　　363 450

【做中学 4-51】 年终结转净利润。

净利润=1 453 800-363 450=1 090 350(元)

这项经济业务的发生,一方面使企业的未分配利润增加 1 090 350 元,记入"利润分配——未分配利润"明细账户的贷方;另一方面,因为净利润已结转,应减少"本年利润"账户中登记的净利润,必须记入"本年利润"账户的借方。这项经济业务应编制如下会计分录:

借:本年利润　　1 090 350

　贷:利润分配——未分配利润　　1 090 350

【做中学 4-52】 按税后利润的 10%计提法定盈余公积 109 035 元,同时按税后利润的 5%提取任意盈余公积 54 517.50 元。

这项经济业务的发生,一方面使企业的利润分配增加 163 552.50 元,记入"利润分配"账户的借方;另一方面使企业的盈余公积增加 163 552.50 元,记入"盈余公积"账户的贷方。这项经济业务应编制如下会计分录:

借:利润分配——提取法定盈余公积　　109 035

　　　　——提取任意盈余公积　　54 517.50

　贷:盈余公积——法定盈余公积　　109 035

　　　　——任意盈余公积　　54 517.50

【做中学 4—53】 经公司董事会决定,向投资者分配利润 200 000 元。

这项经济业务的发生,一方面使企业的利润分配增加 200 000 元,记入"利润分配——应付股利"账户的借方;另一方面使企业的应付股利增加 200 000 元,记入"应付股利"账户的贷方。这项经济业务应编制如下会计分录:

借:利润分配——应付股利　　200 000
　贷:应付股利　　200 000

【做中学 4—54】 年终,将"利润分配"的其他明细账户的期末余额转入"未分配利润"明细账户。这笔转账业务应编制如下会计分录:

借:利润分配——未分配利润　　363 552.50
　贷:利润分配——提取法定盈余公积　　109 035
　　　　　　——提取任意盈余公积　　54 517.50
　　　　　　——应付股利　　200 000

财务成果的总分类核算如表 4—6 所示。

假设明辉公司某年 1 月 1 日有关总分类账户余额如表 4—6 所示,各分类账户的 T 型账户如图 4—6 所示,试算平衡表如表 4—7 所示。

表 4—6　有关总分类账户余额　　单位:元

账户名称	借方金额	账户名称	贷方金额
原材料	1 000 000	短期借款	1 000 000
库存现金	50 000	长期借款	18 200 000
银行存款	8 000 000	应付账款	900 000
应收账款	540 000	应付利息	300 000
库存商品	6 392 000	累计折旧	29 000 000
固定资产	51 000 000	实收资本	14 302 000
		盈余公积	3 000 000
		利润分配	280 000
合　计	66 982 000	合　计	66 982 000

借	实收资本		贷
		期初余额	14 302 000
		(1)	1 000 000
		(2)	200 000
本期发生额	0	本期发生额	1 200 000
		期末余额	15 502 000

银行存款

借		贷	
期初余额	8 000 000		
(1)	1 000 000	(5)	7 500
(3)	500 000	(6)	500 000
(7)	180 000	(8)	474 600
(30)	4 520 000	(9)	12 172
(33)	100 000	(12)	5 000
(34)	182 500	(13)	33 900
(41)	90 400	(14)	6 300
(43)	10 000	(18)	4 000
(46)	5 000	(20)	3 000
		(24)	28 000
		(25)	420 000
		(35)	200 000
		(36)	5 000
		(45)	14 000
		(47)	50 000
本期发生额	6 587 900	本期发生额	1 763 472
期末余额	12 824 428		

固定资产

借		贷	
期初余额	51 000 000		
(2)	200 000		
本期发生额	200 000	本期发生额	0
期末余额	51 200 000		

短期借款

借		贷	
		期初余额	1 000 000
(6)	500 000	(3)	500 000
本期发生额	500 000	本期发生额	500 000
		期末余额	1 000 000

长期借款

借		贷	
		期初余额	18 200 000
		(7)	180 000
本期发生额	0	本期发生额	180 000
		期末余额	18 380 000

应付票据

借		贷	
(13)	33 900	(11)	33 900
本期发生额	33 900	本期发生额	33 900
		期末余额	0

借 在途物资 贷

(8)	420 000	(15)	497 200
(9)	11 200		
(10)	26 000		
(11)	30 000		
(14)	10 000		
本期发生额	497 200	本期发生额	497 200
期末余额	0		

借 应交税费 贷

(8)	54 600	(30)	520 000
(9)	972	(31)	195 000
(10)	3 340	(32)	84 500
(11)	3 900	(34)	32 500
(14)	1 300	(39)	14 000
		(40)	6 000
		(41)	10 400
		(49)	363 450
本期发生额	64 112	本期发生额	1 225 850
		期末余额	1 161 738

借 生产成本 贷

(16)	609 000	(29)	917 800
(23)	200 000		
(26)	4 000		
(28)	104 800		
本期发生额	917 800	本期发生额	917 800
期末余额	0		

借 原材料 贷

期初余额	1 000 000		
(15)	497 200	(16)	619 000
		(42)	61 000
本期发生额	497 200	本期发生额	680 000
期末余额	817 200		

借 预付账款 贷

(12)	5 000	(14)	11 300
(14)	6 300		
本期发生额	11 300	本期发生额	11 300
期末余额	0		

借 库存商品 贷

期初余额	6 392 000		
(29)	917 800	(38)	4 462 000
本期发生额	917 800	本期发生额	4 462 000
期末余额	2 847 800		

借	制造费用		贷
(16)	10 000	(28)	104 800
(17)	3 000		
(20)	1 000		
(21)	1 600		
(22)	10 000		
(23)	60 000		
(24)	18 000		
(26)	1 200		
本期发生额	104 800	本期发生额	104 800
期末余额	0		

借	库存现金		贷
期初余额	50 000		
		(17)	3 000
		(19)	500
		(21)	1 600
		(27)	8 000
本期发生额	0	本期发生额	13 100
期末余额	36 900		

借	应付利息		贷
		期初余额	300 000
(5)	5 000	(4)	2 500
		(4)	2 500
本期发生额	5 000	本期发生额	5 000
		期末余额	300 000

借	管理费用		贷
(19)	4 500	(48)	201 700
(20)	2 000		
(22)	8 000		
(23)	160 000		
(24)	10 000		
(26)	3 200		
(45)	14 000		
本期发生额	201 700	本期发生额	201 700
期末余额	0		

借	财务费用		贷
(4)	2 500	(48)	7 500
(4)	2 500		
(5)	2 500		
本期发生额	7 500	本期发生额	7 500
期末余额	0		

借　　　　累计折旧　　　　贷

		期初余额	29 000 000
		(22)	18 000
		(44)	4 000
本期发生额	0	本期发生额	22 000
		期末余额	29 022 000

借　　　　应付职工薪酬　　　　贷

(25)	420 000	(23)	420 000
(27)	8 000	(26)	8 400
		(37)	30 000
本期发生额	428 000	本期发生额	458 400
		期末余额	30 400

借　　　　其他应收款　　　　贷

(18)	4 000	(19)	4 000
本期发生额	4 000	本期发生额	4 000
期末余额	0		

借　　　　应收票据　　　　贷

(32)	734 500		
本期发生额	734 500	本期发生额	0
期末余额	734 500		

借　　　　主营业务收入　　　　贷

(48)	6 400 000	(30)	4 000 000
		(31)	1 500 000
		(32)	650 000
		(34)	250 000
本期发生额	6 400 000	本期发生额	6 400 000
		期末余额	0

借　　　　销售费用　　　　贷

(35)	200 000	(48)	235 000
(36)	5 000		
(37)	30 000		
本期发生额	235 000	本期发生额	235 000
期末余额	0		

借　　　　应收账款　　　　贷

期初余额	540 000		
(31)	1 695 000		
本期发生额	1 695 000	本期发生额	0
期末余额	2 235 000		

借	预收账款		贷
(34)	282 500	(33)	100 000
		(34)	182 500
本期发生额	282 500	本期发生额	282 500
		期末余额	0

借	主营业务成本		贷
(38)	4 462 000	(48)	4 462 000
本期发生额	4 462 000	本期发生额	4 462 000
期末余额	0		

借	税金及附加		贷
(39)	14 000	(48)	20 000
(40)	6 000		
本期发生额	20 000	本期发生额	V20 000
期末余额	0		

借	其他业务收入		贷
(48)	90 000	(41)	80 000
		(43)	10 000
本期发生额	90 000	本期发生额	90 000
		期末余额	0

借	营业外收入		贷
(48)	5 000	(46)	5 000
本期发生额	5 000	本期发生额	5 000
		期末余额	0

借	本年利润		贷
(48)	5 041 200	(48)	6 495 000
(50)	363 450		
(51)	1 090 350		
本期发生额	6 495 000	本期发生额	6 495 000
		期末余额	0

借	所得税费用		贷
(49)	363 450	(50)	363 450
本期发生额	363 450	本期发生额	363 450
期末余额	0		

借	其他业务成本		贷
(42)	61 000	(48)	65 000
(44)	4 000		
本期发生额	65 000	本期发生额	65 000
期末余额	0		

借	营业外支出		贷
(47)	50 000	(48)	50 000
本期发生额	50 000	本期发生额	50 000
期末余额	0		

借	利润分配		贷
		期初余额	280 000
(52)	163 552.50	(51)	1 090 350
(53)	200 000	(54)	363 552.50
(54)	363 552.50		
本期发生额	727 105	本期发生额	1 453 902.50
		期末余额	1 006 797.50

借	盈余公积		贷
		期初余额	3 000 000
		(52)	163 552.50
本期发生额	0	本期发生额	163 552.50
		期末余额	3 163 552.50

借	应付股利		贷
		(53)	200 000
本期发生额	0	本期发生额	200 000
		期末余额	200 000

借	应付账款		贷
		期初余额	900 000
		(10)	29 340
本期发生额	0	本期发生额	29 340
		期末余额	929 340

图 4—6　各项业务的总分类核算(单位:元)

表 4—7　　**试算平衡表**　　单位:元

账户名称	期初余额		本期发生额		期末余额	
	借方	贷方	借方	贷方	借方	贷方
固定资产	51 000 000		200 000		51 200 000	
银行存款	8 000 000		6 587 900	1 763 472	12 824 428	
在途物资			497 200	497 200		
原材料	1 000 000		497 200	680 000	817 200	
预付账款			11 300	11 300		
生产成本			917 800	917 800		
库存商品	6 392 000		917 800	4 462 000	2 847 800	
制造费用			104 800	104 800		
管理费用			201 700	201 700		

续表

账户名称	期初余额		本期发生额		期末余额	
	借方	贷方	借方	贷方	借方	贷方
财务费用			7 500	7 500		
库存现金	50 000			13 100	36 900	
其他应收款			4 000	4 000		
应收账款	540 000		1 695 000		2 235 000	
所得税费用			363 450	363 450		
应收票据			734 500		734 500	
实收资本		14 302 000		1 200 000		15 502 000
短期借款		1 000 000	500 000	500 000		1 000 000
长期借款		18 200 000		180 000		18 380 000
应付债券						
应付票据			33 900	33 900		
应交税费			64 112	1 225 850		1 161 738
应付账款		900 000		29 340		929 340
累计折旧		29 000 000		22 000		29 022 000
应付利息		300 000	5 000	5 000		300 000
应付职工薪酬			428 000	458 400		30 400
预收账款			282 500	282 500		
主营业务收入			6 400 000	6 400 000		
主营业务成本			4 462 000	4 462 000		
销售费用			235 000	235 000		
税金及附加			20 000	20 000		
其他业务收入			90 000	90 000		
其他业务成本			65 000	65 000		
营业外收入			5 000	5 000		
营业外支出			50 000	50 000		
本年利润			6 495 000	6 495 000		
利润分配		280 000	727 105	1 453 902.5		1 006 797.5
盈余公积		3 000 000		163 552.5		3 163 552.5
应付股利				200 000		200 000
合　计	66 982 000	66 982 000	32 602 767	32 602 767	70 695 828	70 695 828

应知考核

一、单项选择题

1. 材料采购成本包括材料的价款和(　　)。

A. 运杂费　　B. 装卸费

C. 采购费用　　D. 业务员的差旅费

2.“销售费用”账户属于(　　)。

A. 资产类账户　　B. 负债类账户

C. 成本类账户　　D. 损益类账户

3. 企业发生公益性捐赠时,应借记(　　)账户。

A.“销售费用”　　B.“其他业务支出”

C.“营业外支出”　　D.“财务费用”

4. 产品已经销售,但是尚未收到货款,企业在进行会计处理时,应借记(　　)账户。

A.“预收账款”　　B.“应收账款”

C.“应付账款”　　D.“预付账款”

5. 车间发生的购买办公用品支出,应记入(　　)账户。

A.“管理费用”　　B.“销售费用”

C.“制造费用”　　D.“财务费用”

6. 结转产品销售成本时,贷方账户是(　　)账户。

A.“主营业务成本”　　B.“其他业务成本”

C.“本年利润”　　D.“库存商品”

7. 企业发生的间接费用的应先在“制造费用”账户归集,期末再按一定的标准和方法分配记入(　　)账户。

A.“管理费用”　　B.“生产成本”

C.“本年利润”　　D.“库存商品”

8. 提取固定资产折旧,应借记有关的费用账户,贷记(　　)账户。

A.“固定资产”　　B.“折旧基金”

C.“累计折旧”　　D.“制造费用”

9. 下列账户中,期末一般无余额的是(　　)。

A.“应交税费”　　B.“本年利润”

C.“应付利息”　　D.“营业外支出”

10. 企业利润分配中,下列项目的分配顺序为(　　)。

①提取任意盈余公积　　②弥补亏损

③提取法定盈余公积　　④向投资者分配利润

A. ②→③→①→④　　B. ①→②→③→④

C. ③→①→②→④　　D. ②→①→③→④

二、多项选择题

1. 下列关于“所得税费用”账户的表述中,正确的有(　　)。

A. 该账户是损益类账户

B. 该账户的余额在期末结账时应转入“本年利润”账户

C. 该账户属负债类账户

D. 该账户的期末一般无余额

2. 企业的期间费用包括（　　）。

A. 制造费用　　B. 销售费用　　C. 管理费用　　D. 财务费用

3. 企业产品成本构成项目包括（　　）。

A. 生产成本　　B. 制造费用　　C. 直接材料　　D. 直接人工

4. 下列账户中，期末一般无余额的是（　　）。

A. 投资收益　　B. 制造费用　　C. 本年利润　　D. 管理费用

5. 下列收入中，应记入“其他业务收入”的是（　　）。

A. 销售产品收入　　B. 销售材料收入

C. 固定资产盘盈　　D. 无形资产出租收入

6. 下列各项中，应记入“营业外支出”的是（　　）。

A. 退休人员工资　　B. 固定资产盘亏

C. 公益性捐赠　　D. 固定资产租金支出

7. 下列费用中，不能记入“当期损益”的是（　　）。

A. 财务费用　　B. 制造费用　　C. 销售费用　　D. 生产成本

8. 下列费用中，应记入“销售费用”的是（　　）。

A. 销售原材料成本　　B. 销售机构人员工资

C. 销售机构人员差旅费　　D. 销售产品运杂费

9. 下列费用中，应记入“财务费用”的是（　　）。

A. 支付给金融机构的手续费　　B. 利息支出

C. 汇兑损益　　D. 财务部门办公费

10. 下列税金中，应记入“税金及附加”的是（　　）。

A. 教育费附加　　B. 消费税

C. 所得税费用　　D. 城市维护建设税

三、判断题

1.“制造费用”账户本期发生额期末转入“本年利润”账户后不留余额。（　　）

2.“所得税费用”属于损益类账户。（　　）

3.“材料采购”账户余额表示期末在途材料的实际成本和增值税。（　　）

4.“生产成本”账户期末余额表示期末在产品成本，属于存货的范畴。（　　）

5. 所得税费用在利润表中应在“税金及附加”项目中填列。（　　）

6.“累计折旧”账户属于资产类账户，期末余额表示企业现有固定资产已磨损的价值。（　　）

7.“本年利润”账户年内贷方余额表示年内实现利润累计数，该账户年末不留余额。（　　）

8.“利润分配”账户年初借方余额表示以前年度已分配的利润。（　　）

9. 为生产一定产品而发生的生产费用，构成该产品的生产成本。（　　）

10. 产品的生产成本又称制造成本，包括为生产产品发生的直接费用、间接费用和销售费用。（　　）

四、简述题

1. 比较生产费用与生产成本的关系。
2. 简述企业销售收入的确认条件。
3. 企业的利润总额由哪些项目组成？如何计算企业的净利润？
4. 材料采购成本由哪些项目构成？
5. 企业取得利润后应按怎样的顺序进行分配？

应会考核

■业务考核

【考核项目】

借贷记账法下，筹集资金、采购过程、生产过程、销售过程、财务成果的形成与分配业务的核算。

【背景资料 1】

目的：练习筹集资金业务的核算。

光明厂 2019 年 6 月发生以下筹资业务：

(1)接受东方厂投资 250 000 元，存入银行。

(2)收到新华厂投资设备一台，已交付使用，双方协议价 80 000 元。（不考虑税费）

(3)取得 10 月生产周转借款 200 000 元，存入银行。

(4)上述借款年利率为 4%，计提本月借款利息。

(5)用银行存款支付本月借款利息。

【要求】

(1)根据资料完成筹资过程核算，编制会计分录。

(2)根据会计分录，完成 T 型账户的过账。

【背景资料 2】

目的：练习采购过程的业务核算。

光明厂 2019 年 6 月发生以下采购业务：

(1)购甲材料 6 000 千克，单价 8 元/千克，增值税税率为 13%，货税款未付。

(2)购乙材料 7 200 千克，单价 10 元，增值税税率为 13%，货税款通过银行支付。

(3)购丙材料 2 800 千克，含税单价 9.36 元/千克；丁材料 10 000 千克，含税单价 5.85 元，款项通过开出商业汇票支付。

(4)供货单位代垫乙、丙、丁材料的外地运费共 3 300 元（乙、丙、丁材料共同承担的外地运费按重量比例进行分配）。（不考虑运费和税费）

(5)用银行存款 100 000 元预付 A 材料款。

(6)A 材料验收入库，价税款合计 113 000 元，增值税税率为 13%，用银行存款补付尾款。

(7)甲、乙、丙、丁材料验收入库，结转入库材料成本。

【要求】

(1)根据资料完成供应过程核算,编制会计分录。

(2)根据编制会计分录,完成T型账户的过账。

【背景资料3】

目的:练习工业企业生产过程核算和生产成本的计算。

光明厂2019年6月发生以下生产业务(假设期初无在产品):

(1)将58 000元转入职工工资存折。

(2)用银行存款6 000元预付下季度车间用房租,并相应分摊本月负担2 000元。

(3)生产Ⅰ号产品耗用材料120 000元,Ⅱ号产品耗用材料180 000元,车间一般耗用材料4 200元,厂部耗用材料1 500元。

(4)用现金支票购买厂部办公用品7 500元。

(5)计提本月固定资产折旧,其中车间折旧11 000元,厂部折旧6 500元。

(6)分配工资费用,其中Ⅰ号产品工人工资34 000元,Ⅱ号产品工人工资66 000元,车间管理人员工资16 000元,厂部管理人员工资8 000元。

(7)用银行存款支付车间设备日常维修费5 000元。

(8)结转制造费用(按工人工资比例分配)。

(9)本月生产Ⅰ号产品、Ⅱ号产品各100台全部完工,结转完工产品成本。

【要求】

(1)根据资料完成生产过程核算,编制会计分录。

(2)根据会计分录,完成T型账户的过账。

【背景资料4】

目的:练习销售过程的业务核算。

光明厂2019年6月发生以下销售业务:

(1)销售Ⅰ号产品80台,单价4 000元,增值税税率为13%,货税款未收。

(2)预收Ⅱ号产品货款200 000元,款项存入银行。

(3)用现金支付广告费1 500元。

(4)销售Ⅱ号产品90台,单价2 500元,增值税税率为13%,尾款补收存入银行。

(5)结转本月销售Ⅰ号产品、Ⅱ号产品成本。

(6)计算本月应交销售税费1 600元。

【要求】

(1)根据资料完成销售过程核算,编制会计分录。

(2)根据编制会计分录,完成T型账户的过账。

【背景资料5】

目的:练习财务成果的形成与分配业务的核算。

光明厂2019年6月发生以下利润形成及其分配业务:

(1)将无法支付的应付账款20 000元予以转账。

(2)用银行存款支付罚款6 000元。

(3)没收逾期未退包装物押金4 000元。

(4)结转本月各损益类账户至本年利润账户。

(5)按25%计算应交所得税。

(6)按净利润的10%提取法定盈余公积。

(7)按净利润的20%向投资者分配利润。

【要求】

(1)根据资料完成利润形成及其分配过程核算,编制会计分录。

(2)根据会计分录,完成T型账户的过账。

【考核要求】

根据上述5个背景资料,分别编制会计分录和T型账户。

■技能考核

【考核项目】

固定资产购置业务的核算。

【背景资料】

亚太公司本月(2019年10月)发生下列固定资产购置业务:

(1)购入生产用不需要安装的设备一台,买价300 000元,增值税39 000元,运杂费3 500元,保险费1 200元。全部款项已用银行存款支付,设备投入使用。

(2)购入生产用需要安装的乙设备一台,买价450 000元,增值税58 500元,运杂费等3 000元。款项已用银行存款支付。

(3)进行上述需要安装设备的安装,耗用材料3 400元,用银行存款支付安装公司安装费4 100元。(假设工程耗用的原材料不考虑增值税。)

(4)上述设备安装完毕,经验收合格交付使用,结转工程成本。

【考核要求】

根据运用借贷记账法编制会计分录,并标明必要的明细科目,增值税税率为13%。

■综合实务

会计分录纠错

背景与情境:会计专业学生正在学习本项目内容。会计老师在批改作业时发现部分同学主要存在以下几个错误:(1)将结转验收入库材料实际成本的会计分录做成"借:在途物资,贷:原材料、应交税费——应交增值税(进项税额)"。(2)将计提固定资产折旧的会计分录做成"借:制造费用、管理费用,贷:固定资产"。(3)将结转完工产品成本的会计分录做成"借:生产成本,贷:制造费用"。(4)将结转已售商品成本的会计分录做成"借:主营业务成本,贷:生产成本"。(5)将所有收入账户结转至本年利润账户的会计分录做成"借:本年利润,贷:主营业务收入"。(6)将年末结转全年实现利润至利润分配账户的会计分录做成"借:利润分配,贷:本年利润"。

要求:

1. 分析上述几个错误存在的原因。

2. 写出正确的会计分录。

项目实训

【实训项目】

熟悉借贷记账法在制造企业会计工作中的应用。

【实训情境】

长江公司 2019 年 12 月发生以下经济业务：

(1)1 日，从银行提取现金 3 000 元，备用。

(2)1 日，以银行存款支付广告费 8 000 元。

(3)2 日，从宏达公司购入 A 材料 4 000 千克，单价 50 元；购入 B 材料 5 000 千克，单价 20 元/千克，增值税税率为 13%，运费 900 元，货款用银行存款支付，运费按重量分配。

(4)3 日，从宏达公司购入的 A、B 材料全部验收入库，结转其实际采购成本。

(5)3 日，购入不需安装的设备一台，价款 120 000 元，增值税税额 15 600 元，价税款用银行存款支付，另用现金支付运费 1 500 元。

(6)10 日，以银行存款向希望工程捐款 10 000 元。

(7)15 日，从银行提取现金 80 000 元，以备发放工资。

(8)15 日，以现金 80 000 元发放本月工资。

(9)15 日，从维达公司购入 A 材料 5 000 千克，单价 50 元；购入 B 材料 4 000 千克，单价 20 元。增值税税率为 13%，运费 1 800 元，材料已验收入库，款项尚未支付，运费按重量分配。

(10)15 日，采购员王永民报销差旅费 1 600 元，结清以前的借款。

(11)16 日，用银行存款预付下一年保险费 60 000 元。

(12)16 日，分担本月保险费 5 000 元。

(13)16 日，销售甲产品 200 台，每台售价 1 000 元，销售乙产品 300 台，每台售价 600 元，增值税税率为 13%，款项收到存入银行。

(14)17 日，行政管理部门购买办公用品 700 元，以现金支付。

(15)17 日，收到投资人向企业投入人民币 300 000 元，存入银行。

(16)20 日，向富通公司销售甲产品 100 台，每台售价 1 000 元，销售乙产品 200 台，每台售价 600 元，增值税税率为 13%，货款尚未收到。

(17)21 日，从银行借入半年期借款 90 000 元，款项存入银行。

(18)21 日，本月各部门领用材料，如表 4—8 所示：

表 4—8 **材料领用汇总表** 单位：元

项 目	A 材料	B 材料	合 计
甲产品领用	187 000	126 000	313 000
乙产品领用	120 000	87 000	207 000
生产车间领用		1 000	1 000
行政管理部门领用	1 000		1 000
合 计	308 000	214 000	522 000

(19)25 日，收到富通公司 20 日所欠货款，存入银行。

(20)26 日，计提固定资产折旧 15 000 元，其中车间固定资产折旧 10 000 元，行政管理部门固定资产折旧 5 000 元。

(21)29 日，计提本月应负担的银行短期借款利息 8 000 元。

(22)29 日，以存款支付本月电费 30 000 元，其中，生产甲产品用 12 000 元，生产乙产品用 12 500 元,车间用 4 000 元,工厂行政部门用 1 500 元。

(23)29 日,分配结转本月职工工资 80 000 元,其中,生产工人工资 60 000 元(生产工人工资按工时分配,甲产品 45 000 工时,乙产品 15 000 工时),车间管理人员工资 15 000 元,行政部门工资 5 000 元。

(24)30 日,根据甲、乙产品工时比例,分配本月发生的制造费用。

(25)30 日,本月生产的甲产品和乙产品已全部完工入库,结转其生产成本。生产成本账户中甲产品月初无余额;乙产品月初余额 65 000 元(其中,直接材料 45 000 元、直接人工 8 000 元、制造费用 12 000 元)。本月生产的甲产品完工入库数量为 800 台,乙产品完工入库数量为 1 000 台。

(26)30 日,计算应交城市维护建设税 4 800 元,教育费附加 1 200 元。

(27)30 日,结转销售产品的销售成本(按本月实际生产成本确定为销售产品的单价)。

(28)30 日,将各收入账户结转至本年利润账户。

(29)30 日,将各费用账户结转至本年利润账户。

(30)30 日,按利润总额的 25%计提本月应交所得税,并结转到本年利润账户。

(31)30 日,按实现净利润的 10%计提法定盈余公积金。

(32)30 日,按实现净利润的 40%计提应向投资者分配的利润。

【实训要求】

1. 根据实训情境资料完成筹资过程核算、供应过程核算、生产过程核算、销售过程核算、利润形成及其分配核算,编制会计分录,增值税税率为 13%,运费不考虑税费。

2. 根据会计分录,完成 T 型账户的过账。

项目五

填制和审核会计凭证

○ **知识目标：**

理解：会计凭证的概念、意义和分类。

熟知：会计凭证的传递和保管。

掌握：原始凭证和记账凭证的填制和审核。

○ **技能目标：**

学习和把握会计凭证的填制步骤和方法等程序性知识，能用所学实务知识规范“会计凭证”的相关技能活动。

○ **素质目标：**

运用所学会计凭证的理论与实务知识研究相关案例，培养和提高学生在特定业务情境中分析问题与处理问题的能力；能结合“会计凭证”教学内容，结合行业规范或标准，分析会计行为的善恶，强化学生的职业道德素质。

○ **项目引例：**

故意销毁会计凭证罪

背景与情境：王某，南京某建筑工程总公司路桥工程公司会计出纳；马某，南京某建筑工程总公司路桥工程公司副经理；陈某，南京某建筑工程总公司路桥工程公司办公室主任。

2019年6月21日下午2时许，南京市纪委找犯罪嫌疑人王某、马某到总公司办公室谈话。在谈话中，王某交代了路桥公司私设小金库的事实，并让其妻从家中送来了他制作的记载小金库账目来源及大致去向的U盘，以及存放小金库资金的银行卡。纪委当即追问小金库的明细账目，王某按照事先和马某、陈某串通好的，向纪委谎称账目已被销毁。谈话结束后，陈某、马某、王某随即聚在一起商量，陈某提出账册不能留要处理掉，马某、王某均表示同意，于是连夜将小金库原始凭证烧毁。

经查，上述销毁的是两处市政重点工程的原始凭证和小金库明细账，路桥公司通过向其水利总公司虚报预付工程款的手段，多次从工程队提取现金，总额达465.2万元，其中业务招待费达100万元，项目部奖金、加班费达134万元，有关人员奖金、加班费达37万元，交通、通信费达24万元。

上述案例中，反复提到一个关键词——会计凭证。而会计凭证既是犯罪嫌疑人要销毁的，同时也是纪委要追查的。

引例导学：什么是会计凭证？会计凭证有什么意义？

○ **知识准备：**

任务一　会计凭证概述

任务课件

一、会计凭证的概念

所谓会计凭证，是记录经济业务事项发生和完成情况的书面证明，是登记账簿的依据。填制和审核会计凭证是会计工作的起点，任何企事业单位在处理经济业务时，都必须办理会计凭证手续，由执行和完成该项经济业务的有关部门和人员取得或填制会计凭证，记录经济业务内容、数量和金额，并在凭证上签名和盖章，对业务的合法性、真实性和正确性负完全责任。

提示：所有会计凭证都要由会计部门审核无误后才能作为经济业务的证明和登记账簿的依据。

二、会计凭证的意义

会计凭证对于如实反映和有效监督经济业务，确保会计信息真实、正确，发挥会计在经济管理中的作用具有重要意义。

1. 记录经济业务，提供记账依据

任何一项经济业务的发生，首先应填制或取得会计凭证，然后才能据以记账。

2. 明确经济责任，强化内部控制

由于每项经济业务都要由经办单位和有关人员在会计凭证上签名或盖章，这样就明确了各经办单位及有关人员所负的责任。

3. 监督经济活动，控制经济运行

通过取得和填制会计凭证，可以检查各项财产是否完整，监督各项经济业务是否符合国家政策、法规和制度。

三、会计凭证的分类

经济业务的纷繁复杂决定了会计凭证是多种多样的。为了正确地使用和填制会计凭证，必须对会计凭证进行分类。会计凭证按照编制的程序和用途不同，可分为原始凭证和记账凭证。

1. 原始凭证

任何经济业务发生都必须填制和取得原始凭证，原始凭证是会计核算的原始依据。

2. 记账凭证

记账凭证是财会部门根据审核无误的原始凭证进行归类、整理，记载经济业务简要内容，确定会计分录的会计凭证。记账凭证是登记会计账簿的直接依据。

总之，原始凭证主要用于记录经济业务，明确经济责任；记账凭证主要用于确定会计分录，并以此作为登账的依据。

原始凭证与记账凭证的区别：

(1)填制人员不同：原始凭证大多是由经办人员填制，记账凭证一律由本单位的会计人员填制。

(2)填制依据不同:原始凭证是根据已经发生或完成的经济业务填制,记账凭证是根据审核后的原始凭证填制。

(3)填制方式不同:原始凭证只是经济业务发生时的原始证明,记账凭证是依据会计科目对已经发生的经济业务进行归类。

(4)发挥作用不同:原始凭证是填制记账凭证的依据,记账凭证是登记会计账簿的依据。

任务二 填制和审核原始凭证

任务课件

由于经济业务的种类和内容不同,经营管理的要求不同,原始凭证的格式和内容也千差万别。但无论何种原始凭证,都必须做到所载明的经济业务清晰,经济责任明确。

一、原始凭证的基本内容

(一)基本内容

原始凭证所包括的基本内容通常称为凭证要素,主要有:①原始凭证的名称;②原始凭证的日期及编号;③接受原始凭证单位或个人的名称;④经济业务的基本内容(数量、单价及金额等);⑤填制单位名称或填制人姓名;⑥经办部门及有关人员的签章;⑦原始凭证附件。

(二)其他要求

原始凭证除了应当具备上述基本内容外,还应当符合下列要求:

(1)购买实物的原始凭证,必须附有验收证明,目的是为了明确经济责任,保证账物相符,防止盲目采购,避免物资短缺和流失。实物验收工作由经管实物的人员负责办理,会计人员通过有关的原始凭证进行监督检查。需要入库的实物,必须填写入库验收单,由实物保管人员验收入库后在入库单上如实填写实收数额,并加盖印章。不需要入库的实物,除经办人员在凭证上签章外,必须交给实物保管人员或使用人员进行验收后在凭证上签章。也就是说,企业购买实物,必须由购买人以外的第三者查证核实后,会计人员才能据以入账。

(2)为防止舞弊行为的发生,支付款项的原始凭证,必须有收款单位和收款人的收款证明,不能仅以支付款项的有关证明,如银行汇款凭证等代替。

(3)发生销货退回的,除填制退货发票外,还必须有退货验收证明;退款时,必须取得对方的收款收据或汇款银行的凭证,不能以退货发票代替收据。

(4)职工公出借款凭据,必须附在记账凭证之后。收回借款时,应当另开收据或者退还借款副本,不得退还原借款收据。

(5)经上级有关部门批准的经济业务,应当将批准文件作为原始凭证附件。

二、原始凭证的种类

(一)按原始凭证来源的不同,可分为外来原始凭证和自制原始凭证

1. 外来原始凭证

它是指在经济业务发生或完成时,从其他单位或个人直接取得的原始凭证。例如,由供货单位开具的增值税专用发票、普通发票及对外支付款项时所取得的收据都是外来原始凭证。此外,一些定额发票,如火车票、轮船票,也是外来原始凭证。其格式如表 5—1、表 5—2

所示。

表 5－1　　　　**××省增值税专用发票**

抵扣联

开票日期：　年　月　日　　　　№

<table>
<tr><td>购货单位</td><td colspan="4">名　称：
纳税人识别号：
地址、电话：
开户行及账号：</td><td colspan="8">密码区</td><td colspan="10"></td></tr>
<tr><td rowspan="2">商品或劳务名称</td><td rowspan="2">计量单位</td><td rowspan="2">数量</td><td rowspan="2">单价</td><td colspan="9">金　额</td><td rowspan="2">税率（%）</td><td colspan="8">税　额</td></tr>
<tr><td>百</td><td>十</td><td>万</td><td>千</td><td>百</td><td>十</td><td>元</td><td>角</td><td>分</td><td>十</td><td>万</td><td>千</td><td>百</td><td>十</td><td>元</td><td>角</td><td>分</td></tr>
<tr><td></td><td></td><td></td><td></td><td></td><td></td><td></td><td></td><td></td><td></td><td></td><td></td><td></td><td></td><td></td><td></td><td></td><td></td><td></td><td></td><td></td><td></td></tr>
<tr><td></td><td></td><td></td><td></td><td></td><td></td><td></td><td></td><td></td><td></td><td></td><td></td><td></td><td></td><td></td><td></td><td></td><td></td><td></td><td></td><td></td><td></td></tr>
<tr><td></td><td></td><td></td><td></td><td></td><td></td><td></td><td></td><td></td><td></td><td></td><td></td><td></td><td></td><td></td><td></td><td></td><td></td><td></td><td></td><td></td><td></td></tr>
<tr><td>合　计</td><td></td><td></td><td></td><td></td><td></td><td></td><td></td><td></td><td></td><td></td><td></td><td></td><td></td><td></td><td></td><td></td><td></td><td></td><td></td><td></td><td></td></tr>
<tr><td>价税合计（大写）</td><td colspan="21">¥＿＿＿＿＿＿</td></tr>
<tr><td>销货单位</td><td colspan="12">名　称：
纳税人登记号：
地址、电话：
开户银行及账号：</td><td colspan="9">备注：</td></tr>
</table>

收款人：　　　复核：　　　开票人：　　　销货单位：（章）

表 5－2　　　　**统一收据**

20××年×月×日　　　　No.

<table>
<tr><td>今收到＿＿＿＿＿＿＿＿＿＿＿＿＿＿＿＿＿＿＿＿
交　来＿＿＿＿＿＿＿＿＿＿＿＿＿＿＿＿＿＿＿＿
人民币（大写）＿＿＿＿＿＿＿＿＿＿＿＿＿＿ ¥＿＿＿＿＿＿＿
收款单位＿＿＿＿＿＿＿＿＿＿　收款人＿＿＿＿＿＿＿＿＿＿
（公章）　　　　　　　　　　（签章）</td><td>第二联收据</td></tr>
</table>

2．自制原始凭证

它是指由本单位内部经办业务的部门和人员，在执行或完成某项经济业务时所填制的、仅供本单位内部使用的原始凭证，如本企业在对外销售商品时所开具的销货发票的副联（记账联）、商品或材料入库单、领料单、现金存款单、差旅费报销单、固定资产折旧计算表、收款收据、限额领料单以及发料凭证汇总表等。其格式如表 5－3 所示。

表 5—3　　　　　　　　　　　　　**领料单**

领料单位：××车间　　　　　　　　年　　月　　日　　　　　　　　编号：

用　　途：修理设备　　　　　　　　　　　　　　　　　　　　　　　仓库：

<table>
<tr><td rowspan="2">材料编号</td><td rowspan="2">材料名称及规格</td><td rowspan="2">计量单位</td><td colspan="2">数　量</td><td colspan="2">价　格</td><td rowspan="2">备　注</td></tr>
<tr><td>请领</td><td>实领</td><td>单价</td><td>金额</td></tr>
<tr><td></td><td></td><td></td><td></td><td></td><td></td><td></td><td></td></tr>
<tr><td></td><td></td><td></td><td></td><td></td><td></td><td></td><td></td></tr>
<tr><td></td><td></td><td></td><td></td><td></td><td></td><td></td><td></td></tr>
</table>

领料单位负责人：　　　领料人：　　　　发料人：　　　　制单：

提示：不论是外来凭证还是自制凭证，只要能证明经济业务已经执行或已经完成，经过审核后都可以作为会计记账的依据。凡是不能证明经济业务已经执行或已经完成的文件，如材料请购单等，因其表明的是预期的经济业务，不属于原始凭证，因而不能单独作为会计记账的依据。

(二)按原始凭证的填制方法不同，可分为一次凭证、累计凭证和汇总原始凭证

1. 一次凭证

它是指一次填制完成，只反映一项经济业务，或者同时反映若干项同类性质的经济业务的原始凭证。一次凭证是一次有效的凭证，如收据、发货票、借款单、收料单、领料单等都是一次凭证。

2. 累计凭证

它是指在一定时期内多次记录发生的同类型经济业务的原始凭证。其特点是，在一张凭证内可以连续登记相同性质的经济业务，随时结出累计数及结余数，并按照费用限额进行费用控制，期末按实际发生额记账。累计凭证是多次有效的原始凭证。具有代表性的累计凭证是限额领料单，其格式如表 5—4 所示。

表 5—4　　　　　　　　　　　　**限额领料单**

领料部门：　　　　　　　　　　　　　　　　　　　　　　　　发料仓库：

用　　途：　　　　　　　　　　年　　月　　日　　　　　　　编　　号：

<table>
<tr><td>材料类别</td><td colspan="2">材料编号</td><td>材料名称及规格</td><td>计量单位</td><td>领用限额</td><td>实际领用</td><td>单价</td><td>金额</td><td>备注</td></tr>
<tr><td></td><td colspan="2"></td><td></td><td></td><td></td><td></td><td></td><td></td><td></td></tr>
<tr><td rowspan="2">日期</td><td colspan="3">请　领</td><td colspan="3">实　发</td><td rowspan="2">限额结余</td><td colspan="2">退库</td></tr>
<tr><td>数量</td><td colspan="2">领料单位盖章</td><td>数量</td><td>发料人</td><td>领料人</td><td>数量</td><td>退库单编号</td></tr>
<tr><td></td><td></td><td colspan="2"></td><td></td><td></td><td></td><td></td><td></td><td></td></tr>
<tr><td></td><td></td><td colspan="2"></td><td></td><td></td><td></td><td></td><td></td><td></td></tr>
<tr><td></td><td></td><td colspan="2"></td><td></td><td></td><td></td><td></td><td></td><td></td></tr>
<tr><td></td><td></td><td colspan="2"></td><td></td><td></td><td></td><td></td><td></td><td></td></tr>
<tr><td>合计</td><td></td><td colspan="2"></td><td></td><td></td><td></td><td></td><td></td><td></td></tr>
</table>

供应部门负责人：　　　　　　生产计划部门负责人：　　　　　　仓库负责人：

3. 汇总原始凭证

它也称原始凭证汇总表，是指对一定时期内反映经济业务内容相同的若干张原始凭证，按照一定标准综合填制的原始凭证。汇总原始凭证合并了同类型经济业务，简化了记账工作量。

常用的汇总原始凭证有发料凭证汇总表、工资结算汇总表、差旅费报销单等。发料凭证汇总表的格式如表 5—5 所示。

表 5—5 **发料凭证汇总表**

年 月

应借科目 / 应贷科目		生产成本	制造费用	管理费用	在建工程	合 计	备 注
原材料	原料及主要材料						
	辅助材料						
	修理用备件						
	燃料						
	合计						
低值易耗品							
总 计							

提示：有些凭证不是原始凭证，由于它们不能证明经济业务已经发生或完成情况、不能作为编制记账凭证和登记账簿的依据，如用工计划表、材料请购单、经济合同、银行存款余额调节表、派工单等。

(三)按原始凭证格式不同，可以分为通用凭证和专用凭证

1. 通用凭证

它是指由有关部门统一印制、在一定范围内使用的具有统一格式和使用方法的原始凭证。通用凭证的使用范围，因制作部门不同而异。可以是某一地区、某一行业，也可以是全国通用。如某省(市)印制的发货票、收据等，在该省(市)通用；由人民银行制作的银行结算凭证，在全国通用等。

2. 专用凭证

它是指由单位自行印制、仅在本单位内部使用的原始凭证，如领料单、差旅费报销单、折旧计算表、工资费用分配表等。

原始凭证的各种分类之间互有交叉，例如，累计凭证、汇总原始凭证和专用凭证也必定是自制原始凭证；一次凭证和通用原始凭证一般都是外来原始凭证。

三、原始凭证的填制要求

原始凭证是编制记账凭证的依据，是会计核算最基础的原始资料。要保证会计核算工作的质量，必须从保证原始凭证的质量做起，正确填制原始凭证。具体来说，原始凭证的填制必须符合下列要求：

(一)记录要真实

记录真实，就是要实事求是地填写经济业务，原始凭证填制日期、业务内容、数量、金额等必须与实际情况相一致，不得歪曲经济业务真相、弄虚作假。对于实物数量、质量和金额的计算，要准确无误，不得匡算或估计，确保凭证所记录的内容真实可靠。

（二）内容要完整

原始凭证上各项内容要逐项填制齐全，不得遗漏和简略。年、月、日要按照原始凭证的实际日期填写；名称要齐全，不能简化；品名或用途要填写明确，不能含糊不清；需要填写一式数联的原始凭证，必须用复写纸套写，各联的内容必须完全相同，联次不得缺少；业务经办人员必须在原始凭证上签名或盖章，对凭证的真实性和正确性负责。

（三）手续要完备

单位自制的原始凭证必须附有经办单位领导或其他指定的人员签名盖章；对外开出的原始凭证必须加盖本单位公章；从外部取得的原始凭证，必须盖有填制单位的公章；从个人取得的原始凭证，必须有填制人员的签名盖章。这里所说的公章，是指具有法律效力和特定用途，能够证明单位身份和性质的印鉴，包括业务公章、财务专用章、发票专用章、结算专用章等。

（四）书写要清楚、规范

填写原始凭证要字迹清晰，易于辨认，不得使用未经国务院公布的简化汉字。大小写金额必须相符且填写规范。原始凭证数字及文字填写应注意以下几点：

（1）中文大写金额数字应用正楷或行书填写，如壹、贰、叁、肆、伍、陆、柒、捌、玖、拾、佰、仟、万、亿、元、角、分、零、整（正）等字样。不得用一、二（两）、三、四、五、六、七、八、九、十、毛、另（或0）填写，不得自造简化字。

（2）中文大写金额到元或角为止的，后面要写“整”或“正”字，大写金额数字有“分”的，“分”后面不写“整”（或“正”）字。

（3）中文大写金额数字前应标明“人民币”字样，大写数字应紧接“人民币”字样填写。未印“人民币”字样的，应加填“人民币”三个字。

（4）小写金额用阿拉伯数字逐个填写。阿拉伯小写金额数字前面，均应填写人民币符号“￥”（或草写￥），不得写连笔字，人民币符号“￥”与阿拉伯数字之间不得留有空白。金额数字一律填写到角分，无角分的，写“00”或符号“—”。有角无分的，分位写“0”，不得用符号“—”。

（5）阿拉伯数字中间有“0”时，中文大写金额要写“零”字。如小写金额为￥1 409.50，大写金额应写成“人民币壹仟肆佰零玖元伍角正”；如小写金额为￥1 609.02，大写金额应写成“人民币壹仟陆佰零玖元零贰分”；如小写金额为￥345.04，大写金额应写成“人民币叁佰肆拾伍元零肆分”。

（6）阿拉伯数字中间连续有几个“0”时，中文大写金额中间可以只写一个“零”字。如小写金额为￥6 007.14，大写金额应写成“人民币陆仟零柒元壹角肆分”。但如果阿拉伯数字万位或元位是“0”而千位和角位不是“0”时，中文大写金额中可以只写一个零字，也可以不写“零”字。如小写金额为￥1 680.32，大写金额可写成“人民币壹仟陆佰捌拾元零叁角贰分”，或者写成“人民币壹仟陆佰捌拾元叁角贰分”；小写金额为￥107 000.53，大写金额可写成“人民币壹拾万柒仟元零伍角叁分”，或者写成“人民币壹拾万零柒仟元伍角叁分”。

（7）现行结算票据的出票日期必须使用中文大写。为防止篡改票据的出票日期，在填写月、日时，月为壹、贰和壹拾的，日为壹至玖和壹拾、贰拾和叁拾的，应在其前加“零”；日为拾壹至拾玖的，应在其前加“壹”。如1月15日，应写成“零壹月壹拾伍日”；10月20日，应写成

“零壹拾月零贰拾日”。票据出票日期使用小写填写的，银行不予受理。

（五）编号要连续

各种原始凭证要连续编号，以便查考。有些凭证已预先印定编号，特别是涉及库存现金、银行存款收付的原始凭证，如发票、收据、支票，都有连续编号，应按编号连续使用。这类凭证如有填写错误，应予以作废并重填，并在填错的凭证上加盖“作废”戳记，与存根一起保存，不得任意销毁。

（六）不得涂改、刮擦、挖补

原始凭证发生差错要按规定的方法更正，不得涂改、刮擦、挖补。原始凭证有错误的，应当由出具单位重开或更正，更正处应当加盖出具单位印章。原始凭证金额有错误的，应当由出具单位重开，不得在原始凭证上更正。

（七）填制要及时

每笔经济业务发生或完成时，经办人员必须及时取得或填制原始凭证，并按照规定的程序及时送交会计部门审核、记账，不能提前，也不能事后补办，做到不积压、不误时、不事后补制。

四、常用原始凭证的填制方法

（一）增值税专用发票的填制

增值税专用发票是一般纳税人于销售货物（或提供应税劳务）时开具的销货发票，购货单位向一般纳税人购货应取得增值税专用发票，因为只有增值税专用发票税款抵扣联支付的进项税额才能在购货单位作为“进项税额”列账。其格式如表 5—6 所示。

表 5—6　　××省增值税专用发票

抵扣联

开票日期：2019 年 6 月 12 日　　№00041356687

购货单位	名　称：联华商厦 纳税人识别号：876812059900 地址、电话：上海路 21 号　68521456 开户行及账号：工行开发区支行　02556677	密码区	

商品或劳务名称	计量单位	数量	单价	金额									税率（%）	税额							
				百	十	万	千	百	十	元	角	分		十	万	千	百	十	元	角	分
A 产品	件	200	50			1	0	0	0	0	0	0	13			1	3	0	0	0	0
合 计					¥	1	0	0	0	0	0	0	13		¥	1	3	0	0	0	0

价税合计（大写）	人民币壹万壹仟叁佰元整	¥11 300.00

销货单位	名　称：正大有限责任公司 纳税人登记号：867140922366 地址、电话：邯郸路 52 号　53214780 开户银行及账号：工行河大路支行　32456888	备注：

收款人：　　复核：　　开票人：　　销货单位：（章）

(二)普通发票的填制

普通发票是向消费者个人销售货物(提供应税劳务)或者小规模纳税人销售货物(提供应税劳务)由销货方开具的发票。填制普通发票首先要写清购货单位的名称全称,然后按凭证格式和内容逐项填列齐全。其格式如表5—7所示。

表5—7 ××市商业零售专用发票

付款单位:华商公司 2019年6月30日

编号	商品名称	规格	单位	数量	单价	金额								
						百	十	万	千	百	十	元	角	分
	水笔		支	100	10				1	0	0	0	0	0
小写金额合计								¥	1	0	0	0	0	0
大写金额	人民币壹仟元整													

第二联付款人收执

收款单位:××市百货公司 盖章: 开票人:

(三)收料单的填制

收料单是在材料物资验收入库时填制的凭证,一般一式三联,一联验收人员留存,一联交仓库保管人员据以登记明细账,一联连同发票交财会部门办理结算。其格式如表5—8所示。

表5—8 收料单

供货单位:南方化工公司 凭证编号:029

发票号码:0012 2019年6月12日 收料仓库:1号

材料编号	材料规格	材料名称	计量单位	数量		价格	
				应收	实收	单价	金额(元)
010		甲脂	千克	10	10	60	600.00
备注						合计	¥600.00

第一联

仓库负责人: 记账: 仓库保管: 收料:

(四)领料单的填制

为了便于分类汇总,领料单要"一料一单"地填制,即一种原材料填写一张单据。领用原材料需经领料车间负责人批准后,方可填制领料单;车间负责人、收料人、仓库保管员和发料人均需在领料单上签章,无签章或签章不全的均属无效,不能作为记账的依据。领料单一般一式三联,一联留发料仓库记账,一联交领料人,一联交财会部门记账。其格式如表5—9所示。

表 5—9　　**领料单**

领料部门:乙车间　　2019 年 6 月 16 日　　凭证编号:029

用　　途:生产 B 产品　　收料仓库:1 号

材料编号	材料规格	材料名称	计量单位	数量		价格	
				请领	实领	单价	金额(元)
4		棉纱	千克	50	50	10	500.00
备注						合计	￥500.00

第一联

仓库负责人:　　记账:　　仓库保管:　　收料:

(五)限额领料单的填制

限额领料单是多次使用的累计领发料凭证。在有效期内,只要领用数量不超过限额就可以连续使用。限额领料是由生产、计划部门根据下达的生产任务和材料消耗定额按每种材料用途分别开出,一式两联,一联交仓库据以发料,一联交领料部门据以领料。领料单位领料时,在该单内注明请领数量,经负责人签章批准后,持往仓库领料。仓库发料时,根据材料的品名、规格在限额内发料,同时将实发数量及限额余额填写在限额领料单内,领发料双方在单内签章。月末在此单内结出实发数量和金额转交会计部门,据以计算材料费用,并做账务处理。其格式如表 5—10 所示。

表 5—10　　**限额领料单**

领料部门:加工车间　　发料仓库:1 号库

用　　途:乙产品　　2019 年 9 月　　编号:032

材料类别	材料编号	材料名称及规格	计量单位	领用限额	实际领用	单价	金额	备注
B	1302	30mm	千克	100	95	25	2 375	
日期	请　领		实　发			限额结余	退　库	
	数量	领料单位盖章	数量	发料人	领料人		数量	退库单编号
3 日	20	张超	20	马林	李新	80		
10 日	30	张超	30	马林	李新	50		
15 日	15	张超	15	马林	李新	35		
20 日	20	张超	20	马林	李新	15		
25 日	10	张超	10	马林	李新	5		
合　计	95		95					

供应部门负责人:　　生产计划部门负责人:　　仓库负责人:

(六)发料凭证汇总表的填制

发料凭证汇总表是汇总原始凭证,是由会计根据各部门到仓库领用材料时的领料单定期汇总编制的,其目的是为了简化登账手续。其格式如表 5－11 所示。

表 5－11 **发料凭证汇总表**

2019 年 6 月 30 日

单位:元

会计科目		领料部门	原材料	燃料	合　计
生产成本	基本生产车间	一车间	4 000	500	4 500
		二车间	2 000	800	2 800
		小　计	6 000	1 300	7 300
	辅助生产车间	供电车间	500	200	700
		供水车间	400	100	500
		小　计	900	300	1 200
制造费用		一车间	700	300	1 000
		二车间	600	200	800
		小　计	1 300	500	1 800
合　计			8 200	2 100	10 300

会计主管:　　　　复核:　　　　制表:

(七)支票的填制

支票是出票人签发的,委托办理支票存款业务的银行或者其他金融机构,在见票时无条件支付确定的金额给收款人或者持票人的票据。支票分为现金支票和转账支票。现金支票可以提取现金,转账支票只能用于转账。支票应按规定程序申领,并经审批后按要求内容填写齐全,支票填完后,沿虚线剪掉支票存根,作为记账的原始凭证。

要注意大小写金额要一致,收款人和用途等内容要填写清楚、完整。现金支票的格式如表 5－12 所示。

表 5－12 **现金支票**

中国××银行现金支票存根

支票号码 No. 2452787

附加信息＿＿＿＿＿＿＿＿

出票日期　2019 年 6 月 12 日

收款人:大兴公司
金　额:¥600 000.00
用　途:备发工资
备　注:

单位主管:　　　　会计:

本支票付款期限十天

中国××银行现金支票　　　　No. 2452787

出票日期(大写)贰零壹玖年零陆月壹拾贰日

付款行名称:新海支行

收款人:兴达公司　　　　出票人账号:405123456789

人民币(大写)　陆拾万元整	亿	千	百	十	万	千	百	十	元	角	分
			¥	6	0	0	0	0	0	0	0

用途:备发工资

上列款项请从我账户内支付

出票人签章　　　　复核　　　　记账

(八)借款单的填制

借款单一般是单位内部所属机构为购买零星办公用品或职工因公出差等原因借款时使

用的借款凭证。借款人经借款单位(或有关部门)领导批准填写借款单,并送交财会部门办理借款手续,财会部门对借款单审核无误后给予借款,支付现金或开现金支票由借款人去银行提现。借款单一般一式三联,一联留存,一联交会计,一联交借款人作为回执。其格式如表 5—13 所示。

表 5—13　　**借　款　单**

2019 年 6 月 28 日

部　门	供应科		借款事由	去青海采购材料	
借款金额	金额(大写)伍仟元整　　¥5 000.00 现金付讫				
批准金额	金额(大写)伍仟元整　　¥5 000.00				
领导	同意　王海	财务主管	同意　李庄	借款人	刘利

(九)收款收据的填制

收款收据一般适用于单位内部职能部门或与职工之间的现金及与外部单位和个人之间的非经营性现金往来,比如职工向单位交回预借多余款等。收款收据一般由单位根据自己的需要设计印制或向商店购买,无须到税务部门领购。收款单位根据交款人交来的款项填写收据,应写明交款单位(人)、交款的原因和数额;当面清点交款数额后,将收据给交款人收存。收款收据一般为一式三联,一联为存根联,一联交交款人,一联交会计记账。其格式如表 5—14 所示。

表 5—14　　**收 款 收 据**

2019 年 6 月 15 日　　No. 3803516

交款单位或交款人	王梅	收款方式	现金
事　由　收回差旅费余款 人民币(大写)　柒佰元整　　¥700.00			备注:

第三联

收款单位(盖章):　　收款人(签章):马林

五、原始凭证的审核

为如实反映经济业务的发生和完成情况,充分发挥会计的监督职能,保证会计信息的真实性、可靠性和正确性,会计机构、会计人员必须对原始凭证进行严格审核。具体包括:

(一)真实性

对原始凭证真实性的审核主要包括:凭证日期是否真实、业务内容是否真实、数据是否真实等。对外来原始凭证,必须有填制单位公章和填制人员签章;对自制原始凭证,必须有经办部门和经办人员的签名或盖章。

(二)合法性

合法性审核主要是审核原始凭证上记载的经济业务是否符合国家的政策法令、制度办法等规定要求，是否履行了规定的凭证传递和审核程序，是否有贪污腐化等行为。

(三)合理性

合理性审核主要是审核原始凭证所记载的经济业务是否符合企业生产经营活动的需要，是否符合有关的计划和预算等。

(四)完整性

完整性审核主要是审核原始凭证格式是否符合规定要求，各项要素是否齐全，内容是否完整，有关人员签章是否齐全，凭证联次是否正确等。如果手续不完备，应由经办人员补办。

(五)正确性

正确性审核主要是审核原始凭证各项数字金额的计算及填写是否正确，大小写金额是否一致，数字和文字的书写是否清楚，有无刮、擦、挖、补、涂改、伪造等现象。

(六)及时性

原始凭证的及时性是保证会计信息质量的基础。为此，要求在经济业务发生或完成时及时填制有关原始凭证，及时进行凭证的传递。

原始凭证的审核是一项十分重要、严肃的工作，经审核的原始凭证应根据不同情况处理：

(1)对于完全符合要求的原始凭证，应及时据以编制记账凭证入账。

(2)对真实、合法、合理但内容不完整、手续不完备、填写有错误的原始凭证，应当退还给有关经办人员，并令其补办手续或进行更正

(3)对于不真实、不合法的原始凭证，会计机构、会计人员有权不予接受，并向单位负责人报告。

【案例应用 5-1】　大肆虚开增值税票　家庭罪案实属罕见

案例提示 5-1

背景与情境：广东省韶关市中级人民法院开庭审理了新丰县物资公司原副总经理潘光始及其儿子潘英平、儿媳罗媚 3 人虚开增值税专用发票价税合计 4 亿多元的案件。这种家庭式的虚开税票案实属罕见。

由于担任公职不便出面，潘光始首先借用朋友潘某的身份证开立了新丰县新城物资有限公司，然后又指使自己的儿子潘英平成立新丰县万源有限公司，指使冯泽段等人申请成立了商发、长能贸易有限公司。据公诉人讲，1997 年潘光始竟然在一天之内成立了两家所谓的“贸易公司”，而这些公司既无厂房工地，又无贸易往来，唯一的生意就是兜售虚开的增值税专用发票。有时需要出具的虚开发票太多，忙不过来，潘光始就指使自己的儿子和儿媳开票。检察院诉称，潘光始等三人 1996 年 1 月至 2000 年 11 月期间，利用开设 5 家“皮包公司”的幌子，先后为中国石油物资装备总公司、天津三星电机有限公司、广东湛江制药总厂等全国 100 余家单位大肆虚开增值税专用发票。

经查实，被告人潘光始共参与虚开增值税专用发票 4 亿多元，税额 5 900 万元。每一次做生意，潘光始都坚持要求按价税总额的 1.5%～1.8%收费。如此计算，潘家从中获取的不法之财达数百万元人民币。

问题：从会计角度看，增值税专用发票属于何种会计凭证？虚开增值税专用发票的行为应承担何种法律责任？

任务三　填制和审核记账凭证

任务课件

记账凭证是会计人员根据审核无误的原始凭证及有关资料，按照经济事项的内容加以归类，借助借贷记账法确定会计分录后所填制的会计凭证。它是登记会计账簿的直接依据。

一、记账凭证的基本内容

记账凭证作为登记账簿的依据，因其所反映经济业务的内容不同、各单位规模大小及其对会计核算繁简程度的要求不同，其格式也有所不同。为了满足记账的基本要求，记账凭证必须具备以下基本内容：

(1)记账凭证的名称。

(2)填制记账凭证的日期。

(3)记账凭证的编号。

(4)经济业务事项的内容摘要。

(5)经济业务事项所涉及的会计科目(包括一级科目、二级或明细科目)、记账方向和金额。

(6)记账标记。

(7)所附原始凭证的张数。

(8)会计主管、审核、制单、记账人员的签章以及出纳人员在收付款凭证上的签章。

二、记账凭证的种类

(一)按经济业务内容不同，可以分为收款凭证、付款凭证和转账凭证

1. 收款凭证

收款凭证是指用于记录现金和银行存款收款业务的记账凭证。收款凭证又可分为现金收款凭证和银行存款收款凭证，分别根据现金或银行存款收入业务的原始凭证填制，是登记库存现金日记账、银行存款日记账以及有关明细账和总账等账簿的依据。收款凭证的一般格式如表 5—15 所示。

表 5—15　　　　收 款 凭 证

借方科目：库存现金　　　　2019 年 5 月 5 日　　　　收字　第 3 号

摘　要	贷方总账科目	明细科目	金　额								√
			十	万	千	百	十	元	角	分	
收回余款	其他应收款	王强					5	0	0	0	
合　计						¥	5	0	0	0	

附件 1 张

会计主管：丁放　　记账：杨丽　　审核：丁峰　　出纳：李敏　　制单：张亮

2. 付款凭证

付款凭证是指用于记录现金和银行存款付款业务的记账凭证。付款凭证又可分为现金付款凭证和银行存款付款凭证,分别根据现金或银行存款付款的原始凭证填制,是登记库存现金日记账、银行存款日记账以及有关明细账和总账等账簿的依据。付款凭证的一般格式如表5—16所示。为避免凭证重复,对于两类货币资金之间的划转业务(如将现金送存银行,或从银行提取现金)一般只编制付款凭证,不编制收款凭证。

表5—16 **付 款 凭 证**

借方科目:库存现金 2019年5月5日 收字 第3号

摘 要	借方总账科目	明细科目	金 额								√
			十	万	千	百	十	元	角	分	
提现金,以备零星用	库存现金			2	0	0	0	0	0	0	
合 计			¥	2	0	0	0	0	0	0	

附件 1 张

会计主管:丁放 记账:杨丽 审核:丁峰 出纳:李敏 制单:张亮

3. 转账凭证

转账凭证是指用于记录不涉及现金和银行存款业务的记账凭证。转账凭证应根据有关转账业务的原始凭证编制,作为登记有关明细账和总账等账簿的依据。转账凭证的一般格式如表5—17所示。

表5—17 **转 账 凭 证**

2019年5月9日 转字第2号

摘 要	总账科目	明细科目	√	借方金额										贷方金额									
				千	百	十	万	千	百	十	元	角	分	千	百	十	万	千	百	十	元	角	分
领用材料投入生产	生产成本	甲产品					1	5	0	0	0	0	0										
	原材料	A材料															1	5	0	0	0	0	0
合 计						¥	1	5	0	0	0	0	0			¥	1	5	0	0	0	0	0

附件 1 张

会计主管:丁放 记账:杨丽 审核:丁峰 制单:张亮

收款凭证、付款凭证和转账凭证,都是按交易或事项的某种特定属性定向使用的记账凭证,因此都属于专用记账凭证。此外,业务类型比较少、业务量也较少的单位,也可以采用通用记账凭证。通用记账凭证是各类交易或事项(包括收款、付款和转账业务)共同使用的记账凭证。通用记账凭证的一般格式如表5—18所示。

表 5—18　　**通用记账凭证**

2019 年 5 月 30 日　　记字第 60 号

摘　要	总账科目	明细科目	账页	借方金额										贷方金额									
				千	百	十	万	千	百	十	元	角	分	千	百	十	万	千	百	十	元	角	分
结转完工产品成本	库存商品	甲产品	√				3	6	0	0	0	0	0										
	生产成本	甲产品	√														3	6	0	0	0	0	0
合　计						¥	3	6	0	0	0	0	0			¥	3	6	0	0	0	0	0

附件 1 张

会计主管：孙一　　记账：李亚　　出纳：　　复核：孙科　　制单：吴云

(二)按填列方式的不同，可以分为复式记账凭证和单式记账凭证

1. 复式记账凭证

复式记账凭证是将每一笔经济业务所涉及的全部会计科目及其发生额均在同一张记账凭证中反映的一种凭证。它是实际工作中应用最普遍的记账凭证。上述收款凭证、付款凭证和转账凭证以及通用记账凭证均为复式记账凭证。复式记账凭证全面反映了经济业务的账户对应关系，有利于检查会计分录的正确性，但不便于会计岗位上的分工记账。

2. 单式记账凭证

单式记账凭证是指每一张记账凭证只填列经济业务所涉及的一个会计科目及其金额的记账凭证。填列借方科目的称为借项凭证，填列贷方科目的称为贷项凭证。某项经济业务涉及几个会计科目，就编制几张单式记账凭证。单式记账凭证反映内容单一，便于分工记账，便于按会计科目汇总，但一张凭证不能反映每一笔经济业务的全貌，不便于检验会计分录的正确性。其格式如表 5—19、表 5—20 所示。

表 5—19　　**借项记账凭证**

对方科目：　　年　　月　　日　　编号：

摘　要	一级科目	二级或明细科目	金　额	记　账

附件　　张

会计主管：　　记账：　　审核：　　出纳：　　制单：

表 5—20　　**贷项记账凭证**

对方科目：　　年　　月　　日　　编号：

摘　要	一级科目	二级或明细科目	金　额	记　账

附件　　张

会计主管：　　记账：　　审核：　　出纳：　　制单：

三、记账凭证的填制

填制记账凭证是会计核算工作的重要环节。记账凭证可以根据每一张原始凭证单独地

填列，也可以根据反映同类经济业务的若干张原始凭证汇总填列，或者直接根据汇总原始凭证填制，但不得将不同内容和类别的原始凭证汇总填制在一张记账凭证上。另外，用于调整、结账和更正错误的记账凭证可以根据有关账簿记录填制。无论是原始凭证、汇总原始凭证，还是账簿记录，都须经审核无误后，才能作为填制记账凭证的依据，以免发生差错。

（一）专用记账凭证的填制方法

1. 收款凭证的填制方法

收款凭证是根据有关现金和银行存款收款业务的原始凭证填制的。凡是引起现金、银行存款增加的业务（现金、银行存款相互划转业务除外），都要根据现金、银行存款增加的原始凭证，编制现金、银行存款的收款凭证。

提示：出纳人员对于已经收款的收款凭证及其所附的各种原始凭证，都要加盖“收讫”的戳记，以免重收。

收款凭证左上角的“借方科目”按收款的性质填写“库存现金”或“银行存款”；日期填写的是编制本凭证的日期；右上角填写编制收款凭证的顺序号；“摘要”填写对所记录的经济业务的简要说明；“贷方科目”填写与收入现金或银行存款相对应的会计科目；“金额”是指该项经济业务的发生额；“记账”是指该凭证已登记账簿的标记，防止经济业务重记或漏记；该凭证右边“附件××张”是指本记账凭证所附原始凭证的张数；最下方分别由有关人员签章，以明确经济责任。

【做中学 5—1】 某企业 2019 年 5 月 28 日销售货物一批，价款 20 000 元，增值税税额为 2 600 元，收到购买单位支票一张，收到 22 600 元存入银行。

该项业务发生后，一方面使得企业银行存款增加 22 600 元，另一方面使得主营业务收入增加 20 000 元，应交增值税增加 2 600 元。编制会计分录如下：

借：银行存款　　22 600

　　贷：主营业务收入　　20 000

　　　　应交税费——应交增值税（销项税额）　　2 600

由于这项经济交易导致银行存款增加，所以，需要记在收款凭证中。出纳人员根据审核无误的原始凭证填制银行存款收款凭证，其内容与格式如表 5—21 所示。

表 5—21　　**收款凭证**　　收字第 1 号

借方科目：银行存款　　2019 年 5 月 28 日　　附件 2 张

摘 要	贷方科目		金额											记账
	总账科目	明细科目	亿	千	百	十	万	千	百	十	元	角	分	
销售货物	主营业务收入						2	0	0	0	0	0	0	
	应交税费	应交增值税（销项税额）						2	6	0	0	0	0	
合 计						¥	2	2	6	0	0	0	0	

会计主管：王某　　记账：李某　　出纳：赵某　　审核：姜某　　制单：刘某

2. 付款凭证的编制方法

付款凭证是根据有关现金和银行存款付款业务的原始凭证填制的。凡是引起现金、银行存款减少的业务，都要根据现金、银行存款减少的原始凭证，编制现金、银行存款的付款凭证。

付款凭证的编制方法与收款凭证基本相同，只是左上角由“借方科目”换为“贷方科目”，凭证中间的“贷方科目”换为“借方科目”。

【做中学5—2】 企业2019年7月28日购入材料一批，买价10 000元，增值税税额为1 300元，开出支票一张支付购料款11 300元。

该项业务发生后，使得企业的银行存款减少11 300元，同时，原材料增加10 000元，增值税进项税额增加1 300元。编制会计分录如下：

借：原材料　　10 000

　　应交税费——应交增值税(进项税额)　　1 300

　　贷：银行存款　　11 300

由于这项经济交易使得企业的银行存款减少，因而，出纳人员根据审核无误的原始凭证填制银行存款付款凭证，其内容与格式如表5—22所示。

表5—22　　**付款凭证**　　付字第1号

贷方科目：银行存款　　2019年7月28日　　附件2张

摘　要	借方科目		金　额											记账
	总账科目	明细科目	亿	千	百	十	万	千	百	十	元	角	分	
购入材料一批	原材料						1	0	0	0	0	0	0	
	应交税费	应交增值税（进项税额）						1	3	0	0	0	0	
合　计						¥	1	1	3	0	0	0	0	

会计主管：王某　　记账：李某　　出纳：赵某　　审核：姜某　　制单：刘某

提示：出纳人员在根据付凭证付款时，要在凭证上加盖“付讫”的戳记，以免重付。

特别提示：对于涉及“库存现金”和“银行存款”之间的经济业务，如将现金存入银行或从银行提取现金，为了避免重复记账，一般只编制付款凭证，不编收款凭证。出纳人员应根据会计人员审核无误的收款凭证和付款凭证办理收付款业务。

【做中学5—3】 企业2019年8月25日，将当日多余的现金48 000元存入银行。应编制一张现金付款凭证，其内容及格式如表5—23所示。

表 5—23 **付款凭证** 付字第 2 号

贷方科目:库存现金 2019 年 8 月 25 日 附件 1 张

摘要	借方科目		金额											记账
	总账科目	明细科目	亿	千	百	十	万	千	百	十	元	角	分	
将现金存入银行	银行存款						4	8	0	0	0	0	0	
合计						¥	4	8	0	0	0	0	0	

会计主管:王某 记账:李某 出纳:赵某 审核:姜某 制单:刘某

3. 转账凭证的编制方法

转账凭证是将经济业务中所涉及全部会计科目,按照先借后贷的顺序记入"会计科目"栏中的"一级科目"和"二级或明细科目",并按应借、应贷方向分别记入"借方金额"或"贷方金额"栏。其他项目的填列与收、付款凭证相同。

【做中学 5—4】 某企业 2019 年 9 月 30 日计提当月折旧 30 000 元,其中生产车间计提折旧 21 000 元,厂部管理部门计提折旧 9 000 元。

该项交易发生后,企业因计提折旧,制造费用增加 21 000 元,管理费用增加 9 000 元。同时,累计折旧增加 30 000 元。编制会计分录如下:

借:制造费用 21 000

管理费用 9 000

贷:累计折旧 30 000

该项交易属于不涉及现金和银行存款的转账交易,因此,会计人员根据折旧计算表填制转账凭证,其内容与格式如表 5—24 所示。

表 5—24 **转账凭证** 转字第 1 号

2019 年 9 月 30 日 附件 1 张

摘要	总账科目	明细科目	借方金额											贷方金额											记账
			亿	千	百	十	万	千	百	十	元	角	分	亿	千	百	十	万	千	百	十	元	角	分	
计提本月折旧	制造费用						2	1	0	0	0	0	0												
	管理费用							9	0	0	0	0	0												
	累计折旧																	3	0	0	0	0	0	0	
合计						¥	3	0	0	0	0	0	0				¥	3	0	0	0	0	0	0	

会计主管:王某 记账:李某 审核:姜某 制单:刘某

特别提示:在同一项经济业务中,如果既有现金或银行存款的收付业务,又有转账业务,应相应地填制收、付款凭证和转账凭证。

【做中学 5—5】 2019 年 9 月 10 日王斌出差回来，报销差旅费 900 元，出差前预借差旅费 1 000 元，剩余款项交回现金 100 元。

该项交易发生后，企业库存现金增加 100 元，管理费用增加 900 元。同时，其他应收款减少 1 000 元。编制会计分录如下：

(1)借：管理费用　　900
　　贷：其他应收款——王斌　　900

(2)借：库存现金　　100
　　贷：其他应收款——王斌　　100

对于这项经济业务，根据收款收据记账联填制收款凭证，如表 5—25 所示；同时根据差旅费报销凭证填制转账凭证，如表 5—26 所示。

表 5—25　　**收款凭证**　　收字第 2 号

借方科目：库存现金　　2019 年 9 月 10 日　　附件 2 张

摘　要	贷方科目		金　额											记账
	总账科目	明细科目	亿	千	百	十	万	千	百	十	元	角	分	
报销差旅费	其他应收款	王斌							1	0	0	0	0	
合　计								¥	1	0	0	0	0	

会计主管：王某　　记账：李某　　出纳：赵某　　审核：姜某　　制单：刘某

表 5—26　　**转账凭证**　　转字第 3 号

2019 年 9 月 10 日　　附件 2 张

摘　要	总账科目	明细科目	借方金额											贷方金额											记账
			亿	千	百	十	万	千	百	十	元	角	分	亿	千	百	十	万	千	百	十	元	角	分	
报销差旅费	管理费用								9	0	0	0	0												
	其他应收款	王斌																		9	0	0	0	0	
合　计								¥	9	0	0	0	0						¥	9	0	0	0	0	

会计主管：王某　　记账：李某　　审核：姜某　　制单：刘某

(二)通用记账凭证的填制方法

通用记账凭证是用以记录各种经济业务的凭证。采用通用记账凭证的经济单位，不再根据经济业务的内容分别填制收款凭证、付款凭证和转账凭证，而是将所发生的各种经济业务填制在一种通用格式的记账凭证中。其登记方法与转账凭证类似。

【做中学 5—6】 光明公司 2019 年 6 月 30 日从银行提现金 400 000 元备发工资。根据该笔经济业务的原始凭证填制通用记账凭证，如表 5—27 所示。

表 5—27 **通用记账凭证**

2019 年 6 月 30 日 凭证编号：

摘要	总账科目	明细科目	✓	借方金额										✓	贷方金额									
				千	百	十	万	千	百	十	元	角	分		千	百	十	万	千	百	十	元	角	分
提现金	库存现金					4	0	0	0	0	0	0	0											
	银行存款																4	0	0	0	0	0	0	0
合　计					¥	4	0	0	0	0	0	0	0			¥	4	0	0	0	0	0	0	0

会计主管： 记账： 审核： 出纳： 制单：

(三)单式记账凭证的填制方法

单式记账凭证按一项经济业务所涉及的每个会计科目单独填制一张记账凭证，每一张记账凭证中只登记一个会计科目。一项经济业务的会计分录涉及几个会计科目，就填写几张记账凭证，其中借方账户填入借项记账凭证，贷方账户填入贷项记账凭证。为了保持会计科目间的对应关系，便于核对，在填制一笔会计分录时编一个总号，再按凭证张数编几个分号。例如某月发生的第 4 笔经济业务涉及 3 个会计科目，则记账凭证的编号分别为 $4\frac{1}{3}$、$4\frac{2}{3}$、$4\frac{3}{3}$。

【做中学 5—7】 某企业 2019 年 6 月 19 日出售 A 产品一批，售价 20 000 元，增值税销项税额为 2 600 元，收到的款项存入银行。

该项业务发生后，根据审核无误的原始凭证收款后，编制会计分录如下：

借：银行存款　　22 600

　　贷：主营业务收入　　20 000

　　　　应交税费——应交增值税(销项税额)　　2 600

以上会计分录涉及一个借方会计科目，两个贷方会计科目，应分别填制一张“借项记账凭证”和两张“贷项记账凭证”。其填制方法如表 5—28 至表 5—30 所示。

表 5—28 **借项记账凭证**

对方科目：主营业务收入

应交税费　　2019 年 6 月 19 日　　编号：$6\frac{1}{3}$号

摘　要	一级科目	二级或明细科目	金　额	记　账
出售 A 产品	银行存款		23 200	
	合　计		¥23 200	

附件 $6\frac{1}{3}$ 张

会计主管： 记账： 审核： 出纳： 制单：

表 5－29　　　　**贷项记账凭证**

对方科目：银行存款

应交税费　　　　2019 年 6 月 19 日　　　　编号：$6\frac{2}{3}$号

摘　要	一级科目	二级或明细科目	金　额	记　账
出售 A 产品	主营业务收入	A 产品	20 000	
	合　计		￥20 000	

附件 $6\frac{2}{3}$ 张

会计主管：　　　记账：　　　审核：　　　出纳：　　　制单：

表 5－30　　　　**贷项记账凭证**

对方科目：银行存款

应交税费　　　　2019 年 6 月 19 日　　　　编号：$6\frac{3}{3}$号

摘　要	一级科目	二级或明细科目	金　额	记　账
出售 A 产品	应交税费	应交增值税（销项税额）	3 200	
	合　计		￥3 200	

附件 $6\frac{3}{3}$ 张

会计主管：　　　记账：　　　审核：　　　出纳：　　　制单：

四、记账凭证填制的基本要求

(一)记账凭证填制的基本要求

具体包括以下方面：

(1)审核无误，即在对原始凭证审核无误的基础上填制记账凭证。

(2)内容完整，即记账凭证应该包括的内容都要具备。

(3)分类正确，即根据经济业务的内容，正确区别不同类型的原始凭证，正确应用会计科目。不得将不同内容类别的原始凭证汇总填制在一张记账凭证上。

(4)连续编号，即记账凭证应当连续编号。这有利于分清会计事项处理的先后顺序，便于记账凭证与会计账簿之间的核对，确保记账凭证的完整。

(二)记账凭证填制的具体要求

具体包括以下方面：

(1)填制记账凭证的日期和编号。记账凭证的填制日期原则上应与经济业务发生的日期或收到原始凭证的日期一致。若业务发生日期与原始凭证收到日期不一致，则可按收到日期填列，而将业务发生日期写入摘要内。使用通用格式的记账凭证时，记账凭证应统一连续编号。采用收、付、转专用格式凭证时，这三类凭证应分别连续编号。

(2)所附原始凭证必须完整无缺，并在记账凭证上注明原始凭证的张数，以便核对摘要及所编会计分录的正确性。如一张原始凭证涉及几张记账凭证的，可以把原始凭证附在一张主要的记账凭证后面，并在其他记账凭证上注明附有该原始凭证的记账凭证的编号。

一张原始凭证所列的支出需要由几个单位共同负担时，应当由保存该原始凭证的单位开具原始凭证分割单给其他应负担的单位。

(3)各种记账凭证应按照填制的顺序,每月分别从第一号开始连续编号。如采用通用记账凭证格式,应采用顺序编号。如采用专用记账凭证格式,则采用字号编号,如收款凭证应用“现收字第××号”“银收字第××号”;付款凭证用“现付字第××号”“银付字第××号”;转账凭证用“转字第××号”。如果一项交易或事项需要填制一张以上的记账凭证时,记账凭证的编号应采用“分数编号法”,即每一项交易或事项编一总号,再按凭证张数编几个分号。例如,第四项交易或事项需填制三张转账凭证,则可编为“转字第 $4\frac{1}{3}$”“转字第 $4\frac{2}{3}$”“转字第 $4\frac{3}{3}$”,表示一笔转账交易或事项需要连续编制三张记账凭证。

(4)记账凭证的更正。填制记账凭证时若发现错误,应当重新填制。已登记入账的记账凭证错误更正,具体方法如下:

①在当年内发现填写错误时。金额以外有错——先用红字填写一张与原内容相同的记账凭证,在摘要栏注明“注销某月某日某号凭证”字样,同时再用蓝字重新填制一张正确的记账凭证,注明“订正某月某日某号凭证”字样。

如果会计科目没有错误,只是金额错误,也可将正确数字与错误数字之间的差额,另编一张调整的记账凭证:调增金额用蓝字,调减金额用红字。

②发现以前年度记账凭证有错误的——应当用蓝字填制一张更正的记账凭证。

(5)实行会计电算化的单位,其机制记账凭证应当符合对记账凭证的一般要求,并应认真审核,做到会计科目使用正确,数字准确无误。打印出来的机制记账凭证上,要加盖制单人员、审核人员、记账人员和会计主管人员印章或者签字,以明确责任。

(6)记账凭证填制完经济业务事项后,如有空行,应当自金额栏最后一笔金额数字下的空行处至合计数上的空行处划线注销。

记账凭证的填制要求如表 5－31、表 5－32 所示。

表 5－31　　认真填写记账凭证的每个项目

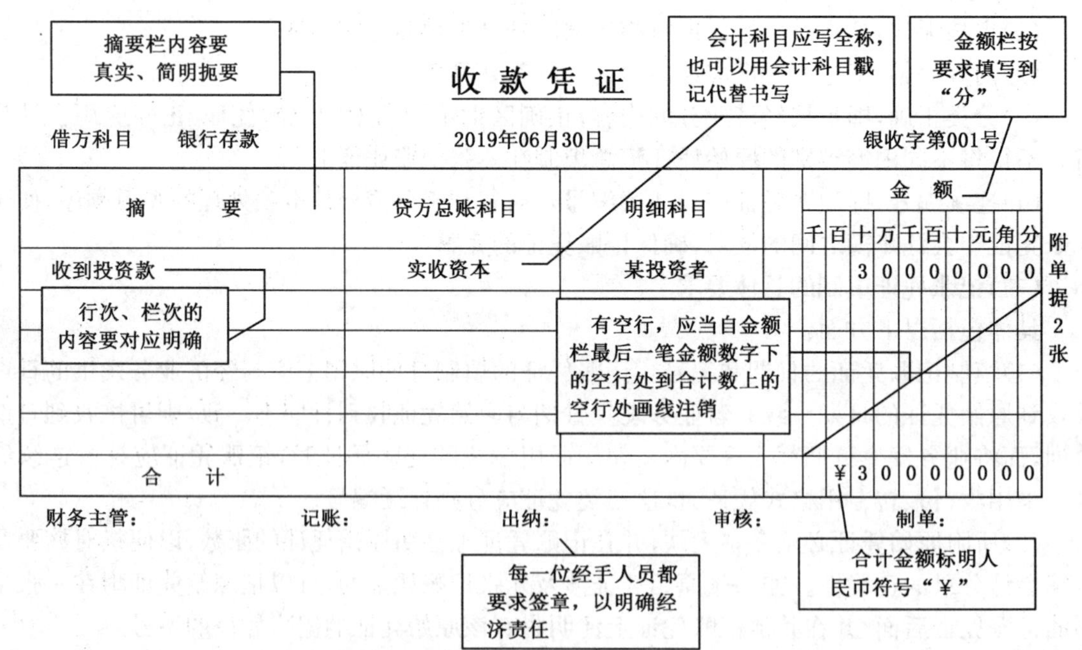

表 5—32　　注明所附原始凭证张数,责任人签章

注明所附原始凭证张数，责任人签章

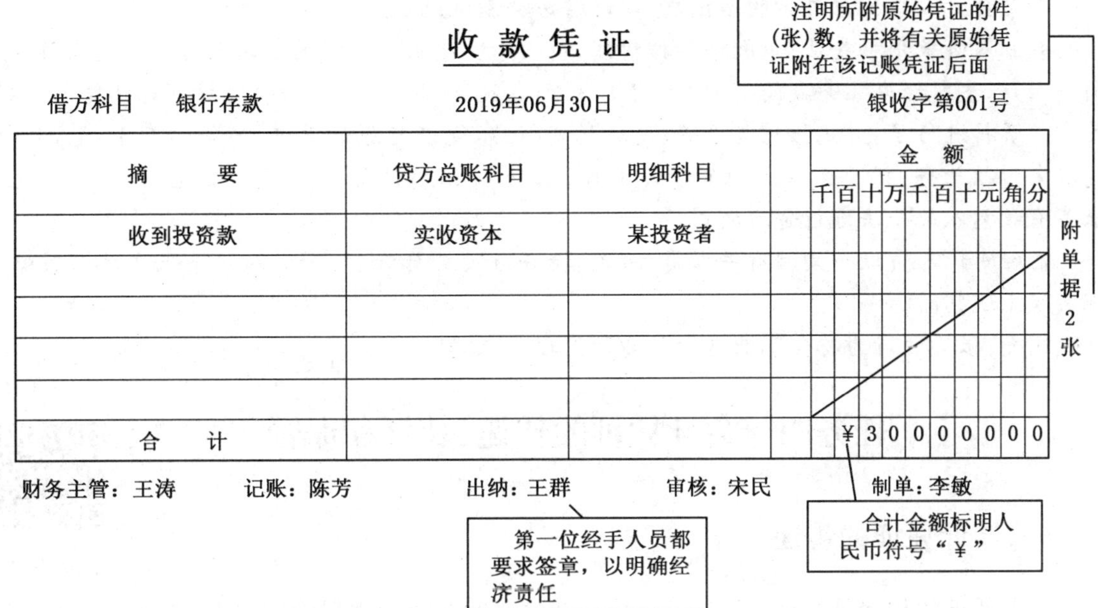

收 款 凭 证

借方科目　银行存款　　2019年06月30日　　银收字第001号

摘　要	贷方总账科目	明细科目		金额 千百十万千百十元角分
收到投资款	实收资本	某投资者		
合　计				¥30000000

附单据 2 张

财务主管：王涛　记账：陈芳　出纳：王群　审核：宋民　制单：李敏

五、记账凭证的审核内容

(一)内容是否真实

审核记账凭证是否有原始凭证为依据,所附原始凭证的内容与记账凭证的内容是否一致,记账凭证汇总表的内容与其所依据的记账凭证的内容是否一致等。

(二)项目是否齐全

审核记账凭证各项目的填写是否齐全,如日期、凭证编号、摘要、会计科目、金额、所附原始凭证的张数及有关人员的签章等。

(三)科目是否正确

审核记账凭证的应借、应贷科目是否正确,是否有明确的账户对应关系,所使用的会计科目是否符合国家统一的会计制度的规定等。

(四)金额是否正确

审核记账凭证所记录的金额与原始凭证的有关金额是否一致,计算是否正确,记账凭证汇总表的金额与记账凭证的金额合计是否相等。

(五)书写是否正确

审核记账凭证中的记录是否文字工整、数字清楚,是否按规定进行更正等。

【案例应用 5—2】　记账凭证——查账入口

案例提示 5—2

背景与情境:某审计人员在抽查某企业会计凭证时发现,2019 年 11 月 16 日第 294 号记账凭证反映的是职工医药费报销业务,记账凭证上的金额是 2 461 元,所附原始凭证 8 份,经过加计,证明是 1 462 元。

查账人员分析,可能的原因有:

一是会计人员在汇总编制记账凭证时，误将 1 462 写成 2 461，系 1 和 2 颠倒，属于工作疏忽造成的会计差错；

二是会计人员故意进行的多汇总，以此贪污公款（999 元）。

查账人员采用抽查法、审阅法和核对法，对记账凭证上所注明的制证人员与出纳人员（系同一人）张某所经办业务期间（2018 年 2 月 1 日至 2019 年 11 月 30 日）的所有会计凭证及有关会计资料进行了查阅、核对与检查，发现账证（记账凭证与原始凭证）不符的有 12 笔，且都是现金付款业务，记账凭证上的金额大于所附原始凭证所计金额，不符金额合计 42 100 元。张某有故意以此手法进行贪污之嫌。

后经审计人员调查询问有关人员，审阅、检查有关会计资料，同时对张某采取攻心策略，证实了上述判断。

问题：张某的行为符合职业道德与会计伦理要求吗？

任务四　会计凭证的传递、装订和保管

任务课件

一、会计凭证的传递

会计凭证的传递是指从会计凭证的取得或填制时起至归档保管过程中，在单位内部有关部门和人员之间的传送程序。会计凭证的传递是会计核算得以正常、有效进行的前提。会计凭证的传递，要求能够满足内部控制制度的要求，使传递程序合理有效，同时尽量节约传递时间，减少传递的工作量。

企业生产组织特点、经济业务的内容和管理要求不同，会计凭证的传递也有所不同。为此，企业应根据具体情况制定每一种凭证的传递程序和方法。例如，收料单的传递中应规定：材料到达企业后多长时间内验收入库，收料单由谁填制，一式几联，各联次的用途是什么，何时传递到会计部门，会计部门由谁负责收料单的审核工作，由谁编制记账凭证、登记账簿、整理归档等。会计凭证的传递是否科学、严密、有效，对于加强企业内部管理、提高会计信息的质量具有重要的影响。

二、会计凭证正确的装订方法

有的单位经济业务较少，一个月的记账凭证可能只有几十张，装订起来只有一册；有的单位经济业务频繁，一个月的记账凭证可能有几百张或几千张，装订起来就是十几册或几十册。

装订之前，要设计一下，看一个月的记账凭证究竟订成几册为好。每册的厚薄应基本保持一致，厚度一般以 1.5～2.0 厘米为宜。不能把几张同属于一份记账凭证及所附的原始凭证拆开装订在两册之中。另外，还要再次检查所附原始凭证是否全部加工折叠、整理完毕。凡超过记账凭证宽度和长度的原始凭证，都要整齐地折叠进去。要特别注意装订线眼处的折叠方法，防止装订以后再也翻不开了。

所有会计凭证都要加具封皮（包括封面和封底）。封皮应采用较为结实、耐磨、韧性较强的牛皮纸等。记账凭证封面应注明单位名称、凭证种类、凭证编号的顺序号码、凭证所反映的经济业务发生的日期、凭证的起止号码、本札凭证的册数和张数，以及有关经办人员的签章。记账凭证封底如表 5－33 所示。

表 5—33　　记账凭证封底(抽出附件登记)

抽出日期			原始凭证号码	抽出附件的详细名称	抽出理由	抽取人签章	会计主管签章	备　注
年	月	日						

正式装订时，准备好凭证封皮、铁锥或装订机，以及线绳、铁夹、胶水等。按以下顺序进行装订：

(1)将凭证封面和封底裁开，分别附在凭证前面和后面，再拿一张质地相同的纸，放在封面上，做护角之用。磕选整齐，用两个铁夹分别夹住凭证的上侧和左侧。

(2)用铅笔在凭证的左上角画一条边长为 5 厘米的分角线，将直角分成两个 45°角，如图 5—1 所示。

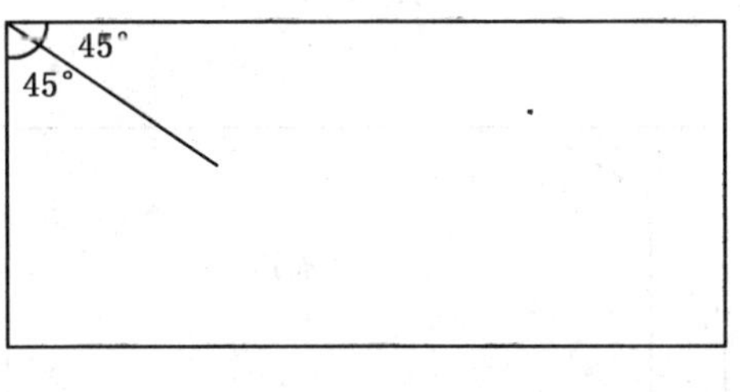

图 5—1

(3)在分角线的适当位置选两个点打孔作为装订线眼，如图 5—2 所示。这两个孔的位置可在距左上角的顶端 2～4 厘米的范围内确定。

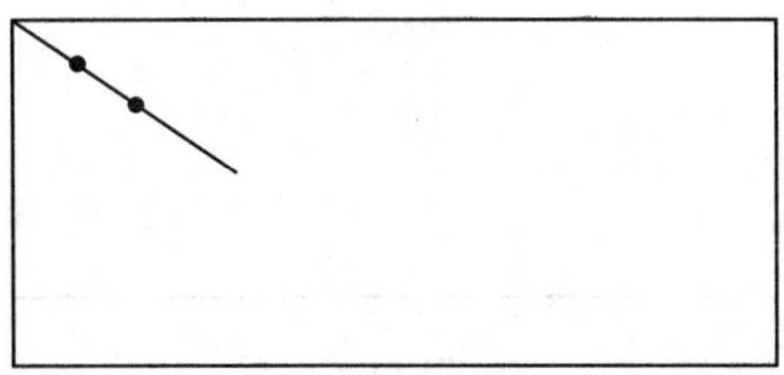

图 5—2

(4)用缝毛衣针引线绳沿虚线方向穿绕两孔若干次，并在凭证背面打结，如图 5—3 所示。

(5)将放在最上方的牛皮纸裁成一条宽 6 厘米左右的包角纸条，先从记账凭证的背面折叠纸条粘贴成如图 5—4 所示形状。

(6)从正面折叠纸条，粘贴成如图 5—5 所示形状。

(7)将正面未粘叠的包角纸条向后折叠，裁去一个三角形，与背后的包角纸条重叠、粘牢。包角后的记账凭证如图 5—6 所示。

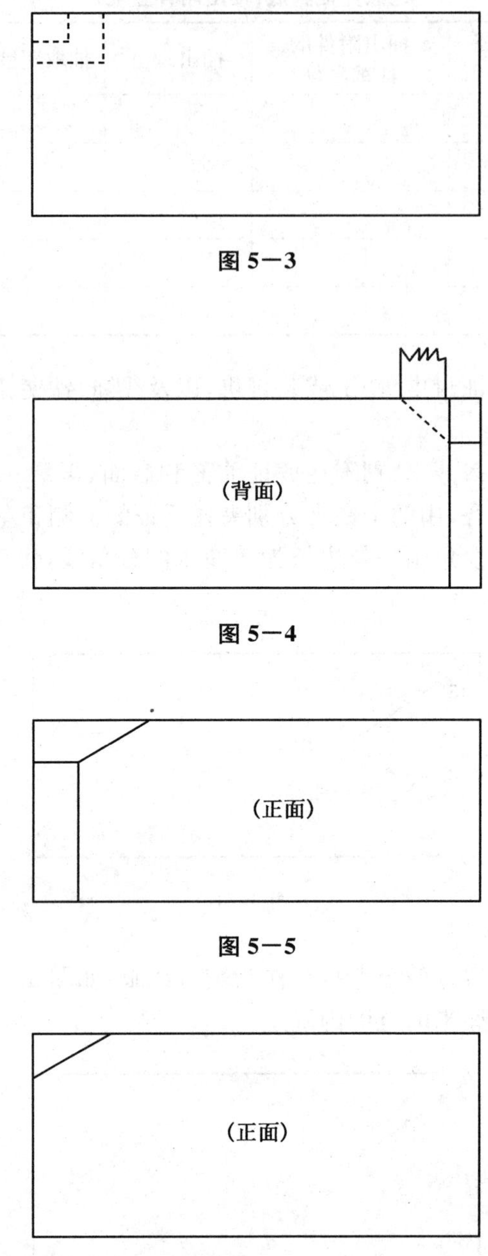

图 5—3

图 5—4

图 5—5

图 5—6

(8)待晾干后，在凭证本的侧脊上面写上“某年某月第几册共几册”的字样。装订人在装订线封签处签名或者盖章。

三、会计凭证的保管

会计凭证的保管是指会计凭证记账后的整理、装订、归档和存查工作。会计凭证作为记账的依据，是重要的会计档案和经济资料。

提示：任何单位在完成经济业务手续和记账以后，必须将会计凭证按规定的立卷归档制度形成会计档案资料，妥善保管，防止丢失，不得任意销毁，以便于日后随时查阅。

会计凭证保管主要有以下要求：

（1）会计凭证应定期装订成册，防止散失。会计部门在依据会计凭证记账以后，应定期（每天、每旬或每月）对各种会计凭证进行分类整理，将各种记账凭证按照编号顺序，连同所附原始凭证一起加具封面、封底，装订成册，并在装订线上加贴封签，由装订人员在装订线封签处签名或盖章。

（2）从外单位取得的原始凭证遗失时，应取得原签发单位盖有公章的证明，并注明原始凭证的号码、金额、内容等，由经办单位的会计负责人批准后，才能代作原始凭证。若确实无法取得原始凭证的，如车票丢失，则应由当事人写明详细情况，由经办单位会计机构负责人、会计主管人员和单位负责人批准后，代作原始凭证。

（3）会计凭证封面应注明单位名称、凭证种类、凭证张数、起至号数、年份、月份、会计主管人员、装订人员等有关事项，会计主管人员和会计保管人员应在封面上签章。

会计凭证封面的一般格式，如表5－34所示。

表5－34　　会计凭证封面

<table>
<tr><td>年

月份第

册</td><td>收款
付款
转账</td><td>（企业名称）
年　　月份　　共　　册第　　册

凭证　　第　　号至第　　号共　　　张

附：原始凭证共　　　　张
会计主管（签章）　　　　　　保管（签章）</td></tr>
</table>

（4）会计凭证应加贴封条，防止抽换凭证。原始凭证不得外借，其他单位如有特殊原因确实需要使用时，可以复制。向外单位提供的原始凭证复印件，应在专设的登记簿上登记，并由提供人员和收取人员共同签名、盖章。

（5）原始凭证较多时，可以单独装订，但应在会计凭证封面上注明所属记账凭证的日期、编号和种类，同时在所属的记账凭证上应注明“附件另订”及原始凭证的名称和编号，以便查阅。对各种重要的原始凭证，如押金收据、提货单等，以及各种需要随时查阅和退回的单据，应另编目录，单独保管，并在有关记账凭证和原始凭证上分别注明日期和编号。

（6）每年装订成册的会计凭证，在年度终了时可暂由单位会计机构保管一年，期满后应当移交本单位档案机构统一保管；未设立档案机构的，应当在会计机构内部指定专人保管。出纳人员不得兼管会计档案。

（7）严格遵守会计凭证的保管期限要求，期满前不得任意销毁。

应知考核

一、单项选择题

1. 填制原始凭证时应做到大小写数字符合规范、填写正确。如大写金额“壹仟零壹元伍角整”，其小写应为（　　）。

A. 1 001. 50 元　　B. ￥1 001. 50

C. ￥1 001. 50 元　　D. ￥1 001. 5

2. 下列属于外来原始凭证的是(　　)。

A. 入库单　　B. 发料汇总表

C. 银行收账通知单　　D. 出库单

3. 下列不属于会计凭证的有(　　)。

A. 发货票　　B. 领料单

C. 购销合同　　D. 住宿费收据

4. 下列业务中应编制转账凭证的是(　　)。

A. 支付购买材料价款　　B. 支付材料运杂费

C. 收回出售材料款　　D. 车间领用材料

5. 企业将现金存入银行应编制(　　)。

A. 银行存款付款凭证　　B. 库存现金付款凭证

C. 银行存款收款凭证　　D. 现金收款凭证

6. 在记账凭证中,(　　)。

A. 合计数前应填写货币符号"￥"　　B. 合计数前不需要填写货币符号"￥"

C. 选项 A 或 B 均可　　D. 非合计数前应填写货币符号"￥"

7. 下列关于会计凭证保管的说法中,不正确的是(　　)。

A. 原始凭证不得外借,其他单位如有特殊原因确实需要使用时,经本单位会计机构负责人、会计主管人员批准,可以复制

B. 经单位领导批准,会计凭证在保管期满前可以销毁

C. 会计主管人员和保管人员应在封面上签章

D. 会计凭证应定期装订成册,防止散失

8. 为了分清会计事项处理的先后顺序,便于记账凭证与会计账簿之间的核对,确保记账凭证的完整无缺,填制记账凭证时,应当(　　)。

A. 依据真实　　B. 日期正确

C. 连续编号　　D. 简明扼要

9. 某企业购入物资一批,货款付清,物资入库。该项业务中,取得或填制的原始凭证有:增值税专用发票 1 张,银行结算凭证 1 张,收料单 5 张,收料凭证汇总表 1 张,则在记账凭证中注明的附件张数应为(　　)。

A. 2 张　　B. 3 张　　C. 7 张　　D. 8 张

10. 下列凭证中,应在其左上方填写借方科目的是(　　)。

A. 原始凭证　　B. 收款凭证

C. 付款凭证　　D. 转账凭证

二、多项选择题

1. 对职工外出借款凭据,正确的处理方法是(　　)。

A. 必须附在记账凭证之后　　B. 收回借款时退回原借款收据

C. 收回借款时退回原借款收据副本　　D. 收回借款时另开收据

2. 原始凭证的合法性包括（　　）。

A. 符合国家法律、法规和政策　　B. 符合计划、预算与合同

C. 符合审批权限和手续　　D. 有董事长的核准签章

3. 关于原始凭证的填制，下列说法中正确的有（　　）。

A. 原始凭证上填制的经济业务内容和数字必须真实可靠

B. 原始凭证应在经济业务发生或完成时立即填制

C. 外来原始凭证，必须盖有填制单位的公章

D. 加盖了"作废"戳记的原始凭证，应连同其存根一起保管，不得撕毁

4. 下列各项中，属于原始凭证审核内容的有（　　）。

A. 原始凭证的真实性　　B. 原始凭证的合法性

C. 原始凭证的完整性　　D. 原始凭证的合理性

5. 记账凭证按照填制的方式不同，可分为（　　）。

A. 通用记账凭证　　B. 专用记账凭证

C. 复式记账凭证　　D. 单式记账凭证

6. 记账凭证的填制，可以（　　）。

A. 根据每一张原始凭证填制　　B. 根据若干张同类原始凭证汇总填制

C. 根据原始凭证汇总表填制　　D. 根据账簿记录填制

7. 单位的职工出差归来报销差旅费并交回剩余现金的事项，根据差旅费报销单和收据，应填制的记账凭证有（　　）。

A. 现金付款凭证　　B. 现金收款凭证

C. 银行收款凭证　　D. 转账凭证

8. 对于收付款记账凭证，应在记账凭证上签名或盖章的人员有（　　）。

A. 记账凭证填制人员　　B. 稽核人员

C. 单位负责人　　D. 出纳人员

9. 在已经装订好的记账凭证的封面上，应加盖印章的人员有（　　）。

A. 记账凭证填制人　　B. 记账凭证装订人

C. 会计主管　　D. 出纳

10. 规定会计凭证的传递程序时，应考虑的因素有（　　）。

A. 经营管理上的需要

B. 本单位交易或事项的特点

C. 本单位内部机构设置和人员分工情况

D. 会计人员的业务水平

三、判断题

1. 从会计工作的程序来看，取得、填制和审核会计凭证是会计工作的开始环节。（　　）

2. 单式记账凭证和复式记账凭证相比，前者便于分工记账，而后者不便于分工记账。（　　）

3. 原始凭证仅是填制记账凭证的依据，记账凭证才是登记账簿的依据。（　　）

4. 企业每项交易或事项的发生都必须从外部取得原始凭证。（　　）

5. 自制原始凭证必须由单位会计人员自行填制。 (　　)

6. 会计凭证的意义是记录经济业务，提供记账依据；明确经济责任，强化内部控制；监督经济活动，控制经济运行。 (　　)

7. 原始凭证如果有一式几联，应当注明各联的用途，以其中一联作为报销凭证。 (　　)

8. 对不真实、不合法的原始凭证，会计人员有权不予接受，对记载不准确、不完整的原始凭证，会计人员有权要求其重填。 (　　)

9. 收付款记账凭证既是出纳人员收付款项的依据，也是登记总账、库存现金和银行存款日记账及有关明细账的依据。 (　　)

10. 保管期满的原始凭证，单位可以自行销毁。 (　　)

四、简述题

1. 什么是会计凭证？填制和审核会计凭证有什么意义？
2. 原始凭证的概念和分类是怎样的？
3. 记账凭证的概念和分类是怎样的？
4. 记账凭证的填制要求有哪些？
5. 原始凭证与记账凭证的区别是什么？

应会考核

■业务考核

【考核项目一】

填制付款凭证。

【背景资料】

2019 年 4 月 1 日，广州市美丽有限公司开出现金支票从银行提取现金 80 000 元，备发工资。其开户银行为：工行长城分理处。账号：44—66075。单位法人：王明。会计：张云。

表 5—35　　现金支票

中国工商银行支票存根（粤）
BG/02 119883116
科　目：
对方科目：
出票日期　年　月　日
收款人：
金　额：
用　途：
单位主管　会计

中国工商银行 支票（粤）　广州 BG/02 119883116
出票日期（大写）　年　月　日　付款行名称：工行长城分理处
本支票付款期限十天
收款人：　出票人账号：44-66075

人民币（大写）	亿	千	百	十	万	千	百	十	元	角	分

用途
上列款项请从
我账户内支付
出票人签章
科目（借方）
对方科目（贷）
复核　记账

表 5—36　　**付款凭证**

贷方科目　　　　年　月　日　　　　____字第____号

摘　要	借方科目		金　额											记账
	总账科目	明细科目	亿	千	百	十	万	千	百	十	元	角	分	
合　计		(附件　张)												

会计主管：　　记账：　　出纳：　　审核：　　制证：

【考核要求】

1. 根据以上资料编制现金支票(见表 5—35)。

2. 根据原始凭证编制记账凭证(见表 5—36)。

【考核项目二】

填制收款凭证。

【背景资料】

2019 年 5 月 31 日，广州市宝丽有限公司收到西格有限公司房屋租金人民币 8 200 元。宝丽有限公司开户行：工行珠江支行。账号：68—283796。出纳：周详。经手人：李芹。会计：张云。

表 5—37　　**收　据**

收　据　　No 0191750

年　月　日

今 收 到 ……………………………

……………………………

金额（大写）　万　仟　佰　拾　元　角　分

¥

会计　出纳　经手人　单位盖章

第一联：存根

表 5—38 收款凭证

借方科目： 年 月 日 ______字第______号

摘 要	贷方科目		金 额											记账
	总账科目	明细科目	亿	千	百	十	万	千	百	十	元	角	分	
合 计	（附件 张）													

会计主管： 记账： 出纳： 审核： 制证：

【考核要求】

1. 根据以上资料填制收据(见表 5—37)。

2. 根据原始凭证编制记账凭证(见表 5—38)。

■技能考核

【考核项目一】

专用记账凭证的编制。

【背景资料】

大华公司为增值税一般纳税人，增值税税率为 13%，2019 年 8 月发生以下经济业务：

(1)企业购进甲材料一批 40 000 元，进项税额 5 200 元，材料已验收入库，款项用银行存款支付。

(2)周玲出差借支差旅费 2 000 元，以现金支付。

(3)销售产品一批，售价 50 000 元，销项税额 6 500 元，款项已收存银行。

(4)用现金购进办公用品 950 元，其中车间使用 350 元，厂部行政管理部门用 600 元。

(5)周玲出差返回，报销差旅费 1 800 元，余款交回现金。

(6)发出甲材料 8 000 元，其中生产 A 产品领用 3 000 元，B 产品领用 4 500 元，车间一般耗用 500 元。

(7)收回所欠货款 15 000 元，存入银行。

(8)结转已售产品成本 40 000 元。

【考核要求】

根据以上业务判断应编制收款凭证、付款凭证还是转账凭证，并编制会计凭证。

【考核项目二】

通用记账凭证的编制。

【背景资料】

海华公司为增值税一般纳税人，增值税税率为 13%，2019 年 9 月发生如下经济业务：

(1)9 月 2 日财务科长刘伟出差预借差旅费 2 500 元，付给现金。

(2)9 月 3 日收到金帝公司投入的货币资金 600 000 元,已办理银行进账手续。

(3)9 月 4 日向黄山公司购入 A 材料 2 000 千克,单价 1.40 元;向泰山公司购入 B 材料 3 000千克,单价 2.50 元。材料入库,货款尚未支付。

(4)9 月 10 日销售产品 30 台,每台售价 500 元,单位成本 400 元,价款已存入银行。

(5)9 月 21 日以银行存款支付本月水电费 12 000 元,其中生产车间耗用 8 300 元,行政管理部门耗用 3 700 元。

(6)9 月 29 日从银行提取现金 80 000 元,备发工资。

(7)9 月 30 日以现金支付本月工资。

【考核要求】

根据以上经济业务,分别编制记账凭证。

■综合实务

记账凭证先盖章,会计人员钻空子

背景与情境:企业的现金应由专职的出纳员保管。现金的收支应由出纳员根据收付款凭证办理,业务办理完毕后由出纳员在相关凭证上签字盖章,这是现金收支业务的正常账务处理程序。但在大连某实业公司,这个正常的账务处理程序却被打乱了。企业的现金由会计人员保管。现金的收支也由会计人员办理。更为可笑的是,该企业的记账凭证也是由出纳员张某先盖好印章放在会计人员那里,这给会计人员提供了可乘之机。该实业公司会计(兼出纳)邵某就是利用这种既管钱又管账的"方便"条件,尤其是借用盖好章的记账凭证,编造虚假支出,贪污公款 1.4 万元。

要求:请根据背景与情境在下列题中填入适当选项。

1. 与现金收支有关的记账凭证有(　　)。

A. 收款凭证　　B. 付款凭证　　C. 转账凭证　　D. 会计凭证

2. 正常的现金收支账务处理程序应当由(　　)来执行。

A. 会计　　B. 出纳　　C. 会计主管　　D. 厂长

3. 根据上述资料,以下说法中正确的有(　　)。

A. 会计可以兼任出纳　　B. 会计不能兼任出纳

C. 出纳负责现金的保管　　D. 出纳负责收付款凭证的办理

4. 根据上述资料,一般情况下,现金收支的账务处理程序应经过的步骤有(　　)。

A. 出纳盖章、会计签字、填制收付款凭证、出纳办理收支手续

B. 会计签字、填制收付款凭证、出纳办理收支手续、出纳盖章

C. 填制收付款凭证、会计签字、出纳办理收支手续、出纳盖章

D. 会计签字、填制收付款凭证、出纳盖章、出纳办理收支手续

5. 根据上述资料,为了防止现金管理中出现的漏洞,应采取如下措施(　　)。

A. 会计、出纳可以由一人兼任　　B. 会计主要负责收付款凭证的填制及审核

C. 出纳负责现金收支的办理　　D. 会计、出纳应互相牵制

项目实训

【实训项目】

填制和审核凭证。

【实训情境】

浙江立新公司从事钢板产品的生产和销售，为增值税一般纳税人，增值税税率为13%。纳税识别号：330106749457731。开户银行：中国工商银行杭州市城西支行。开户银行账号：005101040012644。公司地址：杭州市莫干山路245号。电话：0571—87643218。出纳员：李晓辉。会计：王芳。会计主管：李明。

2019年8月发生如下经济业务：

(1)8日，出纳员填制现金支票，提取现金2 000元备用，现金支票如表5—39所示。

表5—39

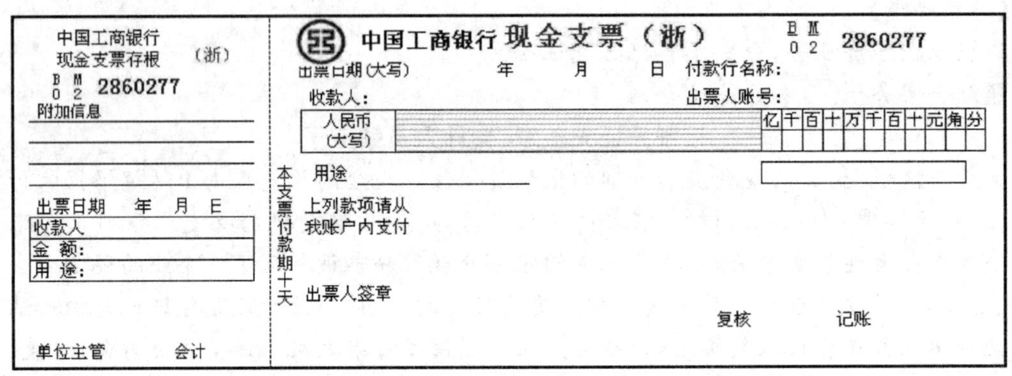

中国工商银行
现金支票存根 （浙）
B M
0 2 2860277
附加信息

出票日期 年 月 日
收款人
金 额：
用 途：

单位主管 会计

中国工商银行 现金支票（浙） B M 0 2 2860277
出票日期(大写) 年 月 日 付款行名称：
收款人： 出票人账号：

人民币（大写）	亿	千	百	十	万	千	百	十	元	角	分

本支票付款期十天
用途
上列款项请从
我账户内支付
出票人签章
复核 记账

(2)10日，销售商品得转账支票一张，金额33 900元，存入银行。出纳员填制银行进账单(购货方：浙江省杭州市五金有限公司。账号：000000465132487。开户行：中国工商银行西湖支行)。进账单如表5—40所示。

表5—40 中国工商银行 进账单 （收账通知）

年 月 日

<table>
<tr><td rowspan="3">付款人</td><td>全 称</td><td colspan="3"></td><td rowspan="3">收款人</td><td>全 称</td><td colspan="10"></td></tr>
<tr><td>账 号</td><td colspan="3"></td><td>账 号</td><td colspan="10"></td></tr>
<tr><td>开户银行</td><td colspan="3"></td><td>开户银行</td><td colspan="10"></td></tr>
<tr><td colspan="2" rowspan="2">人民币
（大写）</td><td colspan="5" rowspan="2"></td><td>千</td><td>百</td><td>十</td><td>万</td><td>千</td><td>百</td><td>十</td><td>元</td><td>角</td><td>分</td></tr>
<tr><td></td><td></td><td></td><td></td><td></td><td></td><td></td><td></td><td></td><td></td></tr>
<tr><td colspan="2">票据种类</td><td colspan="5"></td><td colspan="10" rowspan="3">收款人开户行盖章</td></tr>
<tr><td colspan="2">票据张数</td><td colspan="5"></td></tr>
<tr><td colspan="7">单位主管 会计 复核 记账</td></tr>
</table>

此联是收款人开户银行交给收款人的收账凭证账号

(3)13日，出纳员将当天销售款现金13 600元存入银行(面额百元130张，其余均为伍拾元)。现金缴款单如表5—41所示。

表 5—41　　**中国工商银行现金缴款单(第一联　回单)**

此联由银行盖章后退回单位

<table>
<tr><td rowspan="2">存款单位</td><td>全称</td><td colspan="8"></td><td colspan="2">开户银行</td><td colspan="7"></td></tr>
<tr><td>账号</td><td colspan="8"></td><td colspan="2">款项来源</td><td colspan="7"></td></tr>
<tr><td colspan="10" rowspan="2">人民币
(大写)</td><td>百</td><td>十</td><td>万</td><td>千</td><td>百</td><td>十</td><td>元</td><td>角</td><td>分</td></tr>
<tr><td></td><td></td><td></td><td></td><td></td><td></td><td></td><td></td><td></td></tr>
<tr><td>票面</td><td>张数</td><td>万</td><td>千</td><td>百</td><td>十</td><td>元</td><td>角</td><td>分</td><td>票面</td><td>张数</td><td>万</td><td>千</td><td>百</td><td>十</td><td>元</td><td>角</td><td>分</td><td rowspan="7">本存款单金额银行全部收讫

(收款银行盖章)

收款员

复核员</td></tr>
<tr><td>壹佰元</td><td></td><td></td><td></td><td></td><td></td><td></td><td></td><td></td><td>壹佰元</td><td></td><td></td><td></td><td></td><td></td><td></td><td></td><td></td></tr>
<tr><td>伍拾元</td><td></td><td></td><td></td><td></td><td></td><td></td><td></td><td></td><td>伍拾元</td><td></td><td></td><td></td><td></td><td></td><td></td><td></td><td></td></tr>
<tr><td>拾元</td><td></td><td></td><td></td><td></td><td></td><td></td><td></td><td></td><td>拾元</td><td></td><td></td><td></td><td></td><td></td><td></td><td></td><td></td></tr>
<tr><td>伍元</td><td></td><td></td><td></td><td></td><td></td><td></td><td></td><td></td><td>伍元</td><td></td><td></td><td></td><td></td><td></td><td></td><td></td><td></td></tr>
<tr><td>贰元</td><td></td><td></td><td></td><td></td><td></td><td></td><td></td><td></td><td>贰元</td><td></td><td></td><td></td><td></td><td></td><td></td><td></td><td></td></tr>
<tr><td>壹元</td><td></td><td></td><td></td><td></td><td></td><td></td><td></td><td></td><td>壹元</td><td></td><td></td><td></td><td></td><td></td><td></td><td></td><td></td></tr>
</table>

会计：　　　　复核：　　　　记账：

(4)20 日，公司管理部经理张凤因公出差，向财务部预借现金 3 000 元。张凤身份证号码：340102198125541512。借支单如表 5—42 所示。

表 5—42　　**借 支 单**

年　　月　　日

<table>
<tr><td>工作部门</td><td></td><td>职务</td><td></td><td>姓名</td><td></td><td>盖章</td><td></td></tr>
<tr><td>借支金额</td><td colspan="7"></td></tr>
<tr><td>借款原因</td><td colspan="3"></td><td>附证件</td><td colspan="3"></td></tr>
<tr><td>还款日期</td><td colspan="7"></td></tr>
<tr><td>批　核</td><td colspan="7"></td></tr>
</table>

会计：　　　　出纳：　　　　制单：

【考核要求】

根据所给资料分别填制有关原始凭证并进行审核。

项目六

设置和登记会计账簿

○ **知识目标：**

理解：会计账簿的概念、种类。

熟知：对账、结账及账簿的更换与保管，总分类账与明细分类账的平行登记。

掌握：会计账簿的设置与登记以及登记会计账簿的规则与错账更正。

○ **技能目标：**

学习和把握会计账簿登记的依据、步骤，会计账簿进行分类的条件、标准和方法，会计账簿选择与登记的策略、方法与技巧等程序性知识；能用所学实务知识规范“会计账簿”的相关技能活动。

○ **素质目标：**

运用所学会计账簿的理论与实务知识研究相关案例，培养和提高学生在特定业务情境中分析问题与决策设计的能力；能结合“会计账簿”教学内容，结合行业规范或标准，分析会计行为的善恶，强化学生的职业道德素质。

○ **项目引例：**

烧毁账簿，害人害己

背景与情境：2019年8月4日，江苏省射阳县人民法院依法审结了一起故意销毁会计账簿案。一审判处被告人许某有期徒刑1年6个月，缓刑2年，并处相应罚金。

2018年5月的一天，射阳县许某接到妻兄陈某送来的装有其承包经营射阳县宏达棉花茧丝绸公司2013年至2017年期间的会计账簿。数日后，陈某用电话与许某联系，称其涉税案件已暴露，如其被抓获，要许某将会计账簿销毁。为帮助陈某逃避依法查处，许某遂将陈某送来的会计账簿全部烧毁。

法院审理认为，被告人许某无视国家法律，为帮助他人逃避依法查处，故意销毁依法应当保存的会计账簿，情节严重，其行为已构成故意销毁会计账簿罪。据此，依法做出上述判决。

引例导学：什么是会计账簿？它与会计凭证之间有什么关系？

○ **知识准备：**

任务课件

任务一　会计账簿概述

填制与审核会计凭证，可以将发生的经济业务进行如实、正确的记录，同时明确其经济责任。但会计凭证数量繁多、信息分散，缺乏系统性，不便于会计信息的整理与报告。为了全面、系统、连续地核算和监督单位的经济活动及其财务收支情况，应设置会计账簿。

一、会计账簿的概念和意义

会计账簿（简称账簿），是指以经审核过的会计凭证为依据，由专门格式、相互联结的账页所组成，用来全面、系统、连续地记录各项经济业务的簿籍。

设置和登记账簿是会计核算的专门方法，是编制会计报表的基础，是连接会计凭证与会计报表的中间环节，在会计核算中具有重要意义。

（1）通过账簿的设置和登记，记载、储存会计信息。将会计凭证所记录的经济业务一一记入有关账簿，可以全面反映会计主体在一定时期内所发生的各项资金运动，储存所需要的各项会计信息。

（2）通过账簿的设置和登记，将会计信息分类、汇总。账簿由不同的相互关联的账户所构成。通过账簿记录，一方面可以分门别类地反映各项会计信息，提供一定时期内经济活动的详细情况；另一方面可以通过发生额、余额计算，提供各方面所需要的总括会计信息，反映财务状况及经营成果的综合价值指标。

（3）通过账簿的设置和登记，检查、校正会计信息。账簿记录是对会计凭证的进一步整理。如在永续盘存制下，通过有关盘存账户余额与实际盘点或核查结果的核对，可以确认财产的盘盈或盘亏，并根据实际结存数额调整账簿记录，做到账实相符，提供如实、可靠的会计信息。

（4）通过账簿的设置和登记，编报、输出会计信息。为了反映一定日期的财务状况及一定时期的经营成果，应定期进行结账工作，进行有关账簿之间的核对，计算出本期发生额和余额，据以编制会计报表，向有关各方提供所需要的会计信息。

二、会计账簿与账户的关系

账簿与账户有着十分密切的联系。账户是根据会计科目开设的，账户存在于账簿之中，账簿中的每一账页就是账户的存在形式和载体，没有账簿，账户就无法存在；然而，账簿只是一个外在形式，账户才是它的真实内容。账簿序时、分类地记载经济业务，是在个别账户中完成的。可以说，账簿是由若干账页组成的一个整体，而开设于账页上的账户则是这个整体中的个别部分，所以，账簿与账户的关系，是形式和内容的关系。

三、会计账簿的种类

由于各个单位的经济业务和经营管理的要求不同，会计账簿的种类也有所不同。为了便于了解和运用会计账簿，可以从不同的角度按其用途、外表形式和账页格式等不同标志进行分类。

(一)会计账簿按其用途不同,可分为序时账簿、分类账簿和备查账簿

1. 序时账簿

序时账簿又称日记账,它是按照经济业务发生或完成时间的先后顺序逐日逐笔进行登记的账簿。序时账簿可以用来核算和监督某一类型经济业务或全部经济业务的发生或完成情况。序时账簿按其记录的内容不同,又可分为普通日记账和特种日记账。

(1)普通日记账是指用来逐日逐笔记录全部业务的日记账。即把每天发生的各项经济业务逐日逐笔地登记在日记账中,并确定其会计分录,然后据以登记分类账。由于普通日记账手续烦琐,目前很少使用。

(2)特种日记账是按时间先后顺序专门登记某类经济业务发生情况的日记账,通常用来记录某一类比较重要的经济业务。我国的会计制度规定,那些发生频繁,要求严格管理和控制的业务,应设置特种日记账。企业都必须设置库存现金和银行存款日记账。

2. 分类账簿

分类账簿是对全部经济业务按照会计要素的具体类别而设置的分类账户进行登记的账簿。分类账簿按其反映内容的详细程度不同,又可分为总分类账簿和明细分类账簿。

(1)总分类账簿简称总账,是根据总分类(一级)账户开设账户,总括反映会计主体经济业务情况的账簿。总分类账簿主要为编制会计报表提供直接数据资料,主要采用三栏式。

(2)明细分类账簿又称明细分类账,简称明细账,是根据二级或明细账户设置账户,详细记录某一类经济业务情况,提供明细核算资料的账簿。明细分类账簿可采用的格式主要有三栏式明细账、数量金额式明细账和多栏式明细账等。

提示:分类账簿是会计账簿的主体,也是编制会计报表的主要依据。

3. 备查账簿

备查账簿也称辅助账簿或备查簿,是用来补充登记日记账簿和分类账簿等主要账簿中未记载或记载不全的经济业务的账簿。例如,反映企业租入固定资产的“租入固定资产登记簿”、反映为其他企业代管商品的“代管商品物资登记簿”等。备查账簿不一定在每个单位都设置,各单位根据具体需要而定。

备查账簿与序时账簿和分类账簿相比,存在以下不同之处:①备查账簿不是根据会计科目设置的,而是根据表外科目设置的,与其他账户之间不存在密切的依存关系,登记时可能不需要记账凭证,甚至不需要一般意义上的原始凭证;②备查账簿没有固定的格式,也不一定记录金额,更注重用文字来表述某项经济业务的发生情况和来龙去脉。

(二)会计账簿按其外表形式的不同,可分为订本式账簿、活页式账簿和卡片式账簿

各种账簿都具有一定的外表形式,按其外表形式的不同,可分为订本式账簿、活页式账簿和卡片式账簿三种。

1. 订本式账簿

订本式账簿又称订本账,是指在启用前,将具有账户基本结构并顺序编号的若干账页,固定地装订成册的账簿。使用订本账可以避免账页的散失,防止随便抽换账页,但采用订本账,在同一时间内,只能由一人登账,不便于记账分工。此外,由于订本账的账页固定,不便于按需求增减账页,容易出现账页的余缺,从而造成浪费或影响连续记账,订本账主要适用于总分类账和库存现金、银行存款日记账。

2. 活页式账簿

活页式账簿是指在账簿登记完毕之前并不固定装订在一起，而是装在活页账夹中。当账簿登记完毕之后（通常是一个会计年度结束之后），才将账页予以装订，加具封面，并给各账页连续编号。这类账簿的优点是记账时可根据实际需要，随时将空白账页装入账簿，或抽去不需用的账页，也便于分工记账；其缺点是如果管理不善，可能会造成账页散失或故意抽换账页。各种明细分类账一般采用活页账形式。

3. 卡片式账簿

卡片式账簿是指将账户所需格式印刷在硬卡上。卡片账其实也是一种活页账，只不过它不是装在活页账夹中，而是装在卡片箱内。在我国，企业一般只对固定资产的核算采用卡片账形式。因为固定资产在长期使用中其实物形态不变，又可能经常转移使用部门，设置卡片账便于随同实物转移。少数企业在材料核算中也使用材料卡片。固定资产卡片如表6－1所示。

表6－1　　**固定资产卡片**　　第　号

资产类别		制造厂名		资金来源			
编　号		出厂编号		购置日期			
名　称		出厂日期		安装日期			
型　号		使用部门		开始使用日期			
项　目	金　额	折　旧			折　旧		
重置完全价值		年份	摊提额	累计额	年份	摊提额	累计额
改装或添置价值							
清理残值							
清理费用							
使用年限							
已使用年限							
尚可使用年限							
		原价变动记录					
		日期	增加	减少	变动后记录		变动原因
年：基本折旧率（%）							

企业在设置账簿体系时，应将那些比较重要、容易丢失的项目，采用订本式账簿，对那些次要的或不容易丢失的项目，可以采用活页式或卡片式账簿。活页账和卡片账在使用结束、不再继续登记时，必须装订成册，妥善保管。

（三）会计账簿按账页格式不同，可分为两栏式、三栏式、多栏式和数量金额式

1. 两栏式账簿

两栏式账簿是指只有借方和贷方两个基本金额栏目的账簿。普通日记账和转账日记账一般采用两栏式。

2. 三栏式账簿

三栏式账簿是指设有借方、贷方和余额三个基本栏目的账簿。这种格式适用于只提供价值核算信息，不需要提供数量核算信息的账簿。各种日记账、总分类账以及资本、债权、债务明细账都可采用三栏式账簿。其格式如表6－2所示。

表 6-2 总分类账

账户名称： 第 页

年		凭证		摘 要	借 方	贷 方	借或贷	余 额
月	日	字	号					

3. 多栏式账簿

多栏式账簿是指在账簿的两个基本栏目借方和贷方按需要分设若干专栏的账簿。这种格式适用于核算项目较多，且管理上要求提供各核算项目详细信息的账簿，如多栏式日记账、多栏式明细账。多栏式账簿按其记录的交易或事项的内容又可分为借方多栏式账簿、贷方多栏式账簿和借贷方多栏式账簿。收入、费用明细账一般均采用这种格式的账簿。借方多栏式账簿如表 6—3 所示。

表 6—3 管理费用明细分类账 第 页

年		凭证		摘要	借 方						贷方	余额
月	日	字	号		工资及福利费	折旧费	办公费	水电费	差旅费	……		

4. 数量金额式账簿

数量金额式账簿是指在借方、贷方和余额三个栏目内，都分别设有数量、单价、金额三个小栏，借以反映财产物资的实物数量和价值数量。如原材料、库存商品、产成品等明细账一般都采用数量金额式账簿，如表 6—4 所示。

表 6—4 库存商品明细分类账

明细账户名称： 第 页

年		凭证		摘要	借 方			贷 方			余 额		
月	日	字	号		数量	单价	金额	数量	单价	金额	数量	单价	金额

【案例应用 6-1】 "下蛋"处长别出心裁 固定资产重复"出资"

案例提示 6—1

背景与情境：DJ 公司是国有大中型企业，其产品也曾有过多年的畅销历史。20 世纪 90 年代，由于"三角债"所带来的财务困难，企业的发展遇到障碍。为了分流一部分职工搞"三产"，减轻企业压力，该公司在 15 个月内，运用假投资的方式，生出了23个下属企业。于是，DJ公司的财务处长被该厂职工称为“下蛋”大王。

这位“下蛋”处长的“高招”是：以企业现有的固定资产重复向当地工商行政管理局出具投资证明，并同时借记“长期投资”，贷记“固定资产”。在获得营业执照后，将原来在账面上已冲减的固定资产再恢复原貌，以备下次继续“下蛋”时使用。

“下蛋”的后果是给新开办企业带来资本不实的先天性缺陷，也会给弄虚作假提供条件，因为新企业的会计在上任后需要做的账务处理就是虚借“固定资产”，虚贷“实收资本”。

问题：本案例中所涉及违法行为主要采取了什么手段？该公司违法行为应承担哪些法律责任？

任务二　会计账簿的基本结构、启用与登记规则

任务课件

一、设置会计账簿的原则

会计账簿的设置包括确定账簿的种类、格式、内容和登记方法。

任何单位都应当根据本单位经济业务的特点和经营管理的需要，设置一定种类和数量的账簿。设置账簿既要有科学的严密性和完整性，又要有合理适用性和可操作性；既要避免重复烦琐，又要防止过于简化。一般来说，设置账簿应当遵循下列原则：

(1)账簿的设置要能保证全面、系统地反映和监督各单位的经济活动情况，为经营管理提供系统、分类的核算资料。

(2)设置账簿要在满足实际需要的前提下，考虑人力和物力的节约，既要严密又要力求避免重复设账。

(3)账簿的格式，要按照所记录的经济业务的内容和需要提供的核算指标进行设计，力求简便实用，避免烦琐重复，便于记账查账。

二、会计账簿的基本结构

在实际工作中，账簿的格式是多种多样的，不同格式的账簿所包括的具体内容也不尽相同。但各种账簿都应具备以下基本要素：

1. 封面

封面上主要载明账簿名称，如总分类账、××日记账、××明细账等。封底主要起保护账页的作用。

2. 扉页

扉页上主要载明“账簿启用登记和经管人员一览表”以及“账户目录”。“账簿启用登记和经管人员一览表”应填列的主要内容有：单位名称、账簿名称、起止页数、启用日期、单位领导人、会计主管人员、记账人员、移交人员、移交日期、接管人员和接管日期等。“账户目录”注明各个账户所在页次。

“账簿启用登记和经管人员一览表”格式如表6－5所示，“账户目录”格式如表6－6所示。

3. 账页

账页是账簿用来记录具体经济业务的载体，其格式因记录经济业务内容的不同而有所不同，但基本内容应包括：

(1)账户名称(填写总账科目或明细科目)。

(2)日期栏(填写记账凭证的日期)。

(3)凭证(填写记账凭证的种类和编号)。

(4)摘要栏(填写经济业务的简要说明)。

(5)金额栏(填写经济业务项目增减的金额)。

(6)总页次和分户页次。

表 6—5　　　　账簿启用登记和经管人员一览表

<table>
<tr><td colspan="2">使用单位</td><td colspan="11"></td></tr>
<tr><td colspan="2">账簿名称</td><td colspan="11"></td></tr>
<tr><td colspan="2">账簿编号</td><td colspan="11">总　　册　　　第　　册</td></tr>
<tr><td colspan="2">启用日期</td><td colspan="11">年　月　日　至　年　月　日</td></tr>
<tr><td rowspan="3">经管人员</td><td colspan="6">主　管</td><td colspan="6">记　账</td></tr>
<tr><td colspan="3">姓　名</td><td colspan="3">盖　章</td><td colspan="3">姓　名</td><td colspan="3">盖　章</td></tr>
<tr><td colspan="3"></td><td colspan="3"></td><td colspan="3"></td><td colspan="3"></td></tr>
<tr><td rowspan="5">交接记录</td><td colspan="3">日　期</td><td colspan="3">监　交</td><td colspan="3">移　交</td><td colspan="3">接　管</td></tr>
<tr><td>年</td><td>月</td><td>日</td><td>职务</td><td>姓名</td><td>盖章</td><td>职务</td><td>姓名</td><td>盖章</td><td>职务</td><td>姓名</td><td>盖章</td></tr>
<tr><td></td><td></td><td></td><td></td><td></td><td></td><td></td><td></td><td></td><td></td><td></td><td></td></tr>
<tr><td></td><td></td><td></td><td></td><td></td><td></td><td></td><td></td><td></td><td></td><td></td><td></td></tr>
<tr><td></td><td></td><td></td><td></td><td></td><td></td><td></td><td></td><td></td><td></td><td></td><td></td></tr>
<tr><td>备注</td><td colspan="6"></td><td>单位盖章</td><td colspan="5"></td></tr>
</table>

表 6—6　　　　账户目录

页　数	科目名称或户名	页　数	科目名称或户名

三、会计账簿的启用规则

具体包括以下方面：

(1)启用时，在账簿封面上写明单位名称和账簿名称。

(2)在账簿封面上写明单位名称和账簿名称，并认真填写“账簿启用登记和经管人员一览表”，加盖单位公章和有关个人名章。

(3)启用订本式账簿，应当从第一页到最后一页顺序编定页码，不得跳页、缺号；使用活页式账页，应当按账户顺序编号，并须定期装订成册，装订后再按实际使用的账页顺序编定页码，另加目录，记明每个账户的名称和页次。

(4)在账页上开设账户，即填列会计科目。总账应按照会计科目顺序填写科目名称及启用页号。在启用活页式明细分类账时，应按照所属会计科目填写科目名称和页码，在年度结账后，撤去空白账页，填写使用页码。

四、会计账簿的登记规则

(一)准确完整

登记会计账簿时，应当将会计凭证日期、编号、业务内容摘要、金额和其他有关资料逐项记入账内，做到数字准确、摘要清楚、登记及时、字迹工整。账簿中的日期，应填写记账凭证上的日期；以自制原始凭证，如收料单、领料单等作为记账依据的，账簿记录中的日期应按有关自制原始凭证上的日期填列。

(二)注明记账符号

将每一记账凭证登记入账后，应在记账凭证上签名或者盖章(一般是在记账凭证中“记账”栏中打√)，并注明已经登账的符号，表示已经记账，防止重记或漏记。

(三)书写留空

账簿中书写的文字和数字应紧靠底线，上面要留有适当空格，不要写满格，一般应占格距的 1/2。这样，一旦发生登记错误，容易更正，也方便查账。

(四)正常记账使用蓝黑墨水

登记账簿时要用蓝黑墨水或者碳素墨水笔书写，不得使用圆珠笔(银行的复写账簿除外)或者铅笔书写。

(五)特殊记账使用红墨水

下列情况可以用红色墨水笔记账：

(1)按照红字冲账的记账凭证，冲销错误记录。

(2)在不设借贷等栏的多栏式账页中，登记减少数。

(3)在三栏式账户的余额栏前，如未印明余额方向的，在余额栏内登记负数余额。

(4)根据国家统一的会计制度的规定可以用红字登记的其他事项。

(六)顺序连续登记

各种账簿应按页次顺序连续登记，不得跳行、隔页。如果发生跳行、隔页，应当将空行、空页划线注销，或者注明“此行空白”“此页空白”字样，并由记账人员签名或者盖章，不得将账页随意抽掉或销毁。发生隔页的处理如表 6－7 所示。

表 6—7　　**发生隔页的处理**

应收账款　明细分类账

应收账款　科　目　新化工厂

20××年		凭证号数	摘要	对方科目	借方										贷方										借或贷	余额									
月	日				千	百	十	万	千	百	十	元	角	分	千	百	十	万	千	百	十	元	角	分		千	百	十	万	千	百	十	元	角	分
			陈冰																																

(七)结出余额

凡需要结出余额的账户，结出余额后，应当在“借或贷”栏内写明“借”或“贷”等字样。没有余额的账户，应在“借或贷”栏内写“平”字，并在“余额”栏用“0”表示。库存现金日记账和银行存款日记账必须逐日结出余额。

(八)过次承前

每一账页登记完毕结转下页时，应当结出本页合计数及余额，写在本页最后一行和下页第一行有关栏内，并在摘要栏内注明“过次页”和“承前页”字样；也可以将本页合计数及金额只写在下页第一行有关栏内，并在摘要栏内注明“承前页”字样。对需要结计本月发生额的账户，结计“过次页”的本页合计数应当为自本月月初起至本页末止的发生额合计数；对需要结计本年累计发生额的账户，结计“过次页”的本页合计数应当为自年初起至本页末止的累计数；对既不需要结计本月发生额，也不需要结计本年累计发生额的账户，可以只将每页末的余额结转次页。

(九)不得刮擦涂改

如发生账簿记录错误，不得刮、擦、挖补或用褪色药水更改字迹，而应采用规定的方法更正。

(十)定期打印

知识链接:《会计基础工作规范》第 61 条对实行会计电算化的单位提出了打印上的要求:“实行会计电算化的单位，总账和明细账应当定期打印”;“发生收款和付款业务的，在输入收款凭证和付款凭证的当天必须打印出库存现金日记账和银行存款日记账，并与库存现金核对无误”。

在以机器或其他磁性介质储存的状态下，各种资料或数据的直观性不强，而且信息处理的过程不明，不便于进行某些会计操作和进行内部或外部审计，对会计信息的安全和完整也不利。

任务三　会计账簿的格式与登记方法

任务课件

一、日记账的格式和登记方法

企业通常设置的日记账主要有库存现金日记账和银行存款日记账。

(一)库存现金日记账的格式和登记方法

库存现金日记账，是用来核算和监督库存现金每天的收入、支出和结存情况的账簿，由出纳人员根据涉及现金收、付的记账凭证，按经济业务发生的先后顺序，逐日逐笔进行登记。根据现金收款凭证和与现金有关的银行存款付款凭证登记现金收入，根据现金付款凭证登记现金支出；根据“上日余额＋本日收入－本日支出＝本日余额”的计算公式，逐日结出现金余额，并与库存现金实存数核对，以检查每日现金收付是否有误。库存现金日记账的格式主要有三栏式和多栏式两种。

1. 三栏式日记账

三栏式库存现金日记账，通常设置收入、支出、结余，或借方、贷方、余额三个主要栏目，用来登记现金的增减变动及其结果。三栏式库存现金日记账的格式如表 6—8 所示。

表 6—8 **库存现金日记账(三栏式)** 第 页

2019 年		凭证号数	摘 要	对方科目	借 方	贷 方	借或贷	余 额
月	日							
12	1		月初余额				借	1 000
	2	现付 1	购买办公用品	管理费用		900		
	2	银付 1	提取现金	银行存款	3 500			
	2	现收 1	销售产品收取现金	主营业务收入	25 000		借	28 600
～～～～～～～～～～～～～～～～～～～～～～～～～～～～～～～～～～～～								
12	31		本月合计		95 000	58 000	借	38 000

库存现金日记账的登记方法如下：

日期栏：登记现金实际收付的日期。

凭证号数栏：登记入账的收付款凭证的种类和编号，如“现金收(付)款凭证”简写为“现收(付)”，“银行存款收(付)款凭证”简写为“银收(付)”。

摘要栏：简要说明登记入账的交易或事项的内容。

对方科目栏(也可不设)：库存现金收入的来源科目或库存现金支付的用途科目。其作用在于了解交易或事项的来龙去脉。

借方(收入)、贷方(支出)栏：登记库存现金实际收付的金额。每日终了，应分别计算库存现金收入和支出的合计数，结出余额，将余额与出纳员的库存现金进行核对，即通常所说的“日清”。月终同样要计算出库存现金收付和结余的合计数，通常称为“月结”。

【做中学 6—1】 某公司 2019 年 12 月 1 日，库存现金日记账余额为 580 元，当日发生三笔现金收付业务：

(1)从银行提取现金 3 000 元备用。

(2)报销差旅费 1 200 元，以现金支付。

(3)购买办公用品 510 元，以现金支付。

根据上述资料，编制记账凭证如下(以会计分录表示)：

		借	贷
银付 1 号：	借：库存现金	3 000	
	贷：银行存款		3 000
现付 1 号：	借：管理费用	1 200	
	贷：库存现金		1 200
现付 2 号：	借：管理费用	510	
	贷：库存现金		510

根据上述记账凭证登记库存现金日记账，如表 6—9 所示。

表 6—9 **库存现金日记账** 第 页

2019 年		凭证号数	摘 要	对方科目	收 入	支 出	结 余
月	日						
12	1		期初余额				580
12	1	银付 1	从银行提取备用金	银行存款	3 000		
	1	现付 1	报销差旅费	管理费用		1 200	
	1	现付 2	购买办公用品	管理费用		510	
	1		本日合计		3 000	1710	1 870

2. 多栏式库存现金日记账

为了更清晰地反映账户之间的对应关系，了解现金变化的来龙去脉，还可以在三栏式日记账中收入和付出两个栏目下，按照现金收、付的对方科目设置专栏，形成多栏式库存现金日记账。但是，在使用会计科目比较多的情况下，多栏式日记账的账页过宽，不便于分工登记，因此，在实际工作中可以将多栏式库存现金日记账分设两本，即分为多栏式库存现金收入日记账和多栏式库存现金支出日记账。多栏式库存现金日记账的格式如表 6—10、表 6—11 所示。

表 6—10 **库存现金收入日记账(多栏式)** 第 页

年		凭证号数	摘 要	贷方科目			收入合计	支出合计	余 额
月	日								

表 6—11 **库存现金支出日记账(多栏式)** 第 页

年		凭证号数	摘 要	借方科目			
月	日						支出合计

其登记方法是：先根据有关现金收入业务的记账凭证登记库存现金收入日记账，根据有关现金支出业务的记账凭证登记库存现金支出日记账，每日营业终了，根据库存现金支出日记账结计的支出合计数，一笔转入库存现金收入日记账的“支出合计”栏中，并结出当日余额。

(二)银行存款日记账的格式和登记方法

银行存款日记是用来核算和监督银行存款每日的收入、支出和结余情况的账簿。银行存款日记账应按企业在银行开立的账户和币种分别设置，每个银行账户设置一本日记账；银行存款日记账由出纳员根据银行存款收款凭证、银行存款付款凭证以及与银行存款有关的现金付款凭证(将现金存入银行业务)序时登记的。

银行存款日记账的登记方法是:出纳员根据银行存款收款凭证和有关的现金付款凭证(现金存入银行的业务)登记银行存款收入栏,根据银行存款付款凭证登记其支出栏,每日结出存款余额。

银行存款日记账的格式与库存现金日记账相同。可以采用三栏式,也可以采用多栏式,银行存款日记账的登记方法也与库存现金日记账相同,这里不再重复。

提示:无论三栏式还是多栏式的银行存款日记账,都应在适当位置增加一栏"结算凭证",以便记账时标明每笔业务的结算凭证及编号,便于与银行核对账目。

【做中学6—2】 某公司2019年12月1日,银行存款日记账余额为210 000元,当日发生3笔银行存款收付业务:

(1)从银行提取现金8 000元备用,现金支票号码为001号;

(2)转账收取前欠货款60 000元,转账支票号码为012号;

(3)转账支付前欠材料款70 000元,转账支票号码为056号。

根据上述资料,编制记账凭证如下(以会计分录表示):

银付1号:借:库存现金　　8 000
　　　　　贷:银行存款　　8 000

银收1号:借:银行存款　　60 000
　　　　　贷:应收账款　　60 000

银付2号:借:应付账款　　70 000
　　　　　贷:银行存款　　70 000

根据上述记账凭证登记银行存款日记账,如表6—12所示。

表6—12　　**银行存款日记账**

种类:结算户存款　　开户行:××工商银行　　账号:

2019年		结算凭证	凭证号数	摘　要	对方科目	收　入	支　出	结　余
月	日							
12	1			期初余额				210 000
12	1	现金支票001#	银付1	从银行提取现金	库存现金		8 000	
12	1	转账支票012#	银收1	收入存银行	应收账款	60 000		
12	1	转账支票056#	银付2	购买材料	应付账款		70 000	
12	1			本日合计		60 000	78 000	192 000

【注意】

1. 所有单位都要设置库存现金日记账和银行存款日记账。

2. 库存现金日记账和银行存款日记账必须采用订本式账簿。

(三)普通日记账

普通日记账是用来序时登记全部经济业务的账簿,又称分录簿。一般只设借方和贷方两个金额栏次,以满足编制会计分录的需要。普通日记账的格式如表6—13所示。

表 6－13　　普通日记账　　第　页

年		会计科目	摘　要	借方金额	贷方金额	过　账
月	日					

规模较小，经济业务不多的企业，使用普通日记账程序比较简便，也可以满足业务需要。其优点是：

(1)便于了解企业在一定时间内发生的所有经济业务的全貌。

(2)把每一经济业务的应借应贷账户的名称、金额汇于一处，并有该项业务的摘要可供查考，可以比较容易地发现记账差错。

(3)通过全月发生额合计，可以进行试算平衡。

使用普通日记账的缺点是：

(1)记账时不便于分工合作。

(2)无法了解某一特定账户的发生额及余额的变化情况。

(3)过账的工作量大。

提示：如果企业规模较大，业务量较多且较复杂，就不宜设置普通日记账。

编制普通日记账时，可根据经济业务直接登记，然后再将普通日记账过入分类账。因此，设普通日记账一般可不再做记账凭证。普通日记账实际上是各项经济业务的会计分录，反映了账户的对应关系。这种账簿不结余额，它适用于运用电子计算机进行会计核算的经济单位。

二、总分类账的格式和登记方法

总分类账是指按照总分类账户分类登记全部经济业务以提供总括会计信息的账簿。在总分类账中，应按照会计科目的编码顺序分别开设账户。总分类账一般都采用三栏式的订本式账簿，故在使用时应根据各账户业务的多少适当预留若干账页。由于总分类账能够全面、总括地反映经济活动情况，并为编制会计报表提供资料，因而任何单位都要设置总分类账。

(一)总分类账的格式

总分类账最常用的格式为三栏式，设置借方、贷方和余额三个基本金额栏目。其格式如表 6－14 所示。

表 6－14　　**总分类账**

账户名称:在途物资　　第　页

年		凭证号数	摘　要	借　方	贷　方	借或贷	余　额
月	日						
12	1		月初余额			借	60 000
12	6	转 16	购入甲材料	50 000		借	110 000
12	9	转 28	上月购入材料入库		70 000	借	40 000
～～～～～～							
12	31		本月合计	130 000	120 000		70 000

(二)总分类账的登记方法

总分类账可以直接根据各种记账凭证逐笔进行登记,也可以将一定时期的各种记账凭证先汇总编制科目汇总表或汇总记账凭证,再据以登记总账。总分类账的登记方法,取决于该单位所采用的会计核算形式(账务处理程序)。

企业每月应将当月已完成的经济业务全部登记入账,并于月终结出总分类账簿中各账户的本期发生额和期末余额,再与明细账余额核对相符,其提供的资料即为编制会计报表的主要依据。

三、明细分类账的格式和登记方法

明细分类账是根据总账科目所属二级或明细科目开设的账户,分类、连续地登记经济业务以提供明细核算资料的账簿。明细分类账反映某一类经济业务明细核算资料。对总分类账起补充说明作用,它提供的资料也是编制会计报表的依据。

(一)明细分类账的格式

明细分类账除主要以货币计量单位进行登记外,有的明细账还兼用实物计量单位。其格式主要有“三栏式”“数量金额式”“多栏式”和“横线登记式”四种。

1. 三栏式明细分类账

三栏式明细分类账是设有借方、贷方和余额三个栏目,适用于只需进行金额核算,不要求进行数量核算的明细账。例如“应收账款”“应付账款”“短期借款”“长期借款”“实收资本”“应交税费”等账户的明细分类核算。其格式如表 6－15 所示。

表 6－15　　**应收账款明细账**

明细科目:华夏公司　　第　页

年		凭证号数	摘　要	借　方	贷　方	借或贷	余　额
月	日						
12	1		月初余额			借	3 000
12	8	转 11	销售商品款项未收	60 000		借	63 000
12	25	银收 9	收回欠款		20 000	借	43 000
～～～～～～							
12	31		本月合计	90 000	70 000	借	23 000

2. 数量金额式明细分类账

数量金额式明细分类账是在收入、发出和结存栏内分别设置数量、单价和金额栏目，分别登记实物的数量、单价和金额，适用于既需进行金额明细核算，又需进行数量核算的明细账，如“原材料”“库存商品”“周转材料”等存货账户的明细分类核算。其格式如表 6－16 所示。

表 6－16 **原材料明细账**

材料名称：甲材料 计量单位：千克 第 页

<table>
<tr><th colspan="2">2019 年</th><th rowspan="2">凭证号数</th><th rowspan="2">摘 要</th><th colspan="3">收 入</th><th colspan="3">发 出</th><th colspan="3">结 存</th></tr>
<tr><th>月</th><th>日</th><th>数量</th><th>单价</th><th>金额</th><th>数量</th><th>单价</th><th>金额</th><th>数量</th><th>单价</th><th>金额</th></tr>
<tr><td>12</td><td>1</td><td></td><td>期初余额</td><td></td><td></td><td></td><td></td><td></td><td></td><td>120</td><td>20</td><td>2 400</td></tr>
<tr><td>12</td><td>6</td><td>付 20</td><td>购入材料</td><td>300</td><td>20</td><td>6 000</td><td></td><td></td><td></td><td>420</td><td>20</td><td>8 400</td></tr>
<tr><td>12</td><td>10</td><td>转 30</td><td>生产领用</td><td></td><td></td><td></td><td>250</td><td>20</td><td>5 000</td><td>170</td><td>20</td><td>3 400</td></tr>
<tr><td>12</td><td>24</td><td>付 22</td><td>购入材料</td><td>200</td><td>20</td><td>4 000</td><td></td><td></td><td></td><td>370</td><td>20</td><td>7 400</td></tr>
<tr><td>12</td><td>31</td><td></td><td>本月合计</td><td>500</td><td>20</td><td>10 000</td><td>250</td><td>20</td><td>5 000</td><td>370</td><td>20</td><td>7 400</td></tr>
</table>

3. 多栏式明细分类账

在一张账页内按有关明细项目分设若干专栏，主要适用于登记明细项目多、借贷方向单一的经济业务，有关费用、成本、收入、财务成果等账户的明细账，如“制造费用”“管理费用”“主营业务收入”“本年利润”等账户的明细分类核算。

多栏式明细分类账根据明细账户之间相互联系方式的不同，账页格式分为三种：借方和贷方均多栏（如“本年利润明细账”等）、借方多栏（如“生产成本明细账”“制造费用明细账”等）、贷方多栏（如“主营业务收入明细账”等）。

对不分借贷方向设置的多栏式明细分类账，登记增加数额时用蓝字登记，登记减少数额时用红字登记。

（1）借方和贷方多栏式明细分类账的设置与登记

借方和贷方多栏式明细分类账的账页格式适用于借方和贷方均需要设多个明细科目或明细项目的账户，如“本年利润”账户的明细分类核算。其格式和内容如表 6－17 所示。

表 6－17 **多栏式明细分类账（一）**

本年利润明细账 第 页

<table>
<tr><th colspan="2">年</th><th colspan="2">凭证</th><th rowspan="2">摘要</th><th colspan="4">借 方</th><th colspan="4">贷 方</th><th rowspan="2">借或贷</th><th rowspan="2">余额</th></tr>
<tr><th>月</th><th>日</th><th>种类</th><th>编号</th><th>主营业务成本</th><th>销售费用</th><th>…</th><th>合计</th><th>主营业务收入</th><th>其他业务成本</th><th>…</th><th>合计</th></tr>
<tr><td></td><td></td><td></td><td></td><td></td><td></td><td></td><td></td><td></td><td></td><td></td><td></td><td></td><td></td></tr>
<tr><td></td><td></td><td></td><td></td><td></td><td></td><td></td><td></td><td></td><td></td><td></td><td></td><td></td><td></td></tr>
<tr><td></td><td></td><td></td><td></td><td></td><td></td><td></td><td></td><td></td><td></td><td></td><td></td><td></td><td></td></tr>
<tr><td></td><td></td><td></td><td></td><td></td><td></td><td></td><td></td><td></td><td></td><td></td><td></td><td></td><td></td></tr>
</table>

(2)借方多栏式明细分类账的设置与登记

借方多栏式明细分类账的账页格式适用于借方需要设多个明细科目或明细项目的账户，如“材料采购”“生产成本”“制造费用”“管理费用”“财务费用”“营业外支出”等账户的明细分类核算。其格式和内容如表6－18所示。

表6－18　　多栏式明细分类账(二)

制造费用明细账　　第　页

年		凭证		摘要	借方(项目)							余额
月	日	种类	编号		工资和福利费	折旧费	修理费	办公费	水电费	……	合计	

(3)贷方多栏式明细分类账的设置与登记

贷方多栏式明细分类账的账页格式适用于贷方需要设多个明细科目或明细项目的账户，如“主营业务收入”“营业外收入”等账户的明细分类核算。其格式和内容如表6－19所示。

表6－19　　多栏式明细分类账(三)

主营业务收入明细账　　第　页

年		凭证		摘　要	贷方(项目)				余额
月	日	种类	编号		主营业务收入	加工收入	……	合计	

4. 横线登记式明细分类账

横线登记式明细分类账也称平行登记式明细分类账，其特点是将前后密切相关的经济业务在同一行内进行登记，以检查每笔业务的变动及完成情况。这种明细账实际上也是一种多栏式明细账。这种明细账适用于登记在途物资、应收票据和一次性备用金业务，如“其他应收款”明细分类账。其格式和内容如表6－20所示。

表 6-20　　其他应收款——备用金明细分类账　　第　页

<table>
<tr><th colspan="2">年</th><th rowspan="2">凭证号数</th><th rowspan="2">摘 要</th><th rowspan="2">户名</th><th rowspan="2">借方（借支）</th><th colspan="5">贷方（报销、收回）</th><th rowspan="2">备注</th></tr>
<tr><th>月</th><th>日</th><th>年 月</th><th>日</th><th>凭证号数</th><th>报销金额</th><th>收回金额</th></tr>
<tr><td></td><td></td><td></td><td></td><td></td><td></td><td></td><td></td><td></td><td></td><td></td><td></td></tr>
<tr><td></td><td></td><td></td><td></td><td></td><td></td><td></td><td></td><td></td><td></td><td></td><td></td></tr>
<tr><td></td><td></td><td></td><td></td><td></td><td></td><td></td><td></td><td></td><td></td><td></td><td></td></tr>
<tr><td></td><td></td><td></td><td></td><td></td><td></td><td></td><td></td><td></td><td></td><td></td><td></td></tr>
<tr><td></td><td></td><td></td><td></td><td></td><td></td><td></td><td></td><td></td><td></td><td></td><td></td></tr>
<tr><td></td><td></td><td></td><td></td><td></td><td></td><td></td><td></td><td></td><td></td><td></td><td></td></tr>
</table>

(二)明细分类账的登记方法

不同类型经济业务的明细分类账可根据管理需要，依据记账凭证、原始凭证或汇总原始凭证逐日逐笔或定期汇总登记。固定资产、债权、债务等明细账应逐日逐笔登记；原材料、库存商品收发明细账以及收入、费用明细账可逐笔登记，也可定期汇总登记。库存现金、银行存款账户由于已设置了日记账，不必再设明细账，其日记账实质上也是一种明细账。

以上各种明细账的设置应根据本单位经济业务的繁简和管理上的需要来确定，登记方法一般是根据原始凭证、原始凭证汇总表或记账凭证逐笔登记。

四、备查账簿的格式和登记方法

备查账簿与日记账和分类账相比，其格式和登记方法不同，备查账簿的主要栏目不记录金额，它更注重用文字来表达某项经济业务的发生情况。例如，租入固定资产登记簿，它登记的依据主要是租赁合同与企业内部使用单位收到设备的证明。这两者在企业一般经济业务的核算中不能充当正式原始凭证，只能作为原始凭证的附件。

五、总分类账与明细分类账的关系及其平行登记

(一)总分类账与明细分类账的关系

总分类账与明细分类账是既有内在联系又有区别的两类账户。

1. 二者之间的联系

二者所反映的经济业务内容相同。如“原材料”总分类账户与其所属的明细分类账户都反映企业库存材料的增减变动和结余情况。

二者登记账簿的原始依据相同。登记总分类账户和明细分类账户所依据的原始凭证是相同的。

2. 二者之间的区别

二者反映经济内容的详细程度不同。总分类账户反映资金增减变动的总括情况，提供总括资料；明细分类账户反映资金增减变动详细情况，提供详细资料。

此外，二者的作用不同。总分类账是对明细分类账的概括和总结，对所属明细分类账起着统驭作用；明细分类账是对总分类账的补充，对总分类账的内容起着补充说明作用。

因此，总分类账与明细分类账提供的资料相互补充，既总括又详细地说明同一核算内容。

(二)总分类账与明细分类账的平行登记

所谓平行登记，是指对同一项交易或者事项，要记入有关的总分类账户，设有明细分类账户的，还要记入有关的明细分类账户。概括来说，平行登记有如下四个要点：

1. 依据相同

即将发生的交易或事项记入总分类账户及其所属明细分类账户时，所依据的会计凭证(特别是指原始凭证)相同。虽然登记总分类账户及其所属明细分类账户的直接依据不一定相同，但原始依据是相同的。

2. 方向一致

即将发生的交易或事项记入总分类账户及其所属的明细分类账户时，记账的借贷方向应当一致。如果记入总分类账户的借方(或贷方)，记入其所属的明细分类账户时，也应记入借方(或贷方)。

3. 期间相同

即对发生每一交易或事项，既要记入有关的总分类账户，又要在同一会计期间内记入其所属的明细分类账户。尽管登记总账与明细账的具体日期不一定相同，但都要在同一会计期间内进行登记。

4. 金额相等

即对发生的每一交易或事项，记入总分类账户的金额与记入其所属的明细分类账户的金额之和相等。

(三)总分类账户和明细分类账户平行登记举例

【做中学6—3】 A公司2019年6月1日，“原材料”和“应付账款”账户的期初余额如下：

“原材料”账户30 000元。其中，A材料5 000千克，单价5元，合计25 000元；B材料500只，单价10元，合计5 000元。

“应付账款”账户10 000元。其中，甲工厂6 000元，乙工厂4 000元。(注：其他账户省略。)

2019年6月发生下列经济业务(假设本企业为一般纳税人，增值税税率为16%)：

(1)6月1日，购入B材料200只，已验收入库，单价10元，合计2 000元，货款已经用银行存款支付。

(2)6月10日，向银行借入流动资金10 000元，用于归还应付账款，其中：归还甲工厂6 000元，归还乙工厂4 000元。

(3)6月20日，购入A材料700千克，单价5元，合计3 500元；购入B材料150只，单价10元，合计1 500元；材料均已验收入库，其中，A材料货款用银行存款支付；B材料向甲工厂购买，货款尚未支付。

(4)6月31日，用银行存款归还欠甲工厂的应付账款1 500元。

根据上述资料，用平行登记法登记“原材料”账户和“应付账款”账户以及所属的明细账户的具体方法是：(注：其他账户“应交税费”省略不记。)

(1)将月初余额记入“原材料”和“应付账款”总账账户及其所属明细分类账户。

(2)根据上述经济业务编制会计分录(代替记账凭证)如下：

①借：原材料——B材料　　　　　　　　　　　　2 000

贷:银行存款　　　　　　　　　　　　　　　　　　　　2 000

②借:应付账款——甲工厂　　　　　　　　　　6 000

——乙工厂　　　　　　　　　　4 000

贷:短期借款　　　　　　　　　　　　　　10 000

③借:原材料——A材料　　　　　　　　　　　3 500

——B材料　　　　　　　　　　1 500

贷:银行存款　　　　　　　　　　　　　　　　　3 500

应付账款——甲工厂　　　　　　　　　　　　1 500

④借:应付账款——甲工厂　　　　　　　　　　1 500

贷:银行存款　　　　　　　　　　　　　　　　　1 500

(3)根据以上会计分录平行登记"原材料"和"应付账款"总账及所属明细账,并分别计算出本期发生额和期末余额。登记结果如表6—21至表6—26所示。

表6—21　　　　　　　　　　总分类账

账户名称:原材料　　　　　　　　　　　　　　　　　　　　　单位:元

2019年		凭证号数	摘　要	借　方	贷　方	借/贷	余　额
月	日						
6	1		期初余额			借	30 000
6	1	(1)	收入外购材料	2 000		借	32 000
6	20	(3)	收入外购材料	5 000		借	37 000
6	31		本期发生额和余额	7 000	0	借	37 000

表6—22　　　　　　　　　　材料明细分类账(一)

账户名称:A材料　　　　　　　　　　　　　　　　　　　　金额单位:元

2019年		凭证号数	摘　要	计量单位	单价	收　入		发　出		结　存	
月	日					数量	金额	数量	金额	数量	金额
6	1		期初余额	千克	5					5 000	25 000
6	20	(3)	收入外购材料	千克	5	700	3 500			5 700	28 500
6	31		本期发生额和余额			700	3 500			5 700	28 500

表6—23　　　　　　　　　　材料明细分类账(二)

账户名称:B材料　　　　　　　　　　　　　　　　　　　　金额单位:元

2019年		凭证号数	摘　要	计量单位	单价	收　入		发　出		结　存	
月	日					数量	金额	数量	金额	数量	金额
6	1		期初余额	只	10					500	5 000
6	1	(1)	收入外购材料	只	10	200	2 000			700	7 000
6	20	(3)	收入外购材料	只	10	150	1 500			850	8 500
6	31		本期发生额和余额			350	3 500			850	8 500

表 6—24

总分类账

账户名称:应付账款　　　　单位:元

2019 年		凭证号数	摘　要	借　方	贷　方	借/贷	余　额
月	日						
6	1		期初余额			贷	10 000
6	10	(2)	以银行借款偿还欠款	10 000		平	0
6	20	(3)	购买材料		1 500	贷	1 500
6	31	(4)	以银行存款偿还欠款	1 500		平	0
6	31		本期发生额和余额	11 500	1 500	平	0

表 6—25

应付账款明细分类账(一)

账户名称:甲工厂　　　　单位:元

2019 年		凭证号数	摘　要	借　方	贷　方	借/贷	余　额
月	日						
6	1		期初余额			贷	6 000
6	10	(2)	以银行借款偿还欠款	6 000		平	0
6	20	(3)	购买材料		1 500	贷	1 500
6	31	(4)	以银行存款偿还欠款	1 500		平	0
6	31		本期发生额和余额	7 500	1 500	平	0

表 6—26

应付账款明细分类账(二)

账户名称:乙工厂　　　　单位:元

2019 年		凭证号数	摘　要	借　方	贷　方	借/贷	余　额
月	日						
6	1		期初余额			贷	4 000
6	10	(2)	以银行借款偿还欠款	4 000		平	0
6	31		本期发生额和余额	4 000		平	0

平行登记的结果是否正确,需要将总账有关账户与其所属明细账户的发生额和余额进行核对。如核对不符,则说明在登账过程中出现了差错,应予以及时改正。核对方法一般是通过编制“明细分类账本期发生额及余额表”来进行。根据上述“原材料”和“应付账款”两个账户所属的明细账户,编制本期发生额及余额表,如表 6—27、表 6—28 所示,并与其总账进行核对。

表 6—27 **材料明细分类账本期发生额及余额表**

2019 年 6 月 单位:元

明细分类账户名称	计量单位	单价	期初余额		本期发生额				期末余额	
			数量	金额	收入		支出		数量	金额
					数量	金额	数量	金额		
A 材料	千克	5	5 000	25 000	700	3 500			5 700	28 500
B 材料	只	10	500	5 000	350	3 500			850	8 500
合 计				30 000		7 000				37 000

表 6—28 **应付账款明细分类账本期发生额及余额表**

2019 年 6 月 单位:元

明细分类账户名称	期初余额		本期发生额		期末余额	
	借方	贷方	借方	贷方	借方	贷方
甲工厂		6 000	7 500	1 500		0
乙工厂		4 000	4 000			0
合 计		10 000	11 500	1 500		0

总分类账户与其所属明细分类账户之间平行登记的结果是:总分类账户与其所属明细分类账户之间必然形成相互核对的关系,可用公式表示如下:

总分类账户期初借(或贷)方余额=所属明细分类账户期初借(或贷)方余额之和

总分类账户本期借(或贷)方发生额=所属明细分类账户本期借(或贷)方发生额之和

总分类账户期末借(或贷)方余额=所属明细分类账户期末借(或贷)方余额之和

任务四 更正错账

任务课件

错账更正是指根据记账凭证登记账簿之后,发现已登记的账簿有错而采用的一种补救措施。可见,错账的更正就是对账簿中错误记录的更正。

知识链接:《会计基础工作规范》规定,错账更正不准使用涂改、挖补、刮擦或者用药水消除字迹,不准重新抄写,而必须采用规定的更正方法,常用的错账更正方法有三种:划线更正法、红字更正法和补充更正法。

一、划线更正法

在结账前,如果发现账簿记录有错误,而记账凭证没有错误,即纯属账簿记录中的文字或数字的笔误,可用划线更正法予以更正。

更正的方法是:先将账页上错误的文字或数字划一条红线,以表示予以注销,然后,将正确的文字或数字用蓝字写在被注销的文字或数字的上方,并由记账人员在更正处盖章。应当注意的是,更正时,必须将错误数字全部划销,而不能只划销、更正其中个别错误的数码,并应保持原有字迹仍可辨认,以备查考。如将 538 600 错记成 583 600,正确的方法应是将 583 600 全部用红线划掉,再在上方写上正确的数字 538 600。对于文字错误,可以只划去错误的字词。更正后记账人员应在上方盖章，以示负责。相关内容如图 6—1、图 6—2 所示。

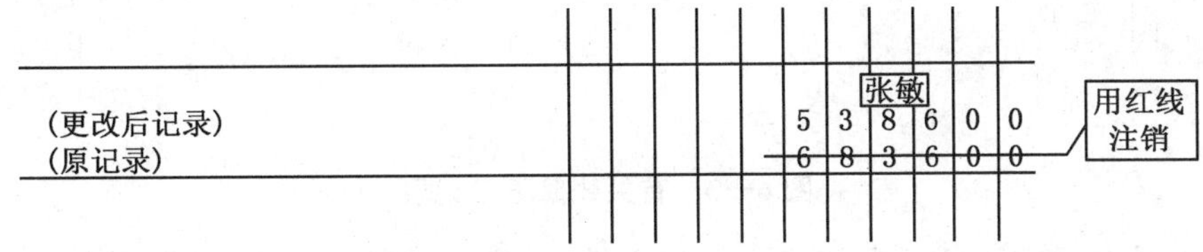

图 6—1　正确的更正方法

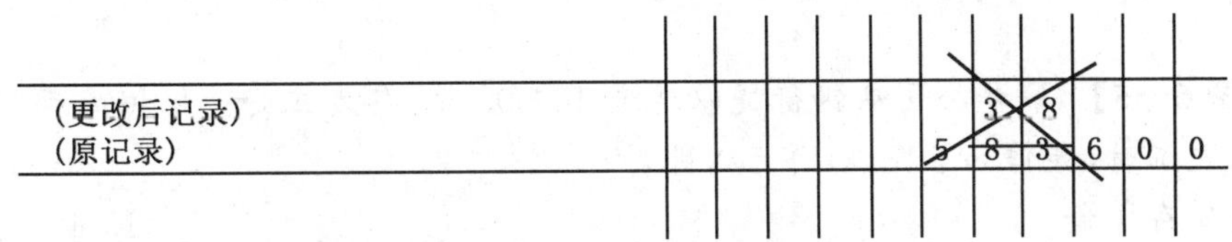

图 6—2　错误的更正方法

二、红字更正法

在记账以后，如果发现记账凭证中应借应贷的会计科目、方向或金额发生错误时可以用红字更正法进行更正。一般适用于以下两种情况：

(1)记账后发现记账凭证中的应借、应贷会计科目有错误，从而引起记账错误。更正时，先用红字金额填制一张与原错误记账凭证内容完全相同的记账凭证，在“摘要”栏内注明“冲销某月某日某号凭证”，并据以用红字金额登记有关账簿，冲销原来的错误记录；然后再用蓝字金额填制一张正确的记账凭证，在“摘要”栏内注明“更正某月某日某号凭证”，并据以用蓝字登记有关账簿。

【做中学 6—4】 某企业以银行存款 4 500 元购买材料，已验收入库。填制记账凭证时，误作下列凭证并入账：

(1)借：原材料　　4 500
　　贷：库存现金　　4 500

更正时，先用红字金额填制一张与原来错误记账凭证内容相同的记账凭证，并用红字金额登记入账。

(2)借：原材料　　[4 500]
　　贷：库存现金　　[4 500]

再用蓝字金额填制一张正确的记账凭证，并用蓝字金额登记入账。

(3)借：原材料　　4 500
　　贷：银行存款　　4 500

有关账簿更正记录，如图 6—3 所示。

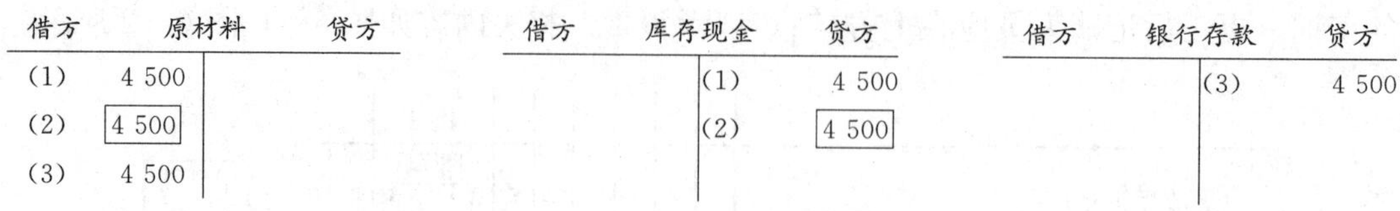

图6—3 有关账簿更正记录

(2)记账后发现记账凭证和账簿记录中应借、应贷会计科目无误，只是所记金额大于应记金额。更正时，应将多记金额用红字填制一张与原来错误记账凭证内容相同的记账凭证，在“摘要”栏内注明“冲销某月某日某号凭证多记金额”，并用红字登记入账，以冲销账簿中多记的金额。

【做中学6—5】 联华公司从银行提取现金14 500元，备发工资。根据库存现金支票存根编制记账凭证时，误作如下凭证，并已入账：

(1)借：库存现金　　15 400

　　贷：银行存款　　15 400

所记金额15 400元减去应记金额14 500元等于900元差额。将所记金额大于应记金额的900元，作红字凭证，冲销多记金额，并据以用红字入账。

(2)借：库存现金　　900

　　贷：银行存款　　900

有关账簿更正记录，如图6—4所示。

借方	库存现金	贷方
(1)	15 400	
(2)	900	

借方	银行存款	贷方
	(1)	15 400
	(2)	900

图6—4 有关账簿更正记录

三、补充登记法

记账后，发现记账凭证和账簿记录中应借、应贷会计科目无误，只是所记金额小于应记金额。可采用补充登记法予以更正。

更正时，首先计算出应记金额和所记金额的差额，然后将少记金额用蓝字填制一张与原来错误记账凭证内容相同的记账凭证，在“摘要”栏内注明“补充某月某日某号凭证少记金额”，并用蓝字登记入账，以增加账簿中的少记金额。

【做中学6—6】 阳光实业向新亚公司购进A材料一批，价值52 000元，货款尚未支付，材料已验收入库。根据A材料的发货票，作了如下记账凭证(不考虑增值税)：

(1)借：原材料——A材料　　50 000

　　贷：应付账款——新亚公司　　50 000

应记金额52 000元，凭证及账簿均少记了2 000元，应以蓝字金额做一张与原来错误凭证相同的记账凭证，金额为2 000元，并据以入账。

(2)借：原材料——A材料　　2 000

贷:应付账款——新亚公司　　　　　　　　　　　　　2 000

有关账簿更正记录,如图6—5所示。

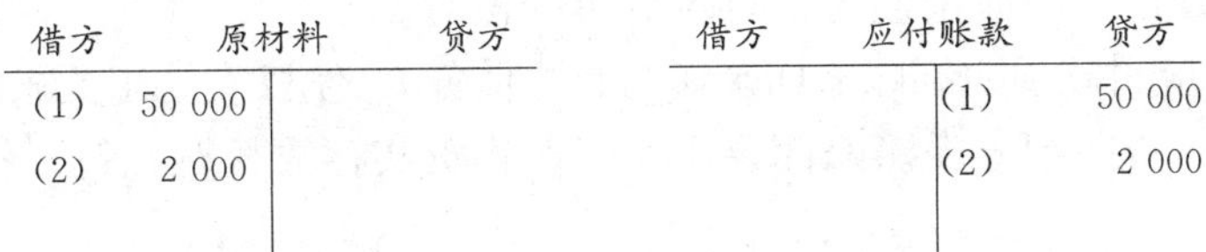

图6—5　有关账簿更正记录

特别提示:三种错账的更正方法中,除了划线更正法外,其他方法在填制更正的会计凭证时,均应在记账凭证的"摘要"栏内注明"更正(冲销或补充)某年某月某日某号凭证"的字样,以便查核。

任务五　对账、结账及账簿的更换与保管

任务课件

一、对账

对账,是指在结账前,将账簿记录与会计凭证核对,将各种账簿之间的数字核对,将账簿记录与实物及货币资金的实存数核对。通过对账,可以发现差错,并及时纠正,以保证账簿记录正确无误,为编制会计报表提供真实、可靠的会计核算资料。每个企业、行政事业等单位,都要建立定期对账制度。

对账工作一般在月末进行,即在记账之后、结账之前进行。对账的主要内容包括:账证核对、账账核对、账实核对三个方面。

(一)账证核对

账证核对,是指将各种账簿记录与记账凭证及其所附原始凭证的时间、凭证字号、内容、金额是否一致,记账方向是否相符进行的核对,目的是检查记账有无错误,以保证账证相符。账证核对平常是通过编制凭证和记账过程中的"复核"环节进行的。

(二)账账核对

账账核对是在账证核对相符的基础上,对不同账簿记录之间的有关数字进行的核对。其主要包括:

(1)总分类账中全部总账账户的期末借方余额合计数与全部总账账户的期末贷方余额合计数应核对相符。这种核对可以通过编制总账账户试算平衡表进行。

(2)总账中"库存现金"和"银行存款"账户期末余额应分别与库存现金日记账、银行存款日记账的期末余额核对相符。

(3)总分类账中各账户的期末余额应与其所属明细分类账的期末余额合计数核对相符。这种核对可以通过编制"总分类账户与明细分类账户发生额及余额对照表"来进行。

(4)财会部门的各种财产物资明细分类账的期末余额应与财产物资保管和使用部门的财产物资明细账的结存数核对相符。

(三)账实核对

账实核对是在账账核对的基础上,将各种财产物资和债权、债务等的账面余额与实存数

额进行的核对。其包括：

(1)库存现金日记账账面余额与库存现金实存数的核对。

(2)银行存款日记账账面余额与银行对账单的核对。

(3)各种应收、应付款项明细账账面余额与有关债务人、债权人的相关账面余额核对相符。

(4)各种财产物资明细分类账账面余额与财产物资实存数核对相符。

二、结账

结账是一项将账簿记录定期结算清楚的账务工作，就是在会计期末(月末、季末、年末)将本期内所有发生的经济业务全部登记入账以后，计算出各个账户的本期发生额和期末余额。结账工作也是编制会计报表的先决条件。

结账的内容通常包括两个方面：一是结清各种损益类账户，并据以计算确定本期利润；二是结清各资产、负债和所有者权益账户，分别结出本期发生额合计和余额。

(一)结账的程序

(1)结账前，必须将本期内所发生的各项交易或事项全部登记入账，并保证其正确性。

(2)根据权责发生制的要求，调整有关账户，合理确定本期应计的收入和应计的费用。

(3)将各损益类账户转入“本年利润”账户，结平所有损益类账户。

(4)结出资产、负债和所有者权益账户的本期发生额和期末余额，并结转下期。

计算本期各类账簿本期发生额和期末余额的工作，一般按月进行，称为月结；有的账目按季度结账，称为季结；年度终了时进行年结。结账程序如图 6－6 所示。

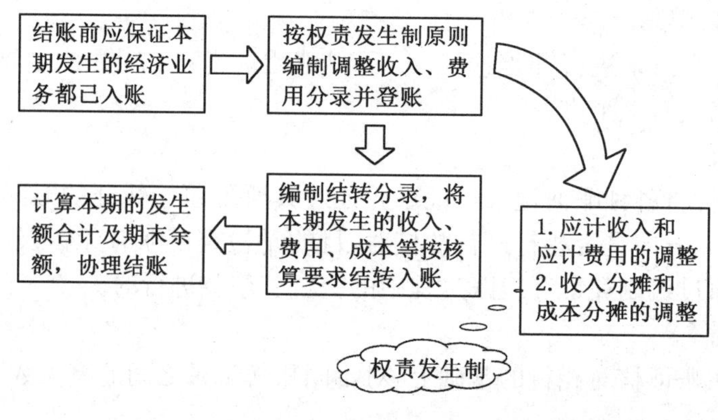

图 6－6 结账程序

(二)结账的方法

结账时，应根据不同的账户记录，分别采用不同的结账方法：

(1)对不需按月结计本期发生额的账户，如各项应收、应付款明细账和各项财产物资明细账等，每次记账以后，都要随时结出余额，每月最后一笔余额即为月末余额。也就是说，月末余额就是本月最后一笔经济业务记录的同一行内余额。月末结账时，只需要在最后一笔经济业务记录之下通栏划单红线，不需要再结计一次余额。

(2)库存现金、银行存款日记账和需要按月结计发生额的收入、费用等明细账，每月结账时，要在最后一笔经济业务记录下面通栏划单红线，结出本月发生额和余额，在摘要栏内注明“本月合计”字样，在下面通栏划单红线。

(3)需要结计本年累计发生额的某些明细账户，每月结账时，应在“本月合计”行下结出自年初起至本月末止的累计发生额，登记在月份发生额下面，在摘要栏内注明“本年累计”字样，并在下面通栏划单红线。12月月末的“本年累计”就是全年累计发生额，全年累计发生额下通栏划双红线。

(4)总账账户平时只需结出月末余额。年终结账时，为了总括地反映全年各项资金运动情况的全貌，核对账目，要将所有总账账户结出全年发生额和年末余额，在摘要栏内注明“本年合计”字样，并在合计数下通栏划双红线。

(5)年度终了结账时，有余额的账户，要将其余额结转下年，并在摘要栏注明“结转下年”字样；在下一会计年度新建有关会计账户的第一行余额栏内填写上年结转的余额，并在摘要栏注明“上年结转”字样。

提示：

(1)将有余额的账户的余额直接记入新账余额栏内，不需要编制记账凭证，也不必将余额再记入本年账户的借方或贷方。

(2)在账簿中，结账通过划“结账线”表示：平时结账划单红线，年末结账划双红线。“结账线”应用通栏红线表示，不能只在账页中的金额部分划线。

(3)结出余额后，应在余额栏前的“借或贷”栏内写明“借”或“贷”字样，没有余额的账户，应在余额栏前的“借或贷”栏内写“平”字，并在余额栏内用“0”表示。

下面以库存现金账为例，说明月结、季结、年结的方法及更换新账的方法，其格式如表6—28所示。

表6—28　　**总分类账**　　单位：元

账户名称：库存现金　　第　页

2019年		凭证号数	摘　要	借　方	贷　方	借或贷	余　额
月	日						
1	1		上年结转			借	150
1	6		略		100	借	50
1	11		略	100		借	150
1	20		略		50	借	100
1	31		本月发生额合计及月末余额	100	150	借	100
2	7		略	40		借	140
2	15		略		60	借	80
2	26		略		50	借	30
2	28		本月发生额合计及月末余额	40	110	借	30
3	8		略	50		借	80
3	16		略	180		借	260
3	27		略		40	借	220
3	31		本月发生额合计及月末余额	230	40	借	220

续表

2019年		凭证号数	摘　要	借　方	贷　方	借或贷	余　额
月	日						
3	31		本季发生额合计及季末余额	370	300	借	220
	…	…	……	…	…	…	…
12	31		本年发生额合计及年末余额	15 800	15 500	借	450
			结转下年				

三、会计账簿的更换

会计账簿的更换通常是在新会计年度建账时进行。一般来说，总账、日记账和多数明细账应每年更换一次。在年度终了时更换新账簿，并将各账户的年末余额结转到新的年度。

但有些财产物资明细账和债权债务明细账，可以不必每年更换一次，可以跨年度继续使用，如固定资产明细账、应收账款明细账等。各种备查账簿也可以跨年度连续使用。

四、会计账簿的保管

各种账簿同会计凭证及会计报表一样，都是重要的经济档案，必须按照会计制度统一规定的保存年限妥善保管，不得丢失和任意销毁，在保管期满后，按照规定的审批程序报经批准以后，再行销毁。

会计档案的保管，既要做到安全完整，又要保证在需要的时候从账簿中迅速查到所需要的资料。为此，订本式账簿应在启用前，从第一页到最后一页顺序编定页数，不得跳页、缺号。活页式账簿所使用的账页，按账户顺序编号，定期装订成册，装订后再按实际使用账页顺序编定页数和目录，注明每个账户的名称和页次，连同“账簿和经管人员一览表”，加上封面，统一编号，与各种订本式账簿一起归档保管。

应知考核

一、单项选择题

1. 企业用银行存款支付展览费 5 700 元，会计人员编制的付款凭证为借记“销售费用”科目 7 500 元，贷记“银行存款”科目 7 500 元，并已登记入账。对当年发生的该项记账错误应采用的更正方法是（　　）。

A. 红字更正法　　B. 重编正确的付款凭证

C. 划线更正法　　D. 补充登记法

2. 登记账簿的依据是（　　）。

A. 原始凭证　　B. 记账凭证

C. 会计凭证　　D. 审核无误的会计凭证

3. 结账前，发现账簿记录的金额少记，而记账凭证无误，应采用（　　）。

A. 划线更正法　　B. 补充登记法

C. 红字更正法　　D. 核对账单法

4. 没有余额的账户,应在“借或贷”栏内(　　)。

A. 注明没有余额　　B. 注明没有余额,并在余额栏内用“0”表示

C. 注明“平”字　　D. 注明“平”字,并在余额栏内用“0”表示

5. 每登记满一张账页时,(　　)。

A. 在下一页继续记录发生的业务

B. 应加计本页发生额总数,结出余额,填在账页的最末一行

C. 在本页的最末一行摘要栏内注明“转次页”字样

D. 应加计本页发生额总数,结出余额,填在账页的最末一行,并在摘要栏内注明“转次页”字样

6. 企业“银行存款日记账”与“银行对账单”之间的核对属于(　　)。

A. 账证核对　　B. 账账核对

C. 账实核对　　D. 债权债务核对

7. 在记账的过程中,发现记账凭证所列账户对应关系错误并已记入账簿,应采用(　　)进行更正。

A. 划线更正法　　B. 补充登记法

C. 红字登记法　　D. 涂改法

8. 结账的基础是(　　)。

A. 期末账项调整　　B. 账证核对

C. 全部经济业务登记入账　　D. 核对账目

9. 银行存款日记账的登记方法是(　　)。

A. 每日汇总登记　　B. 定期汇总登记

C. 逐日逐笔登记　　D. 月末一次登记

10. 目前实际工作中使用的库存现金日记账、银行存款日记账属于(　　)。

A. 特种日记账　　B. 普通日记账

C. 专栏日记账　　D. 分录簿

二、多项选择题

1. 为了便于了解和运用会计账簿,可以对其进行如下的分类(　　)。

A. 按账簿外表形式分类　　B. 按账簿格式分类

C. 按账簿用途分类　　D. 按账簿经济内容分类

2. 银行存款日记账的登记依据可能是(　　)。

A. 现金收款凭证　　B. 银行存款收款凭证

C. 现金付款凭证　　D. 银行存款付款凭证

3. 下列账簿中,不能使用活页式的是(　　)。

A. 制造费用明细账　　B. 银行存款日记账

C. 预付账款明细账　　D. 原材料总账

4. 下列明细账应采用数量金额式账页的有(　　)。

A. 应收账款　　B. 实收资本　　C. 原材料　　D. 库存商品

5. 登账时遇到下列情况应用红色墨水书写的有(　　)。

A. 直接更改错误的文字和数字记录　　B. 补充登记漏记的金额

C. 冲销错账的金额　　D. 月末结账后划线

6. 下列关于结账的做法中正确的是(　　)。

A. 所有账户的总账和明细账都要结计本期发生额和余额

B. 库存现金日记账需要按月结计发生额和余额

C. 需要结计本年累计发生额的某些明细账,其12月月末的"本年累计"就是全年的累计发生额

D. 总账账户平时只需结出月末余额

7. 下列选项中属于账实核对的有(　　)。

A. 银行存款日记账的账面余额与银行对账单核对

B. 库存现金日记账余额与其总账余额核对

C. 所有总账账户借方余额合计与贷方余额合计核对

D. 本单位应收账款账面余额与对方单位账面记录核对

8. 采用多栏式明细账的有(　　)。

A. 生产成本明细账　　B. 主营业务收入明细账

C. 制造费用明细账　　D. 本年利润明细账

9. 用划线更正法更正错误时,(　　)。

A. 应用红笔划线,并将错误数字全部划销　　B. 用蓝笔在错误数字上方写上正确数字

C. 用红笔在错误数字上方写上正确数字　　D. 由更正人员在更正处盖章以示负责

10. 生产车间生产产品领用原材料4 000元,填制记账凭证时,将金额误记为40 000元,科目没有错,并已登记入账。更正此种错误时,(　　)。

A. 应用红字更正法　　B. 应用补充登记法

C. 红字凭证的分录为:

借:生产成本　　[36 000]

　贷:原材料　　[36 000]

D. 补充凭证的分录为:

借:生产成本　　36 000

　贷:原材料　　36 000

三、判断题

1. 会计账簿的记录是编制会计报表的前提和依据,也是检查、分析和控制单位经济活动的重要依据。(　　)

2. 各单位不得违反《会计法》和国家统一的会计制度的规定私设会计账簿。(　　)

3. 活页式账簿便于记账人员的分工,但账页容易散失和被随意抽换。(　　)

4. 多栏式账簿主要适用于既需要记录金额,又需要记录实物数量的财产物资明细账户。(　　)

5. 日记账应逐日逐笔顺序登记,总账可以逐笔登记,也可以汇总登记。(　　)

6. 登记库存现金日记账的依据是现金收付款凭证和银行收付款凭证。(　　)

7. 现金收付业务较少的单位,不必单独设置库存现金日记账,可以银行对账单或其他方法代替库存现金日记账,以简化核算。(　　)

8. 会计账簿登记中,如果不慎发生隔页,应立即将空页撕掉,并更改页码。(　　)

9. 如果发现以前年度记账凭证中会计科目和金额有错误并已导致账簿记录出现差错,

也可以采用红字更正法予以更正。（　　）

10. 记账凭证正确，因登记时的笔误而引起的账簿记录错误，可以采用划线更正法予以更正。（　　）

四、简述题

1. 简述对账的主要内容。
2. 简述会计账簿与会计凭证的关系。
3. 简述错账更正方法的种类及适用范围。
4. 简述会计账簿记账规则的具体内容。
5. 简述总分类账与明细分类账平行登记的要点。

应会考核

■业务考核

【考核项目】

错账更正法。

【背景资料】

表 6—29　　结账前发生额试算平衡表

2019 年 8 月 31 日　　单位:元

会计科目	本期发生额	
	借　方	贷　方
银行存款	5 000	
应收账款	3 000	
原材料	13 000	
库存商品	10 000	
固定资产	10 000	
无形资产	2 000	
应付账款		13 700
短期借款		4 300
长期借款		5 000
实收资本		7 000
盈余公积		2 000
主营业务收入		51 000
主营业务成本	40 000	
合　计	83 000	83 000

(1)8 月 3 日，向甲公司赊销产品一批，应收甲公司货款 2 000 元，记账凭证误记为 3 000

元，该凭证编号为转字第27号。（注：不考虑增值税，下同。）

错账更正方法是：____________

更正的记账凭证，如表6—30所示。

表6—30 转账凭证 转字第 号

2019年 月 日 附件 张

摘要	会计科目		记账	借方金额	贷方金额
	总账科目	明细科目			
合计					

会计主管： 记账： 审核： 制单：

(2)8月10日，结转销售成本5 000元，而实际结转的成本为5 500元，原登记该笔业务记账凭证的编号为转字第79号。

错账更正方法是：____________

更正的记账凭证，如表6—31所示。

表6—31 转账凭证 转字第 号

2019年 月 日 附件 张

摘要	会计科目		记账	借方金额	贷方金额
	总账科目	明细科目			
合计					

会计主管： 记账： 审核： 制单：

(3)8月21日，赊购办公用的计算机一台，价值10 000元，误作为原材料登记入账，当时登记该业务的记账凭证编号为转字第101号。

错账更正方法是：____________

更正的记账凭证，如表6—32所示。

表6—32 转账凭证

摘要	会计科目		记账	借方金额	贷方金额
	总账科目	明细科目			
合计					

会计主管： 记账： 审核： 制单：

结账后发生额试算平衡表，如表6—33所示。

表 6—33

结账后发生额试算平衡表

2019 年 8 月 31 日　　单位:元

会计科目	本期发生额	
	借　方	贷　方
银行存款	(1)	
应收账款	(2)	
原材料	(3)	
库存商品	(4)	
固定资产	(5)	
无形资产	2 000	
应付账款		(6)
短期借款		4 300
长期借款		5 000
实上资本		7 000
盈余公积		2 000
主营业务收入		(7)
主营业务成本	(8)	
合　计	(9)	(10)

【考核要求】

(1)指出各笔错账的更正方法,并填制更正的记账凭证。(仅填制更正的记账凭证,记账略。每项业务要选择是否填制更正的记账凭证,填制一张还是两张记账凭证。若填制的是红字凭证,请在凭证的左上方明显列示“红字凭证”字样。)

(2)编制正确的发生额试算平衡表,将你认为正确的金额填写在表 6—33 中的序号后。

■技能考核

【考核项目 1】

库存现金日记账和银行存款日记账。

【背景资料】

1. 欣欣公司 2019 年 9 月 30 日银行存款日记账的余额为 30 000 元,库存现金日记账的余额为 1 000 元。

2. 10 月份发生下列现金和银行存款收付业务:

(1)2 日,收到投资者追加投资 100 000 元存入银行(银收 1)。

(2)4 日,从银行提取现金 3 000 元备用(银付 1)。

(3)6 日,从银行提取现金 60 000 元备发工资(银付 2)。

(4)6 日,以现金 60 000 元发放工资(现付 1)。

(5)15 日,职工刘华出差预借差旅费 1 500 元(现付 2)。

(6)18 日,以银行存款支付广告费 5 000 元(银付 3)。

(7)20 日,刘华出差回来报销差旅费 1 200 元(管理费用),余额 300 元退回(转账 1、现收 1)。

(8)22 日,销售产品一批,价款及税款共计 46 800 元存入银行(银收 2)。

(9)25 日,收到某单位预付货款 25 000 元存入银行(银收 3)。

(10)30 日,以银行存款支付电话费 4 200 元(银付 4)。

【考核要求】 登记库存现金日记账和银行存款日记账,如表 6—34、表 6—35 所示。

表 6—34 库存现金日记账 单位:元

2019 年		凭证号数	摘　要	对方科目	收　入	支　出	结　余
月	日						
10	1		期初余额				

表 6—35 银行存款日记账 单位:元

2019 年		凭证号数	结算方式 支票号码	对方单位	摘　要	对应账户	收　入	支　出	结　余
月	日								
10	1				期初余额				

【考核项目 2】

总账和明细分类账的平行登记。

【背景资料】

现以甲公司2019年6月份发生的有关“原材料”账户和“应付账款”账户的部分经济业务为例，说明总分类账户与明细分类账户的平行登记原理（假设不考虑增值税）。

甲公司2019年6月1日“原材料”账面余额为200 000元，其中明细分类账户情况如表6—36所示。

表6—36

名　称	数　量	单　价	金　额
A材料	12 000千克	10元	120 000元
B材料	10 000千克	8元	80 000元
合　计			200 000元

“应付账款”总分类账户账面余额为60 000元，其中明细分类账户情况如表6—37所示。

表6—37

供应单位名称	应付账款金额
乙公司	20 000元
丙公司	40 000元
合　计	60 000元

本月发生有关业务如下：

(1)6月1日，甲公司向乙公司购进A材料1 000千克，每千克单价10元，货款以银行存款支付，材料验收入库。

(2)6月3日，甲公司向乙公司购进A材料2 000千克，单价10元，计20 000元，向丙公司购进B材料2 500千克，单价8元，计20 000元，全部货款尚未支付，材料已验收入库。

(3)6月6日，甲公司以银行存款10 000元，归还前欠丙公司的材料款。

(4)6月7日，甲公司向乙公司购入A材料3 000千克，单价10元，计30 000元，货款尚未支付，同时向丙公司购入B材料3 750千克，单价8元，计30 000元，货款以银行存款支付。

将月初余额及有关经济业务分别记入“原材料”“应付账款”两个总分类账户及其所属明细分类账户，如表6—38至表6—43所示。

表6—38　　　　**总分类账户**

账户名称：原材料　　　　单位：千克

2019年		凭证		摘　要	借　方	贷　方	借或贷	余　额
月	日	字	号					

表 6—39　　原材料明细分类账户

账户名称:A 材料　　单位:千克

2019 年		凭证		摘　要	收　入			发　出			结　存		
月	日	字	号		数量	单价	金额	数量	单价	金额	数量	单价	金额

表 6—40　　原材料明细分类账户

账户名称:B 材料　　单位:千克

2019 年		凭证		摘　要	收　入			发　出			结　存		
月	日	字	号		数量	单价	金额	数量	单价	金额	数量	单价	金额

表 6—41　　总分类账户

账户名称:应付账款

2019 年		凭证		摘　要	借　方	贷　方	借或贷	余　额
月	日	字	号					

表 6—42　　应付账款明细分类账

账户名称:乙公司

2019 年		凭证		摘　要	借　方	贷　方	借或贷	余　额
月	日	字	号					

表 6—43　　应付账款明细分类账

账户名称:丙公司

2019 年		凭证		摘　要	借　方	贷　方	借或贷	余　额
月	日	字	号					

【考核要求】

根据背景资料,编制会计分录,并填写总分类账和明细分类账。

■综合实务

财政例行检查,会计账簿露了馅

背景与情境:2019 年 3 月,某市财政部门对该市一所市属学校 2018 年度的财务收支情况进行例行检查。检查人员在审阅该学校会计报表和会计账簿等会计资料时发现,“其他应收款”科目 2018 年年末余额较年初余额有大幅上升。检查人员接着调阅了 2018 年度与“其他应收款”账户相关的会计凭证，发现 2018 年度借方发生额中，有 3 笔其他应收款金额共计 20 万元，在记账凭证后未附原始凭证。

检查人员经询问校方得知，“为解决曾向学校提供过资金赞助的某乡镇企业甲公司的临时资金周转困难，向甲公司临时借出 20 万元资金，学校并未向该企业收取利息”。检查人员又对甲公司进行了调查。经过查阅有关资料，得知甲公司与该学校订有有息贷款协议，甲公司至 2018 年年底已以现金方式向该学校支付了利息 1.5 万元。

检查人员以上述对甲公司检查的结果为基础，对该学校有关人员进行了质询。在上述事实面前，有关人员不得不承认该学校将其向甲公司收取的借款利息存入学校“小金库”的事实。

要求：请根据背景与情境在下列题中填入适当选项。

1. 本案中查账人员是从(　　)发现该所市属学校存在“小金库”问题的。

A. 会计凭证　　B. 会计账簿　　C. 会计报表　　D. 原始凭证

2. 我国的会计监督体系包括(　　)。

A. 以政府财政部门为主体的政府监督　　B. 单位内部监督

C. 以注册会计师为主体的社会监督　　D. 社会公众监督

3. 政府监督的内容包括(　　)。

A. 是否依法设置账簿

B. 会计资料是否真实、完整

C. 会计核算是否符合法定要求

D. 从事会计工作的人员是否具备会计从业资格

4. 本案中财政部门检查了(　　)。

A. 该单位是否依法设置账簿

B. 该单位的会计资料是否真实、完整

C. 该单位的会计核算是否符合法定要求

D. 该单位从事会计工作的人员是否具备会计从业资格

5. 你认为本案中学校向甲公司收取的利息应(　　)。

A. 计入主营业务收入　　B. 计入其他业务收入

C. 冲减财务费用　　D. 冲减管理费用

项目实训

【实训项目】

日记账凭证的应用。

【实训情境】

某企业 2019 年 6 月初，企业“库存现金”账户借方余额为 1 000 元，“银行存款”借方余额为 500 000 元，本月发生下列经济业务：

(1)2 日，购入原材料 2 000 千克，其中甲材料 800 千克，每千克 100 元，乙材料 1 200 千克，每千克 60 元，增值税税率为 13%，用银行存款支付，材料已入库。

(2)8 日，收到深圳 A 工厂预付的购买产品的款项 58 000 元，存入银行。

(3)9 日，销售产品一批 8 000 元，增值税税率为 13%，税款均以银行存款收讫。

(4)9 日，向银行提取库存现金 3 000 元备用。

(5)10 日，收到投资者追加投资 200 000 元，存入银行。

(6)12 日，通过银行向深圳 B 公司预付购料款 60 000 元。

(7)12 日，用库存现金支付一笔办公费用 800 元。

(8)14 日，用银行存款支付电费 3 000 元，其中办公室电费 500 元、车间电费 2 500 元。

(9)15 日，从银行提取库存现金 30 000 元，备发工资。

(10)15 日，以库存现金 30 000 元发放工资。

(11)16 日，采购员王力预支差旅费 2 000 元，以库存现金付讫。

(12)18 日，用银行存款支付报刊费 3 000 元。

(13)20 日，用银行存款支付本月借款利息 3 000 元。

(14)21 日，销售了 A 产品 3 000 件，每件 2 500 元；B 产品 1 000 件，每件 1 200 元，增值税税率为 13%，款已收存银行。

(15)22 日，采购员王力回来报销差旅费 1 800 元，余款收回库存现金。

(16)23 日，以银行存款支付广告费 6 000 元。

(17)24 日，销售积压多余的原材料收回货款 3 000 元，增值税税率为 13%，货款收存银行。

(18)25 日，转让一项无形资产 30 000 元，款已收存银行。

(19)26 日，向受灾地区捐赠人民币 10 000 元。

(20)27 日，用银行存款购买一台不需安装的设备，买价 30 000 元，运费 3 000 元，增值税税率为 13%，用银行存款付讫。

【实训要求】

根据实训情境，分别填制收款凭证、付款凭证，根据相关凭证登记库存现金日记账和银行存款日记账。

财产清查

○ **知识目标：**

理解：财产清查的概念、意义和种类，财产清查前的准备工作。

熟知：货币资金、实物财产、固定资产、债权债务的清查方法。

掌握：实物财产的盘存制度、财产清查结果的账务处理。

○ **技能目标：**

能够编制银行存款余额调节表，能够掌握并运用财产清查结果的账务处理。

○ **素质目标：**

运用所学财产清查的理论与实务知识研究相关案例，培养和提高学生在特定业务情境中分析问题与决策设计的能力；能结合行业规范或标准，分析会计行为的善恶，强化学生的职业道德素质，培养学生实事求是、严肃认真、客观公正的意识。

○ **项目引例：**

财产清查与账实相符

背景与情境：星海公司出纳员小王由于刚参加工作不久，对货币资金业务管理和核算的相关规定不甚了解，所以出现了一些不应有的错误。

一是，在 2019 年 6 月 8 日和 10 日两天的现金业务结束后例行库存现金清查中，分别发现现金短缺 50 元和现金溢余 20 元的情况。对此，他经过反复思考也弄不明白原因。为了保全自己的面子和息事宁人，同时考虑到两次账实不符的金额很小，他决定采取下列办法进行处理：现金短缺 50 元，自掏腰包补齐；现金溢余 20 元，暂时收起。

二是，星海公司经常对其银行存款的实有金额心中无数，甚至影响到公司日常业务的核算。公司经理因此指派有关人员检查小王的工作，结果发现，每次编制银行存款余额调节表时，公司只根据银行存款日记账余额加减对账单中企业未入账款项来确定公司银行存款实有数，而且每次做完此项工作以后，小王就立即将这些未入账的款项登记入账。

可见，小王对库存现金及银行存款清查结果的处理欠妥。他的处理方法掩盖了单位在资产管理中的问题，也不符合资产管理的基本要求。

对货币资金清查及正确的账务处理是保证货币资金安全及“账实相符”的有效途径。除货币资金外，存货、固定资产和往来账款均应进行清查，以确定账面记载与实际情况是否相符，同时也可及时发现并处理已无使用价值的各项资产，使财务信息更相关有用。

引例导学：什么是财产清查？财产清查如何进行账务处理？

○ **知识准备：**

任务一 财产清查概述

一、财产清查的概念、账实不符的原因和意义

(一)财产清查的概念

财产清查是指通过对货币资金、实物资产和往来款项的盘点或核对，确定其实存数，查明账存数与实存数是否相符的一种专门的方法。通过财产清查，可以明确经济责任，挖掘财产物资的潜力，加强对财产物资的管理，加速资金周转，保证账簿记录和会计报表信息的真实性。

(二)造成账实不符的原因

造成账实不符的原因，可能有账簿记录方面的，也可能有财产管理方面的。此外，也可能是自然因素、技术等其他原因。

(1)在财产物资收发中，由于计量、检验不准确而发生的品种、规格、数量和质量上的差错。

(2)在财产物资上的记账错误，如漏记账、重复记账和记错账等。

(3)在财产物资的保管过程中，由于财产物资本身的物理或化学性能变化引起的损耗，如风干、受潮、挥发等。

(4)由于管理不善或工作人员失职，造成财产物资损失、变质或短缺等。

(5)贪污盗窃、营私舞弊造成财产物资的短缺和损失。

(6)自然灾害和其他不可抗力造成的非正常损失。

(7)未达账项等形成的银行存款及其他债权债务各方记载不一致。

(三)财产清查的意义

由于上述客观及主观因素的存在，账实不符的情况会经常发生。为了保证会计资料真实可靠，必须运用财产清查的方法，对各项财产进行定期或不定期的盘点和核对，发现账实不符的详细情况，并查清不符的原因，及时采取措施。财产清查可充分发挥会计工作在经济活动中的监督作用，对会计核算和经营管理具有重要意义。其意义具体表现在以下几方面：

1. 确保会计资料真实可靠

通过财产清查，可以查明各项财产的实有数与账面数是否相符，确定账实差异，明确盘盈盘亏的原因和责任。

2. 确保财产安全完整

通过财产清查，可以检查各种财产的储备和利用情况，查明财产保管等制度的执行情况。同时，可以查明各项财产有无被挪用、贪污和盗窃的情况，还可以查明各项财产保管是否妥善，有无损坏、霉烂和变质等情况，以便采取得力措施，加强管理，确保财产安全完整。

3. 促进财产物资有效使用

通过财产清查及时发现并处理已无使用价值的财产，提高财产使用效率，改善经营管理。

4. 确保财经纪律贯彻执行

在财产清查中，如果发现“白条抵库”、债权债务长期挂账等问题，应及时查明原因，采取措施，确保各项财务活动合法进行。

【案例应用 7-1】　　出纳人员职业道德

案例提示 7-1

背景与情境：出纳人员直接与货币资金打交道，可见这个岗位是非常重要的，对出纳人员的职业道德要求也非常高。如果用人不当，又遇管理失控，可能会给公司带来不可挽回的经济损失。

某公司出纳员张某投资股市被套牢，急于翻本又苦于没有资金。于是，他开始对自己每天经手的现金动了邪念。凭着财务主管对他的信任，他拿了财务主管的财务专用章在自己保管的空白现金支票上任意盖章取款。月底，银行对账单也是由他到银行提取且自行核对，因此在很长一段时间未被发现。至案发时，公司蒙受了巨大的经济损失。

问题：张某的行为符合职业道德及会计伦理吗？张某的违法问题在很长一段时间未被发现，为什么？

二、财产清查的种类

财产清查是会计核算的一种专门方法。按不同的分类标准可将财产清查分为不同的种类。

(一)按照清查对象和范围的大小不同，可分为全面清查和局部清查

1. 全面清查

全面清查是指对属于本单位或存放在本单位的全部财产物资、货币资金和各项债权债务进行盘点和核对。全面清查的对象一般包括：

(1)货币资金，包括库存现金、银行存款等。

(2)财产物资，包括本单位所有固定资产、库存商品、材料物资、包装物、低值易耗品，属于本单位但在途中的各种在途商品、在途材料物资，存放在本单位的代销商品、材料物资等。

(3)债权债务，包括各项应收款项、应付款项、应交款项、银行借款等。

全面清查范围广、内容多、花费的时间长。一般在以下几种情况下，才需进行全面清查：①年终决算前，需进行一次全面清查；②单位撤销、合并或改变隶属关系时，需进行全面清查，以明确经济责任；③中外合资、国内联营，需进行全面清查；④开展清产核资，需进行全面清查，以摸清家底，准确地核定资金；⑤单位主要负责人调离工作，需要进行全面清查。

2. 局部清查

局部清查是指根据需要对一部分财产物资进行的清查。其清查对象主要是流动性较大的财产，如库存现金、库存商品、材料物资、包装物等。局部清查范围小，涉及人员少，但专业性较强，一般包括：①库存现金，出纳人员应于每日业务终了时清点核对；②银行存款，出纳人员每月至少同银行核对一次；③对于各种有价证券和贵重物资，每月应清查盘点一次；④对于一般的库存商品、材料物资、包装物等，年内应轮流盘点或重点抽查；⑤债权债务，每年至少应同对方核对 1～2 次。

(二)按照清查的时间不同，可分为定期清查和不定期清查

1. 定期清查

定期清查是指按规定或预先计划安排的时间对财产物资所进行的清查。这种清查通常是在年末、季末、月末结账前进行，这样可以在编制会计报表前发现账实不符的情况，据以调整有关账簿记录，使账实相符，从而保证会计报表资料的客观真实性。这种清查对象，可以是全面清查，也可以是局部清查。一般年末进行全面清查，季末、月末进行局部清查。

2. 不定期清查

不定期清查是指根据需要所进行的临时清查。一般在以下情况下进行不定期清查:①更换财产、现金保管人员,为了分清经济责任,要对其所保管的财产、现金进行清查;②发生自然灾害或意外损失,为了查明损失情况,要对受灾损失的有关财产进行清查;③有关财政、审计、银行等部门对本单位进行会计检查,为了验证会计资料的可靠性,要按检查要求和范围进行清查;④进行临时性清产核资,对某些要求清查的资产进行清查;⑤单位撤销、合并或改变隶属关系时,应对本单位的各项财产物资、货币资金、债权债务进行清查。

上述定期清查、不定期清查,可以是全面清查,也可以是局部清查,应根据实际需要来确定。

(三)按照清查的执行单位分类,可分为内部清查和外部清查

1. 内部清查

内部清查是由企业内部组织的清查工作组负责进行的财产清查工作。企业进行的财产清查大多数是内部清查。内部清查可以是全面清查,也可以是局部清查;可以是定期清查,也可以是不定期清查,根据实际情况和具体要求来确定。

2. 外部清查

外部清查是由本企业以外的组织根据国家有关规定对本企业进行的财产清查。如企业清产核资、重组等过程中的资产评估,都属于外部清查。外部清查可以是定期清查,也可以是不定期清查;可以是全面清查,也可以是局部清查。

**【案例应用 7-2】　　“实”与“账”**

案例提示 7—2

求实公司 2019 年 12 月 31 日对存货进行了盘点,发现 2019 年 12 月 30 日收到一批价值为 2 800 元的采购材料,并在仓库实物账中进行了数量登记。因尚未收到采购发票及相关单据,故未计入 2019 年 12 月 31 日的原材料明细账及总账。求实公司对该批存货的处理是否正确?为什么?

任务二　财产清查的方法

任务课件

一、财产清查的准备工作

财产清查是一项复杂细致的工作,它涉及面广、政策性强、工作量大。为了加强领导,保质保量地完成此项工作,一般应在单位负责人(如厂长或经理等)的领导下,由会计、业务、仓库等有关部门的人员组成财产清查的专门班子,具体负责财产清查的领导工作。在清查前,必须首先做好各项准备工作。

(一)组织准备

无论是内部清查还是外部清查,都应抽调专职人员组成财产清查小组,执行财产清查的任务。清查小组应制订清查计划,确定清查对象、范围,明确清查任务。在清查工作开始前,必须对清查人员进行短期的培训,使其掌握清查的方法。清查完毕,要如实地写出清查报告。

(二)业务准备

为了使财产清查工作顺利进行,清查之前必须做好以下几方面工作:

(1)将所有经济业务全部入账并进行试算平衡,认真核对总账与其所属明细账的余额,以保证账簿记录的正确性。

(2)仓库管理人员必须在月结之前对各种实物进行整理,按其分类整齐排列,并挂上标签,标明财产物资的品种、规格、型号及结存数量,以便清查时与账簿记录核对。

(3)对需要使用的度量衡器,要提前校验正确,以减少误差。

(4)准备好各种空白的清查盘点表(参见表7—1)。

二、货币资金的清查

企业的货币资金包括库存现金、银行存款和其他货币资金等。对货币资金的清查,主要是对库存现金和银行存款的清查。

(一)库存现金的清查

库存现金的清查,通常采用实地盘点的方法,即通过实地盘点先确定库存现金的实存数,并与库存现金日记账的账面余额相核对,来判断账实是否一致。如果不一致,要查明原因,并根据不同情况提出处理意见。

提示:库存现金的清查,一般由盘点人员和出纳人员共同进行。对于存放在不同地点的库存现金或备用现金,应同时进行清点。对于尚未入账的临时性借条以及尚未领取的代保管现金,都不应该计入实存金额。此外,还应注意有无违反现金管理制度的现象。为了增强库存现金清查的有效性,可以采取不定期突击检查的方式。

清查完毕后,编制现金盘点报告表,如表7—1所示,并由盘点人员和出纳人员签章。现金盘点报告表兼有盘存单和实存账存对比表的作用,是反映现金实有数和调整账簿记录的重要原始凭证。

表7—1　　现金盘点报告表

单位名称:　　　　年　　月　　日

实存金额	账存金额	对比结果		备　注
		盘　盈	盘　亏	

盘点人员签章:　　　　　　　　出纳人员签章:

(二)银行存款的清查

1. 银行存款的清查方法

银行存款的清查,与库存现金的清查方法不同,它是采用与银行核对账目的方法来进行的。它是将企业单位的银行存款日记账与从银行取得的对账单逐笔核对,以查明银行存款的收入、付出和结余的记录是否正确。

银行对账单是银行记录企业单位存款的打印账页,它完整地记录了企业单位存放在银行的款项的增减变动情况及结存余额,是进行银行存款清查的重要依据。

由于银行存款收付业务很多,企业和银行的入账时间又各不相同,所以在实际工作中,企业银行存款日记账余额与银行对账单余额往往不一致,其原因主要有两个方面:一是双方账目发生错账、漏账；二是存在着正常的“未达账项”。所谓“未达账项”，是指单位和银行之间，由于双方记账时间不一致而发生的一方已经入账，而另一方尚未入账的款项。未达账项有以下四种情况：

(1)企业已收，银行未收的款项

如企业将收到的支票送存银行，即根据银行加盖印章的进账单回单联登记银行存款的增加；而银行则需待款项从付款人账户转进企业账户后才能进行账务处理。

(2)企业已付，银行未付的款项

如企业开出支票，即可根据支票存根及其他原始凭证登记银行存款的减少，而收款人接收支票后并不一定立刻送交银行(支票规定有 10 天提示付款期限)，此时银行由于未收到支票，也就未进行账务处理。

(3)银行已收，企业未收的款项

如银行已经结算的企业存款利息，因利息结算凭证(利息清单回单)尚未送达，企业银行存款账中未登记银行存款的增加。

(4)银行已付，企业未付的款项

如银行代扣企业水、电费等业务，银行已取得支付款项的凭证并已登记入账，而企业尚未接到结算凭证，未登记银行存款的减少。

上述四种情况中任何一种情况的发生，都会使银企双方的账面存款余额不一致。因此，为了查明企业单位和银行双方账目的记录有无差错，同时也是为了发现未达账项，在进行银行存款清查时，必须将企业单位的银行存款日记账与银行对账单逐笔核对。核对的内容包括收付金额、结算凭证的种类和号数、发生的时间等。通过核对，如果发现企业单位有错账或漏账，应立即更正；如果发现银行有错账或漏账，应及时通知银行查明更正；如果发现有未达账项，则应据以编制银行存款余额调节表进行调节，并验证调节后余额是否相等。

银行存款余额调节表的编制，是以双方账面余额为基础，各自分别加上对方已收款入账而己方尚未入账的数额，减去对方已付款入账而己方尚未入账的数额。其计算公式如下：

企业银行存款日记账余额＋银行已收企业未收款－银行已付企业未付款＝银行对账单存款余额＋企业已收银行未收款－企业已付银行未付款

如果相等，表明双方记账都是正确的；如果调节后双方的余额仍不相等，表明还存在记账错误，应进一步查明原因，并按照错账更正的方法予以更正。

【做中学 7—1】 2019 年 9 月 30 日，某企业银行存款日记账的账面余额为 310 000 元，银行对账单的余额为 360 000 元，经逐笔核对，发现有下列未达账项：

(1)29 日，企业销售产品后收到转账支票一张，计 40 000 元，将支票存入银行，银行尚未办理入账手续。

(2)29 日，企业采购原材料开出转账支票一张，计 13 000 元，企业已作银行存款付出，银行尚未收到支票而未入账。

(3)30 日，银行代企业收回货款 80 000 元，收款通知尚未到达企业，企业尚未入账。

(4)30 日，银行代付电费 3 000 元，付款通知尚未到达企业，企业尚未入账。

根据以上资料编制银行存款余额调节表，如表 7—2 所示。

表 7—2　　**银行存款余额调节表**

2019 年 9 月 30 日　　单位:元

项　目	金　额	项　目	金　额
企业银行存款日记账余额	310 000	银行对账单余额	360 000
加:银行已收,企业未收的款项	80 000	加:企业已收,银行未收的款项	40 000
减:银行已付,企业未付的款项	3 000	减:企业已付,银行未付的款项	13 000
调节后余额	387 000	调节后余额	387 000

2. 银行存款的清查步骤

银行存款清查一般采用账目核对法,即将企业银行存款日记账与其开户银行提供的银行对账单逐笔进行核对。具体步骤是:

①对账前,企业出纳员应检查银行存款日记账记录是否正确完整,如发现错误,应及时更正。

②收到银行对账单后,应将银行存款日记账上的每笔业务与银行对账单上每笔业务进行核对。

③对账过程中,如果发现银行对账单上的存款余额与企业银行存款日记账上的余额不相符,应查明原因。

④编制银行存款余额调节表。如果企业有多个存款账户,应分别按存款账户开设“银行存款日记账”。月底应分别将各账户的“银行存款日记账”与其对应的“银行对账单”核对,并分别编制各账户的“银行存款余额调节表”。

3. 银行存款清查结果处理

“银行存款余额调节表”调节后的存款余额相等,一般可以说明双方记账没有差错。如果经调节仍不相等,要么是未达账项未全部查出,要么是一方或双方记账出现差错,需要进一步采用对账方法查明原因,加以更正。调节相等后的银行存款余额是当日可以动用的银行存款实有数,但不需要根据“银行存款余额调节表”进行账务处理。

特别提示:“银行存款余额调节表”不是原始凭证,对于银行已经入账,而企业尚未入账的未达账项,要待银行结算凭证到达后,才能据以入账。

三、存货的清查

(一)存货的盘存制度

存货清查的重要环节是盘点存货的实存数量,为了使盘点工作顺利进行,应建立一定的盘存制度。存货的盘存制度主要有以下两种:

1. 永续盘存制

永续盘存制又称账面盘存制,是指各项存货的收入和发出,都必须根据会计凭证,在存货的有关账簿中逐笔地进行连续登记,并随时结出余额的方法。进行实物盘点时,只需根据账面结存数进行即可。计算公式为:

存货期末账面数量＝期初账面数量＋本期购进数量－本期发出数量

永续盘存制的优点是核算手续严密,能及时反映各项存货的收、发、存情况,有利于对存货的日常监督和管理(但与实地盘存制相比,其日常核算工作量大)。在实际工作中,除少数特殊存货外，一般都采用永续盘存制。

2. 实地盘存制

实地盘存制又称定期盘存制，是指对企业存货的账面记录，平时只登记收入数，不登记发出数，月末结账时，根据实地盘点存货的实际结存数作为该项存货期末账面结存数，据此倒轧出该项存货的本期发出数，并据以登记入账的方法。计算公式为：

某项存货本期发出数＝账面期初数＋本期增加数－期末盘点结存数

实地盘存制的优点是可简化存货的核算手续。其缺点是存货的收、发手续不严密；不能通过账簿记录随时反映存货的收、发、存情况；对存货因管理不善造成的不合理短缺、霉烂变质、超定额损耗，以及贪污盗窃的损失，不能进行反映和控制，而全部记入本期发出数中；反映的数字不够准确，不利于加强对企业存货的管理。在实际工作中，除那些价值较低、进出频繁的库存物资（如煤炭、矿石等）采用实地盘存制外，一般情况下不采用这种盘存制度。

在两种不同的盘存制度下，对库存物资进行盘点的目的也不同。永续盘存制下的盘点，是为了保证账实相符；实地盘存制下的盘点，是为了计算库存物资的成本。

（二）存货的清查方法

对于各项存货如原材料、半成品、在产品、产成品等，都要从数量和质量上进行清查。由于存货的形态、体积、重量、堆放方式等不尽相同，因而所采用的清查方法也不尽相同。清查的方法主要有以下两种：

1. 实地盘点法

实地盘点法是指在实地通过现场逐一清点或用计量器具来确定存货的实存数量。其适用的范围较广，在大多数情况下，存货的清查可以采用这种方法。

2. 技术推算法

技术推算法是指通过量方、计尺等技术推算存货的结存数量。这种方法只适用于成堆、量大，而价值又不高的，难以逐一清点的存货的清查。如露天堆放的煤炭、矿石等，可采用技术推算法，而不必详细清点。

对于存货的质量，应根据不同的物品采用不同的检查方法，例如有的采用物理方法，有的采用化学方法。

在存货的清查过程中，实物保管人员和盘点人员必须同时在场。对于盘点结果，应如实登记盘存单，并由盘点人员和实物保管人员签字或盖章，以明确经济责任。盘存单既是记录盘点结果的书面证明，也是反映存货实存数的原始凭证。在实际工作中，为了加快盘点速度，一般都事先按实物明细账中的顺序，将存货的编号、名称、规格、计量单位和单价等在盘存单中写好，盘点时只填列实存数量即可。盘存单的一般格式如表 7－3 所示。

对于在盘点中发现的实存数与账存数不相符的情况，应根据盘存单和有关账簿的记录，编制实存账存对比表。实存账存对比表是用以调整账簿记录的重要原始凭证，也是分析存货实存和账存产生差异的原因、明确经济责任、提出处理意见的依据。实存账存对比表的一般格式如表 7－4 所示。

表 7—3　　**盘存单**

单位名称：　　　　盘点时间：　　　　编号：

财产类别：　　　　存放地点：

编号	名称	规格型号	计量单位	数量	单价	金额	备注

盘点人员签章：　　　　保管人员签章：

表 7—4　　**实存账存对比表**

年　　月　　日

编号	名称及规格	计量单位	单价	对比结果								备注
				实存		账存		盘盈		盘亏		
				数量	金额	数量	金额	数量	金额	数量	金额	

主管人员：　　　　会计：　　　　制表：

对于委托外单位加工、保管的材料、商品、物资以及在途的材料、商品、物资等，可以用函件询证的方法与有关单位进行核对，以查明账实是否相符。

四、固定资产的清查

固定资产的清查一般在年末进行。清查时按照固定资产的分类，成立清查小组，分别清查房屋建筑物、机器设备、交通工具等。其清查的常用方法与前述存货清查的方法基本相同，不再重述。清查完毕应编制固定资产盘盈盘亏报告表。其一般格式如表 7—5 所示。

表 7—5　　**固定资产盘盈盘亏报告表**

部门：　　　　年　　月　　日

编号	名称	规格及型号	盘　盈			盘　亏			毁　损			原因
			数量	重估价	累计折旧	数量	原价	已提折旧	数量	原价	已提折旧	
处理意见	审批部门			清查小组				使用保管部门				

主管人员：　　　　会计：　　　　制表：

五、债权债务的清查

债权债务的清查，即往来款项的清查，是指企业对各项应收应付款、预收预付款等往来款项的核实和查对。清查时，采用与对方单位核对账目的方法。在清查过程中，不仅要查明债权债务的余额，还要查明形成的原因，尤其应注意查明有无双方发生争议的款项、无法收回的款项以及无法支付的款项，以便及时采取措施进行处理，避免或减少坏账损失。清查的一般程序为：

1. 检查核对账簿记录

会计人员应将本单位的债权债务全部登记入账，保证账簿记录的完整性，并通过与有关凭证核对账簿，保证账簿记录准确无误。

2. 编制对账单

按债权债务人逐个编制对账单，并将编制的对账单交债权债务人进行核对，确认债权债务情况。对账单一般有两联：一联由对方留存；另一联作为回单，要求对方单位核对后注明核对结果并盖章退回。如果退回的对账单注明是核对相符的，可以直接在对账单上注明“核对无误”；如果注明是核对不符的，则要求标注对方账面金额及不符情况，作为进一步核对的依据。债权债务款项对账单的一般格式如表 7－6 所示。

表 7－6　　　　债权债务款项对账单

对账单位名称：　　　　年　　月　　日　　　　编号：

会计科目名称	截止日期	会计事项摘要	账面余额(元)

单位名称及签章：

3. 编制债权债务清查结果报告表

清查结束后，清查人员应根据清查的问题和情况，及时编制债权债务清查结果报告表。对于本单位同对方单位或个人有争议的款项，收回希望较小和无法支付的款项，应当在报告中尽可能详细地说明，以便有关部门及时采取措施，减少不必要的坏账损失。债权债务清查结果报告表的一般格式如表 7－7 所示。

表 7－7　　　　债权债务清查结果报告表

总分类账户名称：　　　　年　　月　　日

明细分类账户		清查结果		核对不符原因分析			备　注
名称	账面余额	核对相符金额	核对不符金额	未达账项金额	有争议款项金额	其他	

主管人员：　　　　会计：　　　　制表：

财产清查工作结束后，应认真整理清查资料，对清查工作中发现的问题，要分析原因并提出解决措施，撰写财产清查报告，对财产清查中发现的问题做出客观公正的评价。

任务三　财产清查结果的账务处理

任务课件

在财产清查中发现的各种财产物资盘盈、盘亏和毁损，应当在会计期末前查明原因，并根据企业财产物资盈亏处理的管理权限，经股东大会或董事会，或经理（厂长）会议或类似机构批准后，在期末结账前处理完毕。

一、账户设置

为了核算和监督企业在财产清查中财产物资的盘盈、盘亏和毁损情况，应设置"待处理财产损溢"账户。该账户用来核算企业在财产清查中查明的各种财产物资的盘盈、盘亏和毁损的价值。其贷方登记发生待处理财产物资的盘盈数，以及报经批准后的盘亏、毁损的转销数，借方登记待处理财产物资的盘亏和毁损数，以及经批准后盘盈的转销数。该账户处理前的借方余额，反映企业尚未处理的各种财产物资的净损失；处理前的贷方余额，反映企业尚未处理的各种财产的净溢余。期末处理后该账户应无余额。在此账户下，应设置"待处理流动资产损溢"和"待处理固定资产损溢"两个明细账户进行明细分类核算。"待处理财产损溢"账户核算的内容，如图 7－1 所示。

待处理财产损溢	
尚未处理的各种财产物资的净损失 批准处理的各种财产物资的净溢余	尚未处理的各种财产物资的净溢余 批准处理的各种财产物资的净损失

图 7－1　"待处理财产损溢"账户的核算内容

由于财产清查结果的处理需要报经批准，所以在账务处理上通常要分两步进行：①将财产物资清查中发现的盘盈、盘亏或毁损数，通过"待处理财产损溢"账户，登记有关账簿，以调整账面记录，使账存数与实存数相一致；②按照财产物资清查处理权限规定，在经有权审批人员或机构审批的基础上，根据批准的处理意见，从"待处理财产损溢"账户转入有关账户。

【案例应用 7－3】　　财产清查结果的账务处理

案例提示 7－3

背景与情境：天宇公司是一家小企业，财产清查结束后，需要对盘盈盘亏财产进行相应的账务处理，公司会计人员按一般企业处理方法设置了"待处理财产损溢"科目，先将盘盈盘亏财产转入"待处理财产损溢"科目，待批准后再转入费用或其他相关科目。

问题：天宇公司作为小企业是否与一般企业一样应对财产清查结果进行处理？能否进行简化处理？

二、账务处理

(一)现金清查结果的账务处理

1. 现金盘盈

发现现金盘盈,应查明原因,及时办理现金入账手续,调整现金账面记录。借记“库存现金”账户,贷记“待处理财产损溢”账户。经有关部门或有关人员批准后,借记“待处理财产损溢”账户,贷记有关账户。

【做中学 7-2】 某企业在现金清查中,发现现金长款 500 元,其中 300 元是在与甲单位结算零星销货款时多收的现金,另外 200 元不明,经批准记入“营业外收入”账户。

在清点后(报批前),为做到账实相符,应列账待查。根据“现金盘点报告表”确认长款数额,作调整分录:

借:库存现金　　500

　　贷:待处理财产损溢——待处理流动资产损溢　　500

经批准后,作会计分录:

借:待处理财产损溢——待处理流动资产损溢　　500

　　贷:营业外收入　　200

　　　　应付账款——甲单位　　300

2. 现金盘亏

发现现金盘亏,应先转入“待处理财产损溢”账户,待批准后再根据不同情况进行处理:能确定具体交款单位的错点、少收款,先记入“其他应收款”;不能确定具体交款单位的错点、少收款,一般由责任人赔偿,超过责任人赔偿额部分,记入“营业外支出”账户。

【做中学 7-3】 某企业在现金清查中,发现短款 600 元,出纳人员无法说明原因,经有关部门研究决定,由出纳人员赔偿。

在清点后(报批前),为做到账实相符,应列账待查。根据“现金盘点报告表”确认短款数额,作调整分录:

借:待处理财产损溢——待处理流动资产损溢　　600

　　贷:库存现金　　600

经批准后,作会计分录:

借:其他应收款——出纳人员　　600

　　贷:待处理财产损溢——待处理流动资产损溢　　600

(二)存货清查结果的账务处理

1. 存货盘盈

对于财产清查中发现的存货盘盈,应及时根据“实存账存对比表”所确定的盘盈数额入账,调整存货账面数,以免形成账外资产。在报经批准以前,按盘盈存货的计划成本或估计成本,借记“原材料”“库存商品”等有关存货账户,贷记“待处理财产损溢——待处理流动资产损溢”账户。经查明原因,确定是由于收发计量差错造成的,经有关部门批准后,冲减管理费用。

【做中学 7-4】 某企业在存货清查中,盘盈 A 材料 200 千克,该类材料的市场价格为 50 元/千克。经查明原因,确定是由于收发计量器具不准确所造成的。

批准前,应作如下会计分录:

借:原材料——A 材料　　10 000

　　贷:待处理财产损溢——待处理流动资产损溢　　10 000

批准后,应编制如下会计分录:

借:待处理财产损溢——待处理流动资产损溢　　10 000

　　贷:管理费用　　10 000

2. 存货盘亏及毁损

对于盘亏及毁损的存货,在报经批准以前,按盘亏或毁损存货的实际成本,贷记"原材料""库存商品"等有关存货账户;同时,根据国家有关增值税管理条例的规定,非正常消耗材料等相应的进项税额不允许抵扣,应予以转出,贷记"应交税费——应交增值税(进项税额转出)"账户;按其实际成本和进项税额的合计数,借记"待处理财产损溢——待处理流动资产损溢"账户。

特别提示:待确定原因并报经批准后,根据盘亏或毁损的形成原因,分别按以下处理原则进行处理:

(1)属于定额内的自然损耗,经批准后转作管理费用。

(2)属于计量收发差错或管理不善等原因造成的存货短缺和毁损,应先扣除残料价值和可以收回的保险赔偿及过失人的赔偿,然后将净损失计入管理费用。

(3)属于自然灾害或意外事故造成的存货毁损,应先扣除残料价值和可以收回的保险赔偿,然后将净损失转作营业外支出。

进行账务处理时,对应该由企业承担的部分,借记"管理费用"账户;对保险赔偿或过失人赔偿的部分,借记"其他应收款"账户;自然灾害造成的净损失,借记"营业外支出"账户。贷记"待处理财产损溢——待处理流动资产损溢"账户。

【做中学 7—5】　在财产清查中,发现购进的甲材料实际库存较账面库存短缺 10 000 元,该批材料的进项税额为 1 300 元。

(1)报经批准前,先调整账面余额,作如下会计分录:

借:待处理财产损溢——待处理流动资产损溢　　11 300

　　贷:原材料——甲材料　　10 000

　　　　应交税费——应交增值税(进项税额转出)　　1 300

(2)报经批准,如属于定额内的自然损耗,则应作为管理费用,记入本期损益,作如下会计分录:

借:管理费用　　11 300

　　贷:待处理财产损溢——待处理流动资产损溢　　11 300

(注:按照增值税条例有关规定,如属于定额内的自然损耗,不需转出进项税额,上述记账金额则为 10 000 元。)

(3)如果经查实,上述盘亏材料属于管理人员过失造成,应由过失人赔偿,作如下会计分录:

借:其他应收款——过失人　　11 300

　　贷:待处理财产损溢——待处理流动资产损溢　　11 300

(4)如果属于自然灾害造成的损失,经批准列作营业外支出,作如下会计分录:

借:营业外支出　　11 300

贷:待处理财产损溢——待处理流动资产损溢 11 300

(注:按照增值税条例有关规定,如属于自然灾害造成的损失,不需转出进项税额,上述记账金额则为 10 000 元。)

(三)固定资产清查结果的账务处理

1. 固定资产盘盈

知识链接:按照现行会计准则规定,企业在清查中盘盈的固定资产,应作前期差错处理。在按管理权限和程序报批前先通过“以前年度损益调整”科目核算;同时,按同类或类似固定资产的市场价格减去估计损耗价后的余额作为入账价值,或者按该项固定资产预计未来现金流量的现值作为入账价值。待批准后,按规定计算应交所得税、计提盈余公积,余下部分作为未分配利润转入以后年度分配。

企业在盘盈固定资产时:

(1)应确定盘盈固定资产的原值、累计折旧和固定资产净值。根据确定的固定资产原值借记“固定资产”,贷记“累计折旧”,将两者的差额贷记“以前年度损益调整”。

(2)再计算应纳的所得税费用,借记“以前年度损益调整”科目,贷记“应交税费——应交所得税”;接着补提盈余公积,借记“以前年度损益调整”科目,贷记“盈余公积”。

(3)调整利润分配,借记“以前年度损益调整”,贷记“利润分配——未分配利润”。

【做中学 7—6】 甲公司年末在固定资产清查中,发现一台账外设备,该类设备尚存在活跃市场,按类似设备的市场价格减去按新旧程度估计的价值损耗后的余额为 40 000 元,当即填写了“固定资产盘点盈亏报告表”,并上报有关机构审批。查所得税税率为 25%,法定盈余公积提取比例为 10%。公司管理机构批复按会计准则的有关规定处理。编制会计分录如下:

(1)报批前将盘盈固定资产登记入账:

借:固定资产 40 000

贷:以前年度损益调整 40 000

(2)批准后计算应交所得税:

应交所得税=40 000×25%=10 000(元)

借:以前年度损益调整 10 000

贷:应交税费——应交所得税 10 000

(3)结转留存收益:

借:以前年度损益调整 30 000

贷:盈余公积——法定盈余公积 3 000

利润分配——未分配利润 27 000

2. 固定资产盘亏

发生固定资产盘亏时,按盘亏的固定资产的净值,借记“待处理财产损溢——待处理固定资产损溢”账户;按已提折旧额,借记“累计折旧”账户;按固定资产的原价,贷记“固定资产”账户。经批准后,将盘亏的固定资产的净值转作营业外支出,借记“营业外支出”账户,贷记“待处理财产损溢——待处理固定资产损溢”账户。

【做中学 7—7】 某企业在财产清查过程中,发现短缺办公设备一台,该设备原值 50 000 元,已提折旧 20 000 元。

报经批准以前,作如下会计分录:

借:待处理财产损溢——待处理固定资产损溢　　30 000

　　累计折旧　　20 000

　　贷:固定资产　　50 000

报经批准以后,作为营业外支出处理,作如下会计分录:

借:营业外支出　　30 000

　　贷:待处理财产损溢——待处理固定资产损溢　　30 000

如应追究有关人员责任,责成当事人员赔偿的款项,暂列入"其他应收款"账户。

【案例应用 7－4】　　财产管理制度与账务处理程序

背景与情境:某企业的副经理王某,将企业正在使用的一台设备借给其朋友使用,未办理任何手续。清查人员在年底盘点时发现盘亏了一台设备,原值为 25 万元,已提折旧 5 万元,净值为 20 万元。经查属王某所为,于是派人向借方追索。但借方声称,该设备已被盗。当问及王某对此处理意见时,王某建议按正常报废处理。

案例提示 7－4

问题:盘亏设备按正常报废处理是否符合要求?企业应怎样正确处理盘亏的固定资产?

(四)各项债权债务清查结果的账务处理

在企业各项债权债务的清查过程中发现的确实无法收回的应收账款,以及由于债权单位撤销或不存在等原因造成的确实无法支付的应付账款,不需要通过"待处理财产损溢"账户,而是在报经批准后直接转销。

对于确实无法收回的应收账款,借记"坏账准备"账户,贷记"应收账款"账户;对于确实无法支付的应付账款,直接确认为营业外收入,借记"应付账款"账户,贷记"营业外收入"账户。

【做中学 7—8】　某企业在财产清查中,查明确实无法收回的账款 30 000 元,经批准作为坏账损失。作如下会计分录:

借:坏账准备　　30 000

　　贷:应收账款(或其他应收款)　　30 000

【做中学 7—9】　某企业在财产清查中,查明应付某单位的货款 2 000 元确实无法支付,经批准列作营业外收入。作如下会计分录:

借:应付账款　　2 000

　　贷:营业外收入　　2 000

提示:对坏账损失的处理有两种方法:一是"直接转销法",即确认应收款项无法收回时直接计入信用减值损失;二是"备抵法",即平时按一定方法计提坏账准备金,计入资产减值损失,待坏账发生时,冲减坏账准备。《企业会计准则》规定,一般企业应收款项确认减值损失采用备抵法,计提坏账准备。

【做中学 7—10】　某企业 2019 年 6 月 30 日对往来账款进行清查,发现 A 公司所欠本公司的货款 2 500 元确认无法收回,经批准作为坏账损失处理。

①采用直接转销法

借:信用减值损失　　2 500

　　贷:应收账款　　2 500

②采用备抵法

借:坏账准备 2 500

贷:应收账款 2 500

应知考核

一、单项选择题

1. 库存现金的清查方法是(　　)。

A. 实地盘点法　B. 技术推算法　C. 账目核对法　D. 抽样盘点法

2. 银行存款的清查方法是(　　)。

A. 实地盘存法　B. 技术推算法　C. 账目核对法　D. 抽样盘点法

3. 存货清查现场要填写(　　)。

A. 存货盘点表　B. 账存实存对比表

C. 存货清查结果分析表　D. 存货清查结果处理意如表

4. 账存实存对比表是(　　)。

A. 收款凭证　B. 付款凭证　C. 转账凭证　D. 原始凭证

5. 固定资产盘亏,经批准处理前,不使用(　　)账户。

A."固定资产"　B."累计折旧"

C."待处理财产损溢"　D."营业外支出"

6. 固定资产盘盈时,不使用(　　)账户。

A."固定资产"　B."累计折旧"

C."待处理财产损溢"　D."以前年度损益调整"

7. 财产清查结果账务处理完毕后,会计期末"待处理财产损溢"账户为(　　)。

A. 借方余额　B. 贷方余额

C. 借方或贷方余额　D. 无余额

8."银行存款余额调节表"调整后的存款余额是(　　)。

A. 企业可以支用的银行存款实存数额　B. 银行存款期末余额

C. 平衡余额　D. 未达账项

9. 清查往来款项时,如果有未达账项,应进行调整,待收到正式凭证后(　　)。

A. 编制对账单　B. 作为坏账损失

C. 再做账簿调整　D. 冲减应收账款

10. 在企业进行财产清查时,发现存货盘亏,经批准核销,正确的账务处理方法为(　　)。

A. 借:库存商品
　　贷:待处理财产损溢

B. 借:待处理财产损溢
　　贷:管理费用

C. 借:管理费用
　　贷:待处理财产损溢

D. 借:待处理财产损溢
　　贷:库存商品

二、多项选择题

1. 全面清查,一般是在(　　)时进行。

A. 年终　　B. 季终

C. 月终　　D. 单位撤销、合并或改变隶属关系

2. 月末企业银行存款日记账与银行对账单不一致,造成企业账面存款余额大于银行对账单存款余额的原因可能有(　　)。

A. 企业已收款入账,而银行尚未入账　　B. 企业已付款入账,而银行尚未入账

C. 银行已收款入账,而企业尚未入账　　D. 银行已付款入账,而企业尚未入账

3.“待处理财产损溢”账户属于资产类账户,该账户用于核算各项财产物资的(　　)情况。

A. 盘盈　　B. 盘亏　　C. 货币资产　　D. 固定资产

4. 往来款项的清查主要包括各种(　　)款项的清查。

A. 应收账款　　B. 预收账款　　C. 银行存款　　D. 预付账款

5. 采用实地盘点法进行清查的项目有(　　)。

A. 固定资产　　B. 库存商品　　C. 银行存款　　D. 往来款项

6. 定期清查的时间一般是(　　)。

A. 年末　　B. 月末　　C. 中外合资时　　D. 季末

7. 核对账目法适用于(　　)。

A. 固定资产的清查　　B. 现金的清查

C. 银行存款的清查　　D. 短期借款的清查

8. 全面清查的对象包括(　　)。

A. 货币资金　　B. 各种实物资产

C. 往来款项　　D. 在途物资

9. 财产清查结果的处理步骤是(　　)。

A. 核准数字,查明原因　　B. 调整凭证,做到账实相符

C. 调整账簿,做到账实相符　　D. 进行批准后的账务处理

10. 下列可用作原始凭证,调整账簿记录的有(　　)。

A. 账存实存对比表　　B. 未达账项登记表

C. 现金盘点报告表　　D. 银行存款余额调节表

三、判断题

1. 银行存款的清查,主要是将银行存款日记账与总账进行核对。(　　)

2. 未达账项是造成企业银行存款日记账与银行对账单余额不等的唯一原因。(　　)

3. 月末企业银行存款的实有余额为银行对账单余额加上企业已收、银行未收款项,减去企业已付、银行未付的款项。(　　)

4. 产生未达账项的原因是记账错误,应采用适当的方法予以更正。(　　)

5. 月末应根据“银行存款余额调节表”中调整后的余额进行账务处理,使企业银行存款账户的余额与调整后的余额一致。(　　)

6. 从财产清查的对象和范围看,年终决算前对企业财产物资所进行的清查一般属于全面清查。(　　)

7. 在采用“永续盘存制”下，还需要再对各项财产物资进行实地盘点。（ ）

8. 财产清查也是一种专门的会计核算方法。（ ）

9. 采用永续盘存制的企业，能及时反映各项财产物资的结存额，所以不需要对财产物资进行清查盘点。（ ）

10. 实地盘存制是指月末对财产物资进行实地盘点，落实实际结存数，因此它是一种比较科学的财产物资管理办法。（ ）

四、简述题

1. 对实物财产进行清查的常用方法有哪些？

2. 存货盘存制度有哪几种？其概念是什么？

3. 财产清查完毕后，对清查结果处理分哪几步进行？

2. 什么是未达账项？未达账项有哪些？

3. 如何进行存货清查？

应会考核

■业务考核

【考核项目】

固定资产盘盈财务处理。

【背景资料】

某公司在年末的财产清查中，盘盈机器设备一台，该机器设备（全新）的市场价值是18 000元，盘盈设备六成新。该公司财务人员处理该固定资产时先记入“待处理财产损溢”科目，批准后，转入营业外收入，增加企业当年利润。

问题：

1. 该公司对盘盈机器设备的账务处理是否正确？为什么？

2. 应如何进行固定资产盘盈的账务处理？

3. 关于该公司固定资产清查程序与会计处理方法，你有哪些建议？

■技能考核

【考核项目1】

库存现金清查。

【背景资料】

天顺公司进行库存现金盘点时发现下列情况：

(1)2019年5月31日在进行库存现金清查时，发现库存现金溢余100元，无法查明原因。

(2)在2019年6月30日进行库存现金清查时，发现库存现金短缺210元，其中200元应由出纳员李天承担责任，另外10元无法查明原因。

【考核要求】

1. 根据资料，正确地判断库存现金盘盈盘亏。

2. 根据资料，正确地进行库存现金盘盈的账务处理。

3. 根据资料，正确地进行库存现金盘亏的账务处理。

【考核项目 2】

存货清查。

【背景资料】

天顺公司 2019 年 6 月 30 日在对存货进行清查时，发现下列情况：

(1)财产清查发现库存甲材料库存 980 千克，但甲材料明细账记载数量为 950 千克，单价 5 元/千克。后查明原因是计量器具不准造成的。

(2)财产清查中，发现库存乙材料数量为 1 200 千克，而乙材料明细账记载为 1 500 千克，乙材料单价为每千克 20 元，后查明是因水灾造成，且保险公司可赔偿 5 000 元。

(3)对库存丙商品进行盘存，发现库存丙商品 17 500 只，而丙商品明细账记载为 18 000 只，丙商品单位成本为每只 2 元。后查明是因为自然损耗。

【考核要求】

1. 根据资料，正确地判断存货盘盈盘亏。
2. 根据资料，正确地进行存货盘盈的账务处理。
3. 根据资料，正确地进行存货盘亏的账务处理。

■综合实务

银行存款余额调节表的编制

背景与情境：W 公司在 2019 年 6 月 30 日的银行存款日记账余额为 30 000 元，银行对账单上的余额为 32 000 元，经过逐笔核对发现有下列未达账项：

(1)企业于 5 月 29 日收到转账支票一张计 5 000 元，银行尚未入账。

(2)企业于 6 月 30 日开出转账支票 6 000 元。因持票人尚未到银行办理转账手续，银行尚未入账。

(3)银行于 6 月 21 日计入企业存款户存款利息 1 500 元，但企业尚未入账。

(4)银行于 6 月 28 日从企业存款中代付本月电费 500 元，企业未收到付款通知未入账。

请为 W 公司编制银行存款余额调节表，使调节后的企业账面存款余额与对账单存款余额一致，具体情况如表 7—7 所示。

表 7—7　　**银行存款余额调节表**

单位名称：W 公司　　2019 年 6 月 30 日　　单位：元

项　目	金　额	项　目	金　额
企业账面的存款金额 加：银行已收企业未收的款项 减：银行已付企业未付的款项	30 000	银行对账单存款余额 加：企业已收银行未收的款项 减：企业已付银行未付的款项	32 000
调节后的存款余额		调节后的存款余额	

要求：请根据背景与情境在下列题中填入适当选项。

1. 银行存款清查的方法是(　　)。

A. 实地盘点法　　B. 账目核对法　　C. 技术推算法　　D. 数学统计法

2. 企业的未达账项有(　　)。

A. 银行已收企业未收的款项　　B. 银行已付企业未付的款项

C. 企业已收银行未收的款项　　D. 企业已付银行未付的款项

3. 银行已收企业未收款项和银行已付企业未付款项分别为(　　)元。

A. 1 500　　B. 6 000　　C. 500　　D. 3 100

4. 企业已收银行未收款项和企业已付银行未付款项分别为(　　)元。

A. 1 500　　B. 5 000　　C. 6 000　　D. 500

5. 调节后的存款余额为(　　)元。

A. 3 100　　B. 6 000　　C. 5 000　　D. 3 300

项目实训

【实训项目】

银行存款余额调节表的编制。

【实训情境】

天达公司 2019 年 6 月的银行存款日记账如表 7—8 所示,月底银行转来的银行对账单如表 7—9 所示。

表 7—8　　**银行存款日记账**

账号:27201788018808868123

2019 年		摘　要	结算凭证		借　方	贷　方	结　余
月	日		类型	编号			
6	1	期初余额					65 000
	3	收到货款	支票	00081	28 000		93 000
	5	收到货款	支票	00128	64 000		157 000
	10	支付货款	支票	00101		68 000	89 000
	16	收到货款	支票	00157	50 000		139 000
	29	支付货款	支票	00102		40 000	99 000
	29	提取货款	支票	00103		3 000	96 000
	30	收到货款	支票	00420	30 000		126 000
		本月合计			172 000	111 000	

表 7—9　　**银行对账单**

账号:27201788018808868123　　单位:元

2019 年		摘　要	结算凭证		收　入	支　出	账户余额
月	日		类型	编号			
6	1	结余					65 000
	3	转账存入	支票	00081	28 000		93 000
	6	转账存入	支票	00128	64 000		157 000
	10	转账支取	支票	00101		68 000	89 000
	17	转账存入	支票	00157	50 000		139 000

续表

2019年		摘　要	结算凭证		收　入	支　出	账户余额
月	日		类型	编号			
	26	转账支取	支票	00102		40 000	99 000
	29	转账存入	支票	00421	35 000		134 000
	30	转账支取	支票	00104		45 000	89 000
		本期合计			177 000	153 000	

通过逐笔勾对，发现有如下未达账项：

(1)企业已收、银行未收的款项为 30 000 元；

(2)企业已付、银行未付的款项为 3 000 元；

(3)银行已收、企业未收的款项为 35 000 元；

(4)银行已付、企业未付的款项为 45 000 元。

请编制银行存款余额调节表，如表 7—10 所示。

表 7—10　　**银行存款余额调节表**

账号：27201788018808868123　　2019 年 6 月 30 日　　单位：元

项　目	金　额	项　目	金　额
企业银行存款日记账余额		银行对账单余额	
加：银行已收，企业未收		加：企业已收，银行未收	
减：银行已付，企业未付		减：企业已付，银行未付	
调节后的存款余额		调节后的存款余额	

会计主管：　　制表人：

会计报表

○ **知识目标：**

理解：会计报表的概念、作用及编制要求。

熟知：会计报表的种类。

掌握：资产负债表、利润表等主要会计报表的内容、结构及编制方法。

○ **技能目标：**

学习并把握资产负债表和利润表的编制等程序性知识，能用所学实务知识规范“会计报表”的相关技能活动。

○ **素质目标：**

运用所学会计报表的理论与实务知识研究相关案例，培养和提高学生在特定业务情境中分析问题与决策设计的能力；能结合“会计报表”的教学内容，并结合行业规范或标准，分析企业行为的善恶，强化学生的职业道德素质。

○ **项目引例：**

会计报表与会计信息

背景与情境：陈明几年前开了一家大型品牌电器专卖店，所有财务与会计事项均交给财务经理王强办理，每次向有关部门报送财务报告也让王强代签字。随着经营规模不断扩大，他希望更多地了解财务会计知识，于是他报名参加了一个财务知识培训班。在一次课上，老师提了几个问题：你知道企业拥有多少资产和负债吗？企业的经营情况如何，一年的利润是多少？是否遇到过经营过程中账面有利润而现金却不足的问题？面对老师的前两个问题，陈明无言以对，而第三个问题，陈明觉得企业经常遇到，但不知是何原因？

可见，陈明并未充分认识企业会计报表，对企业财务情况缺乏总体把握，同时他对会计报表的责任也缺乏了解，企业负责人应在对外报送的会计报表上签字盖章，并承担最终法律责任。会计报表是企业财务会计工作的最终结果，可反映企业财务状况、经营成果和现金流量等重要财务信息。根据这些财务信息，企业能预测未来发展趋势，为经营提供决策依据。

引例导学：什么是会计报表？会计报表编制的基本要求是什么？

○ **知识准备:**

任务课件

任务一　会计报表概述

会计报表是企业财务报告的主要组成部分,是以企业日常会计核算资料为依据,以货币为计量单位,按规定的格式和内容编制的,总括反映会计主体在特定日期财务状况和某一会计期间经营成果、现金流量和权益变动等会计信息的书面文件。

知识链接:《企业会计准则第 30 号——财务报表列报》第二条规定:会计报表至少应当包括下列组成部分:①资产负债表;②利润表;③现金流量表;④所有者权益(或股东权益)变动表;⑤会计报表附注。

一、会计报表的作用

编制会计报表是会计核算的一项专门方法,是会计核算工作的重要环节。企业在日常的会计核算中,对发生的各项经济业务,都已经通过设置账户、复式记账、填制和审核凭证、登记账簿、成本计算、财产清查等会计核算方法,在会计账簿中进行了反映,但它们比较分散,不能集中、概括地说明企业经济活动的全貌。因此,有必要根据信息使用者的共同需要,将企业账簿中的资料进行归集、加工和汇总,使之成为简明、综合、系统的指标体系,并以表格的形式予以反映。具体来说,会计报表的作用主要体现在以下几个方面:

(1)会计报表所提供的资料,可以帮助企业领导和管理人员分析检查企业的经济活动是否符合有关制度规定;考核企业资金、成本、利润等计划指标的完成程度;分析评价经营管理中的成绩和缺点,以采取措施改善经营管理、提高经济效益;运用会计报表提供的资料进行分析,为编制下期计划提供依据。同时,通过会计报表,把企业经营情况和结果向职工交底,以便进行监督,进一步发挥职工的主人翁作用,以便从各方面提出改进建议,促进企业增产节约措施的落实。

(2)单位主管部门,利用财务报表,考核所属单位的业绩以及各项经济政策贯彻执行情况,并通过各单位同类指标的对比分析,可及时总结成绩,推广先进经验;对所发现的问题分析原因,采取措施,克服薄弱环节;同时,通过会计报表逐级汇总所提供的资料,可以在一定范围内反映国民经济计划的执行情况,为国家宏观管理提供依据。

(3)财政、税务部门利用会计报表所提供的资料,可以了解企业资金的筹集运用是否合理、检查企业税收的计算与解缴情况以及有无违反税法和财经纪律的现象,更好地发挥财政、税收的监督职能;银行部门可以考查企业流动资金的利用情况,分析企业银行借款的物资保证程度,研究企业流动资金的正常需要量,了解银行借款的归还以及信贷纪律的执行情况,充分发挥银行经济监督和经济杠杆作用;审计部门可以利用会计报表了解企业财务状况和经营情况及财经政策、法令和纪律执行情况,从而为进行财务审计和经济效益审计提供必要的资料。

(4)企业的投资者、债权人和其他利益群体利用会计报表所提供的企业财务状况和偿债能力等信息,作为投资、借款和交易的决策依据。机关团体、行政事业等单位的会计报表,可以总括反映预算资金收支情况和预算执行的结果,以便总结经验教训,改进工作,提高单位的管理水平,并为编制下期预算提供必要的资料。

二、会计报表的种类

由于各会计主体的经济性质不同,会计核算的内容不一样,经济管理的要求及所编制会计报表的种类也不尽相同。就一般企业而言,其所编制的会计报表可按其反映内容、服务对象、编制时间、编制主体和时间、主从关系等划分为不同的种类。

(一)按会计报表所反映的经济内容分类

会计报表按反映的经济内容不同,可以分为三种类型:

(1)反映企业财务状况的会计报表,主要包括资产负债表、现金流量表和所有者权益(股东权益)变动表。

(2)反映企业经营成果的会计报表,主要包括利润表和利润分配表。

(3)反映企业成本费用情况的会计报表,主要包括管理费用明细表、制造费用明细表和生产成本明细表等。

以上会计报表又可以划分为静态报表和动态报表。静态报表是反映企业在某一特定时点全部资产、负债和所有者权益等财务状况的报表,如资产负债表。动态报表是反映企业在一定期间的经营成果和现金流量的报表,如利润表和现金流量表。

(二)按会计报表服务对象分类

会计报表按其服务的对象不同,可以分为外部报表和内部报表两种类型。

(1)外部报表是对外报送的会计报表,包括资产负债表、利润表、所有者权益变动表和现金流量表等。这些报表也可用于企业内部管理,但更倾向于满足投资者、贷款人、供应商和其他债权人、顾客、政府机构、社会公众等外部使用者的信息要求。这类报表一般有统一格式、内容和编制要求。

(2)内部报表是对内报送的财务报表。这类报表是根据企业内部管理需要自行设置和编制的,主要用于企业内部成本控制、定价决策、投资或筹资方案的选择等。内部报表没有统一规定的格式、内容。

(三)按会计报表的编制主体分类

会计报表按编制主体不同,可以分为个别会计报表、合并会计报表和汇总会计报表。

(1)个别会计报表是指只反映企业本身的财务状况和经营成果的会计报表,包括对外会计报表和对内会计报表。

(2)合并会计报表是指一家企业在能够控制另一家企业的情况下,将被控制企业与本企业视为一个整体,将其有关经济指标与本企业的数字合并而编制的会计报表。合并会计报表所反映的是企业与被控制企业共同的财务状况与经营成果,如母公司以母公司个别会计报表和子公司个别会计报表为基础编制的会计报表。

(3)汇总会计报表是由主管部门、上级机关或专业公司根据所有单位提供的会计报表,结合主管部门、上级机关或专业公司本身的业务进行汇总后编制的综合性会计报表。

(四)按会计报表编制的时间分类

会计报表按编制的时间不同,可以分为年度会计报表和中期会计报表(半年报表、季度报表和月度报表)。

(1)年报是年终编制的报表,它是全面反映企业财务状况、经营成果和现金流量等方面的报表。

(2)中期会计报表是指短于一个完整的会计年度的报告期间所编报的会计报表，至少应当包括资产负债表、利润表、现金流量表和附注。

在编制会计报表时，哪些报表为年度报表，哪些报表为季度报表，哪些报表为月度报表，都应根据《企业会计准则》的规定办理。一般来说，企业在持续经营的条件下，是按年、季、月编制会计报表，但在某种特殊情况下则需编制不定期会计报表，例如在企业宣布破产时应编制和报送破产清算会计报表。

(五)按会计报表的主从关系分类

会计报表按主从关系不同，可以分为主要报表和附属报表。

(1)主要报表(简称主表)是反映企业财务状况和经营成果的会计报表，现行制度规定的主要报表有资产负债表、利润表、现金流量表和所有者权益变动表。

(2)附属报表(简称附表)是对主要报表的某些项目进行详细描述的会计报表，现行制度规定的附属报表有资产减值准备明细表、所有者权益变动表、应交增值税明细表、分部报表等。

为了帮助会计报表的使用者更加清晰地了解和掌握企业的经济活动情况，使会计报表在经济管理中起到更大的作用，企业应在编制、报送年度会计报表的同时，撰写并报送财务状况说明书。财务状况说明书的主要内容有：

(1)企业在报告期内的生产情况；

(2)企业在报告期内的盈亏情况及利润分配情况；

(3)企业在报告期内的资金周转及增减变动情况；

(4)企业在报告期内的资本结构及变动情况；

(5)企业在报告期内的主要税费的计算及缴纳情况；

(6)企业在报告期内的财产盈亏及报损情况；

(7)企业在报告期内的会计核算方法的变更情况；

(8)其他有必要说明的情况。

三、会计报表编制的基本要求

会计报表的种类、格式、内容和编制方法，都应由财政部统一制定。为了充分发挥会计报表的作用，使会计信息使用者能够准确及时地了解并分析企业的财务状况、经营成果、现金流量和权益变动的信息，客观评价企业管理层受托责任的履行情况，企业应严格地按照统一规定填制和上报会计报表。会计报表的编制必须符合以下基本要求：

(一)数字真实

根据会计信息的质量要求，企业会计报表所填列的数据必须真实可靠，能准确地反映企业的财务状况、经营成果和现金流量。不得以估计数字填列会计报表，更不得弄虚作假，篡改、伪造数字。为了确保财务报表的数据真实准确，应做到如下几点：

(1)报告期内所有的经济业务必须全部登记入账，应根据核对无误的账簿记录编制会计报表，不得使用估计数字，不得以任何形式弄虚作假，不得篡改数字。

(2)在编制会计报表之前，应认真核对账簿记录，做到账证相符、账账相符。发现有不符之处，应先查明原因，加以更正，再据以编制会计报表。

(3)企业应定期进行财产清查，对各项财产物资、货币资金和各项债权债务款项进行盘点、核实，在账实相符的基础上编制会计报表。

(4)在编制会计报表时，要核对会计报表之间的数字，有勾稽关系的数字要认真核对；本期会计报表与上期会计报表之间的数字应相对衔接一致、本年度会计报表与上年度会计报表之间相关指标数字应衔接一致。

(二)内容完整

凡规定的对外会计报表的种类和数量，必须按规定的格式和方法逐一编报，内容必须填列齐全、完整，不得漏填、漏报，更不能任意改变报送的内容。报表规定项目无法包含的内容，如会计政策的变动、会计方法的改变等，可以利用附表、附注以及其他形式加以说明。企业除了完成报表数据的填列外，还应当在会计报表的显著位置至少披露下列各项：

(1)编报企业的名称；

(2)资产负债表日或会计报表涵盖的会计期间；

(3)人民币金额单位；

(4)会计报表是合并会计报表的，应当予以标明。

(三)编报及时

会计信息的使用价值具有很大的时效性。因此，会计报表应在保证质量的前提下，按规定的期限和程序及时编制完毕，并如期报送相关部门，以满足报表使用者对会计报表资料的需要，及时了解企业报告期内财务状况、经营成果和现金流量等信息，以保证信息的决策有用性。为此，企业应科学地组织好会计的日常核算工作，选择适合本企业具体情况的会计核算组织程序并认真做好记账、算账、对账和按期结账工作。

企业至少应当按年编制会计报表。年度会计报表涵盖的期间短于一年的，应当披露年度会计报表的涵盖期间，以及短于一年的原因。

【案例应用 8－1】　　一个小数点引发的疑案

案例提示 8－1

背景与情境：一本在网上晾晒了半年的年度报告，年底遇上了一位细心且较真的网民。自称缘于一个小数点财务“漂移”错误，中华少年儿童慈善救助基金会(以下简称儿慈会)再次被推向社会舆论的风口浪尖。究竟是一个儿童救助机构犯了一个儿童级的小数点标错错误，还是背后另有隐情？

12 月 10 日，广州网民周筱赟微博发帖，指责儿慈会《中华少年儿童慈善救助基金会 2011 年度报告》所披露的财务报告中有 48 亿元资金神秘消失，涉嫌洗钱；2 天后，质疑者周筱赟冒着漫天大雪，与儿慈会有关负责人在北京进行了一场面对面对质。半小时激烈交锋后，双方发现：无论是质疑者还是澄清者，其实共同面对的是一本不完整且行外人看不懂的账本。

假如真是小数点惹的祸，它为何成功逃过了会计、财务主管、理事、监事、会计审计、管理部门等基金会层层设置的内外部监管，“潜逃”至今，并致使年度财务报表乌龙？公益机构的账单如何晒，才不至于是公众眼里的一笔糊涂账？如何追究公益审计失职……

厚达 56 页的《2011 年度报告》，早在 2012 年 4 月 25 日就挂上了儿慈会官网。

报告第 48～51 页，即为儿慈会公开发布的 2011 年财务报表，共包括资产负债表、现金流量表、业务活动表三张报表。

周筱赟的微博还贴出了儿慈会 2011 年度财务报表的截图。在现金流量表第一大项“业务活动产生的现金流量”栏目中：第 8 小项记录收到的其他与业务活动有关的现金

4 766 273 045.02元；第 19 小项“支付的其他与业务活动有关的现金”4 840 617 722.28 元。

“没有数错小数点，真的是 48 亿元！”“在儿慈会 2011 年的账户上，捐款金额仅占 1%，非捐款金额高达 99%，后者当年马上流出，只是过了一下账户，这究竟是在做什么？大家注意，这 48 亿元的进出，不论是收到还是支付，都标明是‘现金’。”周筱赟认为，儿慈会涉嫌“洗钱”。

当天下午 5:00 多，中华儿慈会官网刊出致歉通告。通告除承认 2011 年度报告中确实有几个数字有误外，解释“财务人员将其中的银行短期理财累计发生额 475 000 000 元，误写为 4 750 000 000 元，致使 2011 年度基金会‘现金流量表’中的‘收到的其他与业务活动有关的现金’达到年报上刊出的错误数字”。儿慈会认为是错将 4.7 亿元记成 47 亿元。

审计结果：多输一个“0”。北京市中立诚会计师事务所针对公众高度关注的中华儿慈会是否存在 48 亿元资金洗钱以及与此有关的货币资金及理财产品的收支情况进行专项审计。

在审计过程中发现，中华儿慈会 2011 年度的现金流量表数据不是直接由财务软件生成，而是根据财务软件生成的电子数据手工编制出来的，在填制“收到的与其他业务活动有关的现金”和“支付的与其他业务活动有关的现金”两个栏目的过程中，填制其他货币资金科目发生额 4.75 亿元时多输入了一个“0”，因此变成了 47.5 亿元，进而使“现金流入小计”和“现金流出小计”多出 48 亿元。

问题：

(1)试对上述现象进行分析，做出你的善恶研判。

(2)通过适当途径搜集，本案例违背了什么会计职业道德规范？

(3)会计人员遇到可疑情况时应持什么样的工作态度？本案例对你有哪些启示？

任务二　资产负债表

任务课件

一、资产负债表的概念

资产负债表，是总括反映企业在某一特定日期（如月末、季末、半年末及年末）财务状况的会计报表，又称为财务状况表。它是反映企业财务状况的静态报表。它是根据资产、负债、所有者权益之间的相互关系，即“资产＝负债＋所有者权益”这一会计等式，按照一定的分类标准和一定的顺序，将企业在某一特定日期的资产、负债、所有者权益各项目予以适当排列，并对日常核算工作中形成的大量数据进行整理后编制而成的。

资产负债表的主要作用是：

(1)通过资产负债表可以了解企业所掌握的经济资源及分布的情况，经营者可据此分析企业资产分布是否合理，以便改善经营管理，提高企业的经营管理水平。

(2)通过资产负债表可以了解企业资金的来源渠道和构成，投资者和债权人可据此分析企业所面临的财务风险，以监督企业合理使用资金。

(3)通过资产负债表可以了解企业的财务实力、短期偿债能力和支付能力，投资者和债权人可据此作出投资和贷款的正确决策。

(4)通过对资产负债表前后期数据的对比分析，可了解企业资金结构的变化情况，经营者、投资者和债权人可据此掌握企业财务状况的变化趋势，预测企业未来的财务安全程度。

二、资产负债表的内容和格式

(一)资产负债表的内容

资产负债表应提供的主要会计信息有：

1. 流动资产的信息

资产满足下列条件之一的，应当归类为流动资产：

(1)预计在一个正常营业周期中变现、出售或耗用；

(2)主要为交易目的而持有；

(3)预计在资产负债表日起一年内(含一年，下同)变现；

(4)自资产负债表日起一年内，交换其他资产或清偿负债的能力不受限制的现金或现金等价物。

一般情况下，企业的流动资产包括：货币资金、以公允价值计量且其变动计入当期损益的金融资产、应收票据、应收账款、预付款项、存货、其他流动资产及一年内到期的非流动资产等项目。

2. 非流动资产的信息

流动资产以外的资产应当归类为非流动资产，应按其性质分类列示。

一般情况下，企业的非流动资产包括：其他权益工具投资、债权投资、长期股权投资、固定资产、无形资产等项目。

3. 流动负债的信息

负债满足下列条件之一的，应当归类为流动负债：

(1)预计在一个正常营业周期内清偿；

(2)主要为交易目的而持有；

(3)自资产负债表日起一年内到期应予以清偿；

(4)企业无权自主地将清偿推迟至资产负债表日后一年以上。

一般情况下，企业的流动负债包括短期借款、以公允价值计量且其变动计入当期损益的金融负债、应付票据、应付账款、预收款项、应付职工薪酬、应交税费、其他应付款及一年内到期的非流动负债等项目。

4. 非流动负债的信息

流动负债以外的负债应当归类为非流动负债，并应按其性质分类列示。

一般情况下，企业的非流动负债主要包括：长期借款、应付债券、长期应付款、专项应付款、预计负债、递延所得税负债及其他非流动负债等项目。

5. 所有者权益的信息

所有者权益主要包括实收资本(或股本)、资本公积、其他权益工具、盈余公积和未分配利润等项目。

(二)资产负债表的格式

资产负债表按各要素及要素项目的不同排列方式，可分为两种格式：报告式资产负债表和账户式资产负债表。

报告式资产负债表是上下结构，上半部分列示资产，下半部分列示负债和所有者权益。在排列形式上又可分为两种：一种是按“资产＝负债＋所有者权益”的原理排列；另一种是按

"资产－负债＝所有者权益"的原理排列。其一般格式如表 8－1、表 8－2 所示。

表 8－1　**报告式资产负债表(一)**　单位:元

资产＝负债＋所有者权益	
资产:	
流动资产	5 436 000
固定资产	3 400 000
无形资产及其他资产	
递延所得税资产	
资产合计	8 836 000
负债:	
流动负债	1 436 620
非流动负债	2 000 000
负债合计	3 436 620
加:所有者权益	
实收资本	4 000 000
资本公积	532 020
盈余公积	100 220
未分配利润	767 140
所有者权益合计	5 399 380
负债和所有者权益合计	8 836 000

表 8－2　**报告式资产负债表(二)**　单位:元

资产－负债＝所有者权益	
资产:	
流动资产	5 436 000
固定资产	3 400 000
无形资产及其他资产	
递延所得税资产	
资产合计	8 836 000
减:负债	
流动负债	1 436 620
非流动负债	2 000 000
负债合计	3 436 620
所有者权益:	

续表

资产－负债＝所有者权益	
实收资本	4 000 000
资本公积	532 020
盈余公积	100 220
未分配利润	767 140
所有者权益合计	5 399 380

账户式资产负债表是按照T型账户的形式设计的，这种格式的资产负债表是将资产项目排列在表的左方，负债和所有者权益项目排列在表的右方，资产负债表左右双方总额相等。我国的资产负债表按规定采用账户式结构，格式如表8－3所示。

表8－3 **资产负债表** 会企01表

编制单位： ____年____月____日 单位：元

资　产	期末余额	年初余额	负债和所有者权益（或股东权益）	期末余额	年初余额
流动资产：			流动负债：		
货币资金			短期借款		
交易性金融资产			交易性金融负债		
衍生金融资产			衍生金融负债		
应收票据及应收账款			应付票据及应付账款		
预付款项			预收款项		
其他应收款			合同负债		
存货			应付职工薪酬		
合同资产			应交税费		
持有待售资产			其他应付款		
一年内到期的非流动资产			持有待售负债		
其他流动资产			一年内到期的非流动负债		
流动资产合计			其他流动负债		
非流动资产：			流动负债合计		
债权投资			非流动负债：		
其他债权投资			长期借款		
长期应收款			应付债券		
长期股权投资			其中：优先股		
其他权益工具投资			永续债		
其他非流动金融资产			长期应付款		

续表

资　产	期末余额	年初余额	负债和所有者权益（或股东权益）	期末余额	年初余额
投资性房地产			预计负债		
固定资产			递延收益		
在建工程			递延所得税负债		
生产性生物资产			其他非流动负债		
油气资产			非流动负债合计		
无形资产			负债合计		
开发支出			所有者权益(或股东权益)：		
商誉			实收资产(或股本)		
长期待摊费用			其他权益工具		
递延所得税资产			其中：优先股		
其他非流动资产			永续债		
非流动资产合计			资本公积		
			减：库存股		
			其他综合收益		
			盈余公积		
			未分配利润		
			所有者权益(或股东权益)合计		
资产总计			负债和所有者权益(或股东权益)总计		

资产负债表的具体结构为：

1. 资产

其排列规则是按流动性排列。

(1)流动资产：在一年或超过一年的一个经营周期以内可以变现或耗用、售出的全部资产。

各流动资产项目在资产负债表上的排列为：货币资金、交易性金融资产、衍生金融资产、应收票据及应收账款、预付款项、其他应收款、存货、合同资产、持有待售资产、一年内到期的非流动资产、其他流动资产等。

(2)非流动资产：变现能力在一年或超过一年的一个经营周期以上的资产。

各非流动资产项目在资产负债表上排列为：债权投资、其他债权投资、长期应收款、长期股权投资、其他权益工具投资、其他非流动金融资产、投资性房地产、固定资产、在建工程、生产性生物资产、油气资产、无形资产、开发支出、商誉、长期待摊费用、递延所得税资产、其他非流动资产等。

2. 负债

其排列规则是按偿还期限长短排列。

(1)流动负债:偿还期在一年以内的全部负债。

各流动负债项目在资产负债表上排列顺序为:短期借款、交易性金融负债、衍生金融负债、应付票据及应付账款、预收款项、合同负债、应付职工薪酬、应交税费、其他应付款、持有待售负债、一年内到期的非流动负债、其他流动负债等。

(2)非流动负债:偿还期在一年或超过一年的一个经营周期以上的债务。

各非流动负债项目在资产负债表上的排列顺序为:长期借款、应付债券、长期应付款、预计负债、递延收益、递延所得税负债、其他非流动负债等。

3. 所有者权益

其排列顺序是:按项目的永久性排列。

各所有者权益项目在资产负债表上的排列顺序为:实收资本(或股本)、其他权益工具、资本公积、其他综合收益、盈余公积和未分配利润等。

三、资产负债表的编制方法

(一)资产负债表编制的基本方法

1. 年初余额

资产负债表中"年初余额"栏各项的金额,应根据上年年末(中期报表根据上一期)资产负债表中"期末余额"栏内所列的数字填列。"期末余额"栏内各项金额根据会计期末各总账账户及所属明细账户的数字分析填列。如果本年度资产负债表中规定的各项目的名称和内容与上年度不一致,应对上年年末资产负债表各项目的名称和数字按照本年度的规定进行调整,再将调整后的项目及数字填入表中的"年初余额"栏。

2. 期末余额

资产负债表"期末余额"栏的金额可通过以下几种方法进行填列:

(1)根据总账科目余额直接填列。

资产负债表中的大部分项目,可以根据有关总账科目的期末余额直接填列,例如:"短期借款""应付职工薪酬""应交税费""预计负债""实收资本""盈余公积""资本公积""其他综合收益"等项目。

(2)根据总账科目的余额计算填列。

资产负债表中的某些项目,需要根据若干个总账科目的期末余额计算填列,例如:"货币资金"项目,根据"库存现金""银行存款"和"其他货币资金"三个科目总账的期末余额合计数填列。

(3)根据明细科目余额分析计算填列。

资产负债表中的某些项目,需要根据明细账的期末余额分析计算填列。这主要是针对"应付账款""预付款项"和"应收账款""预收款项"四个项目。因为在企业实际工作中,当预付与预收业务不多时,可以不设"预付账款"和"预收账款"科目,而将预付和预收的款项分别记入"应付账款"科目的借方和"应收账款"科目的贷方。这时,就不能单纯地以"应付账款"和"应收账款"的期末余额直接填列,而应对各个明细科目的余额进行具体分析计算填列。

(4)根据总账科目和明细科目余额分析填列。

有些项目既不能按总账科目余额直接或计算填列,也不能按明细科目余额直接或计算填列,而需要分析总账科目和明细科目余额后再计算填列。例如:"长期借款"项目,就是根据

“长期借款”的期末余额减去“长期借款——一年内到期的长期借款”明细科目的余额后填列。

(5)根据科目余额减去备抵科目或加上附加科目后的净额填列。

例如:“固定资产”项目,就是根据“固定资产”科目的期末余额减去“固定资产减值准备”及“累计折旧”科目后的净额填列;“无形资产”项目,就是根据“无形资产”科目的期末余额减去“无形资产减值准备”及“累计摊销”科目后的净额填列。

(二)资产负债表各项目的具体填列方法

(1)“货币资金”项目:反映企业库存现金、银行结算户存款、外埠存款、银行汇票存款、银行本票存款、信用卡存款、信用证保证金存款等的合计数。本项目应根据“库存现金”“银行存款”“其他货币资金”科目的期末余额合计数填列。

(2)“交易性金融资产”行项目:反映资产负债表日企业分类为以公允价值计量且其变动计入当期损益的金融资产,以及企业持有的直接指定为以公允价值计量且其变动计入当期损益的金融资产的期末账面价值。该项目应根据“交易性金融资产”科目的相关明细科目期末余额分析填列。自资产负债表日起超过一年到期且预期持有超过一年的以公允价值计量且其变动计入当期损益的非流动金融资产的期末账面价值,在“其他非流动金融资产”行项目反映。

(3)“应收票据及应收账款”项目:反映资产负债表日以摊余成本计量的、企业因销售商品和提供服务等经营活动应收取的款项,以及收到的商业汇票,包括银行承兑汇票和商业承兑汇票。该项目应根据“应收票据”和“应收账款”科目的期末余额,减去“坏账准备”科目中相关坏账准备期末余额后的金额填列。已向银行贴现和已背书转让的应收票据不包括在本项目内,其中已贴现的商业承兑汇票应在财务报表附注中单独披露。“预收账款”所属明细科目中有借方余额的,也填入本项目。如“应收账款”所属明细科目有贷方余额的,应在本表“预收款项”项目内填列。

(4)“预付款项”项目:反映企业预付给供货单位的款项。本项目应根据“预付账款”科目所属各明细科目的期末借方余额合计数填列。如“预付账款”科目所属有关明细科目期末有贷方余额的,应在本表“应付票据及应付账款”项目内填列;“应付账款”科目所属明细科目有借方余额的,也应包括在本项目内。

(5)“其他应收款”项目:应根据“应收利息”“应收股利”和“其他应收款”科目的期末余额合计数,减去“坏账准备”科目中相关坏账准备期末余额后的金额填列。

(6)“存货”项目:反映企业期末在库、在途和在加工中的各项存货的可变现净值,包括各种材料、商品、在产品、半成品、包装物、低值易耗品、分期收款发出商品、委托代销商品、受托代销商品等。本项目应根据“在途物资”“原材料”“材料成本差异”“生产成本”“库存商品”“周转材料”“发出商品”“委托加工物资”“商品进销差价”等科目的期末余额合计减去“存货跌价准备”科目期末余额后的金额填列。

(7)“持有待售资产”项目:反映资产负债表日划分为持有待售类别的非流动资产及划分为持有待售类别的处置组中的流动资产和非流动资产的期末账面价值。该项目应根据“持有待售资产”科目的期末余额,减去“持有待售资产减值准备”科目的期末余额后的金额填列。

(8)“一年内到期的非流动资产”项目:反映企业将于一年内到期的非流动资产。本项目应根据有关科目的期末余额分析计算填列。

(9)“其他流动资产”项目:反映企业除以上流动资产项目外的其他流动资产,本项目应根据有关科目的期末余额填列。如其他流动资产价值较大的，应在财务报表附注中披露其内容和金额。

(10)“债权投资”项目：反映资产负债表日企业以摊余成本计量的长期债权投资的期末账面价值。该项目应根据“债权投资”科目的相关明细科目期末余额，减去“债权投资减值准备”科目中相关减值准备的期末余额后的金额分析填列。自资产负债表日起一年内到期的长期债权投资的期末账面价值，在“一年内到期的非流动资产”行项目反映。企业购入的以摊余成本计量的一年内到期的债权投资的期末账面价值，在“其他流动资产”行项目反映。

(11)“其他债权投资”项目：反映资产负债表日企业分类为以公允价值计量且其变动计入其他综合收益的长期债权投资的期末账面价值。该项目应根据“其他债权投资”科目的相关明细科目期末余额分析填列。自资产负债表日起一年内到期的长期债权投资的期末账面价值，在“一年内到期的非流动资产”行项目反映。企业购入的以公允价值计量且其变动计入其他综合收益的一年内到期的债权投资的期末账面价值，在“其他流动资产”行项目反映。

(12)“长期应收款”项目：反映企业持有的长期应收款的可收回金额。本项目应根据“长期应收款”科目的期末余额，减去“坏账准备”科目所属相关明细科目期末余额，再减去“未确认融资收益”科目期末余额后的金额分析计算填列。

(13)“长期股权投资”项目：反映企业不准备在一年内(含一年)变现的各种股权性质的投资的可收回金额。本项目应根据“长期股权投资”科目的期末余额，减去“长期股权投资减值准备”科目期末余额后的金额填列。

(14)“其他权益工具投资”行项目：反映资产负债表日企业指定为以公允价值计量且其变动计入其他综合收益的非交易性权益工具投资的期末账面价值。该项目应根据“其他权益工具投资”科目的期末余额填列。

(15)“投资性房地产”项目：反映企业持有的投资性房地产。本项目应根据“投资性房地产”科目的期末余额，减去“投资性房地产累计折旧”“投资性房地产减值准备”“投资性房地产累计摊销”所属有关明细科目期末余额后的金额分析计算填列。

(16)“固定资产”项目：反映资产负债表日企业固定资产的期末账面价值和企业尚未清理完毕的固定资产清理净损益。该项目应根据“固定资产”科目的期末余额，减去“累计折旧”和“固定资产减值准备”科目的期末余额后的金额，以及“固定资产清理”科目的期末余额填列。

(17)“在建工程”行项目：反映资产负债表日企业尚未达到预定可使用状态的在建工程的期末账面价值和企业为在建工程准备的各种物资的期末账面价值。该项目应根据“在建工程”科目的期末余额，减去“在建工程减值准备”科目的期末余额后的金额，以及“工程物资”科目的期末余额，减去“工程物资减值准备”科目的期末余额后的金额填列。

(18)“无形资产”项目：反映企业各项无形资产的期末可收回金额。本项目应根据“无形资产”科目的期末余额，减去“累计摊销”“无形资产减值准备”科目期末余额后的金额填列。

(19)“递延所得税资产”项目：反映企业确认的递延所得税资产。本项目应根据“递延所得税资产”科目期末余额分析填列。

(20)“其他非流动资产”项目：反映企业除以上资产以外的其他非流动资产。本项目应根据有关科目的期末余额填列。如其他长期资产价值较大的，应在财务报表附注中披露其内容和金额。

(21)“短期借款”项目：反映企业借入尚未归还的一年期以下(含一年)的借款。本项目应根据“短期借款”科目的期末余额填列。

(22)“交易性金融负债”行项目:反映资产负债表日企业承担的交易性金融负债,以及企业持有的直接指定为以公允价值计量且其变动计入当期损益的金融负债的期末账面价值。该项目应根据“交易性金融负债”科目的相关明细科目期末余额填列。

(23)“应付票据及应付账款”项目:反映资产负债表日企业因购买材料、商品和接受服务等经营活动应支付的款项,以及开出、承兑的商业汇票,包括银行承兑汇票和商业承兑汇票。该项目应根据“应付票据”科目的期末余额,以及“应付账款”和“预付账款”科目所属的相关明细科目的期末贷方余额合计数填列。如“应付账款”科目所属各明细科目期末有借方余额,则应在本表“预付款项”项目内填列。

(24)“预收款项”项目:反映企业预收购买单位的账款。本项目应根据“预收账款”科目所属各有关明细科目的期末贷方余额合计填列。如“预收账款”科目所属有关明细科目有借方余额的,应在本表“应收票据及应收账款”项目内填列;如“应收账款”科目所属明细科目有贷方余额的,也应包括在本项目内。

(25)“合同资产”和“合同负债”项目。企业应按照《企业会计准则第14号——收入》(2017年修订)的相关规定根据本企业履行履约义务与客户付款之间的关系在资产负债表中列示合同资产或合同负债。“合同资产”项目、“合同负债”项目,应分别根据“合同资产”科目、“合同负债”科目的相关明细科目期末余额分析填列,同一合同下的合同资产和合同负债应当以净额列示,其中净额为借方余额的,应当根据其流动性在“合同资产”或“其他非流动资产”项目中填列,已计提减值准备的,还应减去“合同资产减值准备”科目中相关的期末余额后的金额填列;其中净额为贷方余额的,应当根据其流动性在“合同负债”或“其他非流动负债”项目中填列。

(26)“应付职工薪酬”项目:反映企业应付未付的职工薪酬。本项目应根据“应付职工薪酬”科目期末贷方余额填列。如“应付职工薪酬”科目期末为借方余额,则以“－”号填列。

(27)“应交税费”项目:反映企业期末未交、多交或未抵扣的各种税费。本项目应根据“应交税费”科目的期末贷方余额填列,如“应交税费”科目期末为借方余额,则以“－”号填列。“应交税费”科目下的“应交增值税”“未交增值税”“待抵扣进项税额”“待认证进项税额”“增值税留抵税额”等明细科目期末借方余额应根据情况,在资产负债表中的“其他流动资产” 或“其他非流动资产”项目列示;“应交税费——待转销项税额”等科目期末贷方余额应根据情况,在资产负债表中的“其他流动负债” 或“其他非流动负债”项目列示;“应交税费”科目下的“未交增值税”“简易计税”“转让金融商品应交增值税”“代扣代交增值税”等科目期末贷方余额应在资产负债表中的“应交税费”项目列示。

(28)“其他应付款”项目:应根据“应付利息”“应付股利”“其他应付款”科目的期末余额合计数填列。

(29)“持有待售负债” 项目:反映企业划分为持有待售的处置组中的负债。本项目应根据单独设置的“持有待售负债”科目的余额填列。

(30)“一年内到期的非流动负债”项目:反映企业承担的将于一年内到期的非流动负债。本项目应根据有关非流动负债科目的期末余额分析计算填列。

(31)“其他流动负债”项目:反映企业除以上流动负债以外的其他流动负债。本项目应根据有关科目的期末余额填列,如“待转资产价值”科目的期末余额可在本项目内反映。如其他流动负债价值较大的,应在财务报表附注中披露其内容及金额。

(32)"长期借款"项目:反映企业借入尚未归还的一年期以上(不含一年)的借款本息。本项目应根据"长期借款"科目的期末余额,减去将于一年内到期的长期借款后的金额填列。

(33)"应付债券"项目:反映企业发行的尚未偿还的各种长期债券的本息。本项目应根据"应付债券"科目的期末余额填列。

(34)"长期应付款"项目:反映资产负债表日企业除长期借款和应付债券以外的其他各种长期应付款项的期末账面价值。该项目应根据"长期应付款"科目的期末余额,减去相关的"未确认融资费用"科目的期末余额后的金额,以及"专项应付款"科目的期末余额填列。

(35)"预计负债"项目:反映企业预计负债的期末余额。本项目应根据"预计负债"科目的期末余额填列。

(36)"递延所得税负债"项目:反映企业确认的递延所得税负债。本项目应根据"递延所得税负债"科目期末余额分析填列。

(37)"其他流动负债"项目:反映企业除以上非流动负债项目以外的其他非流动负债。本项目应根据有关科目的期末余额填列。如其他非流动负债价值较大的,应在财务报表附注中披露其内容和金额。

(38)"实收资本"(或"股本")项目:反映企业各投资者实际投入的资本总额。本项目应根据"实收资本"(或"股本")科目的期末余额填列。

(39)"资本公积"项目:反映企业资本公积的期末余额。本项目应根据"资本公积"科目的期末余额填列。

(40)"其他综合收益"项目:反映企业其他综合收益的期末余额。本项目应根据"其他综合收益"科目的期末余额填列。

(41)"盈余公积"项目:反映企业盈余公积的期末余额。本项目应根据"盈余公积"科目的期末余额填列。

(42)"未分配利润"项目:反映企业尚未分配的利润。本项目应根据"本年利润"科目和"利润分配"科目的余额计算填列。未弥补的亏损,在本项目内以"—"号填列。

(三)资产负债表编制举例

现简要举例说明资产负债表编制方法,这里只列举一些常见项目的填列,更加详细和完整的资产负债表的编制,将在后续的"财务会计"课程中学习。

【做中学8—1】 银海公司2019年6月30日有关账户的期末余额,如表8—4所示。

表8—4 **银海公司有关账户期末余额** 单位:元

账户名称	借方余额	贷方余额	账户名称	借方余额	贷方余额
库存现金	30 000		短期借款		40 000
银行存款	520 000		应付账款		360 000
交易性金融资产	300 000		——A公司		400 000
应收账款	400 000		——B公司	40 000	
——甲公司	500 000		预收账款		20 000
——乙公司		100 000	应付职工薪酬		150 000

续表

账户名称	借方余额	贷方余额	账户名称	借方余额	贷方余额
坏账准备		30 000	应交税费		500 000
预付账款	40 000		应付股利		200 000
其他应收款	10 000		实收资本		5 000 000
原材料	400 000		资本公积		500 000
生产成本	200 000		盈余公积		300 000
库存商品	600 000		利润分配——未分配利润		600 000
固定资产	5 500 000				
累计折旧		800 000			
无形资产	500 000				

现将该公司2019年6月30日资产负债表各项目的应填列金额计算分析如下：

(1)"货币资金"项目。将"库存现金""银行存款"账户余额合并列入"货币资金"项目，即：

"货币资金"项目金额＝30 000＋520 000＝550 000(元)

(2)"以公允价值计量且其变动计入当期损益的金融资产"项目。按"交易性金融资产"科目余额直接填列，即：300 000元。

(3)"应收票据及应收账款"项目。将"应收账款"账户所属明细账户的借方余额合计，减去"坏账准备"账户的余额填列，即：

"应收票据及应收账款"项目金额＝500 000－30 000＝470 000(元)

(4)"预付款项"项目。将"预付账款"所属明细账户的借方余额合计，加上"应付账款"所属明细账户的借方余额合计填列，即：

"预付款项"项目金额＝40 000＋40 000＝80 000(元)

(5)"其他应收款"项目。按"其他应收款"账户期末账面余额直接填列，即：10 000元。

(6)"存货"项目。将"原材料""生产成本""库存商品"等账户的余额相加填列，即：

"存货"项目金额＝400 000＋200 000＋600 000＝1 200 000(元)

(7)"固定资产"项目。用"固定资产"账户余额减去"累计折旧"账户余额填列，即：

"固定资产"项目金额＝5 500 000－800 000＝4 700 000(元)

(8)"无形资产"项目。用"无形资产"账户余额减去"累计摊销"账户余额填列，即：

"无形资产"项目金额＝500 000－0＝500 000(元)

(9)"短期借款"项目。按期末账面余额直接填列，即：40 000元。

(10)"应付票据及应付账款"项目。将"应付账款"所属明细账户的贷方余额合计填列，即：400 000元。

(11)"预收款项"项目。将"预收账款"所属明细账户的贷方余额合计，加上"应收账款"所属明细账的贷方余额合计数填列，即：

"预收款项"项目金额＝20 000＋100 000＝120 000(元)

(12)"应付职工薪酬"项目。按期末账面余额直接填列，即：150 000元。

(13)"应交税费"项目。按期末账面余额直接填列，即：500 000元。

(14)"其他应付款项目,根据"应付股利"科目期末账面余额直接填列,即:200 000 元。

(15)"实收资本""资本公积""盈余公积""未分配利润"项目。分别按其同名账户期末账面余额直接填列,即:5 000 000 元、500 000 元、300 000 元、600 000 元。

银海公司 2019 年 6 月 30 日资产负债表编制结果,如表 8—5 所示。

表 8—5 **资产负债表**

编制单位:银海公司 2019 年 6 月 30 日 单位:元

资　产	年初余额	期末余额	负债及所有者权益	年初余额	期末余额
流动资产			流动负债		
货币资金		550 000	短期借款		40 000
交易性金融资产		300 000	应付票据及应付账款		400 000
应收票据及应收账款		470 000	预收款项		120 000
预付款项		80 000	应付职工薪酬		150 000
其他应收款		10 000	应交税费		500 000
存货		1 200 000	其他应付款		200 000
流动资产合计		2 610 000	流动负债合计		1 410 000
非流动资产			负债合计		1 410 000
固定资产		4 700 000	所有者权益		
无形资产		500 000	实收资本		5 000 000
非流动资产合计		5 200 000	资本公积		500 000
			盈余公积		300 000
			未分配利润		600 000
			所有者权益合计		6 400 000
资产总计		7 810 000	负债及所有者权益总计		7 810 000

【案例应用 8—2】 "强行平报表"善恶研判报告

背景与情境:某公司会计新招聘了会计小张,编制报表是其岗位职责。由于他对业务不太熟练,又怕麻烦,所以经常出现报表编制错误。一次,他编制报表时,资产负债表左边的资产总额与右边的负债和所有者权益总额不相等。他对查找账务问题没经验,又懒得查找原因,直接手工调整了资产总额,使资产负债表左右两边平衡。

案例提示 8—2

问题:

1. 试对上述说法进行分析,做出你的善恶研判。
2. 本案例违背了什么会计职业道德规范?
3. 本案例对你有哪些启示?

任务三　利润表

任务课件

一、利润表的概念

利润表又称损益表，是总括反映企业在一定会计期间（如年度、季度或月份）内经营成果的会计报表。利润表以“收入－费用＝利润”这一会计方程式为基础，用以反映企业一定会计期间内盈利（或亏损）的实际情况。它是一种动态报表，一般按月编制，是对外报送的主要报表之一。

利润表的主要作用是：

(1)通过利润表，能反映企业一定时期内的经营成果，展示一定会计期间的经营业绩，从而可以分析和评价企业的盈利能力和经济效益，为投资者、债权人、财政与税收等部门进行管理、监督与决策提供依据。

(2)利润表总括地反映企业收入、费用、成本等利润的构成要素，可以从中了解企业利润构成及影响利润增减变动的原因，并通过不同时期利润增减变化趋势的分析，找出差距，明确工作重点，促使企业改善经营管理，提高盈利水平，为企业内部决策提供依据。

二、利润表的内容和格式

(一)利润表的内容

利润表应提供的主要会计信息内容有：

(1)企业在一定会计期间内取得的全部收入和利得，包括营业收入、其他收益、投资收益和营业外收入。

(2)企业在一定会计期间内发生的全部费用和损失，包括营业成本、研发费用、销售费用、管理费用、财务费用和营业外支出。

(3)全部收入与费用、利得与损失相抵后计算出企业一定时期内实现的利润（或亏损）总额。

(二)利润表的格式

按照编制报表的步骤不同，利润表的格式主要有单步式和多步式两种。

单步式利润表的编制方法是将本期各项收入的合计数与本期各项成本、费用的合计数相减后，经过一步就计算出本期利润的方法。

多步式利润表增加了一些中间指标，它是按利润构成的主次进行分段，从核心业务到非核心业务，经过多个步骤计算编制的。我国企业通常使用的是多步式利润表，其格式如表8－6所示。

表8－6　　利润表　　会企02表

编制单位：　　____年____月　　单位：元

项　目	本期金额	上期金额
一、营业收入		
减：营业成本		

续表

项　目	本期金额	上期金额
税金及附加		
销售费用		
管理费用		
研发费用		
财务费用		
其中：利息费用		
利息收入		
资产减值损失		
信用减值损失		
加：其他收益		
投资收益(损失"—"号)		
其中：对联营企业和合营企业的投资收益		
净敞口套期收益(损失以"—"号填列)		
公允价值变动收益(损失以"—"号填列)		
资产处置收益(损失以"—"号填列)		
二、营业利润(亏损以"—"号填列)		
加：营业外收入		
减：营业外支出		
三、利润总额(亏损总额以"—"号填列)		
减：所得税费用		
四、净利润(净亏损以"—"号填列)		
(一)持续经营净利润(净亏损以"—"号填列)		
(二)终止经营净利润(净亏损以"—"号填列)		
五、其他综合收益的税后净额		
(一)不能重分类进损益的其他综合收益		
1. 重新计量设定受益计划变动额		
2. 权益法下不能转损益的其他综合收益		
3. 其他权益工具投资公允价值变动		
4. 企业自身信用风险公允价值变动		
……		
(二)以后将重分类进损益的其他综合收益		
1. 权益法下可转损益的其他综合收益		

续表

项　目	本期金额	上期金额
2. 其他债权投资公允价值变动		
3. 金融资产重分类计入其他综合收益的金额		
4. 其他债权投资信用减值准备		
5. 现金流量套期储备		
6. 外币财务报表折算差额		
……		
六、综合收益总额		
七、每股收益		
（一）基本每股收益		
（二）稀释每股收益		

三、利润表的编制方法

（一）利润表各项目的填列

利润表中"上期金额"栏各项的金额，应根据上期利润表中"本期金额"栏内所列的数字填列。"本期金额"栏内各项金额数字的填列方法可归纳为两种：一种是根据账户的发生额分析填列。利润表中的大部分项目可以根据账户的发生额分析填列，如销售费用、税金及附加、管理费用、财务费用、营业外收入、营业外支出、所得税费用等。另一种根据报表项目之间的关系计算填列。利润表中的某些项目需要根据项目之间的关系计算填列，如营业利润、利润总额、净利润等。

利润表各项目的具体填列方法为：

(1)"营业收入"项目：反映企业经营活动所取得的收入总额。本项目应根据"主营业务收入""其他业务收入"等科目的发生额分析填列。

(2)"营业成本"项目：反映企业经营活动发生的实际成本。本项目应根据"主营业务成本""其他业务成本"等科目的发生额分析填列。

(3)"税金及附加"项目：反映企业经营活动应负担的消费税、城市维护建设税、资源税、土地增值税、教育费附加、房产税、土地使用税、车船税和印花税等税费。本项目应根据"税金及附加"科目的发生额分析填列。

(4)"销售费用"项目：反映企业在销售商品和商品流通企业在购入商品等过程中发生的费用。本项目应根据"销售费用"科目的发生额分析填列。

(5)"管理费用"项目：反映企业发生的应由管理部门负担的费用。本项目应根据"管理费用"科目的发生额分析填列。

(6)"研发费用"反映企业进行研究与开发过程中发生的费用化支出。该项目应根据"管理费用"科目下的"研发费用"明细科目的发生额分析填列。

(7)"财务费用"项目：反映企业发生的财务费用。其中："利息费用"反映企业为筹集生产经营所需资金等而发生的应予费用化的利息支出；"利息收入"反映企业确认的利息收入。

(8)"资产减值损失"项目:反映企业确认的资产减值损失。本项目应根据"资产减值损失"科目的发生额分析填列。

(9)"信用减值损失"行项目,反映企业按照《企业会计准则第 22 号——金融工具确认和计量》(2017 年修订)的要求计提的各项金融工具减值准备所形成的预期信用损失。该项目应根据"信用减值损失"科目的发生额分析填列。

(10)其他收益:反映计入其他收益的政府补助等。该项目应根据"其他收益"科目的发生额分析填列。

(11)"投资收益"项目:反映企业以各种方式对外投资所取得的收益。本项目应根据"投资收益"科目的发生额分析填列;如为投资损失,则以"一"号填列。

(12)"净敞口套期收益"行项目:反映净敞口套期下被套期项目累计公允价值变动转入当期损益的金额或现金流量套期储备转入当期损益的金额。该项目应根据"净敞口套期损益"科目的发生额分析填列;如为套期损失,以"一"号填列。

(13)"公允价值变动收益"项目:反映企业确认的交易性金融资产或交易性金融负债的公允价值变动额。本项目应根据"公允价值变动损益"科目的发生额分析填列;如为公允价值变动损失,则以"一"号填列。

(14)资产处置收益(损失以"一"号填列):反映企业出售划分为持有待售的非流动资产(金融工具、长期股权投资和投资性房地产除外)或处置组(子公司和业务除外)时确认的处置利得或损失,以及处置未划分为持有待售的固定资产、在建工程、生产性生物资产及无形资产而产生的处置利得或损失。债务重组中因处置非流动资产产生的利得或损失和非货币性资产交换中换出非流动资产产生的利得或损失也包括在本项目内。不包括出售金融工具、长期股权投资和投资性房地产的处置利得或损失。

(15)"营业外收入"行项目:反映企业发生的除营业利润以外的收益,主要包括债务重组利得、与企业日常活动无关的政府补助、盘盈利得、捐赠利得(企业接受股东或股东的子公司直接或间接的捐赠,经济实质属于股东对企业的资本性投入的除外)等。该项目应根据"营业外收入"科目的发生额分析填列。

(16) "营业外支出"行项目:反映企业发生的除营业利润以外的支出,主要包括债务重组损失、公益性捐赠支出、非常损失、盘亏损失、非流动资产毁损报废损失等。该项目应根据"营业外支出"科目的发生额分析填列。

(17)"所得税费用"项目:反映企业按规定从本期损益中减去的所得税。本项目应根据"所得税费用"科目的发生额分析填列。

(18)净利润(净亏损以"一"号填列):①持续经营净利润(净亏损以"一"号填列)反映净利润中与持续经营相关的净利润,按照《企业会计准则第 42 号持有待售的非流动资产、处置组和终止经营》的相关规定列报;②终止经营净利润(净亏损以"一"号填列)反映净利润中与终止经营相关的净利润,按照《企业会计准则第 42 号——持有待售的非流动资产、处置组和终止经营》的相关规定列报。

(19)"其他综合收益的税后净额"项目:反映企业根据其他会计准则规定未在当期损益中确认的各项利得和损失的税后净额。

"其他权益工具投资公允价值变动"行项目:反映企业指定为以公允价值计量且其变动计入其他综合收益的非交易性权益工具投资发生的公允价值变动。该项目应根据"其他综合收益”科目的相关明细科目的发生额分析填列。

“企业自身信用风险公允价值变动”行项目：反映企业指定为以公允价值计量且其变动计入当期损益的金融负债，由企业自身信用风险变动引起的公允价值变动而计入其他综合收益的金额。该项目应根据“其他综合收益”科目的相关明细科目的发生额分析填列。

“其他债权投资公允价值变动”行项目：反映企业分类为以公允价值计量且其变动计入其他综合收益的债权投资发生的公允价值变动。企业将一项以公允价值计量且其变动计入其他综合收益的金融资产重分类为以摊余成本计量的金融资产，或重分类为以公允价值计量且其变动计入当期损益的金融资产时，之前计入其他综合收益的累计利得或损失从其他综合收益中转出的金额作为该项目的减项。该项目应根据“其他综合收益”科目下的相关明细科目的发生额分析填列。

“金融资产重分类计入其他综合收益的金额”行项目：反映企业将一项以摊余成本计量的金融资产重分类为以公允价值计量且其变动计入其他综合收益的金融资产时，计入其他综合收益的原账面价值与公允价值之间的差额。该项目应根据“其他综合收益”科目下的相关明细科目的发生额分析填列。

“其他债权投资信用减值准备”行项目：反映企业按照《企业会计准则第 22 号——金融工具确认和计量》(2017 年修订)第 18 条分类为以公允价值计量且其变动计入其他综合收益的金融资产的损失准备。该项目应根据“其他综合收益”科目下的“信用减值准备”明细科目的发生额分析填列。

“现金流量套期储备”行项目：反映企业套期工具产生的利得或损失中属于套期有效的部分。该项目应根据“其他综合收益”科目下的“套期储备”明细科目的发生额分析填列。

(20)“综合收益总额”项目：反映企业在某一期间除与所有者以其所有者身份进行的交易之外的其他交易或事项所引起的所有者权益变动。该项目反映净利润和其他综合收益税后净额的合计金额。

(二)每股收益的计算与列报

企业应当在利润表中单独列示基本每股收益和稀释每股收益。

1. 基本每股收益

企业应当按照属于普通股股东的当期净利润，除以发行在外的普通股加权平均数计算基本每股收益。计算公式为：

发行在外的普通股加权平均数＝期初发行在外普通股股数＋当期新发行普通股股数×已发行时间/报告期时间－当期回购普通股股数×已回购时间/报告期时间

已发行时间、报告期时间和已回购时间一般按照天数计算；在不影响计算结果合理性的前提下，也可以采用简化的计算方法。

2. 稀释每股收益

企业存在稀释性潜在普通股的，应当分别调整归属于普通股股东的当期净利润和发行在外普通股的加权平均数，并据以计算稀释每股收益。

稀释性潜在普通股，是指假设当期转换为普通股会减少每股收益的潜在普通股。潜在普通股，是指赋予其持有者在报告期或以后期间享有取得普通股权利的一种金融工具或其他合同，包括可转换公司债券、认股权证、股份期权等。

(1)计算稀释每股收益，应当根据下列事项对归属于普通股股东的当期净利润进行调整

(应考虑相关的所得税影响):①当期已确认为费用的稀释性潜在普通股的利息;②稀释性潜在普通股转换时将产生的收益或费用。

(2)计算稀释每股收益时,当期发行在外普通股的加权平均数应当为计算基本每股收益时普通股的加权平均数与假定稀释性潜在普通股转换为已发行普通股而增加的普通股股数的加权平均数之和。

(3)计算稀释性潜在普通股转换为已发行普通股而增加的普通股股数的加权平均数时,以前期间发行的稀释性潜在普通股,应当假设在当期期初转换;当期发行的稀释性潜在普通股,应当假设在发行日转换。

(4)认股权证和股份期权等的行权价格低于当期普通股平均市场价格时,应当考虑其稀释性。计算稀释每股收益时,增加的普通股股数按下列公式计算:

增加的普通股股数＝拟行权时转换的普通股股数－行权价格×拟行权时转换的普通股股数÷当期普通股平均市场价格

(5)稀释性潜在普通股应当按照其稀释程度从大到小的顺序计入稀释每股收益,直至稀释每股收益达到最小值。

3. 每股收益列报

发行在外普通股或潜在普通股的数量因派发股票股利、公积金转赠资本、拆股而增加或因并股而减少,但不影响所有者权益金额的,应当按调整后的股数重新计算各列报期间的每股收益。上述变化发生于资产负债表日至财务报告批准报出日之间的,应当以调整后的股数重新计算各列报期间的每股收益。

按照企业会计准则的规定对以前年度损益进行追溯调整或追溯重述的,应当重新计算各列报期间的每股收益。

(三)利润表编制方法举例

现简要举例说明利润表的编制方法。

【做中学 8－2】 银海公司 2019 年 6 月有关账户的发生额如表 8－7 所示。

表 8－7　　**银海公司有关账户发生额**　　单位:元

账户名称	借方发生额	贷方发生额
主营业务收入		3 000 000
其他业务收入		400 000
投资收益		100 000
营业外收入		150 000
主营业务成本	800 000	
税金及附加	150 000	
其他业务成本	200 000	
销售费用	100 000	
管理费用	500 000	
财务费用	250 000	
其中:利息支出	250 000	

续表

账户名称	借方发生额	贷方发生额
营业外支出	550 000	
所得税费用	300 000	

根据以上账户记录，编制银海公司 2019 年 6 月份的利润表，如表 8—8 所示。

表 8—8　　**利润表**

编制单位：银海公司　　2019 年 6 月　　单位：元

项　目	本期金额	上期金额(略)
一、营业收入	3 400 000	
减：营业成本	1 000 000	
税金及附加	150 000	
销售费用	100 000	
管理费用	500 000	
研发费用		
财务费用	250 000	
其中：利息费用	250 000	
利息收入		
资产减值损失		
加：其他收益		
投资收益(损失以“—”号列示)	100 000	
其中：对联营企业和合营企业的投资收益		
公允价值变动收益(损失以“—”号列示)		
资产处置收益(损失以“—”号填列)		
二、营业利润(损失以“—”号列示)	1 500 000	
加：营业外收入	150 000	
减：营业外支出	550 000	
三、利润总额(净亏损以“—”号填列)	1 100 000	
减：所得税费用	300 000	
四、净利润(损失以“—”号列示)	800 000	
(一)持续经营净利润(净亏损以“—”号填列)	800 000	
(二)终止经营净利润(净亏损以“—”号填列)		
五、其他综合收益的税后净额	0	
六、综合收益总额	800 000	
七、每股收益	略	

续表

项　目	本期金额	上期金额(略)
(一)基本每股收益	略	
(二)稀释每股收益	略	

任务四　现金流量表

任务课件

一、现金流量表的概念

现金流量表是以现金为基础编制的反映企业在一定期间现金和现金等价物流入和流出情况的会计报表。企业的现金流转情况在很大程度上影响着企业的生存和发展。企业现金充裕,就可以及时购入必要的原材料和固定资产、及时支付工资、偿还债务、支付股利和利息;反之,现金周转不畅,将会影响企业的正常生产经营,甚至影响企业的生存。

现金流量表的主要作用是:

(1)对投资者或债权人而言,现金流量表能够表明企业支付股利的能力和偿债能力。

(2)对企业管理部门而言,现金流量表能够表明企业在一定会计期间内现金流入和流出的原因。

(3)现金流量表能够从一个侧面评价企业利润的质量。在实际工作中,有的企业很可能利润数额较大,但没有相应的现金流入,即销售数量可观,形成企业利润,但却出现巨额的应收账款不能收回,这样的利润存在着潜在的风险。评价利润质量的高低,可以通过经营活动现金流量与本期净利润的比较来进行。

(4)现金流量表是连接资产负债表和利润表的“桥梁”。资产负债表能够提供企业一定时日的财务状况,并不能反映财务状况变动的原因,也不能表明这些资产、负债给企业带来多少现金,又用去多少现金。利润表反映一定期间的经营成果,但却只能反映利润的构成,不能反映经营、投资和筹资活动的现金来源及使用状况。而现金流量表能够说明资产、负债变动的原因,对资产负债表和利润表起到补充说明的作用(从本质上看,现金流量表就是采用收付实现制确认损益,将权责发生制下的盈利信息调整为收付实现制下的现金流量信息,弥补了资产负债表和利润表信息的不足)。

二、现金流量表的内容和格式

(一)现金流量表的内容

1. 现金

现金流量表中的现金,是指企业库存现金和可以随时用于支付的存款。在银行存款和其他货币资金中,有些是不能随时用于支付的,如不能随时支取的定期存款等,不应作为现金,而应列作投资。

2. 现金等价物

现金等价物是指企业持有的期限短、流动性强、易于转化为已知金额现金、价值变动风险很小的投资。其中,期限短一般是指从购买日起三个月内到期,如可在证券市场上流通的三个月内到期的短期债券投资等。

3. 现金流量

现金流量是指企业现金和现金等价物的流入和流出。为了全面提示企业的现金流量，需要按企业各类活动的性质将现金流量分成三类：

(1)经营活动产生的现金流量，是指企业投资活动和筹资活动以外的所有交易和事项所导致的现金收入和支出，包括：经营活动所产生的现金收入，如出售产品和商品、提供劳务等取得的现金收入；经营活动所产生的现金支出，如购买原材料和商品、支付职工劳动报酬发生的现金支出、各项制造费用和期间费用支出、税款等。

(2)投资活动产生的现金流量，是指企业在投资活动中所导致的现金收入和支出，包括：投资活动所产生的现金收入，如收回投资、出售固定资产净收入等；投资活动所产生的现金支出，如对外投资、购买固定资产等。

(3)筹资活动产生的现金流量，是指企业在筹资活动中所导致的现金收入和支出，包括：筹资活动所产生的现金收入，如发行债券、取得借款、增加股本等；筹资活动所产生的现金支出，如偿还借款、清偿债务、支付现金股利等。

(二)现金流量表的格式

现金流量表的格式如表 8－9 所示。

表 8－9　　**现金流量表**　　会企 03 表

编制单位：　　____年____月　　单位：元

项　目	本期金额	上期金额
一、经营活动产生的现金流量：		
销售商品、提供劳务收到的现金		
收到的税费返还		
收到其他与经营活动有关的现金		
经营活动现金流入小计		
购买商品、接受劳务支付的现金		
支付给职工以及为职工支付的现金		
支付的各项税费		
支付其他与经营活动有关的现金		
经营活动现金流出小计		
经营活动产生的现金流量净额		
二、投资活动产生的现金流量：		
收回投资收到的现金		
取得投资收益收到的现金		
处置固定资产、无形资产和其他长期资产收回的现金净额		
处置子公司及其他营业单位收到的现金净额		
收到其他与投资活动有关的现金		

续表

项 目	本期金额	上期金额
投资活动现金流入小计		
购建固定资产、无形资产和其他长期资产支付的现金		
投资支付的现金		
取得子公司及其他营业单位支付的现金净额		
支付其他与投资活动有关的现金		
投资活动现金流出小计		
投资活动产生的现金流量净额		
三、筹资活动产生的现金流量：		
吸收投资收到的现金		
取得借款收到的现金		
收到其他与筹资活动有关的现金		
筹资活动现金流入小计		
偿还债务支付的现金		
分配股利、利润或偿付利息支付的现金		
支付其他与筹资活动有关的现金		
筹资活动现金流出小计		
筹资活动产生的现金流量净额		
四、汇率变动对现金及现金等价物的影响		
五、现金及现金等价物净增加额		
加:期初现金及现金等价物余额		
六、期末现金及现金等价物余额		

三、现金流量表的编制方法

现金流量表的编制方法有两种:一种为直接法,另一种为间接法。在这两种方法下,投资活动的现金流量和筹资活动的现金流量编制方法是一样的,仅仅是经营活动的现金流量编制方法不同。我国企业会计准则和会计制度要求,同时采用直接法和间接法两种方法编报现金流量表,即按直接法编制现金流量表主表,在补充资料中则按间接法将净利润调整为经营活动现金流量的信息。

(一)直接法

直接法是将利润表中的各收支项目,按收付实现制的要求,直接分项调整为实际的现金收入和现金支出。其调整计算公式如下:

经营活动现金净流量＝营业收入收现－营业成本付现＋其他收入收现－销售费用付现－税金及附加付现－管理费用付现－所得税付现

(二)间接法

间接法是以利润表中的本期净利润(或亏损)为起算点,调整不涉及现金的收入、费用、营业外收支,以及与经营活动有关的流动资产和流动负债的增减变动来计算经营活动现金流量的。其调整计算公式如下:

经营活动现金流量＝本期净利润＋不减少现金的费用＋非现金流动资产减少及流动负债增加＋营业外支出－不增加现金的收入－非现金流动资产增加及流动负债减少－营业外收入

提示:由于现金流量表的大部分内容在基础会计课程中还未涉及,故暂不要求初学者能独立完成此表的编制。

任务五　所有者权益变动表

任务课件

所有者权益变动表,是反映所有者权益的各组成部分当期的增减变动情况的会计报表。当期损益、直接计入所有者权益的利得和损失,以及与所有者的资本交易导致的权益的变动,应当分别列示。

一、所有者权益变动表的作用

通过所有者权益变动表,既可以为报表使用者提供所有者权益总量增减变动的信息,也能为其提供所有者权益增减变动的结构性信息,特别是能够让报表使用者理解所有者权益增减变动的根源。

二、所有者权益变动表的内容

所有者权益变动表至少应当单独列示反映下列五项内容:

(1)综合收益总额,在合并所有者权益变动表中还应单独列出归属于公司所有者的综合收益总额和归属于少数股东的综合收益总额。

(2)会计政策变更和差错更正的累积影响金额。

(3)所有者投入资本和向所有者分配利润等。

(4)按照规定提取的盈余公积。

(5)所有者权益各组成部分的期初和期末余额及其调节情况。

三、所有者权益变动表的填列方法

(一)上年金额栏的填列方法

所有者权益变动表"上年金额"栏内各项数字,应根据上年度所有者权益变动表"本年金额"栏内所列数字填列。如果上年度所有者权益变动表规定的各个项目的名称和内容同本年度不相一致,应对上年度所有者权益变动表各项目的名称和数字按本年度的规定进行调整,填入所有者权益变动表"上年金额"栏内。

(二)本年金额栏的填列方法

所有者权益变动表"本年金额"栏内各项数字一般应根据"实收资本(或股本)""资本公积""盈余公积"等科目的发生额分析填列,如表8－10所示。

表 8－10

所有者权益变动表

会企 04 表

编制单位：　　　　　　　　____年度　　　　　　　　单位：元

项　目	本年金额										上年金额									
	实收资本（或股本）	其他权益工具			资本公积	减：库存股	其他综合收益	盈余公积	未分配利润	所有者权益合计	实收资本（或股本）	其他权益工具			资本公积	减：库存股	其他综合收益	盈余公积	未分配利润	所有者权益合计
		优先股	永续债	其他								优先股	永续债	其他						
一、上年年末余额																				
加：会计政策变更																				
前期差错更正																				
其他																				
二、本年年初余额																				
三、本年增减变动金额（减少以“－”号填列）																				
（一）综合收益总额																				
（二）所有者投入和减少资本																				
1. 所有者投入的普通股																				
2. 其他权益工具持有者投入资本																				
3. 股份支付计入所有者权益的金额																				
4. 其他																				
（三）利润分配																				
1. 提取盈余公积																				
2. 对所有者（或股东）的分配																				
3. 其他																				
（四）所有者权益内部结转																				
1. 资本公积转增资本（或股本）																				
2. 盈余公积转增资本（或股本）																				
3. 盈余公积弥补亏损																				
4. 设定受益计划变动额结转留存收益																				
5. 其他综合收益结转留存收益																				
6. 其他																				
四、本年年末余额																				

其中,“其他综合收益结转留存收益”行项目,主要反映:

(1)企业指定为以公允价值计量且其变动计入其他综合收益的非交易性权益工具投资终止确认时,之前计入其他综合收益的累计利得或损失从其他综合收益中转入留存收益的金额。

(2)企业指定为以公允价值计量且其变动计入当期损益的金融负债终止确认时,之前由企业自身信用风险变动引起而计入其他综合收益的累计利得或损失从其他综合收益中转入留存收益的金额等。该项目应根据“其他综合收益”科目的相关明细科目的发生额分析填列。

提示:由于所有者权益变动表的大部分内容在基础会计课程中还未涉及,故暂不要求初学者能独立完成此表的编制

任务六　会计报表附注

任务课件

一、会计报表附注概述

附注是对在资产负债表、利润表、现金流量表和所有者权益变动表等报表中列示项目的文字描述或明细资料,以及对未能在这些报表中列示项目的说明等。

附注应当披露财务报表的编制基础,相关信息应当与资产负债表、利润表、所有者权益变动表和现金流量表等报表中所示的项目相互参照。

附注披露的基本要求:

(1)附注披露的信息应是定量、定性信息的结合,从而能从“量”和“质”两个角度对企业经济事项完整地进行反映,也才能满足信息使用者的决策需求。

(2)附注应当按照一定的结构进行系统合理的排列和分类,有顺序地披露信息。由于附注的内容繁多,因此更应按逻辑顺序排列,分类披露,条理清晰,具有一定的组织结构,以便于使用者理解和掌握,也更好地实现财务报表的可比性。

(3)附注相关信息应当与资产负债表、利润表、现金流量表和所有者权益变动表等报表中列示的项目相互参照,以有助于使用者联系相关联的信息,并由此从整体上更好地理解财务报表。

二、会计报表附注的形式

在会计实务中,会计报表附注可采用旁证、附表和底注等形式:

(一)旁注

旁注是指在财务报表的有关项目旁直接用括号加注说明。旁注是最简单的报表注释方法,如果报表上有关项目的名称或金额受到限制或需简要补充时,可以直接用括号加注说明。为了保持报表项目的简明扼要、清晰明了,旁注只适用于个别只需简单补充的信息项目。

(二)附表

附表是指为了保持财务报表的简明易懂而另行编制一些反映其构成项目及年度内的增减来源与数额的表格。附表反映的内容,有些已直接包括在脚注之内,有些则附在报表和脚注之后,作为财务报告的一个单独组成部分。必须注意的是,附表与补充报表的概念并不相同。附表所反映的是财务报表中某一项目的明细信息(如应收账款的账龄表),而补充报表则

往往反映一些附加的信息或按不同基础编制的信息。最常见的补充报表是揭示物价变动对企业财务状况和经营成果影响的附表。

(三)底注

底注也称脚注,是指在财务报表后面用一定文字和数字所做的补充说明。一般而言,每一种报表都可以有一定的底注,其篇幅大小随各种报表的复杂程度而定。底注的主要作用是揭示那些不便于列入报表正文的有关信息。但是,底注作为财务报表的组成部分,仅是对报表正文的补充,它不能取代或更正报表正文中的正常分类、计价和描述。凡列入财务报表正文部分的信息项目都必须符合会计要素的定义和一系列确认与计量的标准。财务报表正文主要是以表格形式描述有关企业财务状况与经营绩效的定量信息,这一特征使报表正文所能包含的信息受到限制。而底注则比较灵活,它可提供有关报表编制基础等方面的定性信息、报表项目的性质、比报表正文更为详细的信息、一些相对较次要的信息,这些信息对理解和使用报表信息是十分有益的。由于这一优点,底注在财务报表中已发挥越来越重要的作用。目前,在会计实务中报表底注的内容日益增多,其增长幅度大大超过报表的正文。

报表底注所提供的信息十分广泛,概括起来,主要包括:

1. 会计政策

会计政策是公司管理人员在公认会计原则或企业会计准则所允许的范围内,编制财务报表时所选择采用的原则、基础、惯例、规则、方法和程序的总称。

2. 会计政策变动

虽然一致性原则要求企业在前后各期所采用的会计方法、程序应尽可能保持连贯性,但由于主客观原因,企业编制报表方面的会计政策仍然可能发生变化。例如,准则、制度制定机构要求采用新的会计政策,或企业管理当局认为政策的变更能使报表更恰当地反映企业的财务状况和经营成果。会计政策的变更包括会计方法、程序和会计估计的变动。这些变动的原因及其影响程度都必须在报表底注中说明。

3. 财务报表中有关重要项目的明细资料

由于使用者对报表信息详简程度的要求不同,以高度概括形式表现的报表正文信息往往难以满足使用者的信息需要。为了帮助使用者更准确地判断企业的财务状况与经营成果,报表上的一些重要项目需要在底注中详细说明(这些说明有时以附表形式表现,有时则列示在底注中)。这些项目包括应收账款、存货、固定资产及累计折旧、在建工程、无形资产和其他资产、外币资产等。

4. 或有项目

有些或有资产、或有负债项目,由于它们对企业财务状况和经营绩效的影响取决于未来事项的发展,而其现值或未来值又极不确定,因而不能列入报表,但是,这些项目的出现又不是绝无可能,如果忽略这些项目可能给报表使用者的决策带来重大的影响。这时,这些项目就应在底注中说明,以便由使用者判断其可能产生的影响程度。这些项目主要包括未决诉讼案件、长期期货合同、长期分期付款销售合同、融资信用担保等。

5. 期后事项

期后事项是指会计结账日(即会计年度结束日或编制报表日)后至正式对外报送财务报告日(简称报告日)之间发生的交易或事项。

三、会计报表附注的内容

企业应当按照如下顺序披露附注的内容：

(一)企业的基本情况

(1)企业注册地、组织形式和总部地址。

(2)企业的业务性质和主要经营活动，如企业所处的行业、所提供的主要产品或服务、客户的性质、销售策略、监管环境的性质等。

(3)母公司以及集团最终母公司的名称。

(4)财务报告的批准报出者和财务报告批准报出日。

(二)财务报表的编制基础

企业应当以持续经营为基础编制会计报表。在编制会计报表时，企业应当对持续经营的能力进行估计。如果已决定进行清算或停止营业，或者已确定在下一个会计期间将被迫进行清算或停止营业，则不应再以持续经营为基础编制会计报表。如果某些不确定的因素导致对企业能否持续经营产生重大怀疑时，则应当在会计报表附注中披露这些不确定因素。如果会计报表不是以持续经营为基础编制的，则企业在会计报表附注中对此应当首先予以披露，并进一步披露会计报表的编制基础，以及企业未能以持续经营为基础编制会计报表的原因。

(三)遵循企业会计准则的声明

企业应当声明编制的财务报表符合企业会计准则的要求，真实、完整地反映了企业的财务状况、经营成果和现金流量等有关信息，以此明确企业编制财务报表所依据的制度基础。

如果企业编制的财务报表只是部分地遵循了企业会计准则，附注中不得做出这种表述。

(四)重要会计政策和会计估计

根据财务报表列报准则的规定，企业应当披露采用的重要会计政策和会计估计，不重要的会计政策和会计估计可以不披露。

1. 重要会计政策的说明

由于企业经济业务的复杂性和多样化，某些经济业务可以有多种会计处理方法，也即存在不止一种可供选择的会计政策。例如，存货的计价可以有先进先出法、加权平均法、个别计价法等；固定资产的折旧可以有平均年限法、工作量法、双倍余额递减法、年数总额法等。企业在发生某项经济业务时，必须从允许的会计处理方法中选择适合本企业特点的会计政策，企业选择不同的会计处理方法，可能极大地影响企业的财务状况和经营成果，进而编制出不同的财务报表。为了有助于报表使用者理解，有必要对这些会计政策加以披露。

需要特别指出的是，说明会计政策时还需要披露下列两项内容：

(1)财务报表项目的计量基础。会计计量属性包括历史成本、重置成本、可变现净值、现值和公允价值，这直接显著影响报表使用者的分析，这项披露要求便于使用者了解企业财务报表中的项目是按何种计量基础予以计量的，如存货是按成本还是可变现净值计量等。

(2)会计政策的确定依据。它主要是指企业在运用会计政策过程中所做的对报表中确认的项目金额最具影响的判断。例如，企业如何判断持有的金融资产是持有至到期的投资而不是交易性投资；对于拥有的持股不足50%的关联企业，企业为何判断企业拥有控制权因此将其纳入合并范围；企业如何判断与租赁资产相关的所有风险和报酬已转移给企业，从而符合融资租赁的标准；投资性房地产的判断标准是什么等。这些判断对在报表中确认的项目金额具有重要影响。因此，这项披露要求有助于使用者理解企业选择和运用会计政策的背景，增加财务报表的可理解性。

2. 重要会计估计的说明

财务报表列报准则强调了对会计估计不确定因素的披露要求，企业应当披露会计估计中所采用的关键假设和不确定因素的确定依据，这些关键假设和不确定因素在下一会计期间内很可能导致对资产、负债账面价值进行重大调整。

在确定报表中确认的资产和负债的账面金额过程中，企业有时需要对不确定的未来事项在资产负债表日对这些资产和负债的影响加以估计。例如，固定资产可收回金额的计算需要根据其公允价值减去处置费用后的净额与预计未来现金流量的现值两者之间的较高者确定，在计算资产预计未来现金流量的现值时需要对未来现金流量进行预测，并选择适当的折现率，应当在附注中披露未来现金流量预测所采用的假设及其依据、所选择的折现率为什么是合理的等。又如，为正在进行中的诉讼提取准备金时最佳估计数的确定依据等。这些假设的变动对这些资产和负债项目金额的确定影响很大，有可能会在下一个会计年度内做出重大调整。因此，强调这一披露要求，有助于提高财务报表的可理解性。

(五)会计政策、会计估计变更和差错更正的说明

企业应当按照《企业会计准则第 28 号——会计政策、会计估计变更和差错更正》及其应用指南的规定，披露会计政策和会计估计变更以及差错更正的有关情况。

(六)报表重要项目的说明

企业应当以文字和数字描述相结合、尽可能以列表形式披露报表重要项目的构成或当期增减变动情况，并且报表重要项目的明细金额合计，应当与报表项目金额相衔接。在披露顺序上，一般应当按照资产负债表、利润表、现金流量表、所有者权益变动表的顺序及其项目列示的顺序。

应知考核

一、单项选择题

1. 可以反映企业的短期偿债能力和长期偿债能力的报表是(　　)。

A. 利润表　　B. 利润分配表

C. 资产负债表　　D. 现金流量表

2. 编制资产负债表所依据的会计等式是(　　)。

A. 收入－费用＝利润

B. 资产＝负债＋所有者权益

C. 借方发生额＝贷方发生额

D. 期初余额＋本期借方发生额－本期贷方发生额＝期末余额

3. 资产负债表中资产的排列顺序是按(　　)。

A. 项目收益性　　B. 项目重要性

C. 项目流动性　　D. 项目时间性

4. 下列项目中，属于资产负债表中流动负债项目的是(　　)。

A. 长期借款　　B. 长期应付款　　C. 应付股利　　D. 应付债券

5. 下列项目中，属于长期负债项目的是(　　)。

A. 应付票据　　B. 长期借款

C. 应付股利　　D. 应付职工薪酬

6. 资产负债表中所有者权益的排列顺序是(　　)。

A. 未分配利润—盈余公积—资本公积—实收资本

B. 实收资本—资本公积—盈余公积—未分配利润

C. 实收资本—盈余公积—实收资本—未分配利润

D. 资本公积—盈余公积—未分配利润—实收资本

7. 某企业会计年度的期末应收账款所属明细账户借方余额之和为500 800元,所属明细账户贷方余额之和为9 800元,总账为借方余额491 000元,则在当期资产负债表"应收票据及应收账款"项目所填列的数额为(　　)。

A. 500 800元　　B. 9 800元　　C. 491 000元　　D. 510 600元

8. (　　)是反映企业经营成果的会计报表。

A. 资产负债表　　B. 利润表

C. 现金流量表　　D. 会计报表附注

9. 我国的利润表采用(　　)。

A. 单步式　　B. 多步式　　C. 账户式　　D. 报告式

10. 资产负债表中货币资金项目中包含的项目是(　　)。

A. 银行本票存款　　B. 银行承兑汇票

C. 商业承兑汇票　　D. 交易性金融资产

二、多项选择题

1. 下列项目中,属于报表中所有者权益项目的是(　　)。

A. 实收资本　　B. 资本公积　　C. 未分配利润　　D. 留存收益

2. 下列项目中,属于非流动负债的是(　　)。

A. 长期借款　　B. 应付债券　　C. 应交税费　　D. 长期应付款

3. 资产负债表中"期末数"的来源是(　　)。

A. 总账余额　　B. 明细账余额

C. 科目汇总表　　D. 备查登记账簿记录

4. 下列应该包括在资产负债表存货项目中的是(　　)。

A. 工程物资　　B. 在途物资　　C. 委托代销商品　　D. 周转材料

5. 下列资产项目中,属于流动资产项目的是(　　)。

A. 应收票据　　B. 长期股权投资

C. 工程物资　　D. 存货

6. 资产负债表中的资产项目主要包括(　　)。

A. 流动资产　　B. 长期股权投资

C. 固定资产　　D. 无形资产及其他资产

7. 下列各项中,影响营业利润的账户有(　　)。

A. 主营业务收入　　B. 其他业务成本

C. 营业外支出　　D. 税金及附加

8. 下列关于利润表的说法中正确的有(　　)。

A. 利润表也称损益表

B. 利润表由表头、表身和表尾等部分组成

C. 利润表的格式主要有单步式和多步式两种

D. 我国利润表采用多步式结构

9. 下列各项中,会影响企业利润总额的有(　　)。

A. 营业外支出　　B. 公允价值变动损益

C. 制造费用　　D. 所得税费用

10. 在下列各项税金中,应在利润表中的"税金及附加"项目反映的是(　　)。

A. 耕地占用税　　B. 城市维护建设税

C. 增值税　　D. 土地增值税

三、判断题

1. 在企业财务会计报告体系中,最核心的内容是会计报表。(　　)

2."制造费用"和"管理费用"都应当在期末转入"本年利润"账户。(　　)

3. 资产负债表中"固定资产"项目应根据"固定资产"账户余额直接填列。(　　)

4. 账户式资产负债表分左右两方,左方为资产项目,一般按照流动性大小排列;右方为负债及所有者权益项目,一般按要求偿还时间的先后顺序排列。(　　)

5. 资产负债表中的所有者权益内部各项目是按照流动性或变现能力排列。(　　)

6. 资产负债表是反映企业某一特定时期财务状况的会计报表。(　　)

7. 资产负债表的格式主要有账户式和报告式两种,我国采用的是报告式,因此才出现"财务会计报告"这个名词。(　　)

8. 资产负债表中资产类至少包括流动资产项目、长期投资项目和固定资产项目。(　　)

9. 资产负债表是总括反映企业特定日期资产、负债和所有者权益情况的静态报表,通过它可以了解企业的资产分布、资金的来源、承担的债务以及资金的流动性和偿债能力。(　　)

10. 净利润是指营业利润减去所得税费用后的金额。(　　)

四、简述题

1. 资产负债表期末数各项目填列方法有哪些?

2. 多步式利润表主要包括哪几步?

3. 利润表中营业利润如何计算?

4. 编制资产负债表时,哪些项目要根据明细科目余额计算填列?

5. 如何理解利润表中的上期金额?

应会考核

■业务考核

【考核项目】

财务报告。

【背景资料】

虚假财务会计信息

背景与情境：某科技公司2019年年报称，公司“技术服务收入3 760万元，占公司营业收入的43.28%，纺织品销售加工收入3 991.79万元，占公司营业收入的47.99%”。经查，该科技公司通过虚构合同履行的方式，虚构取得技术服务收入3 760万元，虚构取得纺织品加工收入3 063万元，虚增利润3 662万元。

【考核要求】

1. 该公司主要违背了哪些财务会计报告编制的基本要求？
2. 该公司应如何正确编制2019年度财务会计报告？
3. 关于该公司编制真实合法的财务会计报表，你有哪些建议？

■技能考核

【考核项目1】

资产负债表。

【背景资料】

资产负债表编制

嘉实公司2019年10月31日有关账户余额，如表8—11所示：

表8—11　　2019年10月31日账户余额表　　单位：元

科　目	总　账		明细账	
	借　方	贷　方	借　方	贷　方
库存现金	12 580			
银行存款	65 465			
应收账款	42 860			
A公司			60 000	
B公司				17 140
原材料	116 240			
甲材料			86 240	
乙材料			30 000	
库存商品	65 240			
丙商品			65 240	
预收账款		48 000		
C公司				48 000

【考核要求】

1. 资产负债表项目的归类。
2. 资产负债表各项目分析。
3. 资产负债表编制技能。

【考核项目2】

利润表。

【背景资料】 **利润表编制**

嘉华公司7月份损益类账户发生额情况，如表8—12所示：

表8—12 **7月份损益类账户发生额** 单位:元

账户名称	本期借方发生额	本期贷方发生额
主营业务收入		382 500
其他业务收入		68 900
营业外收入		25 800
主营业务成本	226 860	
其他业务成本	46 530	
税金及附加	12 100	
销售费用	36 000	
管理费用	18 600	
财务费用	3 620	
营业外支出	16 600	
所得税费用	3 200	

【考核要求】

1. 利润表项目的归类。
2. 利润表各项目分析。
3. 利润表编制技能。

■综合实务

明星公司沦落为“造假先锋”——莱得艾德公司财务报告舞弊

背景与情境：莱得艾德公司是美国第三大连锁药店，创办于1962年9月。1995年3月，创始人之子马丁·格拉斯出任公司的首席执行官兼董事会主席。自此，莱得艾德公司加快了扩张的步伐，通过兼并收购了1 000多家连锁药店，公司规模不断扩张，经营业绩稳定增长，其股票成为投资者和华尔街财务分析师追捧的明星股票。

然而，公司1999年度会计报告重新表述了1997年、1998年财务年度的经营业绩，调增了1997年会计年度报告净利润136.3万美元，调减了1998会计年度报告净利润1 056.5万美元。1999年10月11日，莱得艾德公司宣布将再次重编前期的某些季度和年度的财务报表。10月18日，马丁·格拉斯辞去了首席执行官和董事会主席的职务。11月，SEC和美国总检察长办公室宾夕法尼亚办事处宣布正式调查在马丁·格拉斯及其经营团队领导下的莱得艾德公司的会计和财务问题。

经德勤会计师事务所审计的2000会计年度财务报告中，莱得艾德公司重新表述了1998年、1999年会计年度和2000年会计年度第一和第二季度的财务报告，分别调减了1998年和1999年会计年度净利润4.92亿美元和5.66亿美元，累计调减的税前利润为23亿美元，累计调减1999年2月27日的留存收益达16亿美元之巨，使莱得艾德公司一跃成为美国历史上会计报表重述金额最大的公司之一。

案例要求：请根据上述案例，联系我国会计法律制度有关财务会计报告的规定，在下列题目中填入适当选项。

1. 财务会计报告的主要目标有（　　）。

A. 向财务会计报告使用者提供企业财务信息

B. 向财务会计报告使用者提供预测

C. 向财务会计报告使用者提供决策

D. 反映企业管理层受托责任履行情况

2. 财务会计报告的基本要求有（　　）。

A. 对外提供的财务会计报告反映的会计信息应当真实、完整

B. 及时对外提供财务会计报告

C. 向有关各方提供的财务会计报告，其编制基础、编制依据、编制原则和方法应当一致

D. 不得提供编制基础、编制依据、编制原则和方法不同的财务会计报告

3. 财务会计报告对外提供的对象有（　　）。

A. 企业的投资者　　B. 企业的债权人

C. 有关政府部门　　D. 税务部门

E. 企业管理层

4. 如果发现对外报送的财务报告有错误，处理方式有（　　）。

A. 应当及时办理更正手续

B. 除更正本单位留存的财务报告外，同时通知接受财务报告的单位更正

C. 错误较多的，应当重新编报

D. 无须及时更正或重编，可在下一会计年度报告时更正或重编

5. 对企业财务会计报告承担责任的人员有（　　）。

A. 企业负责人　　B. 主管会计工作的负责人

C. 会计机构负责人　　D. 人事部门负责人

项目实训

【实训项目】

会计报表的编制与应用。

【实训情境】

会计报表编制。

【资料】　某公司2019年资产负债表年初余额，如表8－13所示：

表8－13　　资产负债表

编制单位：某公司　　2019年1月1日　　单位：元

资　产	期末余额	年初余额	负债和所有者权益（或股东权益）	期末余额	年初余额
流动资产：			流动负债：		
货币资金		168 600	短期借款		160 000
交易性金融资产			应付票据及应付账款		154 200

续表

资　产	期末余额	年初余额	负债和所有者权益（或股东权益）	期末余额	年初余额
应收票据及应收账款		218 320	预收款项		58 000
预付款项		24 320	应付职工薪酬		8 600
其他应收款		20 000	应交税费		9 600
存货		456 800	流动负债合计		390 400
流动资产合计		888 040	非流动负债：		
非流动资产：			长期借款		800 000
固定资产		1 560 000	非流动负债合计		800 000
无形资产			负债合计		1 190 400
非流动资产合计		1 560 000	所有者权益（或股东权益）：		
			实收资本（或股本）		1 000 000
			未分配利润		257 640
			所有者权益合计		1 257 640
资产总计		2 448 040	负债和所有者权益总计		2 448 040

其中，货币资金168 600元均为银行存款；存货456 800元，其中原材料326 200元、库存商品130 600元。2018年该公司发生如下交易或事项：

1. 购入材料一批，发票账单已经收到，增值税专用发票上注明的货款为200 000元，增值税税额为26 000元。材料已验收入库。

2. 转账收回前期货款200 000元。

3. 应付短期借款利息25 000元。

4. 转账支付广告费50 000元。

5. 销售商品一批，该批商品售价为1 000 000元，增值税税额为130 000元，实际成本为680 000元，商品已发出。

6. 出售材料一批，售价100 000元，销项税额13 000元，货款未收。该材料成本为60 000元。

7. 分配工资费用，其中公司行政管理人员工资40 000元、生产工人工资100 000元。

8. 生产车间生产A产品领用原材料412 300元。

9. 银行存款支付车间办公等费用37 500元。

10. 本月产品全部完工入库。

11. 计算并确认应交城市维护建设税20 000元。

12. 按利润总额的25%计算所得税费用（不考虑其他因素）。

13. 按净利润的10%提取盈余公积。

（注：增值税税率为13%。）

【实训要求】

1. 会计报表的归类技能。

2. 会计报表各项目的分析技能。

3. 会计报表的编制技能,分别编制资产负债表(见表 8—14)、利润表(见表 8—15)。

表 8—14　　**资产负债表**　　会企 01 表

编制单位:某公司　　2019 年 12 月 31 日　　单位:元

资产	期末余额	年初余额	负债和所有者权益(或股东权益)	期末余额	年初余额
流动资产:			流动负债:		
货币资金			短期借款		
交易性金融资产			应付票据及应付账款		
应收票据及应收账款			预收款项		
预付款项			应付职工薪酬		
其他应收款			应交税费		
存货			其他应付款		
流动资产合计			流动负债合计		
非流动资产:			非流动负债:		
固定资产			长期借款		
无形资产			非流动负债合计		
非流动资产合计			负债合计		
			所有者权益(或股东权益):		
			实收资本(或股本)		
			盈余公积		
			未分配利润		
			所有者权益(或股东权益)合计		
资产总计			负债和所有者权益(或股东权益)总计		

表 8—15　　**利润表**　　会企 02 表

编制单位:某公司　　2019 年度　　单位:元

项　目	本期金额	上期金额(略)
一、营业收入		
减:营业成本		
税金及附加		
销售费用		
管理费用		
研发费用		

续表

项 目	本期金额	上期金额(略)
财务费用		
其中:利息费用		
利息收入		
资产减值损失		
加:其他收益		
投资收益(损失以"—"号列示)		
其中:对联营企业和合营企业的投资收益		
公允价值变动收益(损失以"—"号列示)		
资产处置收益(损失以"—"号填列)		
二、营业利润(损失以"—"号列示)		
加:营业外收入		
减:营业外支出		
三、利润总额(净亏损以"—"号填列)		
减:所得税费用		
四、净利润(损失以"—"号列示)		
(一)持续经营净利润(净亏损以"—"号填列)		
(二)终止经营净利润(净亏损以"—"号填列)		
五、其他综合收益的税后净额		
六、综合收益总额		
七、每股收益	略	
(一)基本每股收益	略	
(二)稀释每股收益	略	

账务处理程序

○ **知识目标:**

理解:账务处理程序的意义、要求。

熟知:账务处理程序的种类。

掌握:各类账务处理程序的特点、程序、优缺点和适用范围。

○ **技能目标:**

学习和把握账务处理程序的步骤、方法与技巧,相关业务等程序性知识;能用所学实务知识规范"账务处理程序"的相关技能活动。

○ **素质目标:**

运用所学账务处理程序的理论与实务知识研究相关案例,培养和提高学生在特定业务情境中分析问题与决策设计的能力;能结合"账务处理程序"教学内容,结合行业规范或标准,分析会计行为的善恶,强化学生的职业道德素质。

○ **项目引例:**

账务处理程序的选择

背景与情境:张强先生1996年创办了光华商贸股份有限公司,开始规模较小,注册资本30万元,主要从事商品批发与零售业务,记账一直采用记账凭证账务处理程序。随着经济业务的发展,到2019年公司注册资本已经扩大到2 000万元,每年销售额达到2亿元,这时会计人员提出采用汇总记账凭证账务处理程序记账。该公司现在使用记账凭证账务处理程序,准备更换为汇总记账凭证账务处理程序。

引例导学:记账凭证账务处理程序是什么?汇总记账凭证账务处理程序又是什么?

○ **知识准备:**

任务一　账务处理程序概述

任务课件

一、账务处理程序的意义

账务处理程序又称会计核算组织程序或会计核算形式,是指会计凭证、会计账簿、会计报表相结合的方式,包括会计凭证和账簿的种类、格式,会计凭证与账簿之间的联系方法,由原始凭证到编制凭证、登记明细分类账和总分类账、编制会计报表的工作程序和方法等。把不同的会计凭证组织、账簿组织按不同的记账程序和方法结合在一起，就形成了不同的账务处理程序。

在会计工作中，不仅要了解如何取得原始凭证、填制记账凭证、设置和登记账簿，以及编制财务报表，还必须明确各会计凭证、会计账簿和财务报表之间的相互依赖关系。不同的凭证编制、账簿组织、记账程序和记账方法的有机结合，就构成了不同的账务处理程序，而不同的账务处理程序所需要的工作量、所耗费的各种资源在时间和空间上的分布都是不同的。

一家企业，由于其业务性质、经营规模大小和经济业务的繁简程度各异，若考虑账务处理程序在组织上的成本效益原则，那就决定了不同的企业适用的账务处理程序也有所不同。因此，结合每一家企业的特点，科学地组织账务处理程序，是会计核算中会计信息质量的内在要求，具有重要意义。

二、账务处理程序的种类

目前，我国企业、事业等单位会计核算一般采用的主要账务处理程序有以下六种：

(1)记账凭证账务处理程序；

(2)汇总记账凭证账务处理程序；

(3)科目汇总表账务处理程序；

(4)日记总账账务处理程序；

(5)多栏式日记账账务处理程序；

(6)电算化账务处理程序。

以上六种账务处理程序既有共同点，又各有特点。其中，记账凭证账务处理程序是最基本的一种，其他账务处理程序都是由此发展、演变而来的。在实际工作中，各经济单位可根据实际需要选择其中一种账务处理程序，也可将多种账务处理程序的优点结合起来使用，以满足本单位经营管理的需要。随着计算机技术的广泛应用，电算化账务处理程序也在逐步推广运用。

三、账务处理程序的要求

科学、合理地组织账务处理程序是做好会计工作的重要前提之一。确定账务处理程序一般应符合以下几点要求：

(1)要与本单位的经济性质、经营特点、规模大小及业务的繁简程度相适应，要有利于岗位责任制的建立和分工协作。

(2)为符合会计信息质量要求，设计和选择账务处理程序时应确保能够及时、准确、全面、系统地提供会计信息，满足各会计信息使用者对会计信息的质量需求。

(3)要在保证核算资料及时、准确、完整的前提下，尽可能地简化程序，提高会计工作效率，节约核算费用。

任务二　记账凭证账务处理程序

任务课件

一、记账凭证账务处理程序的特点

记账凭证账务处理程序是指对所发生的交易或事项，都要根据原始凭证或原始凭证汇总表编制记账凭证，然后直接根据记账凭证逐笔登记总分类账的一种账务处理程序。

记账凭证账务处理程序是最基本的账务处理程序，它是其他账务处理程序的基础。

在记账凭证账务处理程序下，需要设置的会计凭证，包括收款凭证、付款凭证和转账凭证，也可以采用一种通用的记账凭证。需要设置的账簿，包括库存现金日记账、银行存款日记账、总分类账和明细分类账。库存现金日记账和银行存款日记账的格式一般采用三栏式账簿；明细账的格式可以分别采用三栏式、多栏式和数量金额式的账簿；总分类账的格式一般采用三栏式。

二、记账凭证账务处理的一般程序

具体包括：

(1)根据原始凭证填制汇总原始凭证。

(2)根据原始凭证或汇总原始凭证填制收款凭证、付款凭证和转账凭证，也可填制通用记账凭证。

(3)根据收、付款凭证，每日逐笔登记库存现金和银行存款日记账。

(4)根据原始凭证、汇总原始凭证或记账凭证，逐笔登记各种明细分类账。

(5)根据记账凭证逐笔登记总分类账。

(6)期末，将库存现金日记账、银行存款日记账和各明细分类账的余额之和与总分类账的有关账户的余额核对。

(7)期末，根据核对无误的总分类账和有关明细分类账的记录，编制会计报表。

记账凭证核算形式的账务处理流程如图 9－1 所示。

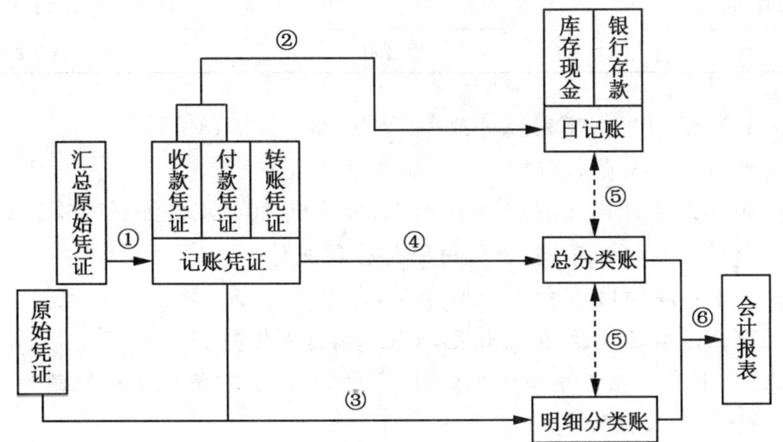

图 9－1　记账凭证核算形式的账务处理流程

三、记账凭证账务处理程序的特点、优缺点及适用范围

1. 特点

记账凭证账务处理程序的特点是:对发生的经济业务事项,都要根据原始凭证或汇总原始凭证编制记账凭证,然后直接根据记账凭证登记总分类账的一种账务处理程序。

2. 优缺点

记账凭证账务处理程序的优点是:账务处理程序简单明了,易于理解;总分类账可以较详细地反映交易或事项的发生情况,便于查账、对账。缺点是登记总分类账的工作量较大。

3. 适用范围

记账凭证账务处理程序一般适用于规模较小、交易或事项较少的企业。同时,为了最大限度地克服其局限性,实务工作中,应尽量将原始凭证汇总编制汇总原始凭证,再根据汇总原始凭证编制记账凭证,从而简化总账登记的工作量。

四、记账凭证账务处理程序的运用

【做中学9—1】 立新公司2019年12月1日总分类账户余额,如表9—1所示。

表9—1　　**总分类账户余额表**　　单位:元

账户名称	借方余额	贷方余额
库存现金	900	
银行存款	180 000	
应收账款	28 300	
原材料	63 000	
库存商品	30 000	
短期借款		6 000
应交税费		3 000
应付账款		5 000
实收资本		244 000
本年利润		44 200
合　计	302 200	302 200

该公司2018年12月发生下列经济业务(增值税税率为13%):

(1)1日,收到国家投入资本60 000元,存入银行。

(2)3日,从和平公司购进A材料800千克,每千克50元,增值税进项税额为5 200元,共计45 200元,材料已验收入库,款项已用银行存款支付。

(3)7日,生产甲产品领用A材料300千克,每千克50元,计15 000元。

(4)9日,南海公司偿还货款28 300元,款已收,存入银行。

(5)10日,销售甲产品200件给兴旺公司,每件300元,增值税销项税额为7 800元,共计67 800元,款已收到,存入银行。

(6)10日,用银行存款归还前欠利新公司货款2 000元。

(7)12日,用银行存款归还短期借款6 000元。

(8)15 日，销售甲产品 100 件给吉祥公司，每件 190 元，增值税销项税额为 2 470 元，共计 21 470 元，贷款尚未收到。

(9)17 日，张明出差，预借差旅费 800 元，出纳支付现金 800 元。

(10)18 日，用银行存款支付产品广告费 3 800 元。

(11)22 日，张明出差归来，报销差旅费 700 元，余额 100 元退回。

(12)24 日，从银行提取现金 2 800 元备用。

(13)25 日，用现金 2 500 元支付职工培训讲课费。

(14)31 日，结转本月销售产品成本 29 000 元。

(15)31 日，将本月损益类账户的余额转入"本年利润"账户。

【要求】

1. 根据以上资料填制收款凭证、付款凭证、转账凭证。

2. 根据记账凭证，逐笔登记总账，并结出本期发生额和期末余额。

根据以上要求进行会计处理：

(1)根据以上经济业务取得的原始凭证，填制收款凭证、付款凭证和转账凭证，如表 9—2 至表 9—18 所示。

表 9—2　　**收款凭证**

借方科目：银行存款　　2019 年 12 月 1 日　　银收字第 01 号

摘　要	贷方科目		借或贷	金　额
	总账科目	明细科目		
国家投入资本	实收资本	国家资本		60 000
合　计				60 000

表 9—3　　**收款凭证**

借方科目：银行存款　　2019 年 12 月 9 日　　银收字第 02 号

摘　要	贷方科目		借或贷	金　额
	总账科目	明细科目		
收回南海公司货款	应收账款	南海公司		28 300
合　计				28 300

表 9—4　　**收款凭证**

借方科目：银行存款　　2019 年 12 月 10 日　　银收字第 03 号

摘　要	贷方科目		借或贷	金　额
	总账科目	明细科目		
甲产品销售收入	主营业务收入	甲产品		60 000
	应交税费	应交增值税(销项税额)		7 800
合　计				67 800

表 9—5 **收款凭证**

借方科目:库存现金　　2019 年 12 月 22 日　　现收字第 01 号

摘　要	贷方科目		借或贷	金　额
	总账科目	明细科目		
出差报销差旅费	其他应收款	张明		100
退回多余金额				
合　计				100

表 9—6 **付款凭证**

贷方科目:银行存款　　2019 年 12 月 3 日　　银付字第 01 号

摘　要	借方科目		借或贷	金　额
	总账科目	明细科目		
支付购料款	原材料	A 材料		40 000
	应交税费	应交增值税(进项税额)		5 200
合　计				45 200

表 9—7 **付款凭证**

贷方科目:银行存款　　2019 年 12 月 10 日　　银付字第 02 号

摘　要	借方科目		借或贷	金　额
	总账科目	明细科目		
归还前欠货款	应付账款	利新公司		2 000
合　计				2 000

表 9—8 **付款凭证**

贷方科目:银行存款　　2019 年 12 月 12 日　　银付字第 03 号

摘　要	借方科目		借或贷	金　额
	总账科目	明细科目		
归还短期借款	短期借款			6 000
合　计				6 000

表 9—9　　付款凭证

贷方科目:银行存款　　2019 年 12 月 18 日　　银付字第 04 号

摘　要	借方科目		借或贷	金　额
	总账科目	明细科目		
支付产品广告费	销售费用			3 800
合　计				3 800

表 9—10　　付款凭证

贷方科目:银行存款　　2019 年 12 月 24 日　　银付字第 05 号

摘　要	借方科目		借或贷	金　额
	总账科目	明细科目		
提现	库存现金			2 800
合　计				2 800

表 9—11　　付款凭证

贷方科目:库存现金　　2019 年 12 月 17 日　　现付字第 01 号

摘　要	借方科目		借或贷	金　额
	总账科目	明细科目		
出差预借差旅费	其他应收款	张明		800
合　计				800

表 9—12　　付款凭证

贷方科目:库存现金　　2019 年 12 月 25 日　　现付字第 02 号

摘　要	借方科目		借或贷	金　额
	总账科目	明细科目		
付培训讲课费	管理费用			2 500
合　计				2 500

表 9—13　　转账凭证

2019 年 12 月 7 日　　转字第 01 号

摘　要	总账科目	明细科目	借方金额	贷方金额
生产领用材料	生产成本	甲产品	15 000	
	原材料	A 材料		15 000
合　计			15 000	15 000

表 9—14

转账凭证

2019 年 12 月 15 日　　转字第 02 号

摘　要	总账科目	明细科目	借方金额	贷方金额
销售产品	应收账款	吉祥公司	22 230	
尚未收到货款	主营业务收入	甲产品		19 000
	应交税费	应交增值税（销项税额）		2 470
合　计			22 230	21 470

表 9—15

转账凭证

2019 年 12 月 22 日　　转字第 03 号

摘　要	总账科目	明细科目	借方金额	贷方金额
报销差旅费	管理费用	差旅费	700	
	其他应收款	张明		700
合　计			700	700

表 9—16

转账凭证

2019 年 12 月 31 日　　转字第 04 号

摘　要	总账科目	明细科目	借方金额	贷方金额
结转销售成本	主营业务成本	甲产品	29 000	
	库存商品	甲产品		29 000
合　计			29 000	29 000

表 9—17

转账凭证

2019 年 12 月 31 日　　转字第 05 号

摘　要	总账科目	明细科目	借方金额	贷方金额
结转本月销售	主营业务收入	甲产品	79 000	
收入	本年利润			79 000
合　计			79 000	79 000

表 9—18

转账凭证

2019 年 12 月 31 日　　转字第 06 号

摘　要	总账科目	明细科目	借方金额	贷方金额
结转本月	本年利润		36 000	
成本费用	管理费用			3 200
	销售费用			3 800
	主营业务成本			29 000
合　计			36 000	36 000

（2）根据记账凭证登记总分类账，如表 9—19、表 9—20 所示（仅以库存现金、银行存款总账为例，其他账户从略）。

表 9—19　　库存现金总账（库存现金日记账）

2019 年		凭证号数	摘　要	借　方	贷　方	借或贷	余　额
月	日						
12	1		期初余额			借	900
	17	现付 01	出差预借差旅费		800	借	100
	22	现收 01	出差报销差旅费	100		借	200
	24	银付 05	提现	2 800		借	3 000
	25	现付 02	付培训讲课费		2 500	借	500
12	31		本月合计	2 900	3 300	借	500

表 9—20　　银行存款总账（银行存款日记账）

2019 年		凭证号数	摘　要	借　方	贷　方	借或贷	余　额
月	日						
12	1		期初余额			借	180 000
	1	银收 01	国家投入资本	60 000		借	240 000
	3	银付 01	支付购料款		45 200	借	194 800
	9	银收 02	收回南海公司货款	28 300		借	223 100
	10	银收 03	甲产品销售收入	67 800		借	290 900
	10	银付 02	归还前欠货款		2 000	借	288 900
	12	银付 03	归还短期借款		6 000	借	282 900
	18	银付 04	支付产品广告费		3 800	借	279 100
	24	银付 05	提现		2 800	借	276 300
12	31		本月合计	156 100	59 800	借	276 300

任务三　科目汇总表账务处理程序

任务课件

一、科目汇总表账务处理程序的特点

科目汇总表账务处理程序又称记账凭证汇总表账务处理程序，它是根据记账凭证定期编制科目汇总表，再根据科目汇总表登记总分类账的一种账务处理程序。

科目汇总表是根据记账凭证汇总而成的。其特点是编制科目汇总表并据以登记总分类账。

在科目汇总表账务处理程序下，需要设置的会计凭证，包括收款凭证、付款凭证和转账凭证，也可以采用一种通用的记账凭证。需要设置的账簿，包括库存现金日记账、银行存款日记账、总分类账和明细分类账。库存现金日记账和银行存款日记账的格式一般采用三栏式账簿；明细账的格式可以分别采用三栏式、多栏式和数量金额式的账簿；总分类账的格式一般采用三栏式。

二、科目汇总表账务处理的一般程序

具体包括：

(1)根据原始凭证编制汇总原始凭证。

(2)根据原始凭证或汇总原始凭证编制记账凭证。

(3)根据收、付款凭证逐笔登记库存现金日记账和银行存款日记账。

(4)根据原始凭证、汇总原始凭证和记账凭证逐笔登记各明细分类账。

(5)根据记账凭证定期编制科目汇总表。

(6)根据科目汇总表登记总分类账。

(7)期末，将库存现金日记账和银行存款日记账余额与库存现金总账和银行存款总账余额进行核对，将各明细分类账余额之和与有关总分类账余额进行核对。

(8)期末，根据核对无误的总分类账和明细分类账记录，编制会计报表。

科目汇总表核算形式的账务处理流程如图 9—2 所示。

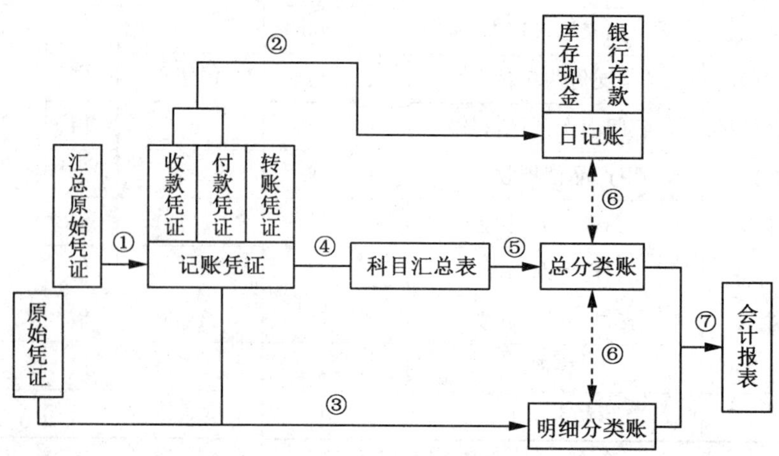

图 9—2 科目汇总表核算形式的账务处理流程

三、科目汇总表的编制方法

首先，将汇总期内各项交易或事项所涉及的总账科目填列在科目汇总表的“会计科目”栏内。然后，根据汇总期内所有记账凭证，按相同会计科目分别加计其借方发生额和贷方发生额，并将其汇总金额填在各相应会计科目的“借方”和“贷方”栏内。最后，分别加总全部会计科目“借方”和“贷方”发生额，进行发生额的试算平衡。具体汇总方式可分为两种：

(1)全部汇总。它就是将一定时期(十天、半月、一个月)的全部记账凭证汇总到一张科目汇总表内的汇总方式。

(2)分类汇总。它就是将一定时期(十天、半月、一个月)的全部记账凭证分别按库存现金、银行存款收、付款的记账凭证和转账记账凭证进行汇总。

提示：由于汇总方式不同，科目汇总表可以采用不同的格式。但任何格式的科目汇总表，都只反映各个科目的本期借方发生额、贷方发生额，不反映各个科目之间的对应关系。

四、科目汇总表账务处理程序的特点、优缺点及适用范围

1. 特点

科目汇总表账务处理程序的特点是：根据记账凭证定期归类、汇总编制科目汇总表，然后根据科目汇总表登记总分类账。

2. 优缺点

科目汇总表账务处理程序的优点是：①科目汇总表的编制和使用较为简便，易学易做；②根据科目汇总表一次或分次登记总分类账，大大减轻了登记总分类账的工作量；③科日汇总表可以起到试算平衡的作用。缺点是：在科目汇总表和总分类账中，不反映科目的对应关系，不便于查对账目。

3. 适用范围

科目汇总表账务处理程序的适用范围较广，特别适用于规模大、业务量多的企业。

五、科目汇总表账务处理程序的运用

【做中学 9—2】　业务资料见【做中学 9—1】。

(1)编制记账凭证(略)。

(2)根据所填制的表 9—2 至表 9—18 记账凭证为依据，采用全部汇总的方法对记账凭证定期(15 天)编制科目汇总表。

①12 月 1 日至 12 月 15 日。

第一步：建立 T 型账。

银行存款	
60 000	45 200
28 300	2 000
67 800	6 000
156 100	53 200

实收资本	
	60 000
	60 000

原材料	
40 000	15 000
40 000	15 000

应交税费	
5 200	7 800
	2 470
5 200	10 270

生产成本	
15 000	
15 000	

应收账款	
21 470	28 300
21 470	28 300

主营业务收入	
	60 000
	19 000
	79 000

应付账款	
2 000	
2 000	

短期借款	
6 000	
6 000	

第二步：将上面 T 型账记入科目汇总表，如表 9—21 所示。

表 9—21 科目汇总表 单位:元

2019 年 12 月 1 日至 15 日 汇字第 1 号

会计科目	账 页	借方发生额	贷方发生额	记账凭证起讫号数
银行存款		156 100	53 200	略
实收资本			60 000	
原材料		40 000	15 000	
应交税费		5 200	10 270	
生产成本		15 000		
应收账款		21 470	28 300	
主营业务收入			79 000	
应付账款		2 000		
短期借款		6 000		
合 计		245 770	245 770	

②12 月 16 日至 12 月 31 日。

第一步:建立 T 型账。

其他应收款	
800	100
700	
800	800

库存现金	
100	800
2 800	2 500
2 900	3 300

销售费用	
3 800	3 800
3 800	3 800

银行存款	
	3 800
	2 800
6 600	

管理费用	
700	3 200
2 500	
3 200	3 200

主营业务成本	
29 000	29 000
29 000	29 000

主营业务收入	
79 000	
79 000	

库存商品	
	29 000
29 000	

本年利润	
36 000	79 000
36 000	79 000

第二步:将上面 T 型账记入科目汇总表,如表 9—22 所示。

(3)根据科目汇总表登记总分类账,如表 9—23、表 9—24 所示(仅以库存现金、银行存款总账为例,其他从略)。

表 9—22　　**科目汇总表**　　单位:元

2019 年 12 月 16 日至 31 日　　汇字第 2 号

会计科目	账　页	借方发生额	贷方发生额	记账凭证起讫号数
库存现金		2 900	3 300	
银行存款			6 600	
其他应收款		800	800	
库存商品			29 000	
管理费用		3 200	3200	略
销售费用		3 800	3 800	
主营业务成本		29 000	29 000	
土营业务收入		79 000		
本年利润		36 000	79 000	
合　计		154 700	154 700	

表 9—23　　**库存现金总账**

2019 年		凭证号数	摘　要	借　方	贷　方	借或贷	余　额
月	日						
12	1		期初余额			借	900
	31	汇 2	16～31 日汇总过入	2 900	3 300	借	500
12	31		本月合计	2 900	3 300	借	500

表 9—24　　**银行存款总账**

2019 年		凭证号数	摘　要	借　方	贷　方	借或贷	余　额
月	日						
12	1		期初余额			借	180 000
	15	汇 1	1～15 日汇总过入	156 100	53 200	借	282 900
	31	汇 2	16～31 日汇总过入		6 600	借	276 300
12	31		本月合计	156 100	59 800	借	276 300

任务四　汇总记账凭证账务处理程序

任务课件

一、汇总记账凭证账务处理程序的特点

汇总记账凭证账务处理程序是根据原始凭证或汇总原始凭证编制记账凭证，并定期根据记账凭证分类编制汇总收款凭证、汇总付款凭证和汇总转账凭证，再根据汇总记账凭证登记总分类账的一种会计账务处理程序。它的特点是定期(5 天或 10 天)将全部记账凭证按收、付款凭证和转账凭证分别归类编制成汇总记账凭证，然后再根据汇总记账凭证登记总分类账。

在汇总记账凭证账务处理程序下，除设置收款凭证、付款凭证和转账凭证外，还应设置汇总收款凭证、汇总付款凭证和汇总转账凭证，作为登记总分类账的依据。

账簿组织与记账凭证账务处理程序相同，设置库存现金日记账和银行存款日记账，一般采用三栏式。总分类账可采用对应科目的三栏式。设置各种明细分类账，根据需要可采用三栏式、数量金额式或多栏式。

二、汇总记账凭证账务处理的一般程序

具体包括：

(1)根据原始凭证编制汇总原始凭证。

(2)根据原始凭证或汇总原始凭证编制记账凭证。

(3)根据收、付款凭证，每日逐笔登记库存现金日记账和银行存款日记账。

(4)根据原始凭证、汇总原始凭证或记账凭证，逐笔登记各明细分类账。

(5)根据收、付款凭证和转账凭证，定期编制汇总收款凭证、汇总付款凭证和汇总转账凭证。

(6)期末，根据汇总记账凭证登记总分类账。

(7)期末，将库存现金、银行存款日记账的余额和各明细分类账的期末余额之和，分别与有关总分类账的余额进行核对。

(8)期末，根据核对无误的总分类账和明细分类账的记录，编制会计报表。

汇总记账凭证账务处理程序如图 9—3 所示。

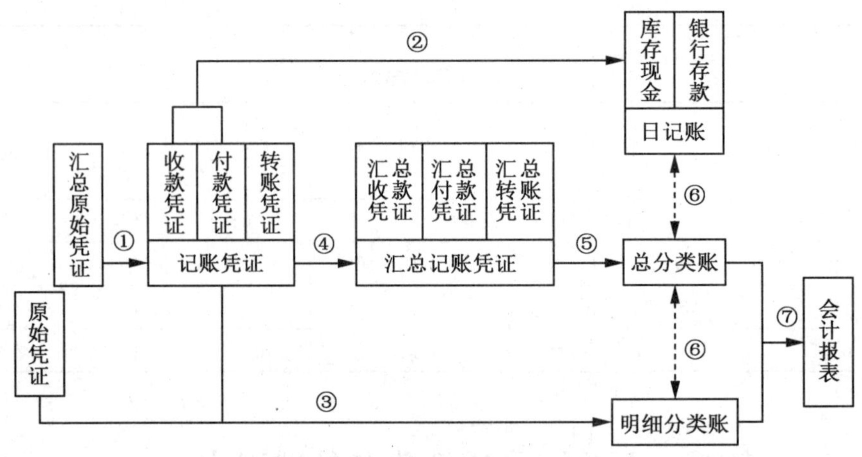

图 9—3 汇总记账凭证账务处理程序

三、汇总记账凭证的编制

汇总记账凭证可分为汇总收款凭证、汇总付款凭证和汇总转账凭证三种。

(一)汇总收款凭证

汇总收款凭证是指按“库存现金”和“银行存款”科目的借方分别设置的一种汇总记账凭证。它汇总了一定时期内现金和银行存款的收款业务，其格式如表 9—25 和表 9—26 所示。

表 9—25

汇总收款凭证

借方科目:库存现金　　2019 年×月　　汇收第 1 号

贷方科目	金　额			总账页数		
	1～10 日收款凭证 第　号至第　号	11～20 日收款凭证 第　号至第　号	21～31 日收款凭证 第　号至第　号	合计	借方	贷方
合　计						

表 9—26

汇总收款凭证

借方科目:银行存款　　2019 年×月　　汇收第 2 号

贷方科目	金　额			总账页数		
	1～10 日收款凭证 第　号至第　号	11～20 日收款凭证 第　号至第　号	21～31 日收款凭证 第　号至第　号	合计	借方	贷方
合　计						

汇总收款凭证的编制方法:将一定期间内全部库存现金和银行存款收款凭证,分别按其对应贷方科目进行归类,计算出每一贷方科目发生额合计数,填入汇总收款凭证中。一般可 5 天或 10 天汇总一次,月终计算出合计数,据以登记总分类账。

(二)汇总付款凭证

汇总付款凭证是指按“库存现金”和“银行存款”科目的贷方分别设置的一种汇总记账凭证。它汇总了一定时期内现金和银行存款的付款业务,其格式如表 9—27 和表 9—28 所示。

表 9—27

汇总付款凭证

贷方科目:库存现金　　2019 年×月　　汇付第 1 号

借方科目	金　额			总账页数		
	1～10 日付款凭证 第　号至第　号	11～20 日付款凭证 第　号至第　号	21～31 日付款凭证 第　号至第　号	合计	借方	贷方
合　计						

表 9—28

汇总付款凭证

贷方科目:银行存款　　2019 年×月　　汇付第 2 号

借方科目	金　额			总账页数		
	1～10 日付款凭证 第　号至第　号	11～20 日付款凭证 第　号至第　号	21～31 日付款凭证 第　号至第　号	合计	借方	贷方
合　计						

汇总付款凭证的编制方法:将一定期间内全部库存现金和银行存款付款凭证,分别按其对应借方科目进行归类,计算出每一借方科目发生额合计数,填入汇总付款凭证中。一般可 5 天或 10 天汇总一次,月终计算出合计数,据以登记总分类账。

(三)汇总转账凭证

汇总转账凭证按每一贷方科目分别设置,用来汇总一定时期内转账业务的一种汇总记账凭证,其格式如表 9－29 所示。

表 9－29　　**汇总转账凭证**

贷方科目:　　2019 年×月　　汇转第 1 号

借方科目	金　额			总账页数		
	1～10 日转账凭证 第　号至第　号	11～20 日转账凭证 第　号至第　号	21～31 日转账凭证 第　号至第　号	合计	借方	贷方
合　计						

汇总转账凭证的编制方法:将一定期间内全部转账凭证按其对应借方科目进行归类,计算出每一借方科目发生额合计数,填入汇总转账凭证中。一般可 5 天或 10 天汇总一次,月终计算出合计数,据以登记总分类账。

编制完汇总记账凭证后,据以登记总分类账。总分类账的登记在月终进行。根据汇总收款凭证的合计数,记入总分类账"库存现金"和"银行存款"账户的借方,以及有关账户的贷方;根据汇总付款凭证的合计数,记入总分类账"库存现金"和"银行存款"账户的贷方,以及有关账户的借方;根据汇总转账凭证的合计数,记入总分类账户设置科目的贷方,以及有关账户的借方。

【案例应用 9－1】　　走"捷径",少纳税

案例提示 9－1

背景与情境:审计组在对某公司的会计报表进行检查时,发现该公司的财务报表上没有库存商品的科目。于是审计人员顺藤摸瓜,从会计报表查到会计账簿,却发现公司财务人员将生产成本账户直接结转到主营业务成本账户,然后找到相应的会计凭证,发现有一笔这样的分录:借记"主营业务成本",贷记"生产成本",金额是 512 000 元。询问该公司的财会人员,其承认了这一做法。

问题:

1. 该公司财务人员的行为是否符合账务处理程序?这样做的目的是什么?违反了哪些会计职业道德?

2. 如何进行正确的账务处理?

四、汇总记账凭证账务处理程序的特点、优缺点及适用范围

1. 特点

汇总记账凭证账务处理程序的特点是:根据原始凭证或汇总原始凭证编制记账凭证,根据记账凭证定期编制汇总记账凭证,再根据汇总记账凭证登记总分类账。

2. 优缺点

优点:大大减少了登记总分类账的工作量;在汇总记账凭证和总分类账中,可以清晰地反映账户之间的对应关系,便于查对和分析账目。

缺点:按每一贷方账户编制汇总转账凭证,不利于会计日常核算工作的分工;当转账凭证较多时,编制汇总转账凭证的工作量较大。

3. 适用范围

汇总记账凭证账务处理程序主要适合于规模较大、交易或事项较多,特别是转账业务少,而收、付款业务较多的企业。

五、汇总记账凭证账务处理程序的运用

【做中学 9—3】 业务资料见【做中学 9—1】。

(1)编制记账凭证(略)。

(2)根据记账凭证登记汇总记账凭证(汇总转账凭证略),如表 9—30 至表 9—33 所示。

表 9—30　汇总收款凭证

借方科目:库存现金　2019 年 12 月　汇收 01 号

贷方科目	金　额		总账页数		
	(1)	(2)	合　计	借　方	贷　方
其他应收款	100		100		
合　计	100		100		

表 9—31　汇总收款凭证

借方科目:银行存款　2019 年 12 月　汇收 02 号

贷方科目	金　额		总账页数		
	(1)	(2)	合　计	借　方	贷　方
实收资本	60 000		60 000		
应收账款	28 300		28 300		
主营业务收入	60 000		60 000		
应交税费	7 800		7 800		
合　计	156 100		156 100		

表 9—32　汇总付款凭证

贷方科目:库存现金　2019 年 12 月　汇付 01 号

借方科目	金　额		总账页数		
	(1)	(2)	合　计	借　方	贷　方
其他应收款	800		800		
管理费用	2 500		2 500		
合　计	3 300		3 300		

表 9—33 **汇总付款凭证**

贷方科目:银行存款 2019 年 12 月 汇付 02 号

借方科目	金额		总账页数		
	(1)	(2)	合计	借方	贷方
原材料	40 000		40 000		
应交税费	5 200		5 200		
应付账款	2 000		2 000		
短期借款	6 000		6 000		
销售费用	3 800		3 800		
库存现金	2 800		2 800		
合计	59 800		59 800		

(3)根据汇总记账凭证登记总分类账,如表 9—34、表 9—35 所示(仅以库存现金、银行存款总账为例,其他从略)。

表 9—34 **库存现金总账**

2019 年		凭证号数	摘要	借方	贷方	借或贷	余额
月	日						
12	1		期初余额			借	900
	31	汇收 1	1～31 日汇总过入	100		借	1 000
	31	汇付 2	1～31 日汇总过入	2 800		借	3 800
	31	汇付 1	1～31 日汇总过入		3 300	借	500
12	31		本月合计	2 900	3 300	借	500

表 9—35 **银行存款总账**

2019 年		凭证号数	摘要	借方	贷方	借或贷	余额
月	日						
12	1		期初余额			借	180 000
	31	汇收 02	1～31 日汇总过入	156 100		借	336 100
	31	汇付 02	1～31 日汇总过入		59 800	借	276 300
12	31		本月合计	156 100	59 800	借	276 300

任务五　日记总账账务处理程序

一、日记总账账务处理程序的特点

日记总账核算组织程序是根据原始凭证(或原始凭证汇总表)填制记账凭证,根据记账凭证直接登记日记总账的一种会计核算形式。日记总账核算形式的特点是设置日记总账,采用日记账和分类账结合的形式,直接根据记账凭证登记日记总账。

二、日记总账核算账务处理的一般程序

具体包括:

(1)根据原始凭证或原始凭证汇总表填制记账凭证;

(2)根据收款凭证和付款凭证逐笔登记现金日记账和银行存款日记账;

(3)根据原始凭证、原始凭证汇总表或记账凭证登记各种明细分类账;

(4)根据记账凭证逐日逐笔登记日记总账;

(5)月末,将现金日记账、银行存款日记账的余额,以及各种明细分类账的余额合计数,分别与日记总账中相关账户的余额核对相符;

(6)月末,根据核对无误的日记总账和明细分类账的相关资料,编制会计报表。

上述相关内容如图 9—4 所示。

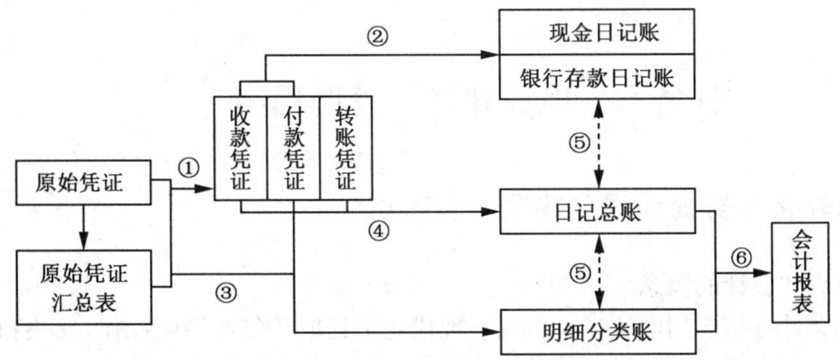

图 9—4　日记总账核算组织程序下账务处理流程

三、日记总账的填制方法

日记总账是将全部会计科目集中在一张账页上,根据记账凭证,将发生的经济业务逐笔进行登记,最后按各科目进行汇总,分别计算出借、贷方发生额和期末余额,它既是日记账,又是总分类账。

日记总账的填制方法是:根据收款凭证、付款凭证和转账凭证逐日、逐笔登记日记总账,对每一笔经济业务的借贷方发生额,都应分别登记到同一行对应科目的借方栏或贷方栏内。月终,结算出各科目本期借贷方发生额和余额,并核对相符。其格式如表 9—36 所示。

表 9—36

日记总账(简表)

20××年××月　　　　第×页

年		凭证号数	摘要	库存现金		银行存款		应收账款		库存商品		短期借款		制造费用		生产成本		主营业务收入	
月	日			借	贷	借	贷	借	贷	借	贷	借	贷	借	贷	借	贷	借	贷
			本月发生额																
			本月余额																

四、日记总账核算组织程序的优缺点和适用范围

这种核算组织程序的主要优点是:可以全面地反映各项经济业务的来龙去脉,清晰地反映会计科目之间的对应关系,便于账目的核对和审查;账务处理程序简单。其缺点是:如果企业经济业务复杂,会计科目设置多,日记总账的账页就会过长,记账时容易出现串行的差错,也不便于审阅。

因此,日记总账核算形式一般适用于生产经营规模较小、经济业务简单、会计科目较少的企业。

任务六　电算化账务处理程序

任务课件

一、电算化账务处理程序的概念和特点

(一)电算化会计的概念

电算化会计是指运用电子计算机这一现代化工具取代传统手工操作,反映和监督特定单位经济活动,提供会计信息的信息系统,也即计算机在会计中的应用。1954 年 10 月,美国通用电气公司首次运用 UNIVAC—Ⅰ计算机计算职员的工资,开创了会计领域运用计算机技术的先河。1979 年,为了改变我国会计工作手工核算的落后局面,财政部拨款 500 万元,首次在长春第一汽车制造厂进行会计电算化试点。随着经济的发展、电子计算机技术的进步,电子计算机在会计领域逐步得到广泛应用,电算化会计已从会计数据单项业务处理阶段发展到会计数据综合处理阶段,进而发展到会计数据系统处理阶段。目前,已有一大批企事业单位在会计工作中使用计算机,实现了单项业务或者综合业务电算化,不少单位甚至发展到会计数据系统处理阶段。

(二)电算化会计信息系统的构成

电算化会计信息系统由硬件设备、软件、会计数据与会计信息、规程和会计人员等部分组成。

1. 硬件设备

它是电算化会计信息系统正常运行的物质条件。通常包括电子计算机、外部设备等物理设备和装置。电子计算机有运算器、控制器和内存储器组成。外部设备包括外存储器(磁盘、光盘、硬盘等)、输入输出设备(键盘、显示器、打印机等)。

2. 软件

它是计算机工作的程序，主要是指电算化会计信息系统所使用的系统软件和适用于会计工作的应用软件。

系统软件主要包括操作系统和语言系统。操作系统是计算机系统的重要组成部分，它有效地统管计算机的所有资源，合理地组织计算机的整个工作过程，并为用户提供强大的使用功能和灵活的使用环境；语言系统是编写计算机程序时所采用的各种语言，语言系统都要在一定的操作系统上才能使用，如 VISUAL FOX－PRO、VISUAL BASIC、DBASE、FORTRAN、C 语言等。

会计应用软件，是指采用某种计算机语言编写的，通过系统软件的帮助，应用于会计工作的软件。它包括通用会计软件和专用会计软件。通用会计软件，是指能适用于不同行业、不同单位或某一单位使用的软件；专用会计软件，是指能适用于同一行业企业使用的软件，以及适用于会计核算某一方面业务需要的会计软件。

3. 会计数据与会计信息

数据是记录事物各种特征和数量的抽象符号。电算化会计信息系统需要输入原始凭证载明的会计数据，需要输出符合规定的会计信息，如财务报表等。

4. 规程

规程是指电算化会计信息系统运行时必须遵循的各种规定和制度，如系统操作使用说明书、机房管理制度、财务会计制度和内部控制制度等。

5. 会计人员

它包括系统管理人员、操作人员、系统维护人员等。

(三) 电算化账务处理程序的特点

与手工会计核算组织程序相比较，电算化账务处理程序具有如下基本特点：

1. 数据处理自动化

根据原始凭证数据，在电算化会计信息系统中编制记账凭证以后，记账、计算、分类、汇总、编制报表乃至根据账簿和报表的资源进行财务指标的计算、分析工作，都由计算机自动、快速地完成，能够及时、准确地产生和提供会计信息。而在手工会计核算组织程序中，所有这些工作都需要人工完成。

2. 核算工具现代化

电算化账务处理程序下的核算工具是电子计算机，它为存储大量会计数据提供了良好的物质条件，又极大地减轻了会计数据计算的工作量。而在手工会计核算组织程序中，核算工具主要是算盘、计算器等，运算速度慢，会计信息的准确性难以得到保证。

3. 数据和信息存储载体新型化

在电算化账务处理程序下，会计数据和信息通常以磁盘、光盘、硬盘等材料存储，节约了存储空间，便于查询和保管。而在手工会计核算组织程序下，会计数据和信息以纸质的记账凭证、会计账簿和财务报表等存储，既占用了较大的存储空间，又不便于查找和保管。

二、电算化账务处理程序的内容

由于各单位经济业务特点和管理要求不同，系统硬件和软件的配置也有很大的不同，但各种电算化账务处理程序的工作流程是基本一致的。一般包括如下内容：

(一)数据的输入

数据的输入是电算化账务处理程序的重要环节，它直接影响系统进行数据处理的正确性。数据输入的方式有键盘输入、媒体化成批输入和网络内联机输入等，但主要的输入方式仍是键盘输入。在电算化会计工作中，将原始凭证上载明的数据用键盘输入计算机，在计算机内直接编制记账凭证，并由系统自动对记账凭证的内容进行平衡校验和逻辑校验，检查其正确性。

(二)数据的处理

数据处理包括根据凭证记账形成各种会计账簿、进行对账和结账、编制财务报表等内容。计算机运行速度快、效率高，输入指令后由计算机直接记账，生成各种总账、明细账和日记账，期末由计算机自动进行总账与明细账、日记账之间的数据核对，并自动结账、自动编制财务报表。

(三)会计信息的输出

在电算化账务处理程序下，会计信息的输出方式主要有打印输出、显示输出和文件输出等。现行制度规定，在电算化会计工作中，必须打印输出记账凭证、会计账簿、财务报表等。一般而言，所有的会计数据和会计信息都可以在显示器上显示出来。凡是需要长期保存的会计数据和会计信息都要以文件输出的方式进行备份，妥善保管。

需要说明的是，各单位在第一次运行电算化会计信息系统时，需要根据本单位的业务特点和管理要求，对系统进行各种初始设置，即系统初始化。初始化工作一般包括：确定操作人员的权限和分工，定义外币名称及汇率设置，确定会计科目的名称、编码和账页格式，定义记账凭证种类，进行辅助的核算设置，设置结算方式，输入各类账户的期初余额等。

电算化账务处理程序流程如图 9—5 所示。

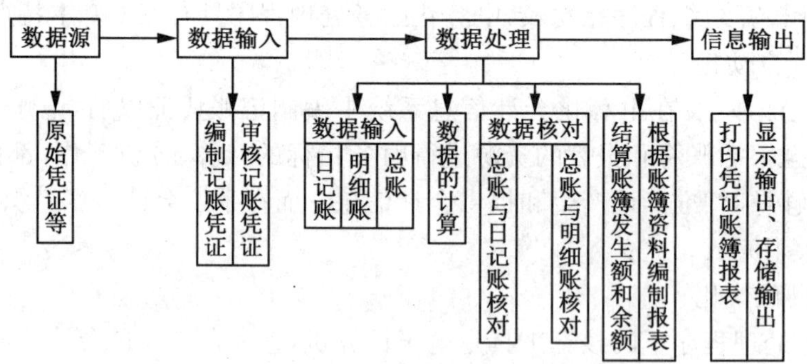

图 9—5 电算化账务处理程序流程

三、电算化账务处理程序的优缺点及适用范围

电算化账务处理程序的优点是：由于登记账簿、成本计算、对账和结账、编制报表都由计

算机自动完成，数据处理的一些重要环节有自动检测功能，极大地提高了会计工作效率，又有效地避免了差错的发生，提高了会计工作质量，使会计人员从繁重的手工操作中解脱出来，有利于发挥会计的管理职能。同时，会计工作的电算化有助于加速管理现代化的进程。

电算化账务处理程序适用于所有企业、事业等单位。规模较小的单位可以采用以单台微机为背景的配置方案，大中型单位可以采用以多台微机为背景的配置方案或网络配置方案，以不断地提高会计工作水平。

但是也应该看到，采用电算化账务处理程序，对会计人员的素质要求较高，要求会计人员既要具备会计知识，也要有一定的计算机知识，企业需要开支一定的培训费用。电算化会计信息系统依然是一个人工系统，数据输入受人的影响和制约，系统的安全性仍难以从根本上解决。同时，采用电算化会计核算组织程序，必须要购置硬件设备和软件，一次性的支出和日常性费用较大。

应知考核

一、单项选择题

1. 各种会计账务处理程序之间的区别在于(　　)。

A. 总账的格式不同　　B. 登记总账的依据和方法不同

C. 会计凭证的种类不同　　D. 编制会计报表的依据不同

2. 关于记账凭证账务处理程序，下列说法中不正确的是(　　)。

A. 根据记账凭证逐笔登记总分类账，是最基本的会计账务处理程序

B. 简单明了，易于理解，总分类账可以较详细地反映经济业务的发生情况

C. 登记总分类账的工作量较大

D. 适用于规模较大、经济业务量较多的单位

3. 采用记账凭证账务处理程序时，登记总分类账的依据是(　　)。

A. 科目汇总表　　B. 记账凭证

C. 汇总记账凭证　　D. 汇总原始凭证

4. (　　)是记账凭证账务处理程序的主要缺点。

A. 不便于会计合理分工　　B. 不能体现账户的对应关系

C. 登记总账的工作量较大　　D. 方法不易掌握

5. 记账凭证账务处理程序适用于(　　)的单位。

A. 规模较小，业务量较少　　B. 规模较小，业务量较多

C. 规模较大，业务量较少　　D. 规模较大，业务量较多

6. (　　)是一种最基本的账务处理程序，其他各种账务处理程序都是在此基础上发展形成的。

A. 记账凭证账务处理程序　　B. 日记总账账务处理程序

C. 汇总记账凭证账务处理程序　　D. 科目汇总表账务处理程序

7. 科目汇总表的主要缺点是不能反映出(　　)。

A. 借方发生额　　B. 贷方发生额

C. 借方和贷方发生额　　D. 科目对应关系

8. 编制科目汇总表的直接依据是(　　)。

A. 原始凭证 B. 原始凭证汇总表

C. 记账凭证 D. 汇总记账凭证

9. 科目汇总表账务处理程序的优点是( )。

A. 详细反映经济业务的发生情况 B. 可以做到试算平衡

C. 便于了解账户之间的对应关系 D. 便于查对账目

10. 汇总记账凭证账务处理程序的缺点是( )。

A. 总分类账中不能反映有关科目之间的对应关系

B. 登记总分类账的工作量较大

C. 不便于查对账目

D. 编制汇总记账凭证的工作量较大

二、多项选择题

1. 记账凭证账务处理程序适用于( )的企业。

A. 规模较大 B. 规模较小

C. 业务不多 D. 所用会计科目较多

2. ( )不属于记账凭证账务处理程序中的步骤。

A. 根据原始凭证编制记账凭证

B. 根据记账凭证登记总账

C. 根据记账凭证中的收、付款凭证登记库存现金,银行存款日记账

D. 根据汇总记账凭证登记总账

3. 科目汇总表账务处理程序的优点是( )。

A. 科目汇总表的编制和使用较为简便,易学易做

B. 可以清晰地反映科目之间的对应关系

C. 可以大大减少登记总分类账的工作量

D. 科目汇总表可以起到试算平衡的作用,保证总账登记的正确性

4. 采用科目汇总表账务处理程序时,月末应将( )与总分类账进行核对。

A. 库存现金日记账 B. 明细分类账

C. 汇总记账凭证 D. 银行存款日记账

5. 科目汇总表账户处理程序的特点是( )。

A. 能够减少登记总账的工作量

B. 不能反映账户间的对应关系

C. 能反映各账户一定时期内的借方本期发生额和贷方本期发生额

D. 适用于规模较大,经济业务较多的企业

6. 汇总记账凭证账务处理程序下,汇总转账凭证应采用( )形式。

A. 一借一贷 B. 一借多贷

C. 一贷多借 D. 多借多贷

7. 汇总记账凭证一般可分为( )。

A. 汇总收款凭证 B. 汇总付款凭证

C. 原始凭证汇总表 D. 汇总转账凭证

8. 汇总记账凭证账务处理程序的优点是(　　)。

A. 便于会计核算的日常分工　　B. 便于了解账户之间的对应关系

C. 减轻了登记总分类账的工作量　　D. 便于试算平衡

9. 汇总收款凭证的编制方法是(　　)。

A. 按库存现金、银行存款科目的借方设置

B. 按库存现金、银行存款科目的贷方设置

C. 按与设置科目相对应的贷方科目加以归类、汇总

D. 按与设置科目相对应的借方科目加以归类、汇总

10. 总账记账的依据可以是(　　)。

A. 记账凭证　　B. 明细账

C. 科目汇总表　　D. 汇总记账凭证

三、判断题

1. 在规模较大、业务量较多的单位,适合采用记账凭证账务处理程序,因为该账务处理程序简单明了、方便易学。(　　)

2. 汇总记账凭证可以明确地反映账户(科目)之间的对应关系。(　　)

3. 汇总记账凭证账务处理程序适用于规模大、经济业务较多的单位。(　　)

4. 各种会计账务处理程序下,会计报表的编制方法都是相同的。(　　)

5. 任何会计核算形式的第一步都是将所有的原始凭证汇总编制成汇总原始凭证。(　　)

6. 记账凭证核算形式一般适用于规模小且经济业务较少的单位。(　　)

7. 科目汇总表不仅可以起到试算平衡的作用,而且可以反映账户之间的对应关系。(　　)

8. 汇总转账凭证是按借方科目分别设置,按其对应的贷方科目归类汇总。(　　)

9. 在汇总记账凭证核算形式下,为了便于编制汇总转账凭证,要求所有转账凭证的科目对应关系只能是一借一贷或一借多贷。(　　)

10. 各种会计核算形式的主要区别表现在登记总账的依据和方法的不同。(　　)

四、简述题

1. 什么是账务处理程序? 账务处理程序有哪些类型?

2. 记账凭证账务处理程序的特点、优缺点和适用范围是什么?

3. 科目汇总表账务处理程序的特点、优缺点和适用范围是什么?

4. 记账凭证账务处理程序的一般程序是什么?

5. 科目汇总表账务处理程序的一般程序是什么?

应会考核

■业务考核

【考核项目】

账务处理程序。

【背景资料】

账务处理程序的评价

某公司关于账务处理程序的描述如下：

(1)会计人员根据审核后的原始单据填制记账凭证。

(2)根据财务经理审核后的记账凭证登记明细账。

(3)月末会计人员根据各记账凭证汇总编制汇总记账凭证。

(4)会计人员根据汇总记账凭证与出纳员核对库存现金账发生额和银行存款发生额。

(5)会计人员根据汇总记账凭证登记总账。

(6)会计人员进行总账与明细账、库存现金日记账、银行存款日记账的核对，库存现金日记账的余额与库存现金数的核对。

(7)会计人员根据总分类账编制各种会计报表。

(8)出纳员根据银行存款日记账与银行对账单相核对，并登记未达账项。

备注：

(1)原始单据一定要按照公司财务制度规定的程序审核签字。

(2)记账凭证要由财务经理审核。

(3)月末会计要监督出纳进行账库核对。

(4)会计要检查支票备查簿并核实、签字。

(5)出纳员要认真登记未达账单，会计人员要审核签字。

【考核要求】

根据上述描述，对该公司的账务处理程序做出评价，说明其优缺点及改进措施。

■技能考核

【考核项目】

练习科目汇总表的编制。

【背景资料】

某工业企业增值税税率为13%，其2019年12月份1～10日发生下列经济业务：

1.1日，从银行提取现金1 000元，备用。

2.2日，从永丰厂购进甲材料一批，已验收入库，货款5 000元，款项尚未支付。

3.2日，销售给向阳厂A产品一批，货款为10 000元，款项尚未收到。

4.3日，厂部的王林出差，借支差旅费500元，以现金付给。

5.4日，车间领用甲材料一批，其中用于A产品生产的为3 000元，用于车间一般消耗的为500元。

6.5日，销售给华远公司A产品一批，货款为20 000元，款项尚未收到。

7.5日，从江南公司购进乙材料一批，货款为8 000元，款项尚未支付。

8.6日，厂部李青出差，借支差旅费400元，以现金付给。

9.6日，接到银行通知，向阳厂汇来前欠购货款项11 300元，已收妥入账。

10.7日，以银行存款5 650元，偿还前欠永丰厂的购料款项。

11.8日，从银行提出现金1 000元，备用。

12.8日，车间领用乙材料一批，其中用于A产品生产的为5 000元，用于车间一般消耗的为1 000元。

13.9 日，以银行存款 9 040 元，偿还前欠江南公司的购料款项。

14.10 日，接到银行通知，华远公司汇来前欠货款 22 600 元，已收妥入账。

【考核要求】

根据以上资料填制收款凭证、付款凭证、转账凭证及科目汇总表。

■综合实务

正确的流程是什么

背景与情境：甲公司是一家小规模企业，选用记账凭证账务处理程序记账。工作流程按照如下环节进行：①根据原始凭证或汇总原始凭证填制记账凭证；②根据原始凭证或汇总原始凭证、记账凭证登记明细账；③根据明细账和总分类账编制会计报表；④根据收款凭证、付款凭证登记库存现金日记账和银行存款日记账；⑤根据记账凭证登记总分类账。⑥库存现金日记账、银行存款日记账和明细分类账的余额与有关总分类账的余额核对相符。

案例要求：

1. 试对上述现象进行分析，做出你的善恶研判。
2. 本案例是否违背了账务处理程序的规定？如违反了规定，正确的流程是什么？
3. 本案例对你有哪些启示？

项目实训

【实训项目】

账务处理程序运用。

【实训情境】

企业 2019 年 5 月 1 日有关账户期初余额，如表 9—37 所示。

表 9—37　　**期初余额表**　　单位：元

账户名称	借方余额	账户名称	贷方余额
库存现金	2 200	累计折旧	100 000
银行存款	74 296	短期借款	80 000
原材料	91 200	其他应付款	30 800
库存商品	65 000	应付职工薪酬	200 000
预付账款	100	应付利息	300
固定资产	800 000	长期借款	200 000
应交税费	15 504	实收资本	400 000
生产成本	62 800	盈余公积	100 000
合　计	1 111 100	合　计	1 111 100

2018 年 5 月份发生下列经济业务：

(1)收到投资者投入企业的股款 150 000 元，存入银行。

(2)某单位投入企业全新运输汽车一辆，经投资各方确认价值为 260 000 元。

(3)企业向银行借入临时借款 50 000 元，期限为 2 个月。

(4)因购置生产设备需要向银行借入 33 900 元，借款期为 2 年。该项生产设备价款 30 000 元，增值税税率为 13%，计 3 900 元。设备已投入使用。

(5)因进行基建工程需要，购置建筑材料 120 000 元(含增值税)，向银行借入长期借款支付价款。

(6)向外地某单位购入甲材料 4 000 千克，每千克 8 元，乙材料 2 000 千克，每千克 4 元；共计 40 000 元，增值税税率为 13%，计 5 200 元。材料已验收入库，货款以商业汇票一张付讫。

(7)向本地某单位购入丙材料 5 000 千克，每千克 10 元，计 50 000 元，增值税税率为 13%，计 6 500 元。材料已验收入库，货款以银行存款支付。

(8)以银行存款支付甲、乙、丙三种材料的装卸费 1 800 元，以现金支付装卸费 400 元，装卸费按材料重量比例分配。

(9)商业汇票到期，以银行存款归还外地某工厂材料款 45 200 元。

(10)从仓库领用甲、乙、丙材料各一批，价值 55 000 元，用以生产 A、B 两种产品和其他一般耗用(如表 9—38 所示)。

表 9—38 **材料耗用表**

项 目	甲材料		乙材料		丙材料		合 计	
	数量（千克）	金额（元）	数量（千克）	金额（元）	数量（千克）	金额（元）	数量（千克）	金额（元）
制造 A 产品耗用	1 000	8 000	600	2 400	2 000	20 000	3 600	30 400
制造 B 产品耗用	1 000	8 000	300	1 200	1 000	10 000	2 300	19 200
小 计	2 000	16 000	900	3 600	30 000	30 000	5 900	49 600
车间一般耗用	500	4 000			100	1 000	600	5 000
管理部门领用			100	400			100	400
合 计	2 500	20 000	1 000	4 000	30 100	31 000	6 600	55 000

(11)结算本月份应付职工工资 24 000 元。其中：制造 A 产品工人工资 15 000 元，制造 B 产品工人工资 5 000 元，车间管理人员工资 1 800 元，厂部管理人员工资 2 200 元。

(12)从银行存款中提取现金 24 000 元，准备用以发放职工工资。

(13)以现金 24 000 元发放职工工资。

(14)以银行存款支付行政管理部门办公费、水电费 1 600 元。

(15)以银行存款 1 200 元预付 6 个月书报杂志订阅费。

(16)摊销应由本月行政管理费负担的书报杂志订阅费 200 元。

(17)预提应由本月负担的短期借款利息 600 元。

(18)按照规定的固定资产折旧率，计提本月固定资产折旧 12 000 元，其中车间固定资产折旧 8 000 元，行政管理部门固定资产折旧 4 000 元。

(19)车间办公费 3 600 元，行政管理部门设备的修理费 2 000 元，共计 5 600 元，款项未付。

(20)将本月发生的制造费用 18 400 元转入生产成本(按生产工人工资比例分配)。

(21)本月 A 产品 100 台全部制造完工，并已验收入库，按其实际生产成本 59 200 元转账。

(22)向本市某工厂出售 A 产品 100 台，每台售价 920 元，计 92 000 元，产品已发出，货款尚未收到，增值税税率为13%。

(23)上述A产品应缴纳的消费税为9 200元。

(24)以银行存款支付A产品包装费用148元。

(25)结转本月已销A产品100台的实际成本59 200元。

(26)以现金支付销售部门业务费300元。

(27)出售一批材料，价值3 500元，增值税税率为13%，应交增值税为455元。款已收到，存入银行。

(28)结转出售材料的实际成本3 000元。

(29)以现金支付自办职工子弟学校经费450元。

(30)没收逾期未退的包装物押金150元。

(31)计算并结转本期利润总额。

(32)按利润总额计算所得税费用并进行结转，所得税税率为25%。

(33)用银行存款归还临时借款50 000元。

(34)经上级批准，出售一台机器，计价30 000元，原值40 000元，已提折旧10 000元，价款已收到。

(35)以固定资产向其他单位换入长期股权投资，原值60 000元，已提折旧20 000元。

(36)企业购入面值1 000元的一年期债券10张，年利率为5%，以银行存款支付10 000元。

(37)以现金购入医药用品400元，支付职工困难补助费500元。

(38)以银行存款缴纳消费税9 200元。

【实训要求】

1. 根据上述资料运用记账凭证账务处理程序登记库存现金、银行存款、原材料、短期借款、长期借款总账。

2. 根据上述资料运用科目汇总表账务处理程序登记库存现金、银行存款、原材料、短期借款、长期借款总账。

3. 根据上述资料运用汇总记账凭证账务处理程序登记库存现金、银行存款、长期借款总账。

会计工作组织

○ **知识目标：**

理解：会计工作组织的概念、意义和要求。

熟知：会计电算化的相关规定。

掌握：会计机构与会计人员、会计档案的相关规定、会计电算化的相关规定。

○ **技能目标：**

学习与把握会计机构设置等程序性知识；能用所学实务知识规范“会计工作组织”的相关技能活动。

○ **素质目标：**

运用所学会计工作组织的理论与实务知识研究相关案例，培养和提高学生在特定业务情境中分析问题与决策设计的能力；能结合“会计工作组织”教学内容，并结合行业规范或标准，分析会计行为的善恶，强化学生的职业道德素质。

○ **项目引例：**

会计工作组织与会计工作

背景与情境：光华公司 2019 年发生以下事项：1 月，该企业新领导班子上任后，做出了精简内设机构等决定，将会计科撤并到企业管理办公室（以下简称企管办），同时任命企管办主任王某兼任会计主管人员。会计科撤并到企管办后，会计工作分工如下：原会计科会计继续担任会计，企管办主任王某的女儿担任出纳工作。企管办主任王某自参加工作后一直从事文秘工作，为了使王某尽快胜任会计主管人员岗位，企业同意王某半脱产参加会计培训班，并参加 2019 年会计考试。2 月，原会计科长与王某办理会计工作交接手续，人事科长进行监交。6 月，档案科会同企管办对企业会计档案进行了清理，编制会计档案销毁清册，将保管期已满的会计档案按规定程序全部销毁，其中包括一些保管期满但尚未结清债权债务的原始凭证。8 月，经该企业负责人批准，某业务往来单位因业务需要查阅了该企业有关会计档案，对有关原始凭证进行了复制，并办理了登记手续。

光华公司撤并会计机构、任命会计主管人员、会计工作岗位分工、会计档案管理等方面违反相关法律规定。

会计工作是一项综合性、政策性很强的工作，也是一项严密细致的工作，要形成一个合法且高效运行的会计工作体系，离不开良好的会计工作组织。

引例导学：什么是会计工作组织？会计档案管理有哪些要求？

○ **知识准备：**

任务一　会计工作组织概述

任务课件

一、会计工作组织的概念

所谓会计工作组织，主要是通过设置会计机构，配备会计人员，制定与执行会计规章制度，实施与改进会计工作的技术手段，管理会计档案，进行会计工作与其他经济管理工作间的协调，形成一个高效运行的会计工作体系。

二、会计工作组织的意义

会计工作组织为了适应会计工作的综合性、政策性和严密细致性的特点，设置会计机构、配备会计人员及执行会计法律制度。会计工作组织具有以下重要意义：

(1)有利于提高会计工作的质量和效率。

(2)有利于协调会计工作与其他经济管理工作的关系，充分发挥会计的职能作用。

(3)有利于法律和制度的贯彻执行，维护财经纪律。

三、组织会计工作的要求

具体包括：

(1)遵守国家的法律法规和制度，是组织会计工作的首要要求。

(2)符合单位生产经营的特点，做出切合实际的安排并制定具体实施办法。

(3)加强制度建设，健全和执行内部控制制度。

(4)在保证会计工作质量前提下，兼顾工作效率。

四、会计工作组织的内容

会计机构是指各单位设置的专门办理会计事务的职能部门；会计人员是指单位内部直接从事会计工作的人员；会计工作的管理制度是指各级会计工作管理部门之间及具体会计核算单位之间在会计工作管理方面的权责关系，它是经济管理体制的重要组成部分。

任务二　会计机构与会计人员

任务课件

一、会计机构的设置

知识链接：《会计法》第36条规定：各单位应依据会计业务的需要，设置会计机构，或者在有关机构中设置会计人员并指定会计主管人员；不具备设置条件的，应当委托经批准设立从事会计代理记账业务的中介机构代理记账。

(一)设置会计机构

设置会计机构是指各单位可以根据本单位的会计业务繁简情况和会计管理工作的需要决定是否设置会计机构。一个单位是设置会计机构，还是在有关机构中设置专职的会计人员，完全由各单位根据会计业务的繁简和实际情况来决定。

(二)指定会计主管人员

规模小、经济业务简单、业务量相对较少的单位，可以不单独设置会计机构，将会计职能并入其他职能部门，并设置会计人员，同时指定会计主管人员。

(三)实行代理记账

代理记账是指从事代理记账业务的社会中介机构接受委托人的委托办理会计业务。委托人是指委托代理记账机构办理会计业务的单位。代理记账机构是指从事代理记账业务的中介机构。

二、会计专业职务与技术资格

(一)会计专业职务

会计专业职务是区别会计人员业务技能的技术等级。会计专业职务分为高级会计师、会计师、助理会计师和会计员。高级会计师(又分为正高级会计师和副高级会计师)为高级职务，会计师为中级职务，助理会计师和会计员为初级职务。

(二)会计专业技术资格

会计专业技术资格是指担任会计专业职务的任职资格，分为初级资格、中级资格和高级资格。

三、会计工作岗位设置

会计工作岗位，是指一个单位会计机构内部根据业务分工而设置的职能岗位。会计工作岗位可以一人一岗、一人多岗或者一岗多人。但出纳人员不得兼管稽核、会计档案保管，以及收入、费用和债权债务等账目的登记工作。

会计工作岗位一般可分为：总会计师、会计机构负责人或者会计主管人员、出纳、财产物资核算、工资核算、成本费用核算、财务成果核算、资金核算、往来结算、总账报表、稽核和档案管理等。开展会计电算化和管理会计的单位，可以根据需要设置相应工作岗位，也可以与其他工作岗位相结合。

医院门诊收费员、住院部收费员、药房收费员、药品库房记账员和商场收费(银)员所从事的工作均不属于会计岗位。单位内部审计、社会审计和政府审计工作也不属于会计岗位。对于会计档案管理岗位，在会计档案正式移交之前，属于会计岗位，正式移交档案管理部门之后，不再属于会计岗位。

【案例应用 10-1】　利用会计岗位设置漏洞作案

背景与情境：1998 年，28 岁的陶某进入上海住宅产业发展有限公司计财部工作，两年后任计财部经理助理。工作中，陶某发现公司在资金运作上有诸多不规范之处，如设立账外资金，部分资金支出审批手续不全，融资由他一人操作，法人章、财务章均由他一人保管等。

案例提示 10-1

2018 年 5 月，陶某挪用公司 500 万元作为验资款，以他人名义成立了上海达善企业发展有限公司。在两年时间内，陶某采用开具票据后再背书等手段，先后 9 次将 8 700 万余元的公款划入达善公司，用于炒股，不料被“套牢”。2019 年 9 月 12 日，接到举报的浦东新区检察院采取行动，将陶某“请”了进去。陶某很快交代了自己的作案事实，也主动退还了部分赃款，然而仍有高达1 000余万元的资金无法追回。

上海市一中院审理后认为，陶某系国有公司委派到非国有公司从事公务的人员。他利用职务便利，先后挪用9 000余万元巨额公款进行营利活动，已构成挪用公款罪。鉴于陶某具有自首情节，同时又主动退赔了部分赃款，法院依法对其做出从轻处罚，判处有期徒刑15年，剥夺政治权利4年。

问题：分别从主观和客观方面讨论陶某违法犯罪的原因。应如何防范此类案件的发生？

四、会计工作交接

会计工作交接，是会计工作中的一项重要内容。办好会计工作交接，有利于保持会计工作的连续性，有利于明确各自的责任。

会计人员调动工作或者离职时，与接替人员办清交接手续，可以使会计工作前后紧密衔接，保证会计工作连续进行，防止因会计人员的更换而出现会计核算混乱的现象，同时可以分清移交人员和接替人员的责任。关于会计工作交接问题，有关的会计法规作了明确的规定。

（一）会计工作交接的要求

《会计工作基础规范》对会计工作交接作了比较具体的规定，其内容包括：

（1）会计人员工作调动或因故离职，必须与接替人员办理交接手续，并将本人所经管的会计工作，在规定期限内移交清楚。会计人员临时离职或因事、因病不能到职工作的，会计机构负责人、会计主管人员或单位领导必须指定人员接替或代理。没有办清交接手续的，不得调动或者离职。

（2）接替人员应认真接管移交的工作，并继续办理移交的未了事项。移交后，如果发现原经管的会计业务有违反财会制度和财经纪律等问题，仍由原移交人负责。接替的会计人员应继续使用移交的账簿，不得自行另立新账，以保持会计记录的连续性。

（3）交接完毕后，交接双方和监交人要在移交清册上签名或者盖章，并应在移交清册上注明单位名称、交接日期、交接双方以及监交人的职务和姓名，移交清册页数，以及需要说明的问题和意见等。移交清册一般应填制一式三份，交接双方各执一份，存档一份。

（4）单位撤销时，必须留有必要的会计人员，会同有关人员办理清理工作，编制决算，未移交前，不得离职。接收单位和移交日期由主管部门确定。

（二）会计工作交接的程序

1. 移交前的准备工作

会计人员办理移交手续前，必须做好以下各项准备工作：

（1）对已经受理的经济业务，应全部填制会计凭证。

（2）尚未登记的账目，应登记完毕，并在最后一笔余额后加盖经办人员印章。

（3）整理应移交的各项资料，对未了事项写出书面材料。

（4）编制移交清册，列明移交的凭证、账表、公章、现金、有价证券、支票簿、发票、文件、其他会计资料和物品等内容。

2. 移交

移交人员按移交清册逐项移交，接替人员逐项核对点收，具体内容包括：

（1）现金、有价证券等要根据账簿余额进行点交。库存现金、有价证券必须与账簿余额一致，不一致时，移交人应在规定期限内负责查清处理。

(2)会计凭证、账簿、报表和其他会计资料必须完整无缺,不得遗漏;如果有短缺,要查明原因,并在移交清册中注明,由移交人负责。银行存款账户余额要与银行对账单核对相符;各种财产和债权、债务的明细账余额,要与总账有关账户的余额核对相符;必要时,可抽查个别账户余额,与实物核对相符或与往来单位、个人核对清楚。

(3)移交人经管的公章和其他实物,也必须交接清楚。

(4)会计机构负责人、会计主管人员移交时,除按移交清册逐项移交外,还应将全部财务会计工作、重大的财务收支和会计人员的情况等向接管人员详细介绍,并对需要移交的遗留问题写出书面材料。

3. 监交

会计人员办理交接手续,必须有监交人负责监交。其中,一般会计人员办理交接手续,由会计机构负责人(会计主管人员)监交;会计机构负责人(会计主管人员)办理交接手续,由单位负责人监交,必要时主管单位可以派人会同监交。通过监交,保证双方都按照国家有关规定认真办理交接手续,防止流于形式,保证会计工作不因人员变动而受影响,保证交接双方处在平等的法律地位上享有权利和承担义务,不允许任何一方以大压小、以强凌弱,或采取不正当乃至非法手段进行威胁。移交清册应当经过监交人员审查和签名、盖章,作为交接双方明确责任的证据。

交接工作完成后,移交人员应当对所移交的会计资料的真实性、完整性负责。

特别提示:《会计法》第 41 条规定:“会计人员调动工作或者离职,必须与接管人员办清交接手续。”《会计基础工作规范》对此作了进一步规定:会计人员在临时离职或其他原因暂时不能工作时,也应办理会计工作交接。临时离职或因病不能工作、需要接替或代理的,会计机构负责人(会计主管人员)或单位负责人必须指定专人接替或者代理,并办理会计工作交接手续。临时离职或因病不能工作的会计人员恢复工作时,应当与接替或代理人员办理交接手续。移交人员因病或其他特殊原因不能亲自办理移交手续的,经单位负责人批准,可由移交人委托他人代办交接,但委托人应当对所移交的会计凭证、会计账簿、财务会计报告和其他有关资料的真实性、合法性承担法律责任。

任务三 会计职业道德

任务课件

一、会计职业道德的概念

道德是一定社会调节人际关系的行为规范的总和。职业道德是指人们在职业生活中应遵循的基本道德,即一般社会道德在职业生活中的具体体现,是职业品德、职业纪律、专业胜任能力以及职业责任等的总称,属于自律范畴。它通过公约、守则等对职业生活中的某些方面加以规范。职业道德既是本行业人员在职业活动中的行为规范,又是行业对社会所负的道德责任和义务。

社会的经济发展水平,决定着人们的行为方式、生产方式和消费方式,也影响着人们的职业道德观念。社会生产力的不断发展,丰富了会计职业活动的内容,使会计职业关系日趋复杂,人们对会计职业行为的要求也不断更新,从而推动着会计职业道德的不断发展和完善。国外一些经济发达国家和国际组织先后对会计职业道德提出了明确的要求,如国际会计师联合会职业道德委员会拟订并经国际会计师联合会理事会批准，公布了《国际会计职业道德准则》，规定了正直、客观、独立、保密、技术标准、业务能力、道德自律七个方面的职业道德内容。会计职业道德规范来源不同，其约束机构也必然有所差别。职业主义特色较浓的国家，职业道德准则的制定和颁布机构就是会计职业团体，其制约能力很大程度上也来源于职业团体，属于行业自律性。这样的制约机制在问题的处理过程中灵活、独立性强，很少受其他组织的影响，便于适应不同情况的发生。但是，在约束力、惩治力方面略显不足。而法律控制特色较浓的国家，职业道德起源于法律规定，其制约力也会在很大程度上依靠法律，属于政府管理型。这样的制约机构惩罚力度大，约束力比较强，只是不利于职业团体发挥其职能和作用。我国的《会计法》《会计基础工作规范》以及中国注册会计师协会颁布的《中国注册会计师职业道德基本准则》《中国注册会计师职业道德规范指导意见》等都对会计职业道德提出了若干明确要求。

会计职业作为社会经济活动中的一种特殊职业，其职业道德与其他职业道德相比具有自身的特征：一是具有一定的强制性。如为了强化会计职业道德的调整职能，我国会计职业道德中的许多内容直接纳入会计法律制度之中。二是较多关注公众利益。会计职业的社会公众利益性，要求会计人员客观公正，在会计职业活动中，发生道德冲突时要坚持准则，把社会公众利益放在第一位。

二、会计职业道德的基本内容

会计职业道德规范是指在一定的社会经济条件下，对会计职业行为及职业活动的系统要求或明文规定。它是社会道德体系的一个重要组成部分，是职业道德在会计职业行为和会计职业活动中的具体体现。尽管不同的国家因经济发展程度不同，社会制度和经济体制各异，其会计职业道德有一定的差异，但也有许多共同点，只是实施和管理方式不同而已。根据我国会计工作和会计人员的实际情况，结合国际上对会计职业道德的一般要求，我国会计人员职业道德的内容可以概括为：爱岗敬业、诚实守信、廉洁自律、客观公正、坚持准则、提高技能、参与管理和强化服务。

（一）爱岗敬业

爱岗敬业包含“爱岗”和“敬业”两方面的要求。所谓爱岗，就是热爱自己的工作岗位，热爱本职工作。爱岗是对人们工作态度的一种普遍要求。热爱本职工作，就是职业工作者以正确的态度对待各种职业劳动，努力培养热爱自己所从事的工作的幸福感、荣誉感。一个人，一旦爱上了自己的职业，他的身心就会融合在职业工作中，就能在平凡的岗位上，做出不平凡的事业。所谓敬业，就是用一种严肃的态度对待自己的工作，勤勤恳恳、兢兢业业、忠于职守、尽职尽责。如果一个从业人员不能尽职尽责、忠于职守，就会影响整个企业或单位的工作进程，严重的还会给企业和国家带来损失，甚至会在国际上造成不良影响。会计职业道德中的敬业，要求从事会计职业的人员充分认识到会计工作在国民经济中的地位和作用，以从事会计工作为荣，敬重会计工作，具有献身会计工作的决心。

爱岗与敬业总的精神是相通的，是相互联系在一起的。爱岗是敬业的基础，敬业是爱岗的具体表现，不爱岗就很难做到敬业，不敬业也很难说是真正的爱岗。爱岗敬业是会计人员干好本职工作的基础和条件，是其应具备的基本道德素质。爱岗敬业需要有具体的行动来体现，即要有安心会计工作、献身会计事业的工作热情，严肃认真的工作态度、勤学苦练的钻研精神、忠于职守的工作作风。爱岗敬业要求会计人员热爱会计工作，安心本职岗位，忠于职守，尽心尽力，尽职尽责。

（二）诚实守信

诚实守信就是忠诚老实、信守诺言，是为人处事的一种美德。所谓诚实，就是忠诚老实、不讲假话。诚实的人能忠实于事物的本来面目，不歪曲、不篡改事实，同时也不隐瞒自己的真实思想，光明磊落，言语真切，处事实在。诚实的人反对投机取巧，趋炎附势，吹拍奉迎，见风使舵，争功诿过，弄虚作假，口是心非。所谓守信，就是信守诺言，说话算数，讲信誉，重信用，履行自己应承担的义务。诚实和守信两者意思是相通的，是互相联系在一起的。诚实是守信的基础，守信是诚实的具体表现，不诚实很难做到守信，不守信也很难说是真正的诚实。诚实侧重于对客观事实的反映是真实的，对自己内心的思想、情感的表达是真实的。守信侧重于对自己应承担，履行的责任和义务的忠实，毫无保留地实践自己的诺言。

市场经济越发达，职业越社会化，道德信誉就越重要。市场经济是"信用经济""契约经济"，注重的就是"诚实守信"。可以说，信用是维护市场经济步入良性发展轨道的前提和基础，是市场经济社会赖以生存的基石。

诚实守信的基本要求是：首先，做老实人，说老实话，办老实事，不弄虚作假。做老实人，要求会计人员言行一致、表里如一、光明正大。说老实话，要求会计人员说话诚实，如实反映和披露单位经济业务事项。办老实事，要求会计人员工作踏踏实实，不弄虚作假，不欺上瞒下。其次，执业谨慎，信誉至上。诚实守信，要求注册会计师在执业中始终保持应有的谨慎态度，维护职业信誉及客户和社会公众的合法权益。最后，保密守信，不为利益所诱惑。在市场经济中，秘密可以带来经济利益，而会计人员因职业特点经常接触到单位和客户的一些秘密。因而会计人员应依法保守单位秘密，这也是诚实守信的具体体现。

（三）廉洁自律

廉洁自律是中华民族的一种传统美德，也是会计职业道德规范的重要内容之一。在会计职业中，廉洁要求会计从业人员公私分明、不贪不占、遵纪守法，经得起金钱、权力、美色的考验，不贪污挪用、不监守自盗。保持廉洁主要靠会计人员的觉悟、良知和道德水准，而不是受制于外在的力量。所谓自律，是指会计人员按照一定的具体标准作为具体行为或言行的参照物，进行自我约束、自我控制，使具体的行为或言论达到至善至美的过程。自律包括两层意思：一是会计行业自律，是会计职业组织对整个会计职业的会计行为进行自我约束、自我控制的过程，二是会计从业人员的自我约束，会计从业人员的自我约束是靠其科学的价值观和正确的人生观来实现的，每个会计从业人员的自律性强，则整个会计行业的自律性也强。

廉洁自律的基本要求可以概述如下：①公私分明，不贪不占；②遵纪守法，抵制行业不正之风；③重视会计职业声望。

（四）客观公正

客观是指按事物的本来面目去反映，不掺杂个人的主观意愿；也不为他人意见所左右，既不夸大，也不缩小；公正就是公平正直，没有偏失，但不是中庸。在会计职业中，客观公正是会计人员必须具备的行为品德，是会计职业道德规范的灵魂。客观要求会计人员在处理经济业务时必须以实际发生的交易或事项为依据，如实反映企业的财务状况、经营成果和现金流量情况；公正要求会计准则不偏不倚、一视同仁；会计人员在履行会计职能时，摒弃单位、个人私利，不偏不倚地对待有关利益各方。客观公正，不只是一种工作态度，更是会计人员追求的一种境界。

客观公正的基本要求是：首先，端正态度。做好会计工作，不仅要有过硬的技术和本领，也同样需要有实事求是的精神和客观公正的态度。其次，依法办事。当会计人员有了端正的态度和知识技能基础之后，他们在工作过程中必须遵守各种法律、法规、准则和制度，依照法律规定进行核算，并做出客观的会计职业判断。最后，实事求是，不偏不倚，保持独立。客观公正，一是要求保持会计人员从业的独立性，独立性有实质上的独立性和形式上的独立性；二是要求会计人员保持客观公正的从业心态。

（五）坚持准则

坚持准则，要求会计人员在处理业务过程中，严格按照会计法律制度办事，不为主观或他人意志左右。这里所指的"准则"，不仅指会计准则，而且包括会计法律、会计行政法规、国家统一的会计制度以及与会计工作相关的法律制度。会计法律是指《会计法》；会计行政法规是指由国务院发布的《企业财务会计报告条例》《总会计师条例》，以及经国务院批准、财政部发布的《企业会计准则》等；国家统一的会计制度是指，国务院财政部门根据《会计法》制定的关于会计核算、会计监督、会计机构和会计人员以及会计工作管理的制度，包括规章和规范性文件，如《财政部门实施会计监督办法》《企业会计制度》《会计基础工作规范》《会计从业资格管理办法》《会计档案管理办法》等。会计人员应当熟悉和掌握准则的具体内容，并在会计核算中认真执行，对经济业务事项进行确认、计量、记录和报告的全过程应符合会计准则的要求，为政府、企业、单位和其他相关当事人提供真实、完整的会计信息。

坚持准则的基本要求是：首先，熟悉准则。会计工作不单纯是进行记账、算账和报账，在记账、算账和报账过程中会时时、事事、处处涉及政策界限、利益关系的处理，需要遵守准则、执行准则、坚持准则。只有熟悉准则，才能按准则办事，才能保证会计信息的真实性和完整性。其次，坚持准则。在企业的经营活动中，国家利益、集体利益与单位、部门以及个人利益有时会发生冲突，《会计法》规定，单位负责人对本单位会计信息的真实性和完整性负责。也就是说，单位的会计责任主体是单位负责人。会计人员坚持准则，不仅是对法律负责，对国家、社会公众负责，也是对单位负责人负责。

（六）提高技能

会计是一门不断发展变化、专业性很强的学科，它与经济发展有密切的联系。近年来，随着市场经济体制的日益完善和经济全球化进程的加快，需要会计人员提供会计服务的领域越来越广泛，专业化、国际化服务的要求越来越高，会计专业性和技术性日趋复杂，对会计人员所应具备的职业技能要求也越来越高。会计职业技能的内容主要包括：一是会计专业基础知识；二是会计理论、专业操作的创新能力；三是组织协调能力；四是主动更新知识的能力；五是提供会计信息能力等。提高技能，就是指会计人员通过学习、培训等手段提高职业技能，以达到足够的专业胜任能力的活动。

提高技能的基本要求是：首先，增强提高专业技能的自觉性和紧迫感。会计人员要适应时代发展的步伐，就要有危机感、紧迫感，要有不断提高专业技能的自觉性。只有具备专业胜任能力，才能适应会计工作以及会计职业道德的要求。其次，勤学苦练、刻苦钻研。现代会计是集高科技、高知识于一体的事业，会计理论不断创新，新的会计学科分支不断出现，如跨国公司会计、国际税收会计、金融工具及衍生工具会计、知识产权会计、会计电算化和网络化的发展，都要求会计人员不断地学习与探索。

(七)参与管理

参与管理,就是为管理者当参谋,为管理活动服务。会计工作或会计人员与管理决策者在管理活动中分别扮演着参谋人员和决策者的角色,承担着不同的职责和义务。会计人员在参与管理过程中,并不直接从事管理活动,只是尽职尽责地履行会计职责,间接地从事管理活动或者说参与管理活动。

会计人员要树立参与管理的意识,积极主动地做好参谋。具体来说,应做好以下几方面的工作:

第一,在做好本职工作的同时,努力钻研相关业务。做好本职工作,要求会计人员要有扎实的基本功,使自己的知识和技能适应所从事工作的要求,从而做好会计核算的各项基础工作,确保会计信息真实、完整。

第二,全面熟悉本单位经营活动和业务流程,主动提出合理化建议,协助领导决策,积极参与管理。会计人员要充分利用掌握的大量会计信息去分析单位的管理,从财务会计的角度渗透到单位的各项管理中,找出经营管理中的问题和薄弱环节,把管理结合在日常工作之中,从而使会计的事后反映变为事前的预测分析,真正起到当家理财的作用,成为决策层的参谋助手,为改善单位内部管理、提高经济效益服务。

(八)强化服务

强化服务是现代经济社会对劳动者所从事职业的更高层次的要求,它表现为人们在参与对外工作交往和组织内部协调运作过程中,人与人之间人际关系的融洽程度和与之相对应的工作态度。强化服务要求会计人员树立服务意识,提高服务质量,努力维护和提升会计职业的良好社会形象。

强化服务的基本要求是:首先,树立服务意识。会计人员要树立服务意识,不论是为经济主体服务,还是为社会公众服务,都要摆正自己的工作位置。其次,提高服务质量。提高服务质量,并非无原则地满足服务主体的需要,而是在坚持原则、坚持会计准则的基础上尽量满足用户或服务主体的需要。最后,努力维护和提升会计职业的良好社会形象。会计人员服务的态度直接关系到会计行业的声誉和全行业运作的效率,会计人员服务态度好、质量高,做到讲文明、讲礼貌、讲诚信、讲质量,坚持准则,严格执法,服务周到,就能提高会计职业的信誉,维护和提升会计职业的良好社会形象,增强会计职业的生命力;反之,就会影响会计职业的声誉,甚至直接影响到全行业的生存和发展。

以上八项,是每一个会计从业者从事会计工作应具备的基础职业道德,会计从业者应在实践中自觉遵循、不断充实和发扬光大。

任务四　会计档案管理

任务课件

一、会计档案的概念和种类

(一)会计档案的概念

所谓会计档案,是指单位在进行会计核算等过程中接收或形成的,记录和反映单位经济业务事项的,具有保存价值的文字、图表等各种形式的会计资料,包括通过计算机等电子设备形成、传输和存储的电子会计档案。

提示：会计档案是单位在进行会计核算等过程中接收或形成的会计资料。会计相关的规章制度等文件不是会计核算过程中接收或形成的会计资料，不属于会计档案。

（二）会计档案的种类

会计档案的种类包括：

（1）会计凭证：原始凭证、记账凭证。

（2）会计账簿：总账、明细账、日记账、固定资产卡片及其他辅助性账簿。

（3）财务会计报告：月度、季度、半年度、年度财务会计报告。

（4）其他会计资料：银行存款余额调节表、银行对账单、纳税申报表、会计档案移交清册、会计档案保管清册、会计档案销毁清册、会计档案鉴定意见书及其他具有保存价值的会计资料。

二、会计档案管理的要求

（一）归档要求

单位的会计机构或会计人员所属机构（以下统称单位会计管理机构）按照归档范围和归档要求，负责定期将应归档的会计资料整理立卷，编制会计档案保管清册。当年形成的会计档案，在会计年度终了后，可由单位会计管理机构临时保管一年，再移交单位档案管理机构保管。因工作需要确需推迟移交的，应当经单位档案管理机构同意。

单位会计管理机构临时保管会计档案最长不超过三年。临时保管期间，会计档案的保管应当符合国家档案管理的有关规定，且出纳人员不得兼管会计档案。

单位会计管理机构在办理会计档案移交时，应当编制会计档案移交清册，并按照国家档案管理的有关规定办理移交手续。

纸质会计档案移交时应当保持原卷的封装。电子会计档案移交时应当将电子会计档案及其原始数据一并移交，且文件格式应当符合国家档案管理的有关规定。特殊格式的电子会计档案应当与其读取平台一并移交。

单位档案管理机构接收电子会计档案时，应当对电子会计档案的准确性、完整性、可用性、安全性进行检测，符合要求的才能接收。

（二）借阅要求

单位应当严格按照相关制度利用会计档案，在进行会计档案查阅、复制、借出时履行登记手续，严禁篡改和损坏。

单位保存的会计档案一般不得对外借出。确因工作需要且根据国家有关规定必须借出的，应当严格按照规定办理相关手续。

会计档案借用单位应当妥善保管和利用借入的会计档案，确保借入会计档案的安全完整，并在规定时间内归还。

（三）保管期限

会计档案的保管期限分为永久、定期两类。定期保管期限一般分为10年和30年。会计档案的保管期限，从会计年度终了后的第一天算起。单位应当定期对已到保管期限的会计档案进行鉴定，并形成会计档案鉴定意见书。经鉴定，仍需继续保存的会计档案，应当重新划定保管期限；对保管期满，确无保存价值的会计档案，可以销毁。会计档案鉴定工作应当由单位档案管理机构牵头，组织单位会计、审计、纪检监察等机构或人员共同进行。相关内容如表

10－1 和表 10－2 所示。

表 10－1 **企业和其他组织会计档案保管期限表**

序号	档案名称	保管期限	备 注
一	会计凭证		
1	原始凭证	30 年	
2	记账凭证	30 年	
二	会计账簿		
3	总账	30 年	
4	明细账	30 年	
5	日记账	30 年	
6	固定资产卡片		固定资产报废清理后保管 5 年
7	其他辅助性账簿	30 年	
三	财务会计报告		
8	月度、季度、半年度财务会计报告	10 年	
9	年度财务会计报告	永久	
四	其他会计资料		
10	银行存款余额调节表	10 年	
11	银行对账单	10 年	
12	纳税申报表	10 年	
13	会计档案移交清册	30 年	
14	会计档案保管清册	永久	
15	会计档案销毁清册	永久	
16	会计档案鉴定意见书	永久	

表 10－2 **财政总预算、行政单位、事业单位和税收会计档案保管期限表**

序号	档案名称	保管期限			备 注
		财政总预算	行政单位事业单位	税收会计	
一	会计凭证				
1	国家金库编送的各种报表及缴库退库凭证	10 年		10 年	
2	各收入机关编送的报表	10 年			
3	行政单位和事业单位的各种会计凭证		30 年		包括：原始凭证、记账凭证和传票汇总表
4	财政总预算拨款凭证和其他会计凭证	30 年			包括：拨款凭证和其他会计凭证
二	会计账簿				

续表

序号	档案名称	保管期限			备 注
		财政总预算	行政单位事业单位	税收会计	
5	日记账		30 年	30 年	
6	总账	30 年	30 年	30 年	
7	税收日记账(总账)			30 年	
8	明细分类、分户账或登记簿	30 年	30 年	30 年	
9	行政单位和事业单位固定资产卡片				固定资产报废清理后保管 5 年
三	财务会计报告				
10	政府综合财务报告	永久			下级财政、本级部门和单位报送的保管 2 年
11	部门财务报告		永久		所属单位报送的保管 2 年
12	财政总决算	永久			下级财政、本级部门和单位报送的保管 2 年
13	部门决算		永久		所属单位报送的保管 2 年
14	税收年报(决算)			永久	
15	国家金库年报(决算)	10 年			
16	基本建设拨、贷款年报(决算)	10 年			
17	行政单位和事业单位会计月、季度报表		10 年		所属单位报送的保管 2 年
18	税收会计报表			10 年	所属税务机关报送的保管 2 年
四	其他会计资料				
19	银行存款余额调节表	10 年	10 年		
20	银行对账单	10 年	10 年	10 年	
21	会计档案移交清册	30 年	30 年	30 年	
22	会计档案保管清册	永久	永久	永久	
23	会计档案销毁清册	永久	永久	永久	
24	会计档案鉴定意见书	永久	永久	永久	

注:税务机关的税务经费会计档案保管期限,按行政单位会计档案保管期限规定办理。

(四)销毁要求

经鉴定可以销毁的会计档案,应当按照以下程序销毁:

(1)单位档案管理机构编制会计档案销毁清册,列明拟销毁会计档案的名称、卷号、册数、起止年度、档案编号、应保管期限、已保管期限和销毁时间等内容。

(2)单位负责人、档案管理机构负责人、会计管理机构负责人、档案管理机构经办人、会计管理机构经办人在会计档案销毁清册上签署意见。

(3)单位档案管理机构负责组织会计档案销毁工作,并与会计管理机构共同派员监销。监销人在会计档案销毁前,应当按照会计档案销毁清册所列内容进行清点核对;在会计档案销毁后,应当在会计档案销毁清册上签名或盖章。

电子会计档案的销毁还应当符合国家有关电子档案的规定,并由单位档案管理机构、会计管理机构和信息系统管理机构共同派员监销。

保管期满但未结清的债权债务会计凭证和涉及其他未了事项的会计凭证不得销毁,纸质会计档案应当单独抽出立卷,电子会计档案单独转存,保管到未了事项完结时为止。

单独抽出立卷或转存的会计档案,应当在会计档案鉴定意见书、会计档案销毁清册和会计档案保管清册中列明。

建设单位在项目建设期间形成的会计档案,需要移交给建设项目接受单位的,应当在办理竣工财务决算后及时移交,并按照规定办理交接手续。

【案例应用 10-2】 会计档案销毁

案例提示 10-2

背景与情境:某公司有一批会计档案已到了规定的保管期限。企业档案科的工作人员向科长提出销毁申请报告后,科长对照了有关的规定,认为这批档案确实已到了规定的保管年限,就签字同意,并同科内人员在第二天销毁了这批档案。

问题:该公司销毁会计档案符合规定吗?应该如何处理?

任务五 会计电算化

任务课件

一、会计电算化的概念

所谓会计电算化,是指以电子计算机为主,将现代电子技术、信息技术和网络技术具体应用到会计业务处理工作中的会计信息系统。

二、会计电算化的账务处理程序

会计电算化账务处理程序,是指根据会计业务资料,利用会计核算软件完成凭证录入、审核、修改、查询、记账、对账、结账和生成报表的过程。各单位会计电算化流程因单位规模、对电算化的要求和使用财务软件的不同而不同,但电算化会计核算的最基本处理程序是一样的,主要过程包括初始设置、凭证处理、账簿处理和生成报表。

(一)初始设置

具体包括:

(1)系统的初始设置。

(2)总账及其他模块的初始设置。

(二)凭证处理

具体包括:

(1)录入记账凭证。

(2)凭证审核。只有经过审核的记账凭证才允许记账。凭证输入、审核不能为同一个操作员。审核人不能直接修改会计凭证。

(3)记账。根据审核后的记账凭证完成记账工作。

(三)账簿处理

具体包括:

(1)对账。进行相应操作,进行系统对账。

(2)结账。进行相应操作,进行系统结账。

(3)账表查询。进行相应操作,查询总账、明细账和日记账等账簿。

(四)生成报表

具体包括:

(1)设置报表格式。

(2)设置公式。如取数公式、报表的审核公式等。

(3)生成报表。进行相关操作,进行系统取数、计算并生成报表。

三、会计电算化条件下会计凭证的处理

在完成了科目设置、年初余额录入等总账初始化工作后,进入日常业务处理,财务人员根据原始凭证编制记账凭证,然后录入到电算化系统中;也可以根据经整理的原始凭证直接在电算化系统中录入记账凭证。完成记账凭证编制后,进行记账凭证的审核签字,然后进行记账。

四、会计电算化相关规定

(一)采用电子计算机替代手工记账的单位应当具备的基本条件

具体包括:

(1)使用的会计核算软件达到财政部发布的《会计核算软件基本功能规范》的要求。

(2)配有专门或主要用于会计核算工作的电子计算机和熟练的操作人员。

(3)用电子计算机进行会计核算与手工会计核算同时运行三个月以上,取得相一致的结果。

(4)有严格的操作管理制度。主要内容包括:操作人员的工作职责和工作权限;预防原始凭证和记账凭证等会计数据未经审核而输入计算机的措施;预防已输入计算机的原始凭证和记账凭证等会计数据未经核对而登记机内账簿的措施;必要的上机操作记录制度。

(5)有严格的硬件和软件管理制度。主要内容包括:保证机房设备安全和电子计算机正常运转的措施;会计数据和会计核算软件安全保密的措施;修改会计核算软件的审批和监督制度。

(6)有严格的会计档案管理制度。

(二)会计资料要求

实行会计电算化的单位,对于机制记账凭证,要认真审核,做到会计科目使用正确,数字准确无误。打印出的机制记账凭证要加盖制单人员、审核人员、记账人员和会计机构负责人(会计主管人员)印章或者签字。总账和明细账应当定期打印。发生收款和付款业务的,在输入收款凭证和付款凭证的当天必须打印出库存现金日记账和银行存款日记账,并与库存现金核对无误。

具备采用磁盘、硬盘等介质保存会计档案条件的，由国务院业务主管部门统一规定，并报财政部、国家档案局备案。

提示：根据《会计基础工作规范》第 61 条规定：实行会计电算化的单位，总账和明细账应当定期打印。发生收款和付款业务的，在输入收款凭证和付款凭证的当天必须打印出库存现金日记账和银行存款日记账，并与库存现金核对无误。

【案例应用 10－3】　　会计电算化舞弊危害大

背景与情境：2017 年 4 月，某市地方税务局稽查局（以下简称稽查局）展开了一场针对医疗卫生行业的税收专项检查，发现某医院存在重大偷税嫌疑。

案例提示 10－3

该医院聘请社会中介机构的会计专业人员，为其制定《某医院集团财务工作规范意见》及《某医院外账建设工作安排》，进行所谓的财务策划。同时使用"金蝶"和"用友"两套电子计算机财务核算软件，分别承担真、假两套账的编制与管理，并辅以"瑞雪"收费管理软件（现已升级，称为捷信达医院管理系统）进行日常经营收费的管理。该收费软件由软件供应商设置了大额收费隐藏功能，使用者可依需要设定隐藏数值，不但能够真实、准确地记录实际经营收入，而且可以隐藏、加工数据，以逃避税务机关的监督管理。医院还依托网络技术，对原始收费数据进行了远程备份，所有财务核算数据都定期转移到职工宿舍内的备份电脑上。在整栋医院大楼内，任何一台计算机里都没有存放真实的账簿和原始凭证。另外，该医院建立了相互配合、相互制约的账目管理制度，使"外人"难以获得真实的账册资料。

经查，2014～2016 年该医院在账簿上少列服务收入，少缴营业税 12 233 108.91 元、城建税 122 331.09 元、教育费附加 366 993.27 元；少申报缴纳个体工商户生产、经营所得个人所得税 23 892 645.35 元；未按规定代扣代缴工资、薪金所得和劳务报酬所得个人所得税 2 577 671.01元。税务机关依法进行了处理，并将该医院偷税案依法移送司法机关追究刑事责任。

问题：从该医院违法案件中吸取教训，如何建立有效的会计工作组织以避免违法及违反会计职业道德的事件发生？

应知考核

一、单项选择题

1. 在我国，不属于会计专业技术资格的是（　　）。

A. 初级资格　　B. 中级资格　　C. 会计从业资格　　D. 高级资格

2. 各单位应根据（　　）的需要设置会计机构。

A. 工商部门　　B. 税务部门

C. 本行业会计业务　　D. 本单位会计业务

3. 一个单位是设置会计机构还是在有关机构中设置专职的会计人员，由各单位根据（　　）的要求来决定。

A. 工商部门　　B. 本单位所在行业

C. 会计业务的繁简和实际情况　　D. 行业会计业务

4. 会计机构负责人因调动工作办理交接手续时，负责监交的人员应该是（　　）。

A. 单位负责人　　B. 上级主管部门人员

C. 人事部门负责人　　D. 内部审计机构负责人

5. 一般会计人员办理会计工作交接时，负责监交的人员应该是（　　）。

A. 单位负责人　　B. 会计机构负责人

C. 审计部门　　D. 财政部门

6. 在规模小、会计业务简单的单位，（　　）。

A. 一定要单独设置会计机构　　B. 可以在有关机构中配备专职会计人员

C. 一定要代理记账　　D. 可以不进行会计核算

7. 单位负责人的直系亲属不得在本单位担任的会计工作岗位是（　　）。

A. 会计机构负责人　　B. 出纳

C. 稽核　　D. 会计档案的保管

8. 年度财务会计报告应保存（　　）。

A. 3 年　　B. 10 年　　C. 30 年　　D. 永久保存

9. 财政部门销毁会计档案时，应当由（　　）派员参加监销。

A. 上级审计部门　　B. 同级审计部门

C. 上级财政部门　　D. 本单位档案管理机构与会计管理机构

10. 按规定销毁会计档案后，监销人应当在（　　）上签名盖章。

A. 会计档案　　B. 销毁清册上　　C. 保管清册上　　D. 移交清册上

二、多项选择题

1. 各单位应依据会计业务的需要（　　）。

A. 设置会计机构

B. 在有关机构中设置会计人员并指定会计主管人员

C. 委托经批准设立从事会计代理记账业务的中介机构代理记账

D. 不进行会计核算

2. 应在会计档案销毁清册上签署意见的有（　　）。

A. 单位构负责人　　B. 档案管理机构负责人

C. 会计管理机构负责人　　D. 档案管理机构经办人

3. 会计专业职务可分为（　　）。

A. 正高级会计师　　B. 高级会计师　　C. 会计师　　D. 助理会计师

4. 会计工作岗位包括（　　）。

A. 稽核员　　B. 医院门诊收费员

C. 医院药房收费员　　D. 内部审计员

5. 会计档案种类包括（　　）。

A. 会计凭证类　　B. 会计账簿类

C. 财务报告类　　D. 财务制度类

6. 不得销毁的会计档案有（　　）。

A. 保管期满但未结清的债权债务原始凭证

B. 涉及其他未了事项的原始凭证
C. 正在项目建设期间的建设单位
D. 年度财务报告
7. 会计电算化记账的主要过程包括(　　)。
A. 初始设置　　B. 记账凭证处理
C. 账簿处理　　D. 生成报表
8. 会计人员办理移交手续前,必须及时做好以下工作(　　)。
A. 已经受理的经济业务尚未填制会计凭证的,应当填制完毕
B. 尚未登记的账目,应当登记完毕,并在最后一笔余额后加盖经办人员印章
C. 整理应该移交的各项资料,对未了事项写出书面材料
D. 编制移交清册
9. 会计人员工作交接程序为(　　)。
A. 办理移交手续前,相关会计人员必须做好准备工作
B. 相关会计人员交接
C. 专人负责监交并在移交清册上签名或盖章
D. 交接双方在移交注册上签名或盖章
10. 会计档案借阅要求有(　　)。
A. 各单位保存的会计档案不得借出
B. 单位保存的会计档案一般不得对外借出
C. 经本单位财务部负责人批准后可进行复制
D. 各单位应当建立健全会计档案查阅、复制登记制度

三、判断题

1. 会计工作岗位可以一人一岗、一人多岗或者一岗多人。(　　)
2. 出纳可以登记收入、费用、债权债务等账目。(　　)
3. 银行对账单属于会计档案资料。(　　)
4. 各单位当年形成的会计档案,由会计管理部门进行整理并立卷。(　　)
5. 销毁会计档案时,应当由财政部门监销。(　　)
6. 会计电算化条件下,只要定期打印账簿,无须打印凭证。(　　)
7. 会计人员职业道德的内容可以概括为:爱岗敬业、诚实守信、廉洁自律、客观公正、坚持准则、提高技能、参与管理和强化服务。(　　)
8. 电算化会计核算的最基本处理程序主要过程包括初始设置、凭证处理、账簿处理和生成报表。(　　)
9. 总账和明细账应当定期打印。(　　)
10. 会计档案的定期保管期限一般分为 10 年和 30 年。(　　)

四、简述题

1.《会计法》对会计机构设置有何规定?
2. 会计工作岗位设置有何要求?

3. 会计档案的概念是什么?

4. 实行会计电算化的单位,会计资料有何要求?

5. 会计工作交接如何进行?

应会考核

■业务考核

【考核项目】

会计职业道德。

【背景资料】

现象一:会计人员看人办事:"官大办得快,官小办得慢,无官拖着办。"

现象二:会计人员"站得住的顶不住,顶得住的站不住",领导怎么说就怎么做,只要领导高兴,"原则"可以变成"圆则"。

现象三:会计人员整天与钱物打交道,"常在河边走,就是不湿鞋",只要坚持"不犯罪"这根底线就行了。

【考核要求】

根据上述背景资料,分别写出上述三种现象违背了哪三种会计职业道德规范?为什么?

■技能考核

【考核项目】

会计机构与会计人员。

【背景资料】

背景与情境:某置业投资咨询发展有限公司,以公司会计兼出纳毛女士利用职务便利占用公款 13.4 万余元为由到法院起诉,要求毛女士如数返还该笔钱款并办理财务账册移交。2019 年 12 月 9 日,在法院组织下,毛女士返还了该公司 2017 年度明细账,法院遂一审判决某公司返还钱款之诉不予支持。

毛女士 2015 年 1 月受聘担任某公司的财务,后兼任会计、出纳工作。2019 年 2 月起,该公司通过书面及手机短信方式,要求毛女士来公司办理移交,毛女士回复因意外骨折无法如约。同年 5 月 5 日,毛女士也通过手机短信通知该公司,不愿意与公司自行协商解决。对于该公司要求毛女士移交财务账册的请求,在法院组织下,毛女士已将 2017 年度明细账原件交还于该公司。对于现金流水账,毛女士表示不是正规的财务账册,而是为了保护自己所登记的备忘录,该备忘录已遗失。法院以为某公司提供的证据不能证明在毛女士处的就是公司的现金流水账,现毛女士予以否认且已遗失,法院对某公司的诉讼请求无法支持,遂法院作了一审判决。

【考核要求】

1. 该公司出纳离职时未办理交接手续,是否符合规定?

2. 该公司会计工作岗位设置存在什么问题?

3. 要避免该公司上述情况的发生,你有哪些建议?

■综合实务

会计档案的保管

背景与情境:小朋大学期间在工商管理专业学习。他一直希望找一家企业从事与管理相关的工作，所以没有参加会计专业技术资格的考试，没有会计专业技术资格证。毕业后，由于工作难找，他受聘于一家国有企业当会计部门档案管理员，负责会计档案的整理、归档和保管，协调与单位档案部门的工作。刚入职时，发生了如下几件事：①小朋要整理上年度会计档案，整理好后，将其移交给单位档案部门。②有一天人事部副部长张强找小朋借上年度会计资料，查阅上年度职工福利情况，小朋将上年度报表和相关凭证账簿资料柜打开，由张强自行查阅、复制。③单位档案部门要求清理过期档案，并进行销毁。刚刚开始工作，小朋感到很不顺手，面对成堆的会计资料，不知从何入手，也不知道如何与单位档案部门协调会计档案的保管工作。

要求：请根据上述背景与情境，结合我国会计法律制度中会计档案的相关规定，在下列题目中填入适当选项。

1. 小朋任会计部门档案管理员，下列说法中正确的有(　　)。

A. 会计部门档案管理员不是会计岗位

B. 会计部门档案管理员是会计岗位

C. 小朋可以先入职，无须取得会计专业技术资格证

D. 小朋必须先考取会计专业技术资格证，然后才能当会计档案管理员

2. 下列各项中，属于会计档案的有(　　)。

A. 会计凭证　　B. 会计账簿　　C. 会计报表　　D. 银行对账单

3. 其他部门和人员借阅档案时，应遵守的规定有(　　)。

A. 会计档案一般不得对外借出

B. 确因工作需要且根据国家有关规定必须借出的，应当严格按照规定办理相关手续

C. 按本单位会计档案查阅、复制登记制度进行

D. 会计档案涉及单位财务重要资料，不对外提供查阅

4. 会计档案销毁时，正确的说法有(　　)。

A. 由档案部门和会计部门共同提出销毁意见，编制会计档案销毁清册

B. 单位负责人在会计档案销毁清册上签署意见

C. 销毁会计档案时，应当由档案机构和会计机构共同派员监销

D. 按照会计档案销毁清册所列内容清点核对所要销毁的会计档案

5. 当年形成的会计档案，下列处理方法中符合规定的有(　　)。

A. 在会计年度终了后，可暂由会计机构临时保管 1 年

B. 期满之后，移交本单位档案机构统一保管

C. 单位会计管理机构临时保管会计档案最长不超过 3 年

D. 不管单位有无档案机构，均由会计部门管理

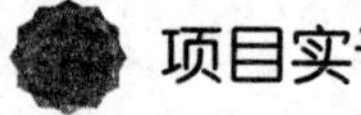

项目实训

【实训项目】

会计工作交接。

【实训情境】

出纳员工作交接

2019 年 12 月 8 日，出纳员张英因工作调动，要将出纳工作移交给李威，由会计主管贺胜

监交。移交时库存现金日记账余额 1 286.46 元，实存相符，并与总账相符；银行存款日记账余额 68 486 元，经编制“银行存款余额调节表”核对相符。移交的会计凭证、账簿、文件有本年度库存现金日记账 1 本、本年度银行存款日记账 2 本、空白现金支票 10 张(00811411 号至 00811420 号)、空白转账支票 5 张(0096016 号至 0096020 号)、转讫印章 1 枚、现金收讫印章 1 枚、现金付讫印章 1 枚。

【实训要求】

1. 根据资料对出纳员工作交接范围进行归类。

2. 根据资料对出纳员工作交接进行业务分析。

3. 出纳员办理出纳工作交接的手续和过程。

参考文献

[1]企业会计准则编审委员会. 企业会计准则案例讲解[M]. 上海:立信会计出版社,2018.

[2]中华人民共和国财政部. 企业会计准则——基本准则[M]. 上海:立信会计出版社,2018.

[3]中华人民共和国财政部. 企业会计准则——应用指南[M]. 上海:立信会计出版社,2018.

[4]中国注册会计师协会. 2018 年度注册会计师全国统一考试指定辅导教材——会计[M]. 北京:中国财政经济出版社,2018.

[5]全国人大常委会法治工作委员会. 现行会计法律法律汇编[M]. 上海:立信会计出版社,2017.

[6]财政部会计司编写组. 企业会计准则 9 号——职工薪酬[M]. 北京:中国财政经济出版社,2014.

[7]财政部会计司编写组. 企业会计准则 30 号——财务报表列报[M]. 北京:中国财政经济出版社,2018.

[8]企业会计准则编审委员会. 企业会计准则案例讲解[M]. 上海:立信会计出版社,2017.

[9]企业会计准则研究组. 企业会计准则案例实解:主要经济业务操作指南[M]. 北京:中国宇航出版社,2014.

[10]李贺. 会计学[M]. 上海:上海财经大学出版社,2017.

[11]赵筠. 基础会计[M]. 大连:东北财经大学出版社,2017.

[12]赵筠. 基础会计习题与实训[M]. 大连:东北财经大学出版社,2017.

[13]陈国辉,迟旭升. 基础会计[M]. 大连:东北财经大学出版社,2018.

[14]陈文铭. 基础会计习题与案例[M]. 大连:东北财经大学出版社,2016.

[15]朱虹. 周雪艳. 基础会计[M]. 大连:东北财经大学出版社,2018.

[16]朱虹. 周雪艳. 基础会计训练手册[M]. 大连:东北财经大学出版社,2016.

[17]贺湘,朱清贞,查慧园. 新编基础会计[M]. 大连:东北财经大学出版社,2017.

[18]徐哲,李贺,邢冕,纪海荣. 会计学原理[M]. 上海:上海财经大学出版社,2017.

[19]李贺,黄国文,王明睿. 财经法规与会计职业道德[M]. 上海:上海财经大学出版社,2018.

[20]王柏慧. 基础会计[M]. 上海:立信会计出版社,2018.

[21]中华人民共和国财政部:http://kjs. mof. gov. cn/会计司.